陈军 著

语文教学时习论

修订本

上海教育出版社

目录

自　序　向往语文的自由 ... 1

第一章　时习与传统——语文教学传统精神研究 ... 1

第一节　"时习"思想的基本内涵 ... 3
第二节　"举一反三"与"闻一知十"的思考特点 ... 22
第三节　"时习"教学的传统智慧 ... 30

第二章　时势与变革——语文课程时变研究 ... 41

第一节　肇端，第一次思想交锋 ... 43
第二节　转折，语文课程定位 ... 51
第三节　发展，语文教学的课堂属性 ... 56
第四节　探索，当代语文教学思想的主要特征 ... 62
第五节　结晶，民族特征与世界认知 ... 66

第三章　时效与功能——语文课程功能研究 ... 75

第一节　语文教学的整体功能 ... 77
第二节　培育学习主体是发挥功能的目的 ... 90
第三节　设计教学程序是实现功能的保障 ... 110

  第四节 建立思考逻辑是凸显功能的枢纽 … 117

  第五节 提高效率是实现功能的追求 … 124

第四章 时间与课文——课文当代价值研究 … 139

  第一节 课文的含义 … 141

  第二节 课文的形式 … 149

  第三节 课文的价值 … 158

  第四节 课文的时代性 … 166

  第五节 课文的现代异质 … 176

第五章 时序与研习——语文研究性学习研究 … 185

  第一节 研究性学习的定义 … 187

  第二节 研究性学习的条件 … 190

  第三节 研究性学习的平台 … 193

  第四节 研究性学习的类型 … 201

  第五节 研究性学习的形式 … 209

第六章　时机与方法——语文教学点拨法研究 ... 213

- 第一节　点拨法的含义与方法　... 215
- 第二节　点拨法的传承与品性　... 241
- 第三节　点拨法的问答与时机　... 248
- 第四节　点拨法与读写价值选择　... 266
- 第五节　应用点拨法的能力要求　... 310

第七章　时新与创造——语文诗教研究 ... 319

- 第一节　诗教之源　... 321
- 第二节　有文学，才有觉醒　... 331
- 第三节　新诗教学的当代视角　... 341
- 第四节　诗教内容的时代变迁　... 351

第八章　时务与德育——语文诚直人格教育研究 ... 361

- 第一节　追求诚直人格的哲学立意　... 363
- 第二节　展现诚直人格的文学传统　... 375
- 第三节　培养诚直人格的课程实验　... 393

第九章 时代与责任——语文教师成长研究 ... 405

第一节 明志：全力强化人生动力 ... 407
第二节 践行：勤勉开拓创新航程 ... 415
第三节 深思：持续夯实思想高地 ... 421

结 语 ... 427

自序
向往语文的自由

一

人的目的是人。语文的目的、语文教学的目的,自然也是人。人的天性是自由,先哲说,不自由,毋宁死。因此,向往语文的自由,必然是理所当然吧。

语文,本来就是自由的产物。一声一音,一字一文,由乎衷,发于内,昭示本心。表现出来是诚,所以诚,坦率自由表达使然也。

但本有的,未必就一定是"有",被挟持,被利用,被虚饰,被污名……时有发生。向往语文的自由,谈何容易!

但无论怎样不易,人们对语文自由的向往,对自由语文的向往,对向往自由的向往,总是如同野草,野火烧不尽,春风吹又生。

二

语文的自由有时是野性,是冲动,是自然。

我1982年初为人师,是在皖南宣城的寒亭。这是一块相当贫瘠的土地,在学校里,学生常常一天只吃一顿午餐,我深深地体味着贫寒子弟的苦难。尽管如此,我依然组织学生自编自刻自印《百草园》杂志,大量发表学生习作。我自费办刊,不作请示,也无人来管。双手油墨,一脸快乐,在闭塞的乡村中学,我们享受着学习的自由。我还带学生周末举办野餐会,荒漠的、低缓的山梁如同迭起的波浪,在秋天的阳光下,是那样的柔和明朗。我们支一口大锅,煮菜煮面,

也有学生把家里珍藏的鸡蛋偷来供大家享用。一边吃,一边顺着秋风朗读诗歌。一道道的山梁呵,一波波的海浪呵。繁星下,回家。

语文教学自由有辩证法。为了引导学生走进学习的自由王国,教师往往要费尽心思。1988年8月,我被调到安庆师范学校任教,成了"老师"的"老师"。很荣幸的是,应人民教育出版社之邀,我随王少阁、熊江平诸先生编语文教材。教材组也许看重的是我的教学实践,而教学实践的成果标志就是编创语文练习题。命题之难,我在编教材的日子里充分地领教了。目的指向,内容切取,范围大小,用词用句,前后关系,难易程度,要求等级,教学预估……为了一道二十来字的小题目,编写组往往争得面红耳赤,每个人的修改意见如果集中起来一定不下万字,真是苦不堪言!面对老一辈人的严肃认真,我哪敢自由半拍?一律是气不敢出。不过,我心态很快逆转,教材出来了,不管有没有自己的心血文字印出来,我都把每道练习题的每个字都看作自己的创造。课堂上讲练,就如同与学生一起在秋风里煮面,放歌。一道道山梁呵,一波波的海浪啊。繁星下,回家。这样的感受,这样的画面,时不时就出现了。

我在人教社编教材的时间不长,但自由的感觉回味悠远。自由,常常是语文人的相濡以沫。从老北大红楼侧面进沙滩后街,就像行走在故乡的弯道上。再进小胡同,拐角处有一家小饭馆,是我们小组常常小聚的地方。孙移山先生,风衣飘逸,一顶礼帽更是引人注目,披帘而入,面孔严肃,真是一表人才!那时张中行先生也时不时来这里小酌,他小眼睛眯眯的,面孔长而柔,不多久,颧骨尖上浮两朵浅红,先生微微地醉着吧。室内言语幽默,窗外风雨不闻。少阁先生喜欢砚台,床底下一堆一堆的,我们到他的住屋里拜访,他用力一块一块把它们从床底下推出,似闻隐隐春雷在遥远的天际滚过。熊江平先生,喜烟,擅长近体诗,上下班骑一辆后有车斗的三轮车。他的头很大,灯光拐角处一闪,就冲向远方的人流中了。当时编教材,没多谈理念,也没多谈深刻意义,只是反复讲学生,讲学生是否需要。那套教材的顾问是志公先生,因而少阁先生常讲志公先生的"现代化",即现代化的文,现代化的道,现代化的教学。想想这三方面,渐行渐远了。

三

我是一个在现实的教育生活中工作着的老师。对我而言，小小的语文自由，还表现为自问、自答、自写。

随着教育岁月的增长，我不是越来越"现实"，而是对"现实"越来越有叛逆性了。我喜欢质疑，喜欢追问，有不少时候，我出于本能对已经守护的习惯而固执地逆反。为什么会这样呢？可能是我的内心时常隐隐约约地问：身为人师，你有没有误人子弟？

我总是怀疑我教错了，我向往自由，是源自我内心的紧张焦虑。

我所质疑、所追问的，都不是什么大问题。我喜欢对一些日常所言的教学问题与概念作一些个人的理解和探讨。即使是大问题，我也习惯于放在日常所见甚至是每天所见、所遇的工作问题中来体认和判别。这也许是我的局限，缺少高谈阔论；也许是我的岗位优势，比较贴着学生。我有点像庄子笔下的那只蜩，那只鸠，尽全力而飞，虽抢榆枋而控于地，也有小小的自足。我之所问，或许真的很可笑，不过，动情地去想一想，也不是没有滋味。最大的快乐，是我之所想，如同山野里的风，自由、活泼、多样。没有人强迫我这样想，也没有什么课题昭示我，让我贴上依附的脸，是我自己这样痴迷而动情的。

比如，"课文"是每天要见面的，什么叫"课文"呢？"课文"与"选文"有什么不同呢？"练习"是每天要见面的，什么叫"练习"呢？语文课的"练习"有什么不一样的呢？教学方法上，我钻研的是"点拨法"，所谓"点拨"，是中国人自古及今常说的口头禅，语文教学的"点拨"又应该有怎样的方式呢？"诗教"是中国的国粹，不是号称中国为"诗的国度"吗？那么"诗教"的源与流又当如何？再者，诗教毕竟是一个旧的传统，新诗之后，诗教又该是怎样的情形呢？问题一下子变得复杂起来。教语文，天天遇到思考、思维，尤其是课改以来，非说思维不可，好像这也是当代的一个创造似的，中国先贤就没有思考与思维吗？如果有，其特点与规律又是怎样

的？现在的教材，一部分是古典作品，一部分是现代汉语作品。教古典作品时，似乎有了敬重"古典"的态度，而教现代汉语时，我们有敬重"现代"的态度吗？我们真的知道现代汉语的"现代"价值了吗？对了，我们现在一下子就"传统"起来了，我们是在一种权势灌输下"传统"起来的，还是在自我成长中领悟到了"传统"的现代意义后"传统"起来的呢？所有这些，都是我在近四十年语文教育生涯中不断追问的问题。我深深感到，语文自由，离不开质疑。质疑权威，质疑理论，质疑自己。有了"疑"这个思考酵母，语文便活了。

我的《语文教学时习论》，可以说是用几十年的追问、探寻、实践所得的微薄的体会来写就的，我为自己深感庆幸。先是单篇发表在一些期刊上；后来，由"单"而"双"，由"双"而"组"，积"组"而成"章"，大致有了一本书的模样。2005年，上海教育出版社《语文学习》编辑部出于扶持之心，让我出版了《语文教学时习论》的第一稿。现在是2021年了，又一个十六年匆匆过去了，我依然对着这些问题作一些力所能及的思考。我的目的就是我，就是让小蜩小鸠的叫声完整一些吧？很多单篇文章在《语文学习》等刊物上发表过，略加剪裁后又缝补进了《语文教学时习论》。再次得到《语文学习》编辑部何勇、易英华、向文祺等编辑的帮助后，这才有了《语文教学时习论》的修订版。

需要指出的是，我研究这些语文教学"常识"，不是编词目词条，描述静态的知识，而是把这些概念、问题、知识，放在语文教学实践中去体味，放在时易势移的时代巨变中去斟酌，放在实践、习行的哲学吁请中来认知。我自己未意料到的是，这样居然构成了一个大致的系统性专论。多少年来，我只依着自己的个性去发现，去思索，没去列课题，没去申请项目经费，因而获得了一点思考自由。这种自由是野生的，多么难得啊！

四

修订，使我又一次脱胎换骨地发生了思想的变化，我的自由野性又得到了一次发挥。

首先,总体来看,《语文教学时习论》原来的内容框架分作两大部分,一为理论探讨,二为实践总结。"时习"思想散见于篇章中。本次修订,首先是确立章节,使理论、观点、实践打通,使"时习"思想线索有所挑明。全书九章,以"时"贯之,以"习"实之。"时"不离"习","习"顺其"时"。我把近四十年的体认和盘托出,也算是一种坦诚求教吧!

其次,我梳理了"时习"思想内涵的基本理路。

关于"时",至少可以从六个关联方面讨论:1.时者,时势也。晚清变故,时势异也,这使得语文进入新课程范畴。"五四运动"之后,现代白话文入选课文,"语言"本身又焕发异质内容。不顺势而为,语文就没有新自由。2.新课程之变,必然导致课程功能之变,新的语文课程功能体现,最贴近的问题是计算时效。课时,就是计算与安排具体时间的体现,而教学的难点就是在课时限制之下如何充分发挥语文课程的整体功能,产生时效性。语文课要算一课一课的"量",有"量"的认识才有学的自由许可。3.既然是一门普遍适用的课"程",面向的是不同阶段的学生,这就决定着课程内容与教学策略设计都必须突出时序特点。时序,是语文课程的基本属性之一。从人的生命意义上讲,教学的序其实就是人生的"序";序的合理化,就是依从生命的自由化。4.中小学生在"基础教育阶段"依着时序走向成长,在凭借着并发展着记忆力观察力以及联想和想象力的时候,在我看来总有一个不可或缺的"时新"的境界,这就是人的诗性。人的目的之所以是人,是因为这个"目的",就是在原我基础上创造新我。而这个"新",说到底就是洋溢着诗性的人生理想。语文课程在这方面的功能尤其巨大。我近四十年的工作在高中,对此也尤其钟情,这也是我把"时新"和"诗教"联系在一起的用意所在。教"时新"之诗,无非就是让青春自由地呐喊,自由地漫步。5."时机",无疑揭示并闪烁着教育的艺术光辉。艺术的标志是什么呢?就在于中国教育的一个基本原则:启发式,核心内容就是相机诱导,因势利导。我在阐述"点拨"方法的特点与应用时,总是从"时机"上立意并落笔。一切教学

方法都是因个体的学习时机而焕发艺术神韵的,而每一次学习时机的降临,就是学习者心灵的自由呼吸之时。6. 本次修订我特设了"时弊"的相关内容。我和学生在所处的当下,始终面对着铺天盖地而来的语言表达危机,说话与写作,天地间,有多少假话、大话、套话啊!所以,近五年来,我费力地倡导和实行着语文学科的德育:语言学习与应用的"诚直"教育。我无法面对"时弊"而悄悄从侧面溜过。我渴望:语文自由的最高境界,就是用良知批判现实。

五

关于"习"的思想,我主要从三个维度上来体现。

第一,在语文教学的所有平台上,课文为"习"而选。讨论,养"习"求知;表达,实事求是;技能,应用而成……这一切,都尽量体现知行统一的哲学思想。语文是实践的产物,语文课程具有鲜明的实践特征。听说读写,四字无一不是行为,不是习惯。从孔子提出"学而时习之,不亦说乎"这一学习要求以来,历代教育家都高度重视这个"习"。荀子说"君子之学也,入乎耳,著乎心,布乎四体,形乎动静"(《劝学》),这就是强调"学"与生活习行的一体性。唐代李翱说"学古文者,悦古人之行者也",具体说来就是"学其言者,不可以不行其行;行其行,不可以不重其道;重其道,不可以不循其礼"(《李文公集·答朱载言书》)。虽然不免绝对,但"行"之于"学"的意义不言而喻。宋代朱熹强调"格物致知","知行"并到。明代王守仁由"并到"而强调不可分离,认为"两个字说一个工夫"。清代颜元更是把"习"提高到"实学"的高度,自题书屋为"习斋"。这些思想传统既反映了中国古代的教育精华,又与当今世界的教育倡导相通,爱因斯坦就强调:"最重要的教育方法总是鼓励学生采取行动。"

第二,从语文学习的"练习"价值上,我从智育心理学维度再次提出了"习"的设计模型,有三个构件,即"知识教示""分项练习"和"疑难点拨"。我的经验告诉我,语文基础知识是语文练习的指导性工具;语文练习的分项具有技能形成的定向训练意义;训练的主体——学生总是在教师的点拨下获得比自己的体会更有深度的练习快乐。现在新教材重视"学习提示",重视"任务群",可能有两个需要提防的弊端:一是大而化之,以任务群构思者的意志来使学生削足适履,这实际上是奴化;二是"提示"的"示"是让学生跟着作品走,这实际上与学生语文训练应跟着自己能力走相违背。课文不应成为学生唯一崇拜的对象,而应成为学生成长服务的阶梯,尤其是教科书不设计"练习",更使教科书失去"教科"价值与支撑。因注重"练习"而产生题海战术的顾虑,这是比较低级的因噎废食。从这个问题上讲,我要特别呼吁的是,重视每一节"课"的教学比开展专项研究活动更重要;重视每一节"课"中的精当"练习"比开展大而无当问题的论述更重要。低估学生的智力与高估活动的价值都是忽略学生这一教学对象真实性的表现。"分项"的意义在于,它是针对能力缺陷的,它是聚焦成长整体的,它是讲求训练时效的。正如一个短跑运动员的综合能力训练,绝非单一的比赛项目的全程与全部训练,而是化整为零从体能、时效、技术等方面有选择、有设计地训练,这才是教学。教学中也有合成式训练,但目的依旧是诊断和改进。当前语文教学大而不化,使学生成为所谓任务群的套中人从而陷入泥潭而难以自拔,必须引起足够的警惕!

第三,分项练习,不是不要研究性学习。相反,研究性恰恰是分项学习的本质属性。带有学术性的"习",我在本书有详细论述。我在强调研究性学习时有"三个注重":策略上,注重课内扎根,课外联系;思路上,注重读写结合,以写为主;方法上,注重以大化小,小处突破。这三者都从课上着眼。课要简,精讲巧练是也。简,举一也;精讲,举一;巧练,亦举一,而后逐步在应用中"反三"。而"举一"以及由"举一"而"反三",全是认真地进行研究性学习,换言之,即学术化的"习"。我以为,这样的"习",是由课程、课文、课时以及学生学力现实决定的,是真正意义上的因材施教。一篇课文,一节课,三五个小练习足矣,关键要踩在学生能力发展的关键点上。简些,简些,再简些。教学不过就是点一下火,搭个梯子而已,外边的世界留给学生自己去闯荡。而消除分项的微型的练习,以课

题、论题、项目的方式，同时还要构成逻辑系统，让每一个学生就范入轨，每课、每单元都教得如此繁杂、严密，完全局限于一个"井底"，师生憋闷得透不过气来，这实质上是以"一家"之研究模式来迫使学生全都变为这"一家"。这，未免不使人担心学术化的教育奴化。

六

语文的自由、语文教学的自由，在于思想自由，思想在于语文教师的自我成长。当教师获得了基本资格，达到了普通要求之后，语文教师最需要的是扩大自身与外部思想世界和自然天地的联系。这种联系，便是自由的活水。不必用统一的模式不断地实行统一培训。培训，有其价值，但"训"由"大"而"中"，由"中"而"小"；由"上"而"中"，由"中"而"下"；由"左"而"中"，由"中"而"右"……如此年复一年，必然使人僵化。其实，教师的最大渴望是自我的个性优势在自己支配下不断超越。如果一个教师得不到这样的信任，而始终在被动的培训中度过，那么，教师增长的是自卑和奴性，语文教学的自卑和奴性也就不言而喻了。

在统一标准下，我的学术规格不标准，我的思想表达欠主流，我的教学实践不完善……但是，我有我自信的一面。通过勤奋努力，我的天赋与特长也许会更坚实，更突出，更锐利。而这，恰恰能使我自信而自由，在学生那里赢得尊重。

请相信一个教师的自尊心吧，他自有求知的渴望与天趣。

本书有不少关于中国教育精神的探讨，比如，点拨艺术、思考模式、质疑品质、学友关系等。这些都不是从所谓的理论论著中的移用，而是在我的学术求知中所产生的"自得"。虽肤浅，但我学之，疑之，信之，也能如痴如醉。

例如，我以中国书院为寻访对象，实地考察学习，搜集大量资料，深刻体会中国教育传统中的创新精神，不得不油然而生敬意。在江西铅山鹅湖书院，春雨潇潇，虽然门头题写的院名头重脚轻，但院中"朱陆之辩"的雕塑群像令人肃然起敬。朱熹与陆九渊的思想对辩，反映了真学者的思辨风范和坦率性情，成为思想史上的千古佳话。还是这个鹅湖书院,朱陆之辩之后,又有"陈辛之会"。陈亮的慷慨与辛弃疾的悲愤在此相约,凝聚了中国知识分子家国情怀最为动人的篇章。

书院不同于官学的一个重要标志是自由讲学。这个"讲学"有一个特定名称就是"会讲"。书院的会讲制度,一说始于1175年鹅湖寺的"朱陆之辩",一说始于1181年白鹿洞书院的"朱陆之会",更早的认为始于1167年的"朱张岳麓会讲"。陆是陆九渊,张是张栻,朱是朱熹。朱熹开辟的"会讲"以及他所订立的《白鹿洞书院揭示》是中国教育史上的思想财富。尤其是朱熹把学、问、思、辩、行确立为"为学之序",是我思考"时习论"的重要指导。"为学之序"是在"会讲"的动态中展现和跨越的,以"人"为中心的"活"的教育学在当代还有多少自由选择?2018年的夏天,我在爱晚亭的暮色里,想象着岳麓书院当年的盛景,不禁悲从中来。张栻(1133—1180),改变岳麓书院的精神领袖,反对以应付科举考试为目的,倡导"传道而济斯民",倡导以"解惑"为核心的教与学互动的教育方法,倡导以"理学"而不是以君王的恩威来培养学子的人格。湖湘学派大盛于岳麓,湖湘精神广布于全国,后来以"实事求是"为校训,岳麓书院的思想更增添了现代性特质。通常,我们只知道张栻被朱熹在《四书章句集注》中所引用的评价孔子"各因其材而教人"的名言,从而提炼了孔夫子的"因材施教"的教育思想。其实,作为一位伟大的教育家,他改变了岳麓书院,树立起书院教育思想,更是令人崇敬不已!

朱张教育学何其博大精深!在我的"时习论"著述中,我大约是取了九牛一毛而为我思想的酵母吧?酵母虽少,但能使我生出双翅,逆风飞翔。飞,就是我自由的感觉。我注重语文教育的时代性,注重现代人格的养成,注重自主自学,注重质疑与对辩,注重哲学观的树立,注重"习行"培育,我之所飞也许就是我的一个进步。我的内心告诉我,只有有了自我逻辑,"我"的自主与独立才能形成。但我的内心总是波涛汹涌,我一方面为自己向往思想独立而骄傲,一方面又为自己知识浅陋而自卑。真正的中国教育思想家的东西学得太少了!我只能凝望平静的湘江。我在静谧的朱张渡遗址漫步。迎面吹来的是湖湘豪健的风。

还有王船山先生的诗句"六经责我开生面,七尺从天乞活埋"。还有魏源对民主制度的向往,还有《海国图志》,还有梁启超的时务学堂……也许,正是这些伟大先贤的教导,使我这个小小的语文教师也敢于生出自由的思想,质疑假大空的思想傀儡和语言表达,为这个时代的弊端而深忧。

<h2 style="text-align:center">七</h2>

本书第一版时,我曾以《灯光赋》一文代序,其中有一句话是这样的:

语文教师,是农夫,也是思想者。

我现在还是这个认识。农夫,对土地有天生的挚爱和敏感,他在四季的运行变化中,依据庄稼生长的常识而默默劳作。他心里亮堂得很,用不着许多人围成圈聒噪。常识在他心里或湖岸,或草地,或清风,或蛙鸣,他在常识中或野奔,或短笛,或繁星,或啸歌……用不着为课题而屈膝,也用不着为重大评奖而顺眼。做农夫,有思想,便能为自己留一份自由与骨气。

我真的处在了我的这个"认识"层面了吗?远远没有。

有时在梦中,惊醒而起,正是:恍惊起而长嗟!

我梦想,语文即自由。为声,为言,为文,为字,出于心,出于自由。学习语文,时习之,就是最需要语文之时习得语文,恰逢其时才有效,应该自由。教学呢?恰恰就是顺语文之性以及学语文之理而教之,没有自由,就没有了教学。

我稍微明白一点,语文教学的目的是人,人的目的依然是人,而人的生命本质就在于自由。

我是多么向往自由啊!自由是我的前提,但也使我孤独不已!我是逃避自由呢,如弗洛姆所言,重新建立依赖和臣服的关系,还是向往苍穹,如楚人的先师那样披发长吟而追问……此时,我的内心涌着激烈的波澜。

第一章 时习与传统
——语文教学传统精神研究

第一节 "时习"思想的基本内涵

"时习"一词,出自《论语·学而》:

子曰:"学而时习之,不亦说乎?"

杨伯峻先生对"时习"的译注是值得信任的。他说,"'时'字在周秦时候若作副词用,等于《孟子·梁惠王上》'斧斤以时入山林'的'以时','在一定的时候'或者'在适当的时候'的意思"。① 杨伯峻把朱熹的《论语集注》和王肃的《论语注》对"时"的注解作了比较:王肃按周秦语言解"时",而朱熹则是用后代的词义解释古书。讲到"习",杨伯峻说,"一般人把习解为'温习',但在古书中,它还有'实习''演习'的意义"。他引用了《礼记·射义》的"习礼乐""习射"为例证,又举《史记·孔子世家》"孔子去曹适宋,与弟子习礼大树下"为例说"习"就是"演习"。为了进一步说明"演习"是常用义,杨伯峻又列举了孔子教弟子的功课内容来证明,如礼(各种仪节)、乐(音乐)、射(射箭)、御(驾车)等,这些功课技能性很强,非演习、实习不可。确实是这样,孔子设立的课程,一般都和当时的社会生活和政治生活密切结合,突出"行"。所以,把"时习之"的"习"解为"实习"。

认同杨伯峻语言学家的译注视角并不与其他注经大师的"解注"相扞格,事实上大多情况是相互发明,别有机趣,从而拓展了我们今人的认知空间。

时,从根本上说,是孔子哲学思想中关于事物变化的时间条件的概念。夏乃儒说,孔子十分重视对"时"的把握。在治理国家上,他主张"敬事而信,节用而爱人,使民以时";在出仕从政上,孔子"可以仕则仕,可以止则止,可以久则

---

① 杨伯峻.论语译注[M].3版.北京:中华书局,2009:1.

久,可以速则速",所以孟子赞扬"孔子,圣之时者也",意思是孔子是圣人中识时务者。① 孔子还将"时"与"中庸"相结合,提出"时中"概念,即立身行事时时合乎中道,也即孔颖达所疏:"言君子之为中庸容貌,为君子心行而时节其中,谓喜怒不过节也。"②《荀子·宥坐》记孔子言曰:"遇不遇者,时也;贤不肖者,材也。君子博学深谋不遇时者多矣!"③在荀子看来,孔子表达了时机并非完全可由人的主观所能把握的思想。

习,从根本上说,是孔子哲学思想在教育领域,尤其是在认知、知行等教育观念上的高度概括。孔子重习行,认为后天的习行、熏习能造成人的品德差异,所以他说"性相近也,习相远也"。当然,孔子的习、行、思,既有联系又有区别。习与学相对,指学的过程中的实习、演习、温习行为,是对认知的认证和实验;行与知相对,指知行结合,行重于知。孔子最担忧的是学过、知之而不付诸行动。他说:"德之不修,学之不讲,闻义不能徙,不善不能改,是吾忧也。"思与学、习、行均相对,实质上是贯串于学、习、行活动中的,是孔子对于人的自主性的高度确立。后来孟子高度发挥了孔子的"思"的精神,以"思"为"心之官"所特有之功能,认为心之所思即理义。

当我们从孔子哲学思想的高度来认识教育学层面的"时习"思想时,就不难看出,孔子强调"时习",宗旨就是强调"人"在学的过程中的主观能动作用。从教育主动性上讲,孔子强调的就是自主性,也就是自主教育。

薛涌著《学而时习之》,开篇说的一段话很有意趣,摘录如下:

不要小看"学而时习之"这句话。这绝不是我们现代文中一个"学习"就能概括的。这里的"学"大致相当于我们所谓的"学习",包括向老师学,从书本中学,等等,是从外部汲取知识。"习"则有些类似于做家庭作业,也就是将刚刚学

---

① 张岱年.孔子百科辞典[M].上海:上海辞书出版社,2010:93.
② 同①90.
③ 同①93.

到的东西反复演练乃至熟能生巧。"学而时习之"其实是指一个相当专业化的训练过程。比如,现代大学里的教育(这当然不是指中国的大学教育),学生上教授所讲授的大课或者看书,类似孔子的"学";上完课,读完书后参加讨论班,用大课上和书本中所学的知识来演绎自己的观点,彼此辩论质疑,则更接近孔子所谓的"习"。欧洲中世纪经院哲学中的教授方式也有类似之处:上午老师讲课,基本上是读经释文,叫 lictio,也就是后来英文中的 lecture;下午则是学生就经文中的各种矛盾展开辩论,叫 disputatio,即英文中的 disputation。然后老师才出来对这些矛盾提出一个解决之道,叫 determinatio,或英文中的 determination。在这里,读经释文显然就是"学",就所学的内容进行辩论质疑则如同"习"。而经院哲学对人类知识的最大贡献,是在"习"而不是在"学"。如果像现在一些所谓"儒家"提倡的那样,让孩子似懂非懂地背书(还无释文这一道程序),即使算是"学",也是"学而不习",违背了孔子的教导。初民社会分工并不细,技术很初级。能以"学而时习之"这样的方式进行训练的,一定是非常独特的专业化群体。他们当然会产生一种不凡的自我认同。①

  薛涌先生的识见在于,"习"是一个自主发展的关键环节。尽管他用欧洲中世纪经院哲学教授方式来比拟孔子与弟子的"学而时习之"活动未必妥帖,但至少他用现代语言揭示了孔子倡导"习"的本初意义,即"习"的成效——自我认同。

  其实,朱熹的《四书章句集注》也点到了这层意义。他说:"学之为言效也。人性皆善,而觉有先后,后觉者必效先觉之所为,乃可以明善而复其初也。习,鸟数飞也。学之不已,如鸟数飞也。说,喜意也。既学而又时时习之,则所学者熟,而中心喜说,其进自不能已矣。"朱注又引程子所言:"习,重习也。时复思绎,浃洽于中,则说也","学者,将以行之也。时习之,则所学者在我,故说。"②这

---

① 薛涌.学而习时之[M].北京:新星出版社,2007:37-38.
② 朱熹.四书章句集注[M].北京:中华书局,1983:47.

里点到的"说"固然重要,更重要的是朱程同时点到的"说"的主体——我。"其进自不能已矣",这是我的内心追求上的深度觉醒;"所学者在我,故说",这是我的主体地位的鲜明确立。这个"觉醒"与"确立",也就是薛涌所讲的"自我认同"。

以下,从语文学科角度,谈点我对"时习"的教育学理解。

一、时论

时,有怎样的含义呢?《说文》:时,四时也,指春夏秋冬。就学习而言,皇疏①从三方面说:一是"就人身中为时也",具体说来指"六年教之数目,十年学书计,十三年学乐、诵诗、舞勺,十五年成童舞象"。这是就一个儿童的成长过程而言的,在什么时候学什么知识与技能。二是"就年中为时也",具体说来指"春夏学诗乐,秋冬学书礼"。这是就一个学年的学习内容而言的,同于我们现在的课程安排。三是"就日中为时也",具体说来就是指"天天学","不暂废"。② 清代刘宝楠认为,"今云'学而时习之'者,时是日中之时",也即朱熹《论语集注》中的解释"时常"。郑玄是因词而生义,由"学"的行为引发出"时"的内涵;朱熹、刘宝楠是直解其义,侧重于勤勉惜时的角度来讨论。二者都不能说错,但不见得精妙,也就是说,还没有把"时"的最佳境界说出来。

汉代王肃《论语注》认为,"时"是"在一定的时候"或者"在适当的时候"。近人杨树达、杨伯峻选用王肃的观点,是值得品味的。二杨从语言学角度认为,朱熹的看法是"用后代的词义解释古书",而在先秦时期,"时"的意义多为王肃所说的那样。《孟子·梁惠王上》说"斧斤以时入山林",《论语》有"使民以时",这两处的"时"都如王肃所解。当然,要指出的是,我们不能说先秦时的"时"都是这一种解释。即使是《论语》,十处提到"时",意义也有区别,词性也有不同,比如,"孔子时

---

① "皇疏"指梁人皇侃的"注疏"。
② 郑玄,刘宝楠.论语正义[M].上海:上海书店出版社,1986:2.

其亡而往拜之",这里的"时"是"窥伺,探听"的意思。不过,联系到《论语》中以下的句子,认定"学而时习之"中的"时"是"在适当的时候"的意思,是很有趣味的。

① 不时,不食。(不到该吃的时候,不吃。《乡党》)
② 时哉,时哉!(得其时呀,得其时呀!《乡党》)
③ 夫子时然后言,人不厌其言。(他老人家到应该说话的时候才说话,别人不厌恶他的话。《宪问》)

句①讲孔子吃饭合乎礼,句②讲孔子羡慕赞叹自由飞翔的样子,句③讲孔子说话是在别人想听的时候说。这些话,这些行为,都表明孔子有一个很重要的思想理念,即凡事以"恰逢其时"为好。比如,"启发",什么时候最为恰当呢?孔子认为"不愤不启,不悱不发","愤""悱"之境就是"启发"的最佳时机。愤,"心求通而未得之意";悱,"口欲言而未能之貌"。(朱熹语)这种心里想求明白而不得,口里想说却说不出的时候,正是学习者思维冲突时、心理激活时、思想矛盾、感情奔突时,这时候启发他,真正是恰到好处、恰逢其时!

因此,我以为,用"使民以时"的"时"来训"学而时习之"的"时",是十分恰当的。孔子在说完这句话时,反问了一句"不亦说乎?"是强调"学而时习之"令人非常愉快。按郑玄、刘宝楠的说法,年年、日日、时时学习,难以表明"时习之"是"不亦说乎"的直接原因,行为上的反复与心理上的感应不是一回事,学习者只有在最需要"习"的时候"习之",才可获得心理满足。

那么,最需要学习的时候又是什么时候呢?换句话说,什么时候学习最能使学习者心理得到最大满足呢?恐怕以下几点是必须要考虑的:

一是"不违学时"。这个"学时",既指学生身心发展规律,又指被认识的"知识"及被训练的"能力"的固有逻辑程序。

人生漫长,从学习上讲,必然要划分为若干阶段,不同阶段有不同的学习内容和学习要求,这是由身体发育、智力发展、思维发展的过程论和阶段论决定的,违

背不得。小学阶段是记忆力发展黄金时期,却不让学生多多背诵,而是以思维训练为借口进行大量的辨析思考;高中阶段正是逻辑思维能力增长时期,却不让学生进行理性思考,而是进行死记硬背式的训练,比如,有的教师以增加文化素养为借口让学生背《离骚》,有的教师反对学生读批判性强的鲁迅作品,等等;这样的教学都是违时之教。这是就学生纵向发展而言的。

学生的学习还有横向的多因素彼摄式关系。近代以前的语文教学说不上是严格意义上的语文教学,而是文化教学,即通过文章阅读来承载政治、文学、艺术、自然等方面的素质培养任务。清末民初实行新学制以后,情况发生了极大变化,课程门类增多,仅人文类就分出语文、历史、地理、音乐、美术、政治等学科,这些学科都有一定的文化性内容,都分别承担着人文精神培养的重任,不认识这一实际,还在以"返璞归真"为借口,以重视人文性来排斥教学的科学化,同样是"违时之教"。另外,思维发展力的培养也是彼此相关的,以高中为例,政治重辨析,数学重推断,语文呢?难道还要重儿童化的记忆吗?哲学化的语文学习思辨难道能眼睁睁地被淡化吗?难道一时读不懂的鲁迅文章就不应该花点思辨气力用"啃"的方法去读懂吗?难道非要迎合少年的肤浅的口味而选定快餐类报刊文章作教材吗?我们说要"以学生为本",其真正的含义,不是以学生现时的口味为根据,而是以学生将来的可持续发展为根本。本,就是将来的发展动力。忽视这一点,同样是违时之教。

二是为"时"设"境"。时,虽然是学生及认识对象的多因素发展规律的反映,是客观的,但我们也要发挥教学的主观能动作用,促成"时"的到来。

一个学习个体进入了学习过程中的某一阶段,是不是必然产生与此阶段相应的心理追求意识呢?不一定。这就需要教师充分发挥因时而教、因材施教的科学性、艺术性相统一的教学功能。教材的隐性导向作用和教师的显性主导作用是任何时候都不能轻视的。"不违学时"是为"时"设"境"的基本原则,为"时"设"境"是落实"不违学时"原则的操作艺术。二者相得益彰,有机统一。为"时"设"境",其一指学习气氛。在一个班集体中,学习群体的高亢情绪对群体中的个体是直接影响的,个体的思考潜能沉睡着,而群体的思考火堆已经燃烧,那么个体思考之柴也必然被引着。其二指情感状态。教师教学句句敲"心",处处动"情",学生的情感之光就会升腾起来,在情感力量鼓舞下学习,潜能就会如岩浆般奔突起来,潜能一旦激活起来,学习之"时"也就展现在我们眼前了。

必须指出的是,这里讲的"学习气氛"与"情感状态",在不同的学段应有不同的内容,应体现出不同的特点。小学的好奇,初中的感动,高中的思辨,就是基本的表征。因此,教小学语文,往往以文字的新奇、内容的新颖来吸引学生;教初中语文,往往以文字的朴实、内容的真切来打动学生;教高中语文,当然不完全排除小学、初中的特点,但重点是内容的组织形式,引导学生理性分析作者的眼光及内容组织的逻辑关系。如果说小学、初中多为情绪化学习,那么高中必然要偏重理性化学习了,而理性化学习的主要标志就是"分析"。鲁迅《祝福》这篇小说,现在的高中生爱读吗?我曾经做过一个问卷调查,结果是令人吃惊的:98%的学生不愿学习,要求从课本中删去。在严峻的现实面前,我尝试搜集资料引导学生进行研究性学习,结果又是有趣的:100%的学生品尝到了理性分析的快乐,46%的学生写出了研究小论文,9%的学生的小论文在报刊上发表。这个例子也许说明:高中的语文课堂应该是一个理性思辨的王国,理性化应该是高中语文课堂的"语境"特点。

三是因"时"定"教"。可从两反面讨论。

其一,因"时"定"教"的"时",从学生本体而言,是指其身心发展现实。这种身心发展现实是怎样形成的呢?关涉因素很多,其中,时代变迁及因变迁而提出的时代要求当是不可忽视的,因为这是定教的"大时"。石器时代、铁器时代、内燃机时代及计算机时代,对教育的要求,对人才的要求,无论是内涵上还是外延上都发生了巨大的变化。工业化的标准形态从血液里直接影响教学,接受性与划一性是学与教的统一性的具体表现。后工业化下的人的个性觉醒与扩张同样也从血液里直接影响教学,研究性与个性化必然是学与教的统一性具体表现。倡导研究性学习语文及其他课程,倡导有利于开掘学生思考潜能与智力资质的研究型课程,就是应运而生的适时之举。

其二,"时"是一个阶段,又是一个变化的瞬间。就课堂教学而言,它的变化性最为明显;就学生学习现状看,还存在性别上的差异,有一个关于中学生写作情况的统计很有趣[①]:

表1-1 句子长度变化

年 级	初一	初二	初三	高一	高二	高三
男 生	19.09	23.5	28.01	34.85	35.11	35.63
女 生	21.57	21.99	33.24	35.47	35.67	35.76

表1-2 连接词语出现频率(千字中连接词语出现次数)

年 级	初一	初二	初三	高一	高二	高三
男 生	0.013 8	0.015 1	0.018 4	0.025 5	0.024 1	0.024 9
女 生	0.015 1	0.017 1	0.024 5	0.022 7	0.023 1	0.023 7

表1-3 语病发病率(总字数与语病出现总次数之比)

年 级	初一	初二	初三	高一	高二	高三
男 生	70.64	88.04	93.14	77.19	105.24	129.47
女 生	78.36	95.7	83.8	100.37	134.28	139.77

根据表1-1、表1-2、表1-3,语言专家从中看到的问题是:随着年龄的增长和文化水平的提高,学生的言语运用,尤其是书面表达一直处于变化之中。这个例子告诉我们什么呢? 不能再用"多读多写"这样放之四海皆准的道理来解决学习过程中的细微变化的现实矛盾,应该用科学的方法有针对性地指导。要知道这个时期的中学生开始用成年人的眼光观察世界,写作内容的范围逐渐拓宽,观察与分析逐步深化,再加上理科教材的影响,于是他们的句子层次增加了,结构也越来越复杂了。总之,他们已经从"写话期"进入了"写作期",这种心

---

① 崔承日.中学生书面语发展中的"低谷"现象[J].北京师范大学学报(社会科学版),1991(2):105-106.

理状态加速了他们的语体色彩由口语向书面语的过渡。

教学的方法,就应当针对这种发展过程中的不平衡现象进行语言修饰性训练。这种训练,往往是以单一项目的形式出现的,比如,句式训练、句群训练、句间关系训练,甚至还有句序、词序训练等。有人认为,这是肢解语言的游戏,对这样的测试大张挞伐。这种批评的错误在于以个人成长后的语言驾驭体验来否定成长中的语言驾驭能力训练,作家只想到自己当前具有的语言驾驭能力的现实,忘记了自己涂鸦期的语言驾驭的拙劣情景。由此而反对教学的科学化,显然是不符合逻辑的。叶圣陶的"相机诱导说",体现了"因时定教"的本质含义。相,发现也,用科学的眼光看;机,时机也,即教学的适切期;诱,用诱因牵引学生,即采用科学的训练方法引学生"上钩";导,导向也,即明确把学生引向何处去的目标。语文教学目标的细化、具体化、明晰化显然是切实诱导的保证,而教学的致力点当然是"相机"之后训而练之。

二、习论

"学而时习之"中的"习",历来有不同解释,不作罗列。一般的说法是"温习"的意思。全句的意思就是:学了并且适时去温习。

"习",究竟是不是就当"温习"讲,值得辨析。

研究"习"之前,先要研究"学"。依《说文解字》,"学"是"觉悟"的意思。刘宝楠也说:"以觉悟未知也。"觉悟,是指心理反应,思想开窍,思维也发生变化。这些"反应""开窍""变化",都不是指数量上的,而是指性质上的。发生"质变",又不是单靠认知,而要靠多种途径、多种方法来促成。因此,"学"从来就涉及书本认知,也涉及行为实践,内涵与外延从来就是丰富多样的。这样说来,与"学"相联系的"习",也必然有其丰富而多样的内涵与外延了。刘宝楠说"习,学也",是有道理的。

然而"习"自有其本身的意义。《说文解字》:"习,鸟数飞也。"羽翅上下不断地飞动，这自然是中国先人造"习"这个字的会意所在。由此可见，"习"的本质是"行"，而且是重复式的"行"，"温习"是重复式的"行"中的应有之义，但过于偏狭。因此，杨伯峻在《论语译注》中特地对"习"进行了较为详细的注疏。他说，习在古书中还有"实习""演习"的意义，如《礼记·射义》中的"习礼乐""习射"。《史记·孔子世家》说"孔子去曹适宋，与弟子习礼大树下"，这一句"习"字就是"演习"的意思。孔子所讲的功课，一般都和当时的社会生活和政治生活密切结合，像礼（各种仪节）、乐（音乐）、射（射箭）、御（驾车）这些，非演习、实习不可。

古今教学论，都强调"知""行"结合。如果把"习"只看作"温习"，还处在"知"的范围之内，不过是重复认知的一种行为而已，而把"习"既看作"知"中的具体行为，又看作"行"中的行为方式，那么，"习"的教学论意义就十分深广了。事实上，"习"在中国教育思想、心理思想的平台上占有很重要的地位。近人高觉敷把"天人""人禽""形神""性习""知行"看作中国古代教育心理思想的"基本特点"。① 孔子说"性相近也，习相远也"；孟子说"人不可不谨所习"，主张以"习"保持并发展其赤子之心；明代王廷相和王夫之都强调"习与性成"，如"诸凡万事万物之知，皆因习、因悟、因过、因疑而然"（王廷相《雅述·上篇》），"养其习于童蒙，则作圣之基立于此"（王夫之《俟解》）。总之，"习之于人大矣"。在中国思想家、教育家那里，"习"是一个哲学命题，包含了世界观和实践论的基本内容。我们现在研究"习"的教学论意义可由此吸取思想营养，但要具体化，要针对和结合具体的教学实际。

"习"作为一般的实践活动方式多种多样，其过程也因人而异。如果从教学方面考察，其过程则是基本一致的，因为教学毕竟不同于人们从事的一般实践活动，它有统一的目标，严格的规范和运行之序，我试图来揭示"习"的教学论意义，如图1-1所示。

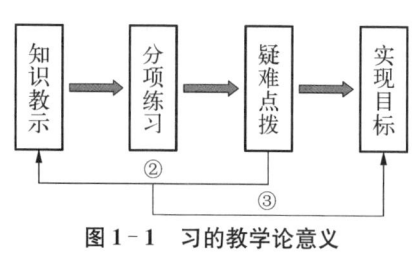

图1-1　习的教学论意义

---

① 高觉敷.中国心理学史[M].北京：人民教育出版社，1985：3.

今天的"习"就是通常所说的"练习""训练",这是我们讨论的前提。这样的"习"在过程上包括四个环节,即"知识教示""分项练习""疑难点拨""实现目标"。其中,"知识教示"和"疑难点拨"主要是教师的教学活动,"分项训练"是学生的实践活动,教师和学生在练习过程中都发挥作用,相互配合,步调一致,形成合力,最后就能完成练习的任务——"实现目标"。

"知识教示"包括两层内容:一是给知识;二是做教示。任何时候活动都离不开知识的指导,教学生学习更是如此。一方面,学生的学习是为了获取知识,不给知识,就谈不上教学;另一方面,教学生学习是为了发展智力、培养能力,而智力的生成和能力的发展包含很重要的认知因素,比如,记忆力就是智力基础,没有充分的认知条件和认知积累,就谈不上记忆力的发展,也就谈不上智力的培育。培养能力也是这样,能力由知识转化而来,没有知识,谈何转化?因此,我一直认为,让学生做练习,先要提供相关的知识,使学生有所凭借。当前,就语文教材里安置的知识,不少人提出了质疑,有的合理,有的则要予以警惕。过于烦琐、无关紧要的知识应该精简掉,不必求得一个完整的体系。但是否定知识的力量,以文本论者自居,另选"新文"让学生自读,从而否定课文"课"的含义,显然又走到了另一个极端。比如,语法,它毕竟是语言的法则,尽管汉语语法在大学教授那里争论不休,但最基本的东西,大家的看法还是一致的,为什么不能让学生掌握呢?死记固然不可,但运用法则,提高使用效率又有什么不对呢?再说教示。"教示"是什么意思呢?教者,诲也,告知也;示者,指示,指点,示范也。教示包含两方面的内容:一方面,知识形成的过程对学生有教示作用;另一方面,教师用知识来指导学生练习并作出适当的有效的示范。教游泳,既要讲游泳知识,又要下水示范,然后教学生练习,学习之理亦然。一般情况下,知识不能代替教示。知识是实践经验,是静态的东西,只有边讲知识,边依据知识作出示范,知识才会活起来,也才能真正对学生有指导作用。因此,我主张把知识和教示合并起来讲。失之前者,教示就空;失之后者,知识就死。共同发挥作用,才合乎教学之理,也才能收到实效。

"分项练习"是指在训练中要使练习内容分解开来,然后由分解转到综合,做到分项训练与综合训练相结合。当前,关于语文练习问题,争议很大。基本形成了一个主导意见,就是综合练习要突出,完整把握文章的整体化"大题"要突出,以此来反对、取消支离破碎的题目。这个指导思想当然是正确的,但是也要看到问题的另一面,即综合解决问题往往是从分项解决问题入手的。比如,分析孔乙己这一人物形象,这可以算得上是一个综合性、研究性的论题了吧?初中生如何顺利解决这个问题呢?必然要从一些与人物形象密切相关的小问题着手。否则,泛泛而论,就没有意义了。我认为,问题的关键不在于问题形态上的大小,而在于若干问题之间是否有内在的、严密的逻辑关系。在这一点上,语文练习设计要向理科练习设计学习。我们知道,分项训练、综合训练相结合,是由能力形成的过程及其规律决定的。分项训练旨在训练技能,综合训练则在于能力的形成与提高。技能与能力本不是一回事,而现在人们对能力特别青睐,甚至把技能与能力混为一谈,实有澄清的必要。技能是指完成一定任务的活动方式,而能力则是顺利完成活动任务的个性特征。能力是形成某些技能的前提,如记忆能力是人们从事任何活动所不可缺少的,也是技能形成的必备条件。反之,技能的形成又促进各种能力的发展。学生学习的各种知识不能直接转化为能力,只有把知识运用到实践中去,经过形成技能的环节,才可能形成作为个性心理特征的能力。正因为技能是知识转化为能力的中间环节,所以训练技能的单项练习是不可缺少的。单项—综合—再单项—再综合……如此循环往复,互相协作,才可望收到练习的切实之效。

关于"疑难点拨"和"实现目标"。"疑难点拨"是指当学生练习遇到障碍、发生困难时,教师不失时机地加以点拨,帮助学生顺利地练习下去,这是教法问题,此处从略。"实现目标",我认为至少包括两个方面:一是某一则练习与彼练习相互融通、相互配合所共同取得的结果,这也是我们思考的"练习双结果论";二是某一则练习自身求得的结果。这两个结果都是指向某一课文的学习要求或某一单元的教学要求的。第二个练习结果求得好,必然有益于第一个练习结果的求得。以一篇课文的教学为例,课文后可分列三至五个练习,既然分列若干练习,就必然有若干个不同的结果,因为练习的内容、层次、角度、目的显然是不一样的。三至五个练习又都从不同方面指向课文学习的总体要求和目标,只有这三至五个练习都完成得较好,课文学习的总体目标才能得以实现。

习,即练习、训练,在不同学科中,针对不同学生的实际,虽然教学论定义一致,但侧重点有所不同。在语文学科教学中,其基本特点应该是怎样的呢?以下针对当前的一些认识误区谈点看法。

第一,重复式特点值得珍视。说到练习、训练,人们十分重视典型性、序列性。所谓典型性,就是指练习具有以一当十、举一反三的品质,这不用多说。所谓序列性,就复杂了。序列从形态上讲是线型的,依照线型去认知果真科学吗?不一定。认知的全过程,当然是步步登楼式的,但在这个过程中,又不完全是上了一个台阶就置下一个台阶于不顾,恐怕多半是走三步退一步的,这是由语文学科的性质特点决定的。特别是在基础教育过程中,各门学科的教学都应深谙这一原理。大而言之,"基础教育本身不仅仅是目的。它是终身学习和人类发展的基础"[①];小而言之,学科训练是为终身学习做准备,打下基础;再小而言之,语文训练是为学生可持续性发展学力进行导向和奠基。有经验的教师说:"教过了,不等于教会了。"这就是用经验式的质朴语言对这一道理的简明揭示。我们现在追求提高课堂教学效率,一节课一节课地教下去,下一节课不大注意对上一节课的重复、联系,认为这些做法是浪费时间,这恐怕要加以科学审视。其实,典型性与反复性是密不可分的。典型性是就例子能否代表一般而言,能否具有普遍指导意义;反复性是就教学能否反复训练这一典型个例而言,能否具有反复训练的特殊意义。典型性、序列性内涵不同,但结合好了,典型性意义也就能真正发挥了。孔子说"举一隅而不以三隅反,则不复也",大有深意。意思是要特别看重学生的智力基础和认知水平,这是启发的前提,举的一隅,很典

---

① 赵中建.教育的使命:面向二十一世纪的教育宣言和行动纲领[M].北京:教育科学出版社,1996:16.

型,但学生反三隅做不到,怎么办?不能再强行启发,只能"不复"。"不复",就没有作为了吗?不是,要回到前期教学上来,或进行认知基础的铺垫,或进行追求心理的激活,或进行认知情境的创设,或进行知识上的补缺补差,等等,只有进行了这样一些的反复,再启发才能收到实效。当然,练习的反复,有火候问题,要做到恰到好处,恰如其分,这是一种艺术境界,正如典型性属于科学境界一样,须追求不止。

第二,要慎待练习凭借对象的现代性。语文学科训练凭借的对象是课文,对于课文,当前的争议很激烈,普遍认为语文课文现代性特点不突出、不鲜明。有些课文确实陈旧了,必须要换,当代经典也确实不少,必须选用。但是,选用了当代作品就有了现代性特点了吗?不一定。怎样认识现代性?我以为,现代性不是以时间为标志,而是以时代作用为标志。如果以时间为标志,那么过去的作品都没有时代感,课文只好选"早报""晚报"上的作品了。文言诗文呢?岂不是全部都要删掉吗?显然现代性的本质特点不是这样的,它不排斥当代作品的时代作用,也看重能够发挥古为今用功能的典范之作对于培养当代青少年文化素质的巨大价值。从训练目的和致力点上讲,要挖掘凭借对象——课文的现代教育需要的潜在价值。以韩愈《师说》的训练设计为例,如果停留在文章写了什么这一层面上,训练就没有多少意义,因为关于"师"的问题讨论,现代文章比韩愈讲得更好。如果从韩愈的眼光和反叛勇气上看,阅读训练的意义就具有现代性。一是文章表现了极大的反思勇气和强烈的反抗精神;二是文章气足语壮,如同大海,其语言气势与内容组织都鲜明地表现了作者的勇气和精神。这便是21世纪学生学习8世纪作品的价值所在。历史是一条延续不断的河流,凡被后人称作经典的作品都是具备现代性的作品,否则,经典的意义又从何谈起呢?语文不是以知识传授为主的学科,它以民族文化、民族思维、民族语言的教育为己任,有相当的稳定性。有一点要特别注意,有些在当时看来极有时代感的文字,三五年后恰恰是反现代性的,这样的教训从前比较严重。

第三,要拓展语文练习的平台。练习不完全等同于温习,就学生的学习而言,至少在拓展平台上要注意几点:其一,练习的方向指引。练习是一种行动,行动有目标才有意义。因此,对于学生的练习,事先必须有一个预定的、十分具体切实的目标。既要有认知上的目标,又要有能力发展上的层级目标,还要有心理和习惯上的养成目标。当前的反科学化现象就是轻视甚至指责语文训练目标,认为目标细化了,就是肢解课文了。有一种说法叫"大而化之",意思是一篇优秀作品不要多讲,还是让学生涵泳、品味、领悟为好,这个观点看起来没有什么不对,因为一个语文能力强的人读文章,基本上是这样的。但是,从"以学生为本"的角度为学生着想,就要纠正了。学生是正处在基础学习阶段中的人,学生的"本",就是这一实际。学生处于基础学习阶段,入规入矩总是必要的,既然要入规入矩,那就要把"涵泳、品味、领悟"的过程、程序、层级、项目、方法等分开来——加以研究、定位、落实,使学生在有指导的情境下学习。其二,以练习方式的变革促进学习方式的变革。现代社会是信息化社会,从性质上讲,是效率社会。效率与方法往往构成因果关系,不同的方式就有可能导致效率值大不一样。传统的训练方式以温习为主,所谓"温故而知新",现在依然有用。除此以外,就现代社会对人的素质要求看,理应还有更新更切合需要的练习方式,比如,以语文研究性学习为基本特征的质疑、探究、发散、聚合等方式。质疑是在比较的情境下的一种发现,探究是在基本认定的心理下的一种溯源,发散是在思维张力激活情境下的开放性思考,聚合是在占有大量材料的基础上的整理与归纳。这些练习方式相辅相成、互为交叉、彼此沟通、共同运作,对于提高语文学习效率是十分必要的。

三、时习关系论

"时"是教与学的基本规律的一个方面的反映,既是一个特定的时间,也是这个特定时间下的教与学的良好状态,"习"是学习者在学习过程中不可或缺的行为方式。这两者不是一回事,但关系密切。这方面内容,在以上两论中均有

所涉及，下面再作一点条理化的归纳。

1. 条件关系

时必定是"习"的必要条件。没有"时"或者"习"不逢"时"、不适"时"，"习"本身就失去意义了，其功效自然也就大打折扣。"时"是多种多样的，无论是内涵，还是表现形式，以及其呈现状态都是不一样的。不同学段，不同年级，不同品质的学生，其学习之"时"也是不一样的，因此，要针对实际，促进学生应"时"而"习"，换句话说，就是在不同的"时"态下采取不同的"习"的方式。一般来说，有这样三种情形：

第一，在无"时"之"时"的条件下，注重指令性练习和唤醒式练习。无"时"之"时"主要是指学生没有进入学习状态，指令性练习是指强制学生进行某一学习活动，目的是促使其较快地进入学习状态，明白学习是怎么回事。然后更进一步，在学习态度、习惯、方法等方面得到唤醒，从而确保初步形成的良好学习状态持续性发展。

这里涉及一个常见概念，即学习兴趣问题。古今中外，没有人否定学习兴趣的重要作用，但是，事实表明，确乎有不少学生在学习之初没有学习兴趣。怎么解决这一矛盾呢？普遍的回答是"要激发学生的学习兴趣"。兴趣，果真是简单一激发就能获得吗？很值得研究。很多情况下，我们是把好奇和兴趣混为一谈的。其实，好奇不过是对陌生事物的情绪上的反应。第一次看到火车，两眼注视着，心里疑惑着，这属于好奇。兴趣，则是对熟知事物产生研究动机的十分持久稳定的心理追求倾向。熟悉火车之后，有人熟视无睹，有人细而察之，从某些方面探究其原理。显然，后一种才是兴趣所致。孔子说"知之者不如好之者，好之者不如乐之者"，"知"，谈不上兴趣；"好"，兴趣之火在燃烧；"乐"，兴趣上升到了最高阶段——痴迷。对于处在不"知"或"知之"不多状态中的学生，我们又如何激发其学习兴趣呢？指令性训练是十分必要的。百首古诗，强迫学生背诵甚至默写，此时，确实没有什么兴趣可言；背诵之后，也许要到若干年后，用到了,尝到甜头了,兴趣也就翩然而至了。这也正是语文学习与理科学习大不一样的地方。理科学习似乎时时都是陌生的,语文学习似乎时时都是熟悉的。

让学生在肤浅的表面化的熟悉情境中走进深刻的内隐性的陌生情境中,应该是语文教师的用武之地。

第二,在有"时"之"时"的条件下,要注重典型性和聚合式的训练。有"时"之"时",当然是指已经形成的比较好的学习状态,相当于"好之者"之"好"的状态。在这种状态下的语文教学,最大的困难是消除学生的满足感,学生的满足感过于持久,就会演变成学习的厌倦感,而厌倦感一旦形成,难得的有"时"之"时",就会逐渐消失。比如,课文的中心思想概括,无论是小学、初中还是高中,都是必须常抓不懈、反复训练的。由于深度上没有递进,方法上没有变化,要求上没有提高,学生基本掌握之后,就开始走向厌倦了。有人反对学习概括课文中心,其实这是不熟悉语文教学要求所致。问题的症结,不在于要不要概括中心,而在于怎样概括才科学、严密甚至巧妙。因此,在这样的情形下,重点是典型化的概括和归纳式的提炼,也就是说,要上升到规律化的层面上来研究概括与提炼的具体问题。

第三,在浓"时"之"时"的条件下,要进行探究性和开创性的训练。浓"时"之"时",相比较而言,自然相当于"乐之者"的"乐"了。乐的表征主要是对问题的刻苦钻研,以别人视野中的苦为自己心中持久洋溢的愉悦,概括地讲,就是入痴入迷。乐不是教师赐予的,也不是教师设计了愉快教学,学生就愉快起来,而是自我摸索、自我体验,特别是自我创造的结果。有人说,"教给学生学习方法,让学生愉快学习",严格说来,这句话是不够科学的。方法是教会的吗?简单的操作技能也许能教会,复杂的研究方法则很难说是教给的。给学生一本《学习方法大词典》,让学生按照上面的方法学习,很难得到乐趣。有经验的人都明白:方法是自己在研究过程中摸索出来的,越是进行高精尖的研究,方法就越具有个性化特征。思想方法、思维方法等都反映了研究者的个性。因此,对于处于这种状态中的学生,促进其进行探索、创造的尝试就显得相当重要了。

在高中语文教学中,开设研究型课程,条件往往得天独厚,尤其是对于学习兴趣浓厚的学生来说,研究型课程更能满足其探索与创造的欲望。

2. 因果关系

没有"时",练习、训练就显得无奈,但也不是等到了"时"才能安排练习、训练。"时"和"习"之间是互为因果的关系。因果之间是怎样互动的呢?

第一,"时"为"习"之因,"习"为"时"之果。上文讲到的条件关系,是一个显著表现,此外,还有两种情形:一是特定的、优质的学习之"时"。它能使教与学临时产生新的训练计划,课堂上的师生讨论,常常有恰到好处的"临场发挥"就是明证。临场发挥的东西本不是既定计划的内容,很多都是意想不到的精彩之笔,但又让人感到在情理之中。这个教学情理,就是以"时"为诱因的,没有特定的"时",意想不到的神思就会沉睡。一般来说,课堂上的临场发挥虽未以练习的形式出现,但它同样具有训练的价值,师生之间、生生之间的质疑问难,你来我往是思维训练的白热化状态,是训练的最高境界。二是课堂上的优质之"时"。这是群体创造和营构的。群体的学习态势优良,必然会对某些个体产生积极影响,使这类个体从训练思考的迷惘、凝滞状态进入明晰、活跃的状态,从而真正享受到训练的欢乐,获得成功。因此,假若没有这样的课堂之"时",这类学习有困难的个体就难以自主地求取训练之果。固定的班级授课制的优势于此可见一斑。班集体是学友的群体,如果打破这种熟悉的格局呢?比如,把成绩较好的学生安排在一个班,把成绩较差的学生安排在一个班,一个班也许竞争日益强烈,另一个班也许会因优秀学生的感召作用的消失而消失学习动力。这是值得警觉的事。

第二,"习"为"时"之因,"时"为"习"之果。"知之""好之""乐之"是三种学习境界,总体上看是递进发展的关系,但又隐含了因果关系。"知之"是"好之""乐之"的原因。上文说过,无法逃过"知之"这一环节,直接进入"好之""乐之"的境地。"知之"又是怎样对"好之""乐之"产生作用的呢?无论怎么说,了解总是认识事物、学习知识的第一步,尽管此时的了解还缺少兴趣的催动,但随着了解频率的增加,并进一步扩大了解的领域,那么,其结果必定是兴趣的产生,学习之"时"的到来。语文学科的学习尤其如此。我们通常说的"多读多写""开阔视野",其价值就在这里。比如,"多读"中的"随便翻翻"。显然,"随便翻翻"不是在兴趣支配下的阅读活动,更不是在研究目的指使下的钻研活动,既然如此,那"随便翻翻"的阅读价值又在哪里呢?在于发现"思考中介"或者叫作"联想跳板"。阅读鲁迅的《故乡》与阅读《标点符号用法》一文,本没有多大关系。由于在某一个时间、某一个不经意的场合阅读了《谈〈祝福〉标点符号妙用》一文,读者的眼前为之一亮,思维的接口也便找到了,于是就可以研究一下《故乡》中的省略号,还可以研究一下《从百草园到三味书屋》中的"～～ ～～"符号,甚至再研究一下意识流小说中的无标点语段……如果进入到这样的学习状态,那么,学习之"时"不就应运而生了吗?因此,这样一类的了解训练在语文教学中是十分重要的。了解越多、越杂,联想的因子就越多,离联想的快乐之境也就越近。

第二节 "举一反三"与"闻一知十"的思考特点

"时习"的核心是思考,注重思考是中国传统之魂,孔子为中国式的思考架构了逻辑框架。

我所体会最深的就是《论语》提出的八个字:"举一反三""闻一知十"。我认为,这八个字充分浸透了孔子的人生智慧,充分概括了孔子的思考特点,也充分表述了孔子对于人们思考问题的引领和期待。这八个字更是中国人思考能力的逻辑框架。在教育教学活动中,我们完全可以以此为"八字宪法"。

关于"举一反三"和"闻一知十"的原文有必要再引用一下。先看"举一反三"。

《论语·述而》:"子曰:不愤不启,不悱不发,举一隅不以三隅反,则不复也。"

举一反三,即由"举一隅不以三隅反"脱胎而来,但含义已发生本质变化。"举一隅不以三隅反"是指学习状态,即不能"反三"的事实。孔子强调的是面对这种情况要"不复",即不再教了。而"举一反三"则是演绎类推的思维方式,也可以说是一种学习方法论。这一思维方式或学习方法的特点就是类推,即由已知到未知的同类相推。朱熹说:"物之有四隅者,举一可知其三。反者,还以相证之义。"[①]用现在的话讲,"举一反三"是一种思维模式。

再看"闻一知十"。

《论语·公冶长》:子谓子贡曰:"女与回也孰愈?"对曰:"赐也何敢望回?回

---

① 朱熹.四书章句集注[M].北京:中华书局,1983:95.

也闻一以知十,赐也闻一以知二。"子曰:"弗如也;吾与女弗如也。"

由此可见,"闻一知十"是孔子对颜回思考特点的高度评价。一般人"闻一知二",颜回达到"十"的境界是极难的。孔子连用两个"弗如也",可见难的程度。这里要特别指出的是,自古以来,通常认为"闻一知十"与"举一反三"是相同的类推方法。朱子集注曾力图区分:知十,上知之资;知二,中人以上之资。其实朱子之解不然。

我的看法是,"闻一知十"是终身学习的发展过程,"举一反三"是促进"闻一知十"的最近发展区学习的联想与迁移。"闻一知十"是永远持续的过程,其认识的阶段性是显而易见的。在每一个认识的阶段,都要"举一反三",甚至每一个阶段中的某一个环节的学习也应如此。正是有阶段性,因而也就有了发展性。当然,发展又非直线上升,而是循环往复的。因此,"闻一知十"与"举一反三"共同构成了认识进步的结构图式。彼此辅成,相得益彰。孔子"八字宪法",既有纵向深入的要求,又有横向拓展的要求,简洁而又严密。这是我研读《论语》的重要所得之一。如图1-2所示。

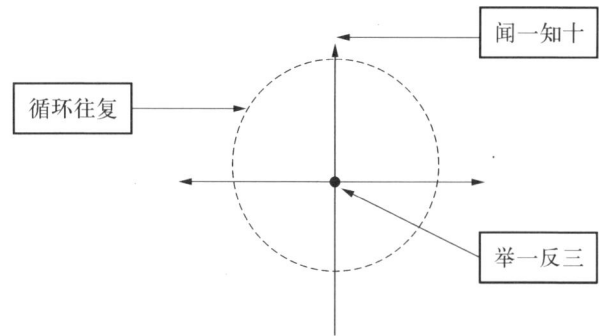

图1-2 孔子"八字宪法"结构图式

我之所得,来自朱注的启发。朱注云:"一,数之始。十,数之终。二者,一之对也。"其意义是,十是一的无限发展着的未来,二是一的同类对应者,如同"举一反三"的"三"。朱注又说:"颜子明睿所照,即始而见终;子贡推测而知,因此而识彼。"①这里提出了两对概念：一是"始"与"终"，二是"此"与"彼"。"始"是"一"，"终"也是"一"，"终"是"始"的可持续发展的未来性。"此"是"一"，"彼"是"二"或"三"，虽同于一类，但不是同体。"二"或"三"绝不是"一"的发展未来性。这是极为重要的区分。朱注引胡氏之说于此可见一点道理。胡氏曰："闻一知十，上知之资，生知之亚也；闻一知二，中人以上之资，学而知之之才也。"②这"上"与"中"的区分是什么呢？"上"就是能预测未来，"中"也就是由"今"而知"今"。朱注又云："'无所不悦，告往知来'，是其验也。"这是开窍之见也！这里很有必要讲一讲"告往知来"是怎么一回事。研究孔子的"告往之来"必须要读两段话。

　　子贡曰："贫而无谄，富而无骄，何如？"子曰："可也；未若贫而乐，富而好礼者也。"子贡曰："诗云：如切如磋，如琢如磨。其斯之谓与？"子曰："赐也，始可与言《诗》已矣！告诸往而知来者。"（《论语·学而》）

　　子张问："十世可知也。"子曰："殷因于夏礼，所损益，可知也；周因于殷礼，所损益，可知也；其或继周者，虽百世，可知也！"（《论语·为政》）

　　先看第一段。子贡问"贫而无谄，富而无骄，何如？"实际上是肯定了"无谄""无骄"，即贫不卑屈，富不矜肆，是可贵的。但孔子一方面答"可也"，一方面又递进一层：贫而乐，富而好礼更可贵。朱注云："无谄无骄，则知自守矣，而未能超乎贫富之外也。"③外又是什么意思呢？乐，忘其贫，好礼，安处善，乐循理，亦不自知其富。总之，贫也好，富也好，都是身外的东西，自身不应受其拖累。孔子这番告诫之后，子贡马上联想到《诗经》的两句话"如切如磋，如琢如磨"。朱注云："言治骨角者，既切之而复磋之；治玉石者，既琢之而复磨之。治之已精，

---

① 朱熹.四书章句集注[M].北京：中华书局，1983：77.
② 同①.
③ 同①52.

而益求其精也。"①子贡引《诗经》之句,表明他懂得了孔子所言的真谛:"知义理之无穷,虽有得焉,而未可遽自足也。"对于子贡所悟,孔子十分赞赏,曰:"始可与言《诗》已矣!告诸往而知来者。"孔子所赞,一实一虚。实,指这样的思考悟性是读诗的基本条件;虚,指这样的思考悟性可以由往而知来。如果只研读这一段,很可能把"告诸往而知来"等同于由贫富之论而联想到切磋琢磨之论。如此,则自然会把这种联想又等同于"举一反三"。这样,"闻一知十"就等同于"举一反三","举一反三"就等同于"告往知来"了。其实,"告往知来"的最典型例证就是第二段里所讲的"十世可知""百世可知"。第二段中孔子的话的意思是:殷礼继承了夏礼,周礼又继承了殷礼。知道了夏礼的损益变化,就能推知殷礼的损益变化,由殷礼的损益变化,就能推知周礼的损益变化。如此,也就能由周礼的损益变化推知未来十世乃至百世的礼的损益变化。这一由往知来,由已知推未知的演绎推理,才是孔子"闻一知十"的逻辑。"十"是未来的东西,何以能由现今的"一"而知道呢?关键之处是弄懂了"一"的规律性。朱注引胡氏曰:"天叙天秩,人所共由,礼之本也。商不能改乎夏,周不能改乎商,所谓天地之常经也。若乃制度文为,或太过则当损,或不足则当益。益之损之,与时宜之,而所因者不坏,是古今之通义也。因往推来,虽百世之远,不过如此而已矣。"②这里讲的"本""常经""通义"等都是"规律"的内涵表述。这样说来,"闻一知十"里边有"举一反三","举一反三"促进了"闻一知十"。"闻一知十"说到底是规律性认识,是人的最高境界的认识。

1. "八字宪法"的教育内涵

明确以上看法,下面就可以讨论"举一反三"和"闻一知十"的内涵了。

(1) 举一反三。

举　　列举,举要。列举是行为,举要是行为要求。教育的选择性、科学性、

---

① 朱熹.四书章句集注[M].北京:中华书局,1983:53.
② 同①60.

时机性都与"举"密切相关。首先是内容要有选择。以语文课文编选为例,经典性与时代性都要兼顾。没有经典性,学科内容浅、杂,只是时尚而已,不符合基础教育要求。当然也要考虑时代性,也即现下时代的文明成果。其次是内容与处理的科学性。内容本身的科学性,不用多说,因为其本身属于经典,科学性时时都在经历考验。怎么处理?要用科学发展观来指导。同一经典内容在教育活动中处于不同地位会产生不同的教育作用。同一经典内容在教学过程中作不同要求的处理,其教育影响也有很大差异。这就是所"举"内容的科学处理问题。最后是时机性问题,这是教学艺术的体现。学生身体发展、心理成长及教学要求三者之间还存在很多不对接、不匹配、不一致的地方,如何把握这些复杂现象,循循善诱,求取效率,这就是时机问题。时机的有效发现与把握、调控与强化都属于艺术追求。因此,"举"是相当复杂的一件事。

一 "一"在中国文化中也是相当复杂的。从教育学和教学论上讲,它与"闻一知十"的"一"是不同的两个概念。这个"一"是教育上起引导作用的起点和基础。我们引导学生学习必须有一个起点,必须在原有基础上追求新的发展。这个起点或原点就是学生进步的新的生长点和成长点。生长点是指在认知上有所发展、深入的地方,成长点则是指这一处发展在学生一生发展中起阶段性里程碑作用的地方。没有生长点,就没有成长点,而某一阶段的成长点又是下一阶段生长点萌发的沃土。"一"作为起点,又有多层内涵:其一,指课堂学习用例,新认知的起点。学习新内容或新概念,引入例子引发思考是相当必要的。其二,指问题思考的切入口,这是思维的起点。学习活动说到底就是思维活动,解决一个问题,总要寻找抓手,找到切入点,这是思考的策略。尤其是教材"认读"方面,过于突出所谓的创造性阅读,则可能带来偏离文本的无绪之思泛滥、思考肤浅化。其三,指与新知识联系的对接点。学习需要拓展与联系,新旧知识如何关联常常是教学者要思考的,这也是教学的困难所在。困难的原因就在于我们对上节课所学的"一"缺少慎重的选择。其实,"一"要有渗透力和包容性,应该要起到酵母作用。

反 推断。由"一"推断出"三","一"是起点,反是过程,"三"是结果,这三个要素缺一不可。推断是思考的全过程,它包括推知、论证、判断等思维活动,是演绎或归纳的集中体现。我们说要培养学生的创新能力,其实,一切创新能力的形成全在于"反"这个活动之中。首先,要有方向指导,即思考的方向要明确,思考的路子要清晰,既有长期性考虑,又有阶段性安排。这反映在教育活动中,就是教育的"序"。序有时序、顺序、秩序之分。时序,即从学生身心发展的阶段性上来考虑;顺序,即从认识问题、分析问题、解决问题的先后行动上来考虑;秩序,即从各门学科的统筹兼顾上来考虑。这三个序既是一校之思考重点,又是一教师之思考重点;既是一学科之思考重点,又是一学生之思考重点。其次,要有阶段性设计。推断能力在不同学段有不同要求,小学生创新、中学生创新、大学生创新要有层次之分,高下之别。最后,正确处理教师为主导、学生为主体的关系。学生推断能力形成的伴随者是教师,没有教师主导的学生自主学习是没有能力发展深度的学习。而学习活动的肤浅化(注意:不是指学习内容)是学习能力可持续发展的障碍。

三 按原文意义,指三方。杨伯峻把举"一"的"一"解作东方,"三隅"则解作"西、南、北三方"。很显然,一、二、三、四"隅"都是一类的。这个"类"就是教育学和教学论的意义。首先,"三"是作为"一"的同类,因此,学习上的能力显示为类比。能类比,用现代心理学概念讲就是迁移,这是学习的基本要求。我们平常上课,"上"是师生的行动,"课"是什么?是师生在同一时间与空间里调动所有条件来共同完成的学习任务。这个任务与四个要素相关:学习的内容(知识主体);学习者(认知主体);学习条件(时间与空间);学习指导(教师作用)。这四项都是"举一反三"的"三"。学了"一"可以推知还未学的新内容,这叫提前预习;学了"一"能够了解自己的现有水平,这叫自我评价;学了"一"能够回忆过去的时空而确定新时空的作用,这叫自主推断;学了"一"还能够把原来学生所熟知的教师的"教"用来转化为自己的新学习,这叫自我学习创新。但就学科而言,最主要的还是认知上的。主要表现为:一是在学习上善于联系,即由旧知自觉联系新知,或者学习新知时能自觉联系旧知;二是在思考上善于拓展。拓展什么?拓展知识面,拓宽认知视野。

综上所述,"举一反三"既是思考的基本形式,也是学习的基本要求,更是能力发展的基础。"举一"是学的起始阶段,"反"是学习的全过程,"反"而得"三"是学的结束阶段。培养思考力的核心就是一个"反"字。这里要补充一点,反既是对"三"的探求,又需要对"一"进行回顾,从而使"反三"更加顺利。

(2)闻一知十。

|闻| 闻,知道,与"举"不同,"举"是教师这个学习主体转化为教学主导后进行的教学行为,"举"者,师之智也。而"闻"与"知"的主体同为一个人,即学习者也。所以说,"闻一知十"是学生在历经学习过程中所形成的自主能力。同时,它又超越了一般学习能力本身而转化为实践上的所有创造性内容。子曰:"诵诗三百,授之以政,不达;使于四方,不能专对;虽多,亦奚以为?"熟读了《诗经》,这是认知,是对思想内容的接受。但是,如果交办的任务办不了,出使外国不能独立谈判,那么,即使读得多又有什么用呢?由此可见,孔子的学习目的是希望将所学的内容化为自己的血肉,转化为实践的所有能力并在实践中取得成功,这就是"闻一知十"的基本要求。这里的"一"是学的东西,"知"是推断,更是预测,"十"是事情的结果。用孔子的话讲就是"告诸往而知来者"。"往"是过去的,"告诸往"是现在的学习,"来者",是未来之事,这个"知"必然是预测与推断。闻,还有一个逐步积累与发展的问题。孔子说"多闻阙疑",点明了"多"对于"闻"的作用。这个"多"也不是单指同一类事物、事理听得多、见得多,还指不同的新生的事物与事理的"多闻"。另外,温故知新也是"多闻"。闻者,通也。"闻"不仅仅是接受、接收,而且伴随思考。

|一| 这里的"一"与"举一反三"的"一"不一样。先要明确"一"与"十"。"一"一旦与"十"联通,则"一"就一定是"数之始也","十"则必定是"数之终也"。"一"到"十"构成了一个独立的完整的过程,是事物运动发展的客观过程。"十"在中国传统哲学概念里就是"全""满""结果""终极"。"一"是运动的起点或起始阶段,

"十"是运动的终结阶段。从"一"到"十"的运动距离是多少呢？这恰恰是十分复杂而有趣的地方。可以称作无限，如人类的起源到人类发展的最高阶段恐怕就是一个无限的认识与运动过程，而一个学习问题的解决，常常从着手到解决也不过五分钟，这是一层理解。关于"一"与"十"的第二层理解是，由于它揭示的是一个过程，那么它与"一"与"三"的内涵就不一样了。如果说"一"与"三"，是由"一"发散而为"三"的话，那么，"一"与"十"，就是由"一"集中探索而到"十"了。发散是"举一反三"的特点，集中是"闻一知十"的品质。换句话说，"举一反三"是类比发散开来研究，"闻一知十"是钻探集中地延伸思考。用现代心理学解释，"举一反三"是发散思维，"闻一知十"是集中思维。发散求其广，集中求其深。发散是最近认知区域的横向联想，集中是向着远方未认知领域的纵向探询。"三"是"一"的同类型，"十"则是"一"的推进甚至是质变。"举一反三"与"闻一知十"都是十分优秀的思考状态与思维模式，是人类智慧的集中体现，二者相辅相成。

知 我们还得思考，在教育教学活动中，"闻一知十"能力的发展抓手是什么呢？当然是"知"。知，知道，理解、觉悟之谓也。这有两项重点工作要做。第一，温故是基础。子曰："温故而知新，可以为师矣。"师是指导者，拿什么指导？由"故"知"新"的本领，学生要学的就是这个本领。一是"故"里有"新"，是否能发现；二是"故"外有"新"，是否能联想到。皇侃《义疏》说，温故就是"月无忘其所能"，知新就是"日知其所亡"。这两句话原是子夏说的，他的意思是："每天知道所未知的，每月复习所已能的，可以说是好学了。"这也是"学，然后知困"的意思，只要有原认知，就有了知困、知不足的条件，才有可能"知新"。第二，发明是关键。子曰："吾与回言终日，不违，如愚。退而省其私，亦足以发，回也不愚。"孔子所认定的智慧就是"足以发"，即足可以发挥。"发挥"就不是一般的理解，而是创新性阐释，个性化实践，用朱熹的话讲就是"见其日用动静语默之间皆足以发明夫子之道"。这就是用颜回的所有实践来证明他能发挥孔子之道。举一反三是一条思考路线图，闻一知十又是一条思考路线图，这两条路线图是中华民族思考智慧的结构标志。二者辅成，彼此沟通，是我们时时处处培养学生思考能力的逻辑架构设计坐标。

第三节 "时习"教学的传统智慧

一、学的智慧

1. 知·好·乐

王国维有以"昨夜西风凋碧树"开头的"为学三境界"说,先说迷茫不解,然后说艰辛努力,最后说豁然开朗。这是形象的比喻,鲜活而又富有启迪意义。《论语·雍也》中"知之者不如好之者,好之者不如乐之者"同样是"为学三境界"说,而且比王国维深刻,更具有教学论的科学意义。这句话翻译过来很简单,就是"了解它不如喜爱它,喜爱它不如以它为乐"。说它深刻,又深刻在哪里呢?

它深刻在把"乐"与"好"分开来讲。我们现代人在思考这个问题时似乎倒退到孔子之前了,较肤浅,以为学习要么爱学、要么厌学,好乐不分,更有甚者,提倡所谓"欢乐蹦蹦跳"之类的"愉快教育""快乐学习"。愉快教育、快乐学习当然是好的,是孔子所讲的"乐",但搞一些游戏式活动使学生产生了好奇之心,就以之为"快乐",恐怕是差之毫厘,谬以千里了。还有一种看法更是不能容忍的,就是把"乐"与"苦"对立起来,否定刻苦学习,一看到学生苦学,就认为是对青春的残害。如果这种说法都不算荒谬,还有别的说法是荒谬的吗?

知,知道、了解、认识到,往往是被动的。比如,幼童背古诗,记住了,也大致懂得点皮毛了,就是被动的知。这谈不上"乐",也谈不上"好"。好,是一种带有功利性的态度,换言之是兴趣。有用于我,好之;预想可能有用于我,去追求,也是好之;再进一层,在应用时尝到了甜头,珍惜之,当然是好之了。朱熹说:"好之者,好而未得也。"只讲到"追求"这一层意思。宋代张栻打了比方,说:"譬之五谷,知者知其可食也,好者食而嗜之者也,乐者嗜之而饱者也。"这个比方讲不通。"好"与"乐"不过是"嗜",只是程度上的差异。宋代饶鲁说得明白些:"论地位,知不如好,好不如乐;论功夫,乐原于好,好原于知。"分出层次了,但惜乎未达其意,还是把孔子的话重复了一次。"乐"与"好"的区别究竟在哪里呢?我以为要从性质上辨析。相对于"知","好"与"乐"是主动的、自觉的;相对于"好","乐"是以学习为生命本体的实现,完全抛弃了功利。换句话说,"好"是为了生命本体的需要,"乐"是生命本体自身。"好"是为了"我","乐"就是"我"。"好"是去求知,"乐"是求知之后,旧"我"变为新"我",进入到人生最高境界。这在《论语》中是可以找到例证的。《颜渊》篇记载:樊迟问仁,子曰:"爱人"。问知,子曰:"知人"。樊迟还是未明白,又去问子夏,子夏曰:"富哉言乎!舜有天下,选于众,举皋陶,不仁者远矣。汤有天下,选于众,举伊尹,不仁者远矣。"樊迟这种"不独欲闻其说,又必欲知其方;不独欲知其方,又必欲为其事"的"学者之问",是由"知之者"转向"好之者"的表现,但绝对不是以之为乐的表现。颜渊同样问仁,但他的态度是"回虽不敏,请事斯语矣",这是明志,明志的同时也这样做了,做得很彻底,正如孔子所说"一箪食,一瓢饮,在陋巷,人不堪其忧,回也不改其乐,贤哉,回也",孔子又说:"回也,其心三月不违仁,其余则日月至焉而已矣。"在孔子眼里,只有颜渊长久地不离开仁德。判断的标准就是以实践仁为生命的本体,不改其乐。由此可见,"乐"是精神的极致,是把物质的生命融化在精神世界里的至美状态。

2. 自得·再得·共得

《论语·述而》:"子曰:默而识之,学而不厌,诲人不倦,何有于我哉?"这几句话,师生研读,多是分开来说,"默而识之"是怎么回事,"学而不厌"是怎么回事,"诲人不倦"又是怎么回事。不少人把"学而不厌"作为座右铭,把"诲人不倦"送给了自己尊敬的老师,不敢用在自己身上。

默,寂也,无声、沉静。宋代熊禾由此提出"学以沉静为本",也就是"静心学习"的意思。"默"在前,"识"在后,"默"是一个前提条件,心要静,口无言,有点呆头呆脑的样子。识,记也,也就是讽诵、记忆、识记。孔子提出的这个学习要求是就诗、书、礼、乐而言的，以继承、传承、接受为要。"学而不厌"好通，学，学习、觉悟；不厌，不饱、不足。千万不能解释为"不厌烦"，"不厌烦"处在"厌烦""喜欢"之间，而"不饱""不足"则是格外地喜欢，是"好之""乐之"，用现代话讲叫"如饥似渴"，学习心理境界的差距很大。子贡问孔子："夫子圣矣乎？"孔子说："圣则吾不能，我学不厌而教不倦也。"后儒也一致说"教不倦，乃夫子所自任"。教人就是教导别人，是不是就是狭义的师对生的教导呢？不一定。"三人行必有我师焉"，这"师"常常是变化的、转换的。孔子很赞赏弟子"起予"，这"起"就是师的作用。"师"不是一种名分，而是一种功能、作用。因此，这教人之师要广义理解为好，这"诲"是教诲，其本质作用是"起"，即启迪、开导、指点、帮助。教人之师，用韩愈的"生乎吾前""生乎吾后"的阐释最为恰当。这样说来，"诲人"不一定专指为师者的职责，也指为学者的学习之举。

读姚永朴《论语解注合编》，读到姚氏所引的元代胡炳文的解释，深受启发。胡炳文说："学贵自得，故默识。得而不以为得，故学不厌。自得又欲人共得，故诲不倦。"[1]我以为这是历代注家解释中讲得最为高妙的一解。默识是"不言而存储心"，自我有所体会，越体会便越觉得还有体会不到的，于是锲而不舍地学习，以求再得。与人共得的反面就是孔子反对的"独学而无友"，也是孔子所提倡的"如切如磋，如琢如磨"。自得、再得、共得是一种彼此关联、相互作用的学习进步运作方式。有"自得"才有"再得"，如何"再得"，"共得"或许就是条件，当然，有时候，有了"再得"，才能更好地与人"共得"。围绕一个"得"，学习起来是很有趣的，同时也需要及时调控，在很大程度上，与我们现代话语"学习策略"是一个意思。

自得、再得、共得也是"为学三境界"。王国维的三境界讲个人为学，孔子的"知之""好之""乐之"也是为学之境界，讲的也是个人为学。这里由孔子的话提

---

[1] 姚永朴.论语解注合编[M].合肥：黄山书社，2014：110.

炼出的"三得",既讲个人为学,也讲群体共学。特别是这个"共得",是孔子一直追求的。为此,他批评了他从不愿批评只想赞赏的学生颜回。《论语·先进》:"子曰:回也非助我者也,于吾言无所不说。"意思是,颜回对我的话没有不听从、喜欢的,但这对于我没有益处,不是助我之人。"助我"是什么意思呢?用孔子话说,就是"若子夏之起予,因疑问而有以相长也"。

3. 温故而知新

《论语·为政》:"子曰:温故而知新,可以为师矣。"初中生就知道这句。怎么讲?不一样。杨伯峻《论语译注》说:"在温习旧知识时,能有新体会、新发现,就可以做老师了。"①徐志刚《论语通译》说:"时时温习已经学过的知识,由此就能获取新的更深的知识,这样就可以为人师表了。"泛泛而讲,未尝不可。仔细推敲,就有了问题。知"新"的"新",是从旧知识中获得的呢,还是在新的时代产生的新知识呢?如果是从旧知识中获取,个中原因何在?如果是相对旧知的新知,那么"故"与"新"是何种关系?为何说"温故"就能"知新"呢?汉儒注经以来,对这句话就一直有这么一个"笔墨官司",它不是语言释义上的小事,而是不同的释义反映了不同的认识论与价值观。

汉代何晏说:"温,寻也。寻绎故者,又知新者。"晋代孙绰解释何晏的话:"守故弥温,造新必通。"朱熹说:"故者,旧所闻;新者,今所得。言学能时习旧闻,而每有新得。"两家代表之说明显存在差异,即"新"是在"故内"还是在"故外"。韩愈的观点更明朗,他说:"故者,古之道;新,谓己之新意。"姚永朴通融了一下,说:"兼之,义乃备。"

综合考察孔子的思想,我想,在"故"里求"新"应该是"举一反三"。孔子是有这方面示范的,《诗》是"故",孔子删之,有"新"的认识;又有"思无邪"之评断,且以此一言以蔽之,干脆利落,极为自信,这更是有"新"的理念在起界定与评判

---

① 杨伯峻.论语译注[M].3版.北京:中华书局,2009:17.

的作用。"举一反三"不是说做就能做到的,就像我们说"继承与创新",不谈创新了,就是"继承"也是很难做到的。这里有一个词"温",千万不能小视。"温故"就能"知新",在旧知中有新体会了。要指出的是,这个"新体会"是对"故"的全面完整的认识,还不算是创造。第一次认识"故",只知其一不知其二,其实这"其二"早已在那里,只是你没有认识到;第二次认识"故",在其一的基础上认识到了"其二",原来是你把这"其二"当作新宝贝了。因此说,在"故"里求"新",主要在于对"故"的反复全面的理解。而第二种由"故"知"新"则多有创造,所谓闻一知十,由始见终,告往知来。这"十""终""来"是未来的东西,你是从"一"中推知预见到的,是根据规律作出的准确判断。这当然是创造了。要说从"故"里求"新"与由"故"而知"新"的不同就在于:前者是举一反三,后者是闻一知十。

二、教的智慧

1. 视、观、察

孔子说"听其言观其行",从言行两方面了解人物,应该说比较全面。但孔子还有更深刻的见解。一般把这个见解看作认识朋友的观点,其实,对于教育教学,何尝没有深刻的启迪意义呢?孔子是这样说的——

"视其所以,观其所由,察其所安。人焉廋哉?人焉廋哉?"(《论语·为政》)

以,为也;由,从也,行动的原因;安,心理,心情。全句的意思是,考察一个人,看他的行动、行动原因以及心理活动,就了解清楚了。这个人怎么隐藏得住呢?

仔细揣摩一下,又感到这样直解似未切中孔子本意。这里有三个词要加以辨析:视、观、察。

刘宝楠《论语正义》讲得好："视、观、察，以深浅次第为义。"①一是"深浅"问题。视，瞻也，平常所见叫"视"；非平常般地看叫"观"；察，更进一层，审也。二是"次第"问题。由视到观再到察是一个循序渐进的观察过程，即由表及里、由浅入深、由简单到复杂、由现象到本质的认识过程。再读朱熹《四书章句集注》，才知道刘宝楠是概括了朱熹的话，但朱熹讲"深浅次第"时还解释了原因，比刘讲得还要好。朱熹说："以，为也。为善者为君子，为恶者为小人。观，比视为详矣。由，从也，事虽为善，而意之所从来者有未善焉，则亦不得为君子矣。察，则又加详矣。安，所乐也，所由虽善，而心之所乐者不在于是，则亦伪耳，岂能久而不变哉？"②由朱熹的分析，我们自然会感到：一个学生是很难一下子认识清楚的，而抓住视、观、察三字要领，认识清楚又是完全可能的。

由"难为"到"可能"之间，我们是不是还要想到更具体的一些问题？

第一，"行"是一个总抓手。行是表象，时时处处都能见到，我们做教师的都十分关注这一点，这不用多说。问题是，行也有假象。课堂上，学生纷纷讨论，这种行有没有假？很难说。还有一种，个别学生不参与讨论，沉默的样子，你能由此来推断他没有学习兴趣，脑子没有开动起来吗？也很难说。据我的经验，一时段的"行"的假象是很难持久下去的。一旦突变，验证的时机也就到了，"行"的真假也就弄明白了。到了这一步，再去"观其所由""察其所安"，就比较真切了。

第二，"安"是一个分水岭。安，实际上很难一言以蔽之，解作心情、心理，姑安言之而已。杨伯峻用了一个代替法，他说此处的"安"就是《论语·阳货》中孔子对宰予说的"女安，则为之"的"安"。"女安"的"安"是心安理得的意思。犯错不重要，重要的是是否心安。不安，自我意识到了，无须再教育；安，即以非为是并且乐意如此，则有大问题。怎样判断"安""不安"呢？当然又要回到"行"上

---

① 郑玄，刘宝楠.论语正义[M].上海：上海书店出版社，1986：29.
② 朱熹.四书章句集注[M].北京：中华书局，1983：56.

来。孔子在任何时候都强调"行",这是十分圣明的。

2. 不复

《论语·述而》:"子曰:不愤不启,不悱不发,举一隅而不以三隅反,则不复也。"这几句话是孔子对中国传统教学论的重大贡献。

郑玄说:"孔子与人言,必待其人心愤愤,口悱悱,乃后启发为说之,如此则识思之深也。说则举一隅以语之,其人不思其类,则不复重教之。"[1]郑说是历代注释的代表。朱熹《四书章句集注》说:"物之有四隅者,举一可知其三。反者,还以相证之义。复,再告也。上章已言圣人诲人不倦之意,因并记此,欲学者勉于用力,以为受教之地也。"[2]刘宝楠《论语正义》多从"愤""悱""启""发"上引经据典,详加阐述,至于"不复",则引《学记》"语之而不知,虽舍之可也"一句,实际上还是重复孔子的话。杨伯峻《论语译注》未解。

"不复"果真是不值得解释吗?非也。我以为,"不复"与"启""发"同样重要。关键是要清楚"不复"的教育内涵。要问一问:为什么学生不能举一反三,就不再教了呢?孔子诲人不倦,有教无类,不至于看不起笨学生,放弃不管。

"不愤不启"前于"不悱不发","不悱不发"又前于"举一隅不以三隅反,则不复也"。换句话说,"不愤"必然"不悱","不悱"必然"不以三隅反",这是认识上的递进过程,是完成一次认识的周期活动。三者之间构成了层层因果的关系。"愤"是认识的起始表征,对人事物理等认识对象有了研究、认识的心思,所谓"怦然心动",这是最起码的。如果学习者对认识的对象无动于衷,那就没有可能进入"悱"的境界了。

孔子对学生是充满希望的,不言放弃。"不复"是指不在"举一反三"这个层面上再来一次,而是改变目的,在学生为什么不能"举一反三"的原因上下功夫。说到底,就是再回到"愤""悱"这一层面上施教。教师想办法,启而发之,促进和

---

[1] 郑玄,刘宝楠.论语正义[M].上海:上海书店出版社,1986:139.
[2] 朱熹.四书章句集注[M].北京:中华书局,1983:95.

引导学生消除阻碍"举一反三"的种种不利因素,这样架过梯子,搭起桥梁,垫上基石,教给方法之后,学生就能较为顺利地进入"举一反三"的境界。中国人处世,有进三步退一步之说,"不复"就是退一步。这个"退"是为了"进",是求取"进"的策略。

3. 启·发

"启发"在现代汉语里是一个合成词,意思是开导、启迪,通行的解释是"阐明事例,引起对方联想而有所领悟"。而在古汉语里,"启"与"发"则各有各的意义。启,教也。《孟子·尽心下》:"君子引而不发,跃如也。""引"者,引起绪也,"引"与"启"同义。《学记》:"君子之教,喻也。""喻",即"开而弗达",所谓"开",就是开发事端,给学习的人开发大意而已。这个"开"也就是"启"的意义。"喻"是"开"的方式,与"启"也同义。"发"又是什么意思呢?《说文》:发,射发也。按"射礼",每射三次而止,每次射四矢,十二矢为一发。《广韵》:"起也,舒也,扬也",即发挥、宣发之义。《博雅》:"开也。"《诗》云:"明发不寐。"意为天大亮,"光明开发也"。在《广韵》中,又有"明"的义项,引《论语》"亦足以发"。这样罗列起来,能看出"启"与"发"词义的差别,但不大。

为此,有必要专门研究一下《论语》中的"发"。《论语》中"发"凡三例:一是《为政》记录孔子赞美颜渊的话:"吾与回言,终日不违,如愚。退而省其私,亦足以发,回也不愚。"二是"不悱不发"。三是孔子讲自己"其为人也,发愤忘食,乐以忘忧,不知老之将至云尔"。例一之"发",依朱熹的解释就是"发明",其结果是坦然无疑。发明,即阐发清楚,完全明白的意思。例二不说,暂存疑。例三"发愤"之"发"是"激发""发扬""发挥"之义,"发愤"即启动、确立好学之志,引申开来即为刻苦用功。

现在,从"启"与"发"的词义上看,从孔子使用"发"来表达思想的实际应用上看,"不悱不发"的"发"与"不愤不启"的"启"在谈指导学生学习的着力点上是有区别的:启,重在思考的起始阶段引出头绪,打开思路;发,重在思考逐步推进

过程中发展志趣,明白要旨,阐发义理。我无意于咬文嚼字,非要找出"启""发"的差异来,而是从理解孔子"不愤不启,不悱不发"这句话的意旨上来求得一点教学论意义上的启发。

"愤""悱"是学习者的心理状态,有着积极、追求、焦虑的表征,可以通过一定的中介看得见,如表情、动作等。但要真正把握这一心理运动实质的,说到底,不是教师,而是学习者本人——学生。在倡导以学生为本,培养学生自我探索能力的今天,"不愤不启,不悱不发"或许也是指导学习者时时注意自己学习心理时机的辅导名言。"启""发"是学习的成果表现,"愤""悱"是能够形成"启""发"学习成果的必要条件。教师固然要想方设法创造条件使学生形成"愤""悱"心理,更重要的是,是学习者本人要意识到"愤""悱"的学习内驱价值。从内因外因论上讲,"愤""悱"就是极其重要的内因。

4. 和

"和"是一个重要的哲学概念。《论语》中多次出现,意义不同,但总体上还是表达了孔子崇尚协调、中和、和谐、平衡和论人衡物的思想。这种"和"的思想实际上不是孔子的发明。西周末的史伯和春秋末的晏婴就提出了这个观念,史伯说"和实生物,同则不继,以他平他谓之和"(《国语·郑语》),晏婴加以发挥,说"和"是相异事物之相成相济(《左传·昭公二十年》)。孔子加以发挥后,到了子思,又有了升华,子思的《中庸》称"和"为天下之"达道","和"可以解决一切矛盾。

《礼记·中庸》说:"喜怒哀乐之未发谓之中。发而皆中节谓之和。"杨树达《论语疏证》也说:"事之中节者皆谓之和,不独喜怒哀乐之发一事也。"查《说文》,"龢,调也";"盉,调味也"。音乐调和谓之"龢",羹汤调味谓之"盉",人事物协调适当谓之"和"。三个字,称物不同,本义则是一致的,就是我们现在说的"恰到好处"。孔子论学,说"学而不思则罔,思而不学则殆",就指出了"学""思"不协调的结果:罔或殆。孔子论诗,说"关雎"是"乐而不淫,哀而不伤",指出了快乐而不放荡、悲哀而不痛苦的分寸感,一语中的。孔子评乐,说"韶"是"尽美矣,又尽善矣",美,指声音好,善,指内容好,用现在的话讲就是形式和内容的完全统一、协调。孔子论事,说"无适也,无莫也,义之与比",也就是说没规定要怎样干,只要合理恰当即可。孔子是主张多思考的,但对季文子三思而后行,他说"再,斯可矣",即想两次就可以了。这句话以前读不懂,后来在杨伯峻《论语译注》中看到他引了一则资料才明白,清代宦懋庸《论语稽》中说:"文子生平盖祸福利害之计太明,故其美恶两不相掩,皆三思之病也。"[①]世故太深,过为谨慎,孔子一语中的,予人助益。

教学之"和"就是"中节","中节"就是符合规律。这规律至少有三:一是身心发展的规律;二是时代发展的规律;三是知识发展的规律。一指"人",二指"时",三指"知"。这三者若是协调起来的话,教学就有大效了。三者之中,又各自有很多地方需要调和的,比如,"身心",身体的变化与心理的变化有对应关系,一旦失调,就会出故障。因此在真正的教育家那里,总是"因身定教""因心定教"的,这也体现在孔子"因材施教"的理念中。

以上教学智慧远没有穷尽古人的教学探索与特点,不过是举例而已。虽是举例,但也涉及了教学的要求、思考的特点、习行的研究、自学的要义以及成长的境界诸方面。这些都是宝贵的思想财富,值得加以现代化应用。

---

① 杨伯峻.论语译注[M].3版.北京:中华书局,2009:49.

第二章 时势与变革
——语文课程时变研究

从 19 世纪末开始,经历了 20 世纪,语文教学思想发生剧烈演变。在这个大课题内,这里初步探讨四方面问题。

第一节　肇端,第一次思想交锋

从语文教育史的观点看,我国的语文教学有很大的特殊性,主要表现在语言形式和语文内容方面。语言形式的变化是文言向白话的转换,语文内容的变化是由经史子集向现代语文所负载的新生活、新思想、新道德等方面的内容转换。由这两方面的转换,可以把我国语文教学分为两个时期:旧语文教学时期和新语文教学时期。在由旧时期向新时期转变过程中,有一个较长的过渡期,大致时间是1903年到1953年,以"新学制"定位语文和以叶圣陶《国文百八课》出版定位教学为标志。在这个过渡期,语文教学出现了激烈的思想交锋。

1. 交锋前的主流思想

1904年,清政府大臣张之洞主持制定我国第一个近代学制"癸卯学制"或称《奏定学堂章程》。这是一个带有资本主义色彩的新型学制,结束了自隋炀帝大业二年(606年)开始的以选拔官吏为主要目的的科举制度。新学制的构建带来了课程的重大变革,各级各类学校的课程由原来的单一学科转变为适应社会进步需要的多学科同步设置,大量开设了西方的一些近代学科,如算学、历史、地理、图画、体操等。这样,语文在课程中的位置就明确了,既不是从前的独尊地位,也不是低层学校的蒙学教学地位,而是走上了新课程的"流水线",从大文科中走了出来,与其他学科划清界限,并肩组成了多学科同步运作的新型课程格局。

语文学科虽然在众多课程中独为一科,有了明确的地位,但语文教学思想并没有新的内容,占主导地位的就是以张之洞为代表的"中体西用"思想。这种思想明确地写进了"癸卯学制"中,规定:"无论何种学堂,均以忠孝为本,以中国经史之学为基,俾学生心术一归于纯正,而后以西学沦其知识,练其艺能。"张之洞强调指出:"中小学堂宜注重读经","若学堂不读经……中国必不能立国"。(《学务纲要》)"中学为体,西学为用"是中国近代史上有重要影响的思潮,是洋务运动一贯的指导方针。张之洞的《劝学篇》可以说是"中体西用"思想的代表作,他坚持认为"中学治身心,西学应世事",在光绪二十四年(1898年)《两湖、经心两书院改照学堂办法片》里,张之洞正式使用了"中学为体,西学为用"的提法。这里的"中学为体",实际上就是坚决主张把封建主义的圣道伦纪、典章文物,也就是其集大成者——"四书五经"、三纲五常摆在至高无上的地位,是立国、立人、立学的基础。至于西方政治与艺术等资本主义的先进东西,只不过是用来作为维护封建统治的工具和手段。张之洞的幕僚辜鸿铭对其思想有十分"中的"的评价,他说张之洞的目的是企图"借富强以保中国,保中国即所以保名教"[①]。很显然,当时的语文教学之道就在于传承"名教"。

2. 对"主流思想"的理性质疑

张之洞的重大贡献在于提出西用思想,这在中国教育史上是占据一定地位的。但是,他企图把"中体"和"西用"结合起来的说法和做法,受到了维新派思想家的批判。语文教学指导思想的理性质疑拉开了序幕。这些思想家的着眼点并不是具体的语文教学,但其思想的针对性价值和启迪性意义对于语文教学的内容改革则是极其重要的。

最早系统介绍西方资产阶级思想的严复,首先对"中体"所指的"旧学"进行了无情的批判。在他看来,旧学用来怡情遣兴则可,用来救贫济弱则不行,因为治旧学者"救死不赡,宏愿长赊,所托愈高,去实滋远,徒多伪道,何裨民生也哉?"他还无情地嘲讽了张之洞的"体用观",在《与〈外交报〉主人论教育书》中说:"体用者,即一物而言也,有牛之体,则有负重之用,有马之体,则有致远之用,未闻以牛为体,以马为用者也。"严复的思想很明白,中学有中学的体和用,

---

① 辜鸿铭,陶菊隐.张文襄幕府纪闻　近代轶闻[M].太原:山西古籍出版社,1995:18.

西学有西学的体和用,以"中学为体、西学为用"来收教育之功,是不符合逻辑的,也是无法做到的。

严复之后的康有为、梁启超也提倡"中体西用"的口号,但根本目的和实质内容是不同的。他们所说的"中学"虽然也包括封建主义旧学,但要经过改造,给予新的解释,赋予时代性的新内容。比如,维新派与洋务派都推崇孔子,但实际上是两个孔子在斗争。"康梁是以孔子的权威来为变法作辩护,在孔子之道的神圣保护伞下,宣传同圣道正相悖背的资产阶级维新变法思想;张之洞则是在封建圣教上镀上一层洋金作为保护,使之免于受到攻击。"①

随着教育思想辩论的进一步展开,双方的观点更加明确,对语文教学的针对性意义也更加显豁,特别是"五四"时期提出了民主与科学的思想后,思想家对于"体用"与"育人"的关系作了更加深刻的剖析。最有代表的思想家是鲁迅,他在《热风·随感录四十八》中说:"学了外国本领,保存中国的旧习;本领要新,思想要旧",一个人哪能"早上打拱,晚上握手,上午'声光化电',下午'子曰诗云'呢?"他认为旧中国许多严重的社会矛盾与这种思想有关。由此他得出的结论是:"要想进步,要想太平,总得连根地拔去了'二重思想'才好。"鲁迅把问题一下子推到了"台口","器用"与"思想"虽然看起来是两方面东西,但是真要掌握"器用"必要有先进科学的思想作指导,一个人的思想被改造了,必然有利于"用"。也就是说"体"和"用"的关系是有机统一的关系,而不是"体+用"的关系。语文教学是育"体"的,因此,其原来的内容必须革新、扬弃,否则,就不能使学生成为有新思想、懂新器用的一代新人。那么,有利于塑造学生新"体"的语文教学新内容又在哪里呢?

3. 白话文运动成果为教学新内容的注入提供了重要条件

19世纪末,资产阶级改良主义文化运动日趋高涨,在文学上,出现了对封建

---

① 吕达.中国现代教育家传:第一卷[M].长沙:湖南教育出版社,1986:55.

正统文学特别是拟古派诗和桐城派古文进行改革的呼声。其中较有影响的是谭嗣同、夏曾佑等提出的"诗界革命"和梁启超等推行的"新文体"。在诗歌改革方面最为突出的是黄遵宪,他提出"崇白话而废文言",改变旧文体使之"适用于今,通行于俗","欲令天下之农工商贾,妇女幼稚,皆能通文字之用"①。他自己的诗歌创作也力图体现"我手写吾口,古岂能拘牵"的主张。梁启超散文以"平易畅达"见称,其影响更为广泛。与此同时,白话小报的出现,促进一部分人明确提出"白话文为维新之本""开民智莫如改革文言"等主张。之后,白话文运动更加风起云涌。新小说自1918年开始登上文坛,在几年中,就取得了很大成就。

白话文运动对语文教学内容改革有直接的作用。许多新派作家同时兼做教师工作,在他们的课堂上,经史子集的课文减少了,白话文作品增多了。由于白话文作品负载了新思想、新文化,因此,接受白话文教育的青年学生的"民主"与"科学"的意识大为增强,走上了思想解放、个性解放的道路。面对初步出现的新语文教学,复古派强烈反对,翻译家林纾在给蔡元培的一封信中就说过这样的话:"若尽废古书,行用土语为文字,则都下引车卖浆之徒,所操之语,按之皆有文法……据此,则凡京津之稗贩,均可用为教授矣……盖存国粹而授《说文》,可也,以《说文》为客,以白话为主,不可也。"②林纾毕竟是了解西方文化的翻译家,因此,他所强调的古文意义在于语言的典雅。后来,鲁迅、郭沫若、茅盾、朱自清等写出了属于白话文的经典的作品,这样,从语言角度反击白话文已经没有什么力量了。

白话文引入课本,用于教学,虽然还未形成大势,但在教学改革的意义上是十分重大的。对此,我以为要从三方面予以充分认识:

其一,白话文精品的出现使语文教学内容发生质的变革。从前的内容始终以经史子集为本,虽然在名称上有了"国语""国文",但骨子里仍然是向学生灌

---

① 黄遵宪.日本国志:下卷[M].天津:天津人民出版社,2005:811.
② 林纾.畏庐三集[M].北京:商务印书馆,1924:26-28.

输"旧文化""旧经学"。有了白话文课文,新思想、新文化的人文精神教育终于有了一席之地。

其二,教学内容的变革使"现代化的文道统一"有了可能。语文教学要"文道统一",问题是"文道统一要现代化",即"现代化的文"和"现代化的道"实现"现代化的统一"。前者是教学所用课文的内容形式要求,后者是教学方法的要求。没有前者,后者的目的就达不到。有了精品白话文作教材,"现代化的文道统一"的基本条件就具备了。

其三,引起语文教学方法的变革。文言文教学,经验丰富,体会深切,白话文教学在当时来说无疑是一个崭新的课题。当时的情况有两种:一是课本里有白话文,但有恋古思想的教师不教,以为白话文一览无余,没有什么可讲。二是一批有新思想的教师开始研究白话文的教学方法,他们充分地认识到,教学法问题不解决,白话文就难以普及,其效果就难以达到,育人价值也难以实现。在这方面,叶圣陶无疑发挥了"教坛领袖"般的作用。

4. 叶圣陶的贡献是第一次思想交锋的巨大成果

说到叶圣陶在教育方面的早期贡献,大家一致肯定是编教材。编教材的贡献又在哪里呢?一言以蔽之,就是以新教育理念为指导,以经典白话文为凭借,比较科学地组建了语文教学的课程体系。直到今天,这一课程体系还是我们进行语文课改的坚实基石。这里简略说说叶圣陶这方面的成就。

关于课程标准的阐述。作为教育家,叶圣陶从课程论和教学论角度来确认课本内容与形式,而不单单从文选角度来确认白话文教学的意义。我们不妨来研究他草拟的《小学初级学生用〈开明国语课本〉编辑要旨》:

……

二、本书内容以儿童生活为中心。取材从儿童周围开拓,随着儿童生活的进展,逐渐拓张到广大的社会。……

三、本书每数课成一单元,数单元又互相照顾,适合儿童学习心理。

四、本书尽量容纳儿童文学及日常生活上需要的各种文体;词、句、语调力求与儿童切近,同时又和标准语相吻合,适于儿童诵读或吟咏。

五、本书每数课之后列有练习课。有的注重内容的讨究,有的注重语法的整理,有的注重写作的训练。练习课文字与图画并用,绝无枯燥、呆板的弊病。

六、本书每册后附《词汇》,列载新出现的词,供儿童翻检、应用。各课新字数目都有限制,检查《词汇》便可知道。注音见《教学法》,课本上不再标明。

七、本书图画与文字为有机的结合,图画不单是文字的说明,且可拓展儿童的想象,涵养儿童的美感。

这里节录的"要旨"虽然只有六条,但涉及的教学论意义是多方面的:关于教材内容,突出以"儿童为中心";关于单元设计,考虑儿童学习心理的需要;关于文章体裁,确定生活实用性,但不偏废,利于"诵读""吟咏",培养语感和美感;提出了专项练习的概念,并根据学习实际安排训练;不光是读文,也兼顾学习必要的语文知识。总之,这个"要旨"为教师的"教"和学生的"学"从各方面都做了较为缜密的、切实可行的安排与指引。这个"要旨"的精神,现在看来也是科学的、实用的、有生命力的。

尽管这样的教材及课程标准因重视新的"儿童文学"而受到了广泛欢迎,但封建卫道士仍然多有攻击。20世纪30年代初出现了"鸟言兽语之争",国民党湖南省政府主席何键说:"民八(1919年)以前,各学校国文课本,犹有文理,近日课本,每每有'狗说''猪说''鸭子说'以及'猫小姐''狗大哥''牛公公'之词,充溢其间,禽兽能做人言,尊称加诸兽类,鄙俚怪诞,莫可言状。"1931年4月,中华儿童教育社在上海开年会,教育学家尚仲衣教授也在讲话中反对"鸟言兽语"。

面对这样的讥讽与批评,叶圣陶和他的挚友夏丏尊殚精竭虑,继续探索,又推出了影响更为广泛的重要教材《国文百八课》。这是一套更有课程化特点的初中语文教材,它的选文更具辩证性,文白兼顾,白话为主。单元组合也更具训练性,由"文话""文选""文法和修辞""习问"等四部分组成,"文话"重在学习指导,"文选"重在例文开导,"文法和修辞"重在知识奠基,"习问"重在思维开窍。四者之间相辅相成、互相贯通。这套教材的教学目的更具实用性,即以培养读写能力为中心,而读写训练又以服务生活为旨归。

  这套教材所体现的教材思想基本上沿用到现今的基础型语文教材中。为什么现在我们还对这样的编法依依不舍呢?因为确实有一条思想精髓值得继承和发展,这就是"课"的理念。"语文课本"不同于"语文读本"。读本以选文为研究对象,旨在开拓学生阅读视野。由于学生功课繁重,没有时间精力在茫茫书刊之中搜寻值得一读的篇章,有心人为其编成"新读本",这是有价值的,但这样的读本还不能充当教材,原因就在于它没有"课"的明确化、规范化要求。

  "课"的价值在哪里呢?首先,"课"是课程环链上的一个环节,只能在这里定位而不能移诸他位。因为"课"总是依照学生身心发展规律和认知规律来安排的,是面向全体学生的,至少是为了使大多数学生达到统一的必须完成的目标的。其次,"课"是以基本训练为过程的,即朝着一个目标,分项安排内容,组织学生接受课堂训练。课文既有"文"的范例,又有"课"的训练要求,还有程序上的先后安排的要求。也就是说,"课文"绝不等同于选文,用叶圣陶的话说,就是学习的"范例",教学的"凭借"。文,既可以是整篇的,也可以是片段的。裁而编之,为训练服务,在功能上,有些近似数学课本上的典型例题——当然它还有文化教育功能,这里不说。最后,以训练为过程、以目标为指归、以文为凭借的"课",是对所有教师提出的教学规范。有人说,一部《西游记》也可作教材,可以的,但必须有一个前提,即这位教师必须在"课"的理念支配下,把这部作品当作"课文"来教。如果不是这样,那么与组织学生听小说连播或看文学鉴赏节目又有什么区别呢?还要学生到课堂上干什么呢?有少数偏爱文学的学生也许不上课是可以的,他能自觉地弥补,大多数学生就不行了。正是从这个意义上,才凸显课堂是提高学生语文能力的核心阵地。也正是从"课"的理念上认识《国文百八课》,我们才会对叶圣陶的这一贡献作出较高的评价。

思想交锋是语文改革的前进动力。20世纪初的思想冲突虽然一开始是从"教育的目的"上展开的,但由于它的内容之争直接与语文课的教学内容密切相关,因此,它的冲击力是直接朝着语文教学改革而来的,对语文教学的变革产生了重大影响。综上所述,一条明显的进步线索呈现在我们面前:经史子集—白话文介入—白话文成为主流内容—文白科学组合的课程与教材。

历史是一面镜子。21世纪的今天,我们应该做些什么?在借鉴的前提下,创新、继承、发展,当是不可回避的课题。

第二节 转折,语文课程定位

到了20世纪末,语文教学问题再次像突然突出海面的礁石,使语文教学的航海家们大伤脑筋。原因当然很多,在我看来,20世纪末对语文课程的重新定位是引发教学论争的主要原因。像"文道之争""言文之争""性质之争"等,都与语文课程的重新定位有关,而在论争中,忽视"重新定位"这一基本事实,又往往导致论争有始无终,达不成共识,下不了结论。这里想表达两层意思:一是要全面准确地认清20世纪语文教学的历史变革;二是在尊重这一变革的前提下深入讨论,寻求解决问题的方略。

20世纪的语文教学与20世纪前的语文教学有着本质的区别,对它的重新定位使它的内容、形式及运行格局发生了根本变化。

研究20世纪语文教学的"新",首先要认清20世纪前的语文教学的实质与地位。语文学科及语文教学在20世纪前到底处于一个什么位置?说它一直处于"独尊"地位是可以的,因为中国漫长的古代一直没有明确的学科分工,要说学科,只不过是文科而已,现代人眼中的古代语文教育实际上就是指大文科教育。20世纪前的中国根本就没有严格意义上的语文课和语文教学。但是,问题的复杂性在于,伴随着"大文科"教学,语文教学的明亮篝火还是显而易见的,只不过是它们始终没有居于独立的学科地位而已。

既然20世纪前没有给出准确意义上语文课程的定位,那么,20世纪的定位情况又是怎样的呢?

1. 语文的课程定位取决于教育学制的构建

中国古代的教育有学制,但单一而粗糙。真正地全方位构建教育学制,是20世纪初的中国教育界的大事件。1904年的"癸卯学制"对语文教学的定位起了决定性作用,因为学制的构建,带来了课程的重大改革。由于新学制的创立,学校的培养目标由培养封建官吏和士大夫转变为培养各种专门人才;又由于培养目标的改革,各级各类学校的课程由原来的单一学科转变为适应社会进步需要的多学科同步设置,语文课(当时还未有其名)只是这些学科群中的一科而已,既不是独尊,也不是蒙学,而是与其他学科一起,并肩组成多学科同步运作的新型课程格局。尽管学制草创之初,偏重新学科的命名与内容组建,对"语文"本身反而有所忽视,但把"语文"内容从混沌状态中划分出来则是显而易见的。这不是哪一个人主观意志上的事,而是由时代推进、社会进步对人才的多项选用决定的。当时的"语文"确实已趋向于独立成"科"了,并且是各学科中的"一种"。

2. 语文的课程定位表现在学时有了明确的规定

新学制规定了新课程,新课程规定了新学科,而新学科又必然使得学时发生变化,产生"新学时"。学时问题很值得研究,因为语文学科相对于其他学科来说,算是一个耗时较多、收效甚慢的学科。特别是在新学制建立之前,古人学习语文的时间基本上没有多少限制。古人学习语文,有充裕时间作当日学习保证,也有足够的时间不断进修,乃至终身进修。古人讲"多读多写",讲"反复玩味",不能不说这与时间的充裕有关吧?而这样的"时间优势"自新学制建立以来是不可能有了。

在新学制产生之前,学校课程中的"学时"已经发生明显变化,如于1862年创办的同文馆,除汉文外,新课程还设有算学、化学、万国公法、医学生理、天文、物理六科。"学时"计八年:第一年,认字,写字,浅解词句,讲解浅书;第二年,讲解浅书,练习句法,翻译条子;第三年,讲各国地图,读各国史略,翻译选编;第四年,数理启蒙,代数学,翻译公文;第五年,讲求格物、几何原本、平三角、弧三角,练习译书;第六年,讲求机器、微积分、航海测算,练习译书;第七年,讲求化学、天文、测算、地理、金石、富国策,练习译书……语文教学所占的课时随学年逐渐减少,越到后来越明显,规定也越来越死。这方面的情况与我们现在国内通行的大纲近似,不用赘语了。近现代学制关于学时的规定对语文教学的影响最大,因为其他新兴学科是因学制而定、因学时而定,一开始就进入了比较调和的状态,只有语文课程显得特殊,有点削足适履的尴尬,从先前的阵势庞大、从容行止的状态一下子进入严格的时间约束状态,因此,必然要产生一系列新的棘手问题,比如,质、量、度的各自问题以及这三者之间的关系问题,直到今天还在研究之中。

不管怎么说,有了学时的规定,语文教学的质、量、度就得重新考虑,总的原则是:"质"是特定时间里的"质","量"是特定时间里的"量","度"是特定时间里的"度"。

3. 课文的课程定位的一个标志是定本,即依照学制、课程、课时,创建真正属于语文的课本

20世纪前,严格说来是没有自成体系、自有标准的课本的。课和本应该分开来看,"课"包括有课程标准特别是课时规定等重要因素,"本"是一种形式,二者有机结合起来,才是具有教育目标和课程意义的"教"与"学"的凭借——课本。20世纪前语文教学的凭借,除了"三、百、千"堪称识字课本外,其他都是文章选本,也就是说只有"本",没有"课"。分科课程是与近代科学发展和分化相伴随的产物,因此,根据这一课程标准制定的课本更强调分科知识的分化、独立与系统化。作为分科课程之内的语文课本在我国虽然只有九十多年的历史,但它对后世教学的影响是相当大的,最突出的就是它的统一性。应当指出的是,新生的课本虽然仍属于文选型,但已经体现了"课"的特点:既有程度要求,又有教授时间控制,还有测评标准。尽管当时"课"的要求没有后来的明细与周详,但它毕竟是由课程而来的,具有一定的规定性,对教师教与学生学的随意性有了基本控制。"五四"以后出现的白话课本,特别是叶圣陶主持编写的《开明国语课本》《国文百八课》《文章例话》等,都是在此

基础上确定"课"的要求来编定的。从1919年到1949年这30年间,语文课本改革始终抓住"课"的要求不放,如把文言白话合编改为文言白话分编,采用单元编排的方法,增添语法、修辞、文章作法等内容。中华人民共和国成立后,语文课本有两次大的改革:一是1956年实行文学和汉语分科教学,编写了《文学》《汉语》教材;二是1981年教育部颁布《六年制重点中学教学计划试行草案》,将中学学制定为六年。① 从1979年起,语文的教材改革,课本类型增多,编排体例有所创新,更加切近教学需要。纵观近百年来的语文教材改革,都是以20世纪初的"国语""国文"课本为起点的,都紧扣一个"课"字。

语文教学定本是一件大事,它的重要意义在于:

(1)"定本"就是定教学内容,而教学内容一直是教学改革的关键所在。历史上每逢社会的重大变革,教学内容都要随之更新,如欧洲文艺复兴以后,日本明治维新初期,中国废科举、兴学堂,都根本改变了教育教学内容。美国20世纪60年代的教育改革就是以中小学教育内容为重点的,美国的做法很快在经济发达国家引起连锁反应。

(2)规定课本实际上就是规定了教学要求和教学质量。课本规定的教学内容,是教学的主要依据,是发展智力培养能力的主要渠道,它对教与学都起到了规定和制约的作用,既规定了教师教什么,也大致规定了教师怎么教;既规定了学生学什么,也大致制约了学生怎么学。

综上所述,20世纪初语文的课程定位——从"大文科"中分划出来,自成一家,与历史、修身、地理等学科并列;受到严格的时间规定;受到严格的课本制约……这就必然要引起语文教学内部机理与外部形式的一系列改革。

定位、定时、定本三者一体,相互制约,有其"位",才有其"时",又因为有其"位"其"时",所以必须又得有其"本"。"位""时""本"的规定是由社会进步需要、人才培养需要决定的。20世纪人才观的巨大变化,是语文课程"三定"的根

---

① 课程教材研究所.新中国中小学教材建设史(1949—2000)研究丛书:中学语文卷[M].北京:人民教育出版社,2010:47,195.

本原因。如果我们确认"三定"是 21 世纪语文教育史上的一场科学变革,那么,我们语文争论的焦点是不是可以看得更明白一些,即在"三定"的原则下,正确处理语文教学内部的诸种关系,选择更为科学的运作方式,如此,更有利于 21 世纪的语文教学。

第三节　发展，语文教学的课堂属性

课堂是体现教学思想、显示教学策略、展现教学成果的地方。语文教学的诸方面问题都交汇在语文课堂之中，语文课堂体现了语文教学的本质。

课堂早期意义是单一而又模糊的，一批学生集中到某一场所听一位老师讲经传道，这场所就是课堂。辨析起来，这课堂与学校没有多大差别，因为没有分设多门课程，没有年级差别，也没有课时及内容的限制。

据王国维的研究，大约到了汉代，课堂特点才稍微显现出来，课堂活动的目的明确了一些了，即"汉人就学，首学书法，其业成者，得试为吏。此一级也。其进则授《尔雅》《孝经》《论语》"[①]。课堂学习科类也细化一些了，如有了一专门研究学问的"太学"和专门学习文学艺术的"鸿都门学"。到南北朝时，分设玄、儒、文、史四科，建立了分科教学制度。课堂不仅是一个集中学习的活动场所，也是一个实现教学计划、落实教学内容、分出学习层级的体现"课"的限制性的地方。显然，这明显缩小了学习场所的内涵。学习场所的一般意义很广，书房、马上、阶前等遍地都是，但这里的体现"课"的限制性的地方则不同，除了固定的教师、稳定的学习群体及通用的经史内容外，还有学时的规定、晋级的规定。

到了清代，严格规定课堂活动的课程表也出现了。清代龙启瑞《家塾课程》说："早起……理昨日生书、带温书一卷……午饭讫……写字一二张，温书一本，背。仍读主书。将晚属对。灯下总唐贤五律诗……逢三、八日作文，初一、十五日作史论及诗赋。"这是一份私塾教学日课表，它隐含的信息很多，比如，课程表规定了课堂活动的运行机制，教师组织学生凭借同一材料，按照统一步骤在课堂这一空间完成既定的学习任务。清末以前的中国语文课堂大体就是这个

[①] 王国维.王国维手定观堂集林[M].杭州：浙江教育出版社，2014：90.

样子。

但这还不是严格意义上的语文课堂,真正属于语文的课堂还在张之洞创建"新学制"之后。由于张之洞以及后起教育家们遵照政府的意愿,搬用西方教育体制,建立了新的学制,学校才像一列运行的火车,挂起了若干个课堂车厢,有算学、地舆、格物、美术等。语文也从"大文科"中分解出来,自成一科。语文车厢与其他学科车厢并驾齐驱,终于有了属于语文学习自己的场所。无疑,这时的语文课堂与新学制前的语文课堂有着很大的区别:首先,时间发生了变化,一天的总学时要被多门学科分占,语文只占其一;其次,由于新学制学校招收了更多的学生,这些学生又不能同处在一个课堂学语文,因此,开设同一水平的语文课的课堂数量大大增加。同一学校语文课堂数量的增加自然又带来了新的问题,教学进度、教学内容、教学效果乃至教学方法等都要进行总体调控和限制,否则,各搞一套就要乱套。因此,一个铁的事实又不能不引起我们的注意:统一教育体制下的语文课堂,无论是时空范围,还是内容要求、教学进程,都明显地受到了更加严格的限制。从清末新学制创立一直到今天,语文课堂的限制性大致相同。这还仅仅是语文课堂呈现给我们的外部状态。

随着教育思想、教育内容、教学方法及学习者本身实际情况的改革、变化,加之社会发展对人才质量要求的变化,语文课堂的隐性状态也相应地发生了巨大变革,产生了许多必然的内在要求:

其一,随着新的教学主体观的形成,学生成为课堂的主人,因此,课堂必须由讲堂变为学堂。以前的课堂是教师传道、授业、解惑的场所,现在的课堂则是学生主动求知、参与创造的能力训练场。

其二,随着社会发展对人才能力要求的提高,必须变课堂的封闭性为开放性,于是有了第一课堂、第二课堂乃至第三课堂的说法。这就是说,语文课堂已不足用,还必须让学生走进其他多形式的副课堂,以求能力训练得到延伸与拓展。语文课堂的空间明显扩大了。

其三,正是由于语文课堂空间的不断扩大,语文能力训练任务也有了分解

与分工的可能性、必要性。主课堂又称为能力培养的"主渠道"。称其为"主渠道",与其说是认定其重要地位,倒不如更明确地说是确定了它的教学大任,即在主课堂上落实知识的"核"和能力的"核"。换言之,主课堂旨在开"源",其他课堂旨在导"流","源"头准、深,"流"也就会长、活。

其四,语文学科的性质又决定了语文课堂必须是语文学习者思想、情感、心理、人格得以锤炼和完善的地方,这一点已有共识,毋庸赘论。

总之,所谓语文课堂,就是在有限的时间内,教师与学生一起根据社会生活的需要,依据语文能力训练的基本规律,围绕语文能力生成与发展的核心,进行语言学习、思维训练、人格培养的具有典型性和规范性的语境。

语文课堂属性的确立,是语文教学现代化的重要体现。综观一个世纪的语文教学,凡属教学和课程改革发展顺利的时候,都源于人们清晰地认识、把握了语文课堂属性;凡属教学和课程改革出现迷惑甚至倒退的时候,都源于人们忽视或混淆了语文课堂属性。近年来,一些似是而非的争论与批判,大抵属于后一种情况。这里就典型性和规范性两方面,结合当前关于语文教学的讨论,对语文教学课堂属性作初步的梳理。

所谓典型性,其特点有两方面:

第一,课堂语境是社会生活语境的典型化。社会生活丰富复杂,其语境形态必然也是复杂而又多样的,课堂,不可能也没必要把社会生活领域中呈现的全部交际形式和要求都搬过来加以训练。有人打着素质教育旗号,使课堂教学社会化、庸俗化,是令人担忧的。比如,社会生活中有经济交涉、传媒沟通等,于是课堂就进行读合同写合同、读新闻写新闻等方面的实用主义的训练;社会生活中有打电话、作报告、搞谈判等交际形式,于是课堂就进行对话训练、演讲训练……这样把语文课堂当作装载社会生活中一切交际形式的大箩筐,显然是行不通的,也是荒谬的。以表达方式为例,人们在社会生活中的一切语言交际,都离不开叙述、描写、说明、议论、抒情这五种典型的表达方式。因此,在课堂上牢牢抓住这五种表达方式训练,足以使学生将来在社会生活中应付裕如。这就是

"举一反三""以一当十"的课堂特点所在。语文教学下功夫的不应是去追踪社会生活交际形式的变化,而是对能有"举一反三""以一当十"作用的交际方式进行严格、深透的训练。

第二,凭借文本的典型化。语文课堂上的训练必须以文本为抓手,即以教材为凭借对象,这是毫无疑义的,但文本必须具有典型的特征。由于语文高考试卷近七八年偏爱用科技报告或论文作为命题材料,因此,语文课堂上出现了一种怪现象,将教材上的典范作品丢到一边,师生专选一些令人费解的科技报告之类的材料来命题、来解答,师生成了科技文本的译解员。从一些报刊上摘引到的科技文章是否科学、准确,师生不得而知,只能牵强附会,无据猜解。语言是表达思想的,思想不明,又怎么能体味到语言的意趣呢?即使一些科技材料的内容是科学的,但作者往往是在科技语境中"说话",而中学师生又在科技语境之外,因此,对科学的"科技语言"仍然只能是生吞活剥。还有一种现象也值得思考,即重时文、轻经典。有人认为进入新世纪了,要读有时代气息的文章,不要去读十年前、百年前、千年前的文章,甚至怀疑古典诗文有没有教学价值,这种观点也没有坚实的理论基础。经典的价值就在于它没有时代的隔膜,不仅能培育现今的青年,而且能培育未来的青年。相反,倒是一些时文要打问号,更何况一些庸俗、肤浅的时文不仅无益,而且有害,达不到青少年必读文本的应有的要求。因此,课堂上用来教学的文本,其典型的特点仍是"文质兼美"四个字,即经过漫长时间考验的内容与形式都属高格的经典作品。

所谓规范性,其特点也有两方面:

第一,学习行为的规范。在认知过程中行为训练有时比认知训练更为重要。认知是无止境的,而行为会直接影响认知方式和认知结果。科学的、艺术化的学习行为将决定一个人一生的认知成就。学习行为体现了学习品格,比如,意志力等。

现在有人提倡愉快学习,从终极意义上讲,没有错,而从愉快学习平庸化上看,则值得忧虑。比如,降低学习难度,减少作业数量,把课堂学习变成课堂游戏等,都是值得辨析和忧虑的。学习的苦与乐要全面地、联系地、辩证地看。想废苦求乐,只能博得极其肤浅的哈哈一笑,不可能求得心领神会的乐趣。"乐"体现为"爱学","苦"体现为"敢学",只有敢学了,才能尝到战胜困难的甜头,才能产生洋溢于内心的真正的愉悦。课堂上讲个故事、换个口味之类,只能看作引导学生的手段,以为开拓之后便可求得真经只能是荒谬的。尤其对于语文学习而言,质的提高总是与量的积累相伴的。当然有意识地引导学生学习不同于题海战术,比如,多设计一些思考障碍,让学生的思维不断进行跨栏运动,题目只有一个,但思考的层面不断增加。而题海战术只不过是训练题目增多,而思考的陀螺只在一个层面上运动。

第二,思考问题的规范。思考有一个"聚合—发散—聚合"的过程。第一个聚合是认识,是集中式的认识,着力于准确与透彻;第二个聚合也是认识,但属于个性化认识,着力于创造与发明。在第一个聚合和第二个聚合之间有一个发展的枢纽即发散,也就是开阔视野,多辟道路,这一环节处理好了,就可以顺利地实现第二个聚合了。中学阶段要不要第二个聚合?当然要的,但要求不能过高,关键还在于处理好第一个聚合,即养成思考的习惯,明白思考的基本方向,能准确地认识必须认识到的问题,从而为第二个聚合打下基础。

现在人们都在谈创新能力的培养,统而言之,当然正确。细而思之,我以为,中学阶段和大学阶段在培养创新能力方面有较大区别,大学阶段求发明与创造,中学阶段旨在为学生能够发明创造打下基础。以学习鲁迅《故乡》为例,中学阶段必须让学生准确理解主题与艺术特点,求得一般化的共同认识,如果学生这方面没有过关,怎么能够求得富有创见的个性化的认识呢?中学阶段不要急于求成,把大学阶段应做的工作提前抢着做了。现在有人批评中学教师教学生读文章在理解内容上规定得过死,其实,这是值得分析的。很多中学生不知道怎样去理解,连"标准答案"也答不上,教师对此规定思考的正确方向,引导学生求得一个大家认同的"标准答案",这是值得肯定的事。包括做科学的选择题在内,在众多正误交杂的选项中准确地认识正确的一项是很不容易的事。选择,就是一种思考。这种训练不仅不会限制学生的创造力,反而大大有益于学生创造能力的形成。

总之,语文课堂上的典型性、规范性教学是提高学生语文能力的根本,动摇不得、忽视不得、简化不得。这一环节抓好了,就能在学生的心中埋下文本良种、学习行为良种和思考良种。有了良种,就能在其他语文学习与活动天地中生根发芽、开花结果。

第四节 探索,当代语文教学思想的主要特征

我们应该对我国的语文教学史有一个清醒的认识。笼统地说我国的语文教育源远流长当然是可以的,因为自从拥有了自己的语言,我们的语言学习也就开始了,语言的学习、运用是相互伴随着的。但是,我们又要明确地认识到,语文教学自身发展的事实充分地体现了两个不同的时期,一个是以传统思想文化的传承为主体的教育期,一个是以语言应用能力的培养为主体的教育期。前者跨时长,从孔夫子到孙中山;后者跨时短,最多从孙中山到今天,严格地说,还只是 20 世纪 80 年代以后的事。

由于两个时期的主体意识不同,因此体现的教育内容与教育形式也有本质上的差别:

(1) 从培养目标上看,前期致力于"育吏",后期致力于"育人"。"育吏"是为统治者服务的;"育人"是从受教育者自身人格解放上着眼的。"育吏"强调正统之"道"的接受与传承;"育人"强调这样一个"人"在所处的社会生活中应有的能力的发展。

(2) 目标决定了学习内容的取舍。前期取维系统治者生命的"四书五经",后期取反映现实生活内容的体现生活与工作需要的语言材料。

(3) 目标决定了教育体制与教学形式。前期的教育与后期的教育都是金字塔结构,但重点相反。前期不管金字塔腰身以下的情况,多少人学,哪些人学,只要你学成了,考取了功名就行。后期则非常看重腰身以下的情况,人人都得学,不在于功名,而在于生活与工作的需要。

(4) 目标决定了对受教育者的教学要求不同。前期重积累,重沿袭,积累与沿袭的是正统之"道",当然也重启悟,但是,是启发学生对正统之"道"的领悟,落脚点还是积累与沿袭。后期重激凝与促思,重智力与思维的开发与培养,当

然也重积累,但是,积累是为了开发智力与培育思维的需要。

要说明的是,在"育吏"的过程中,受教育者的语言习得与应用水平也相应地得到了提高与发展;在"育人"的过程中,受教育者也相应地受到了传统文化的熏染与养育。"育吏"与"育人"的不同,不是指它们在内容与形式上截然分开,而是指两者教育的致力点、目的观截然有别。

20 世纪 80 年代以来的一批著名语文教师,通过长期的艰苦实践与探索,在继承民族优秀教育传统的基础上,根据时代发展的要求,吸收先进教育科学理论,培育了具有中国特色的语文教学思想。

必须指出的是,我国传统的语文教学思想是博大精深的,它是一座大山,是取之不尽的宝藏。但是也毋庸讳言,从孔夫子到孙中山,语文教学思想的局限性也显而易见:一是教学对象的特殊化,导致教学思想的单一化;二是教学对象的特殊化、教学时间的随意化,导致教学思想的笼统化;三是教学目标决定古人的教学内容是保守的,在思维能力培养上,讲求"得而化之",而这个"化",往往是对前人思考结果的"化解",创造性往往被抑制甚至被扼杀。同样,对西方的教育思想,我们也必须采取择善而从的态度。总之,时代变了,教学对象变了,教学目标变了,对当代语文探索者们提出了一个难题,即语文教学的现代化与民族化。

当代语文教学名家的思想贡献,就体现在民族化与现代化的有机结合上:

(1) 形成了以训练为主线的教学思想。首先明确,学语文不是散漫地读写,而应遵循一定的训练程序,小学抓什么,初中抓什么,高中抓什么,语文教材上有体现,教师心中有底子,课堂施教中有所反映,水平测试也有明确的规定。其次,小而言之,即便是一课一文的教学,教师都拟定了相应的环节和序列。纵观目前语文名师总结出的程序思想,基本上涉及了三方面内容:能力发展之序、知识排列之序、教学操作之序。古人也是有序的,但与今人相比,现在的序完善多了,科学多了。

(2) 形成了以思维训练为核心的教学思想。孔子讲过学思结合,但由于"育吏"这一教学目标的制约,教师的传道、授业、解惑的主体地位始终是明显的,学生往往处于被支配的地位。纵观改革开放 20 年以来的名师教学实况,我们不能不惊喜:学生的主体地位加强了,教师的引导观念增强了。知识的讲授转变为知识的引导与发现,满堂灌现象已为大多数教师所不齿;思考的单向性指引转变为"聚合思维""求异思维"并重,在名师的课堂上,处处盛开着质疑、讨论、发散的思考花朵。

(3) 发展了以典范课文为教学凭借的教学思想。典范是不变的要求,而典范的内容在发生变化。《诗经》是典范,现代名家名篇是典范,充满现代生活气息的当代作品同样是典范。

(4) 创造了现代语文能力水平评估思想。长期以来一直是一篇文章见高低。写当然是重要的,但语文能力不只是写。读的能力检测已经成为语文测试的重要一头。考查写,不再是过去的那种"代圣人立言",而是让学生就眼前的生活事实进行思考。考查读,不再是满足于大致模糊的感受,而是具体分类,涉及认知、思考、反馈、评价等多个方面。应该说,这都是历史的进步。尽管阅读测试有争议,但重视阅读能力的测试这一点大家意见一致。

由于这些活跃在一线的语文教学名家的探索与改革,取得的成果及时地被语文教育界吸纳,因此形成了教材改革、教学改革、测试改革同步进行的大好局面。纵观历史,语文教学改革从来没有像今天这样充满活力。

另外,因为这些名师既是实践者,又是思想者,所以对语文教学的基本概念及原理又有了富有创见的解说。这就是说,他们在一种观念的指导下实践,在实践中磨炼出新的教学思想,又用新的教学体验与思想反思原有的教学观念,从而形成了新的认识。无疑,这新的认识,对原有概念有较大突破,为下一步探索奠定了坚实的理念性基础,从而使后来者少走或不走弯路。这里,不得不从哲学上说点道理。

哲学的最高境界是纯粹哲学,就是形而上学,也即超感觉、超经验的纯理性概括与认识。形而上学的概括与认识,与观点、思想、实践、经验是怎样的关系呢？一是先有实践、经验,再有观点、思想,最后才有概括性的形而上学概念。二是"实践经验—观点思想—形而上学"的概念整合,不是一个直线的上阶梯般的过程,这中间有循环往复与杂交运动。这就是说,在实践中,有观点与思想一起作用,实践轮回之后,观点与思想又发生了变化,注入了新的内容,这新产生的观点与思想又指导一种实践,于是又有新的变化……如此循环往复,螺旋上升,最后凝练成纯哲学观念——形而上学的概念。教学实践是百花齐放的,这不用多说,教学观点与思想也应该是、必然是百花齐放的。比如,"读"都着眼于培养能力,但你有你的观点与思想,我有我的观点与思想。而形而上学的概念则不可以百花齐放,只能是世间唯一的。这就是规律。

根据这一哲学观点,我们来看当代一批语文名师的卓越贡献,就会有这样一份欣喜:古往今来的语文教育经验可谓多矣,经验化的体会与认识可谓多矣,而对语文教育纯哲学化的认识又何其虚缺矣!到了21世纪,语文名师和语文理论工作者从性质的高度对语文教学的一般概念——如训练、课文、语文、学生、课堂发起了认识上的挑战。不管怎么说,这都是了不起的,是历史性的骄傲。有人说,中国语文教学没有概念,这话要分析。一方面,语文定名时间很短,其他概念的提出大多都是近二十年间的事;另一方面,我们也应看到,主名与释名,在近十多年间,当代的语文名师和杰出的理论工作者作出了努力。不说别的,单看语文性质的讨论,近几年就有了较大的突破。尽管问题还有很多,概念还有待于进一步确认,但是,随着不断突破与论证,我们相信,在不远的将来,关于语文概念的说明会更全面。

语文教学有问题,这是事实;语文教学在前进,这也是事实。因为有问题,进步才显得可贵;因为在追求进步,所以问题也将会越来越多。

第五节　结晶，民族特征与世界认知

考察语文教育思想，既要有历史观点，也要有当代视野；既要有中国教育演进的过程参照，也要有世界范围内教育革新的思想参与。

两大矛盾的尖锐对立是我们的困境。一是新学制下的语文学科课程建设与1904年之前的古代科举制下的蒙学、经学教育经验的冲突；二是西方学科课程设计与中国本有的教育哲学观的不调和。在这种"自我冲突"与"我外冲突"的交叉点上，当代语文教学备受折磨。

我们不能回到古代，我们又如何走向现代？在这样的内外交困的现实面前，当代名师用自己的思想与实践进行了卓越的建构，为我们走向现代化、走向未来树立了路标。

一、语言思想的科学跨越

对语言的认识是语文教师应有的基本认识。由于语言的认识是极为复杂的有关"语言—人"的认识，因此，所发生的不同认知又决定了语文教师及语文研究者的认识水平与态度，而不同的认知水平与态度又决定了教学与研究的立场。同时，语文教师对语言的认识又不同于语言学家对语言的研究，必须寻求基本共识从而化理论为方法，更精准地实施教学。语文教学的性质之争，就是由语言思想的不统一而引发的。

我们研究当代名师思想，首先要研究他们的语言思想。在语文教学论述中，他们也确实是把语文教育思想植根于语言本身的认识之上的。比如，于漪老师，她的很多论著一开篇都是从语言论起。这一思考逻辑起点理当引起我们的关注。名师对语言的认识是有过程、有核心、有结构的，中外叠合，不断走向现代化是其语言观的本质特征。

从过程上看,科学的语文教育一定始终坚持并挑明语言的思想情感特性与育人价值。比如,早在20世纪80年代,于漪著文指出:"学生要能正确掌握、熟练运用语言文字这一工具,必须严格地加以训练",这是因为"语文学科(主要指语言——本书作者注)的基本特点是具有工具性和人文性",当然"这个工具又不同于生产上用的如机器或犁锄等工具,也不等同于一般的生活工具如筷子或拐杖。它是人们表达思想、情感,进行交际的工具"。① 正是在这样的语言观指导下,我们才拥有立意高远而又操作切实的语言教学逻辑:

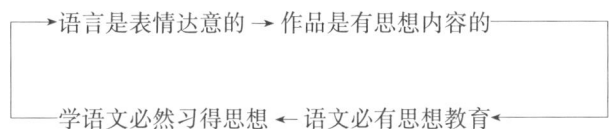

语言学习的真谛就在这里。不要以为注重语文思想教育就淡化了语言基本训练。恰恰相反:注重思想性正是注重语言本身。倒是形式上注重语言体式训练,由于局部、零碎地提取语言形态,剥离了思想情感,反而走上荒废语言的歧途。

这里要强调的是,名师们的认识视野总是不断拓展的,一方面通过对中国语言学思想的研究,从思想性认识走向人文性认识;另一方面在世界性的语言认知思想库中发现和确认语言的共有认知与真谛。比如,于漪考察过意大利维柯的语言观——开启人类社会文化起源和发展的奥秘的钥匙;于漪阐述过德国洪堡特的"语言"解读——语言是一种创造性的精神活动;于漪整理过美国萨杰尔的"语言"思想——语言基本上是一种文化和社会的产品;于漪辨析过德国魏斯格贝尔的"语言"理想——语言是文化建设中的一种力量。② 考辨的核心就是语言的文化特点与人文特质。于漪的经验告诉我们,一方面,对于中国本民族的先贤语言思想,我们要放在世界认知的框架中来进一步认知。另一方面,对

---

① 于漪.于漪全集 3 语文教育卷[M].上海:上海教育出版社,2018:215.
② 于漪.于漪全集 4 语文教育卷[M].上海:上海教育出版社,2018:291.

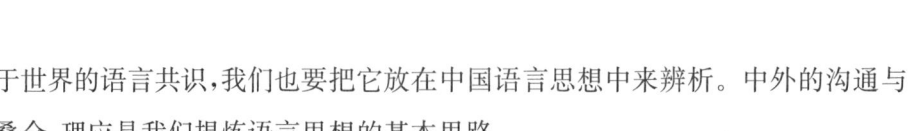

于世界的语言共识,我们也要把它放在中国语言思想中来辨析。中外的沟通与叠合,理应是我们提炼语言思想的基本思路。

认知,是思维活动与过程。用德国哲学家康德的说法就是对于概念的结构化。我之所以借用这个心理学概念来说明语言观的建立与表达,旨在说明其有一个复杂的时代演进过程,更是揭示其形成的判断与推理的逻辑化特点。

语言思想理当是有历史跨越的。中国古代严格说来没有纯语言学,文道思想是文学的思想,加之历代所讲之"道"基本上是儒道,即古文运动之道,因此关于语言的教育功能始终是单一的。到了"五四"时期,白话文运动促进了大众意识觉醒,文学的普罗思想反映到教育层面,又促进了语言工具思想的彰显,尤其是叶圣陶先生倡导"工具说"更加明确了语言在于应用的工具特征,这实际上体现了民众享有语言权的崇高立意,应该说这是叶老语文思想的巨大贡献。但是,也应看到,突出工具性的同时在教学领域产生了简单化训练的情形,尤其是不承认语言教育具有思想熏陶功能更是与工具说的本质意义相悖,因此"工具说"的理论局限便滋生了语文教学的时代之弊,20世纪90年代,于漪等大批名师奋力提出"人文性",显然促进了语文教学中的语言观实现了时代性跨越。

从中国古代文道思想到最基本的马克思的语言常识再到具有世界广度的语言深刻认知,然后再回到教学中的语言思想,这就是语文教学的语言思想的科学化历程。这个不断充实、提升、归纳的过程,使得中学语文教学所认同的语言思想既不是"文以载道"的思想,也不是简单化了的工具论思想,而是体现中国语言传统,同时更着眼于人的精神成长的当代语文教学实践范畴的语言思想,是现代化了的思想。其内涵应包括三方面:语言文字是民族文化的根;语文教育是母语教育;语文教育的基本特征是工具性和人文性的统一。第一句强调的是民族文化与语言的关系;第二句强调的是民族后代与学习语言的关系;第三句话强调的是教学与落实语言特性的关系。

我根据自己的长期实践,同时,在研究于漪等一代名师的教学思想过程中,

提出了这样一个"语言思想图式",如图2-1所示:

这个语言思想三维图,可称作"言—人"说。超越了古代圣贤的"言—道"说,也不同于叶圣陶的"言—器"说。"语言—养育后人—养育的教学原则"的互动中,立意是"育人",立足点是"语言"认识,教学的关键是"统一"。

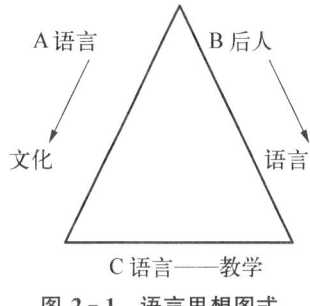

图2-1 语言思想图式

二、教学规律的立体建构

中国传统意义上的语文教学是蒙学与经学。蒙学与经学教育有值得弘扬和继承的语文教育精神,但是要使1904年改制之后的独立设科的新语文学科教育来照搬蒙学与经学的内容与形式则是绝对不可行的。1999年孔庆东用"尴尬"一词倒也揭示了新旧语文教学的分离状态。这些讨论,"既是语文学科发展历史中特定事件积淀的结果,也有人们情绪化宣泄的因素"。伴随着21世纪以来中小学综合教育改革的强力实施,把学科放入课程框架中进行新的学科课程设计越来越显豁,由于西方课程理念影响了我们的课改实践,因此(除数、理、化、生等学科由于本来就直接移植于西方课程具有本质上的适应性外)语文学科的不适应性更加恶化。

语文学科教学的"学术造型陷入困境"的症结在哪里呢?一言以蔽之就是中国语言文字、语言文化的实体与品性与西方语言课程框架的矛盾性。王宁先生曾深刻指出语言学研究与语文教学这方面的差异。

当代的语文课程回到古代的蒙学或经学可行吗?回答是否定的,蒙学"三、百、千"或经学的"四书五经"的内容综合性,呈现的是"混沌化",这与现代学科课程的同步分列与逻辑分界是格格不入的。现在的又一困境是,如果用现代课程理念来实施课堂教学,就能切实解决问题吗?回答也是否定的。因为教学实践与学术分析不能相互复制,教学必须对课程理论加以转化。我们可以从语言、思维、审美、文化等方面来分列语文这门综合课程的多项功能与价值,来阐释语文学科的教学学理,但是,落实这门课程学理的课堂教学显然不能透析语言、思维、审美、文化为四个独立方面。正确的路径是什么呢?应当是语言、思维、审美、文化四维在教学中的有机统一的运作。学一篇课文如此,上一节课也如此。

对传统"混沌性"的出离,对当代"分析化"的超越,于漪的"立体化与多功能"的概括最能体现当代名师的教学神韵。

什么是"立体化与多功能"?早在20世纪70年代末,于漪在《既教文,又教人》等论著中就指出"语文课是进行思想教育十分有力的阵地……渗透在语言文字的教学之中,把思想教育与语文训练有机结合起来,水乳交融"①,1988年又发表《素质·能力·智力》一文,指出:"语文教学根据学科特点,须引导学生在素质、能力、智力等方面扎下深根"②,同时揭示如此教学的目的,即培养"现代化"的"人"。20世纪末,为纠偏"语文大讨论"中错误思想,于漪发表《弘扬人文 改革弊端——关于语文教育性质观的反思》一文,进一步阐述语文学科特点以及课堂教学的"立体化与多功能"。由于漪的多次阐述来看,"立体化"纠正的是"平推式"教学,强调的是"语言训练"与"人文教育"双线建构。"多功能"反对的是"单一性"教学,强调语言、思维、文化、审美融合提升。

我认为,对于漪教学应有一个点、线、面、体的完整认识:"点"即课文,每课必精心设计,知识传统、能力培养、智力发展必须落到实处,做出严谨而科学的安排;"线"即各种文体,教学中既成序列又彼此统筹兼顾,相得益彰;"面"即全局,对目的和任务、内容和训练做总的科学安排;"体"即文章的文与道、情与理、内容与形式、思想性与艺术性,彼此交融,熔于一炉。

我认为,"体"是于漪教学思想的核心。"体"既是教学多功能的实现方式,又是教学内涵的全部要求。所谓"实现方式",是指只有体式完备、协调、结构化

---

① 于漪.于漪全集 3 语文教育卷[M].上海:上海教育出版社,2018:83.
② 同①6.

了,教学功能才能真正全面体现;所谓"全部要求",是指"体"本不是于漪外加的,而是教学内容与学习目标自身正确显示的必然结果。

《普通高中语文课程标准(2017年版2020年修订)》提出了语言、思维、审美、文化四大语文学科核心素养内容,这四方面内容实质上构成了四个维度。我认为,"四维"为"体"是同时深藏于一篇经典课文之中的,不是一教语言、二教思维、三教审美、四教文化,而是"体"立而四维俱张,一课而功能同现。

或许有人会问,"多功能""立体化"是不是同于古人对于经典的"文史哲"不分家一般的习得呢?显然不是。我在这里要强调的是,立体化与多功能的教学思想的现代化特征尤其值得我们珍视和领会,与古人综合习得有联系,但更有超越。其"现代化"超越表现在:

其一,构建了语文学科的教育学立意。"文史哲不分家"是对经学知识特点的概括,揭示了内容的综合性,不是教育学意义。当代名师的贡献是从学科教育上指明了目的性。"文"是立体化与多功能教学的凭借,目的是培养"人",正如于漪所言:"个体现代性的发展,离不开教育","一个人的现代化程度如何,不仅取决于这个人成年后的社会经历,还取决于他早年的家庭生活、教育经历"[①]。正是在这个教育学立意的指导下,立体化与多功能紧紧围绕"全面育人"这一根本目标,也就是"语文教学应该熔知识传授、能力培养、智力发展和思想情操陶冶于一炉,教人育人"[②]。不局限于"文",而是服务育人这个大目标,语文教学就有了制高点,也才能开掘语文学科的真正价值。

其二,体现了儿童发展心理学的科学策略。"教文育人"看起来是一个简单的表述,实则直指"人"的成长的心智特征。智力、心理、思维、兴趣等心理学概念,是当代名师化解育人内涵的知识工具与理论支撑。当代名师的贡献就在于用科学之理识人而后用艺术之趣教人。例如,于漪极为重视"语言训练和思维训练",她说"不能用'零售'的办法把'散装'的字词句篇送给学生,使学生难以

---

① 于漪.于漪全集1 基础教育卷[M].上海:上海教育出版社,2018:99-100.
② 于漪.于漪全集3 语文教育卷[M].上海:上海教育出版社,2018:380.

捉摸规律,把思维方面应有的锻炼'转嫁'到记忆上"。"思维训练和语言训练应放在同等重要的地位。"尤其要强调,智力、心理、思维、兴趣这些人格心理内容是因人因时而发展着的,这也是我格外突出"时习"思想的目的和缘由所在。

以于漪为代表的一代名师的心理学策略:一是开启思维的门扉,鼓励学生发现问题,在学生不易产生疑问处设疑;二是创设辨疑、析疑的条件与气氛,注意调动学生"仓库"里的知识,灵活地运用各种方法比较,培养学生良好的思维习惯,发展他们的思维能力;三是鼓励创造精神,提倡采用研究性的学习方法,爱护闪发出的创造性的火花,满足学生"吃不饱"要求;四是注意加温,重点突破,在难易上适度调整,变换训练的方式,对语言和思维训练中有种种障碍的学生,教师热忱地重点帮助,为他们铺路搭桥。由此可见,我们的思维训练十分注重弘扬中国教育精神,注重举一反三,因材施教,点拨启发,时而发挥学生特长,因势利导,使之学有特色;时而针对学生不足,补偏救弊,促进学生在过程中发展。

同时,我们又欣喜地看到,当代名师在传承中国古代先贤思想的实践层面,更注重对儿童发展心理学的科学原理的化用。例如,他们十分注重课堂上师生情感思想的交融,既强化师生认知的精神环境影响力,又强化知识经验的自我调控,从而为课堂对话形成新的思维建构打下认知基础。我们常说于漪等名师重在培养现代化的"人",这个判断依据是什么呢?其中之一就是用现代化之"教"来为学生提供现代化成长之路,而现代化之"教"的内涵就在于用现代的科学理论来武装课堂之教。

其三,树立了当代语文教学论的思想核心。语文教学的立体化与多功能发展了当代语文教学论,体现了以"人"为中心的方法论精髓。方法是育人的实践形式与工具,方法是为了人的成长服务的。因此,当代的教学论始终从"人"的心灵出发。比如,格外重视兴趣培养,"把'兴趣'这位老师请进课堂,贯串整个课堂教学的始终"[①]。当代名师的"激趣说"就是"活"的教学法。主要体现在三

---

① 于漪.于漪全集 3 语文教育卷[M].上海:上海教育出版社,2018:33.

方面：一是十分重视把学生领进语文学习的广阔天地，提升学生的审美情趣；二是课堂教学力求多变，课型常新，尤其是根据课文的内在逻辑把学生的学习热情层层深入地引入"山重水复"的境地，使激趣贯注教学全程；三是用知识的"磁力"吸引学生的兴趣。于漪始终强调："最大限度地扩大知识的磁场效应来吸引学生的注意，这是我培养学生语文学习兴趣的又一源泉。"正如她的总绾《语文教学谈艺录》全篇的教学论格言所揭示的："当崇高的使命感和对教材的深刻理解紧密相碰，在学生心中弹奏的时刻，教学艺术的明灯就在课堂里高高升起。"①这既是于漪教学论的思想核心，也是当代语文教学论的思想境界。"使命感"和"教材理解"的碰撞是教学艺术得以发挥的条件。发挥，则是聚焦后的力量影响——拨动学生的心弦。也只有达到这一出神入化境界，教学艺术才能称作艺术。确实如此，表面看来教学艺术是灵巧的方法，其实质是科学力量的层递式运作过程。引领学生走进广阔天地审美；引领学生在课堂上不断探求；引领学生掌握知识的力量……这些都是于漪等名师们语文教学艺术的内在力量，也是他们语文教学论的逻辑特征。这个内在逻辑如同穿行在课堂中的"浩然之气"，"必然产生能量推动学生的思想感情向前迈进"，也如醇厚无声的教师语言拨动学生心弦，在学生心中弹奏，"善于传情，善于注情"。一"传"一"注"，能量聚集，从而使学生心灵世界万象更新。

我们理应注重对中国语文民族特性的深思与继承，但继承应是当代化方式；我们必须注重对世界教育思想的学习与借鉴，但我们的借鉴应是在学理上建构，是中国化认知。

---

① 于漪.于漪全集 2 基础教育卷[M].上海：上海教育出版社，2018：234.

第三章
时效与功能——语文课程功能研究

"时效与功能"是当代语文课程研究与教学不可回避的重要课题。什么叫时效?时效就是指在一定时间内能起的作用。什么叫功能?功能就是事物或方法所发挥的有利的作用,也称效能。"时效"与"功能"合而称之,核心意义就是"效能""功效"与"作用"。为什么又要突出一个"时"字呢?问题就在于语文课程功能的实现,有很多特别的地方,比如,时间安排问题,效率特殊性问题,一课多功能问题,"文""道"有机统一而发挥育人作用问题等,这些都是语文教学论所必须回答的。

前一章,我们确立了"立体化与多功能"的教学论思想,这个思想就是关于"时效与功能"的思想认识基础。但是,功能类型究竟如何?效率的特殊性应该是怎样的?功能实现的显著标志又在哪里?……这些核心问题有必要深化讨论。

第一节　语文教学的整体功能

无论是从内容上讲还是从方法上讲,语文教学的功能都指向育人。各门学科的功能都有这个目标指向,而语文学科又有哪些特点呢?发挥学科功能的教学该注意些什么呢?本节结合我个人的实践经验作些论述。

语文教学功能很多。最基本的是三个方面,即认知指导、情意培育和能力训练。三者相辅相成,彼此沟通,互为表里,无法分割。

一、认知指导功能

知识是活动的定向工具。无论是进行思想锤炼、能力培养,还是进行其他活动,都必须以一定的认识为指导,以一定的知识为依据,这样才能辨认事物,确定活动的选择指向与方式。认知教育是一项基础工程。目前,有一种现象值得注意,就是把认知、能力培养及思想情感教育三者简单地割裂开来,认为谈"语文教育"比谈"语文训练"先进、科学……这样一类的实践活动或言论,不能说没有道理,但又有不足。

所谓认知教育不等于一般的掌握知识,而是点拨学生把科学的基本知识变为自己的财富——个人进行思维和实践的工具以及培养情感与思想的基石。

认知功能的实现如图3-1所示。

1. 认知功能实现的两个阶段

第一阶段是"基础功能"实现阶段,即学生在教师点拨下,掌握方法,对知识加以认识、弄懂并记忆。这个认知初级阶段也可以称作认识上的信息处理阶

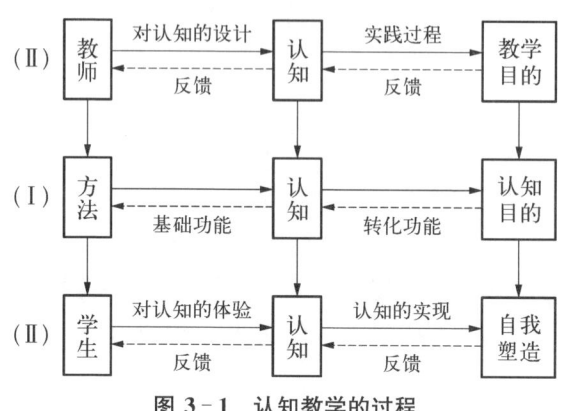

图 3-1 认知教学的过程

段,主要过程是:认真学习(记忆)—概念形成—问题解决。这是一个个体获得信息、运用信息和初步实现学习目标、形成个体经验的过程。

第二阶段是"转化功能"阶段。教师指导学生朝着预定的认知目标,运用获得的认知结果,在新的情境下进行新的思维加工,使得已有的信息质与信息量得到双重增殖。这个过程孕育着新知识、新思想、新能力。要实现这一点,就需要我们把认知看作思维的引发,而不是知识积累的终点。讲"思维的引发"也就是让学生在认知活动中举一反三,充分地强调已有的知识潜力,推导、综合、分析出新的知识。当然,教师所举之"一隅"应是典型的,具有一定的知识辐射与层递衍变的性能。

例如,河北省名师张孝纯让学生进行重新组合知识的练习,很有效果。教《劝学》后,让学生解释下面一段文字中加点的词并说明这段文字的意义:

驽马与骥邂逅于途,就而请示于骥曰:"愿受教于先生。"骥曰:"吾,神马也!生而利足,一日而致千里,飞渡关山,横绝大漠,虽风雷可以疾也。王者锲石镂金,为吾图形,是以明彰天下。汝,负舆物耳!寄身于槽枥之下,托命于奴隶之手,羸弱无力,跬步难行。虽学,终朽物也。今乃不省乎己,而欣欣然欲学于余。甚矣,汝之不知也!"驽马曰:"君过矣,勤学而好问者,虽愚必明。吾生虽驽钝,独不能有寸进乎？何拒人之甚也！"……

这样的重新组合，既是温习旧知，又是以旧知为条件在新的情境下加以运用并发现新知。这类富有"中介"价值的练习是进行知识训练还是能力培养？恐怕无法区分开来。

2. 认知的主体是学生，但教师又不仅仅是主导，还是参与者

教师的认知设计、对认知效果的评估、对认知目的的确定……都是一个认识与实践相互交叉、相互催动的能动过程。就教师而言，既要设计好认知项目，又要注意关于设计的反馈，还要亲身进行认知测试；就学生来讲，在认知过程中，对于成功的结果应能及时总结，使信息迁移与扩展到新的目标或问题情境中。如果失败，应在教师指导下重新选择，校正学习反应，直到符合认知要求。因此，不论是教师还是学生都应具备元认知能力，即重视反馈并能自我检测与自我校正、决策。教师与学生都是认知的决策者。

以教《小橘灯》为例。

(1) 教师先让学生填写表 3-1：

表 3-1 《小橘灯》用表 1

写环境的词句	写人物的词句	写动作与对话的词句

学生都能写出。

(2) 再填表 3-2：

表 3-2 《小橘灯》用表 2

表现穷苦生活的词句	表现乐观性格的词句	表现小姑娘沉着敏捷的词句

只有72%的学生能写出。

（3）教师出示以下思考题：

① 楼上相识，小姑娘给人鲜明强烈的印象是什么？

② 描写小屋环境的作用是什么？

③ 围绕小橘灯，文章是怎样描写小姑娘的？

④ 文章是怎样层层照应的？

学生能完整回答的更少。如果辨析一下，就会发现三组题的差别并不太大，但学生却有了"换了难题"的感觉，这感觉就是明显的认知障碍。

通过认知练习的设计让学生意识到了认知障碍，这是很大的收获，它有两个作用：一是启发学生自己再思考，校正思路；二是启发教师作出新的教学决策。围绕这一问题，师生双方都有了认知心理上的准备，这可以看作在攻克新的知识关隘之前的蓄势过程。有的教师在预习课上提出几个简单的问题，让学生满堂高兴地做完，虽然也有认知效果，但从认知的深度上讲是不够的。忽视了认知障碍上的反馈（或说认知没有障碍），从一定意义上讲就等于轻视了认知的目的和认知的时机。

另外，认知教育具有合成教育的特点，简单地把认知看作对概念的掌握或记忆是不尽对的。

"不仅仅是为了获得知识而需要科学……科学中还包含着另一种重要的因素——教育因素，这个因素有时是隐藏在深处的，因此难于从表面上察觉出来。谁不善于利用它，谁就还了解不了科学的全部特点，就是放弃了可以轻举千斤的杠杆。"（皮洛戈夫语）。认知就是教育。知识的甘泉培育了丰厚的心灵，包含在知识之内的思想与世界观，更是具有强大的教育力量。认知的教育功能如图3-2所示。

"潜在精神"是一个较为宽泛的概念，它主要指认识目光、思想内容、思维方式等。在认知教育过程中，这个基本环节也是不容忽略的。

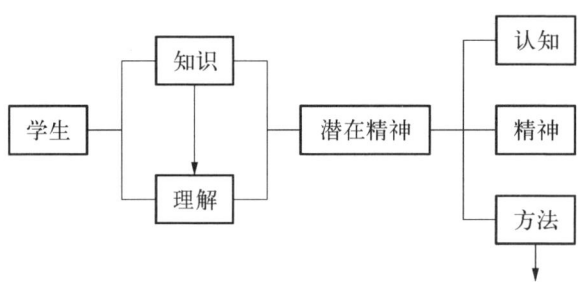

图 3-2　认知的教育功能

二、情意培育功能

我们应该认定情意教育是一个比较模糊、宽泛的概念。总的来说,"情意"包括情感与意念(思想)这两个方面,但实际上又常常涉及情绪、情调、情怀、意志、操守、政治以及审美等多层次多方面的因素,在教育实践中,只不过是各有侧重而已。

情意教育是语文教育的基本任务,要想完成得好,我认为有三个基本问题要讨论清楚。

1. 情意教育是师生双边在情意上的复合运动

语文教学中的情意教育不是线型传授式,即教材—学生,而是具有"场"性特点,具有多维培育空间、多层培育内容。如图 3-3 所示。

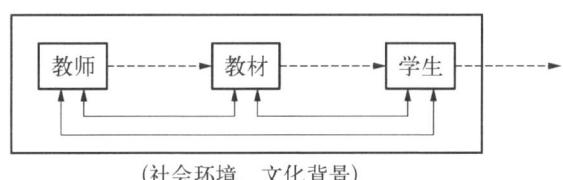

(社会环境、文化背景)

图 3-3　语文教学中的情意教育模式

首先,教师的主导作用相当重要。对于学生来说,他们不仅需要大量的感性直观和记忆,而且需要理解。而要达到这　目的,首要条件就是依靠教师用启发性的方法、手段，让学生处于一种最大限度集中注意力的状态中。只有在这种状态里，人的潜力、才能和心理结构中的各项要素才能得到充分的发挥和协调的运用。

其次，教师、教材、学生这三者同处于一条情意交流的发展线上。教师用自己的思想与心灵来领悟教材，从中发现情意教育的因素，"点燃起许许多多火堆"（苏霍姆林斯基语），吸引学生钻研、理解，这是一方面。另一方面，学生也在调动自己的情感能量与心灵因素对教材、对教师的点拨作出敏捷的反应，这样就使得教师、教材与学生的三者之间两两组成一个相互作用的情意教育的立体空间。这个空间所包容的内容丰富多彩。

最后，教师、教材、学生三者紧扣"情意教育"这一中心纷纷作出的能动反应都必须受控于一定的文化氛围，也即受到社会环境与文化背景的深刻影响。我们很难也不可能脱离一定的背景而追求人在情意方面的塑造。例如，用古代文化背景来看现代的情意内容，用现代的文化背景来洞悉古代情意教育的内容，或者用中国文化的背景来观照西方世界的情意内容，如此等等，都说明了情意教育的多向性、多层性与多维性。那种孤立地、片面地只从教材的只言片语出发加以情意方面的阐释是不应提倡的。

2. 情意教育是一个层递的复杂的动态过程

有些实践活动，虽然名之为情意教育，但违背了循序渐进、潜移默化与逐步发展的规律，如随意拔高分析、随意夸大引申以及故作高深、增加难度等，并不少见。情意教育是一个具有层递性特点、十分复杂的动态发展的过程。层递性即循序渐进，不是一成不变，也不是变得突兀，脱离学生情意发展的实际。称其复杂，一方面因其教育内容丰富多彩，另一方面则是指其教育成果的实现不是毕其功于一役的简单劳动，而是伴随着思想、心理、学习材料等方面的变化而变化的。称它是动态过程，主要是因为情意教育的目标具有阶段性与发展性，自始至终呈现出螺旋式发展的态势。

不论是进行哪一个层次、哪一个方面的情意教育,都具有三个基本阶段。如图3-4所示。

入情阶段是一个情意准备阶段,是指人的精神、心理、情感等处于初期待育的状态。这是每一个学生在语文学习时都必定进入的区域。忽视这个区域的考察,那后面的教育措施就难以落实,其效应程度也必然微弱。

认识与体验阶段是关键性阶段,它关系到情意教育效应高下的师生配合共创成果。在这个阶段,人的知觉、认识、愉悦、领悟等功能得到充分的利用,产生一种混合功效。在这个时候,情意教育很可能有一个跃动式的发展。

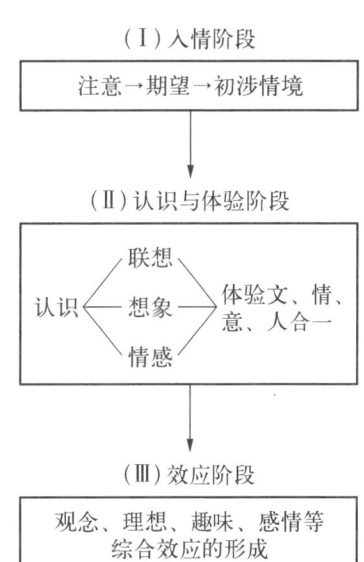

图3-4 情意教育的三个阶段

效应阶段也是情意教育阶段性目标的实现阶段,感情、思想、意念等得到了发展、升华与提炼,有时是吸取、补充与校正。从情意教育的阶段性上看,效应阶段可以说是终结阶段,但从其发展性与连续性的特点上看,这又是一个中介阶段,它既是终结,又是下次教育的准备与基础。它很可能成为更高一级的情意教育的准备阶段。

以教鲁迅《雪》为例。首先,引导学生进入情境,手段就是点拨学生注意文中一些关键性词句,由此形成期望心理,做好钻研准备。其次,教师引导学生通过联想、想象等手段,披文入情,咀嚼理趣,深入分析与评价。最后,结合自己的思想实际、情感特点得出创造性的结论。如一位学生分析道:"作品描写两个不同的意境,给人的感受是完全不同的,这样的对比显示出鲁迅对美好事物的追怀和对冷酷现实的抗争。"由此可见,学生在情意上的反应比较敏锐、切合。

3. 实现情意教育的教法思路

情意教育是常规化的教育,依我们的实践经验,情意教育基本上形成了一

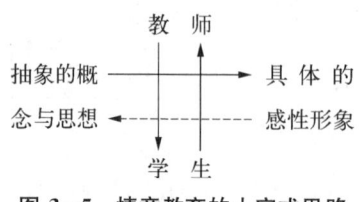

图 3-5 情意教育的十字式思路

个十字式思路，如图 3-5 所示。

有两条基本原则：

第一，把抽象的概念、思想具体化、形象化。语文教学不等于政治教学，因此，要特别反对架空分析、乱贴标签的做法。要力争做到用美的形式将知识装扮起来，使德育以情感为引导，使智育以形象为先导。

第二，教师与学生双边在情意上的彻底交流与相互呼唤。情意教育不是灌输，而是熏陶。这个熏陶有两层意思：一是作品的情感与实现意识对学生的影响；二是教师认识作品、评价作品对学生的影响以及教师的情感、思想对学生的渗透。因此，在情意教育中，教师不是一个传播者，而是一个播火者——引发学生燃烧。

三、能力训练功能

语文教学旨在培养能力，无须赘言。能力怎么来？这是关键问题。我认为，不能讳言训练。不着边际地感悟，是没有抓手的教学，严格说来，不是教学。因此，这里着重讨论训练。

1. 训练的内涵

训练这个词太平常了，很多行业都讲到它，正因为它太平常，人们很少去研究它的完整的真正意义。用大家的话说，训练，不就是练习吗？练习，不就是一种行为方法吗？长跑、游泳，光在屋子里讲知识，不算训练，只有到操场、到游泳池中去做出相关的行动，动手动脚练一练，这才叫训练。不在深处追究，从大众习用的意义上讲，这样理解训练，未尝不可。但是，从语文教学这个特定的角度来看，问题又并非如此简单。

古代教学论中，没有训练这个词，到了现代，特别是当代，人们用得多了，但专门给训练一个教学论上的定义的,可能没有。训练这个说法是借用到教学这个圈子里来的,它与古人经常讲的"习""行"在意义与功能上有很大联系,人们只注意到这方面的联系,也就不自觉地忽视了对训练的具体阐释。再者,人们都认为训练就是练习,像学游泳那样到池子里做出相关的行动,用不着刨根问底。训练避而不谈,倒是语文训练的意义、作用及必要性等讲得很细很多。

如果不清楚训练这个词的教学论意义,就会弄不明白很多教学观念,甚至会影响对教学思想的确定。许多教师仍然把语文课当作文学课或语文知识课来教,这是一个重要的原因。

那么,训练究竟是什么意思?

——训练≠练习

——训练≠既讲知识,又做练习

——训练≠传统论讲的反复诵读与温习

但是,又不能否定,训练又包括上述的一些基本内容。

依我的浅见,训练是否可以用这样一句话来讲:在知识教示下练习,形成技能。

2. 训练的基本要求

首先,要有知识指导。游泳训练,要有游泳知识指导;语文训练,要有语文知识指导。知识是前人实践经验的总结,站在前人的肩膀上更进一步,可以说是走捷径,反之,置前人经验于不顾,非得亲自去一一摸索,效果不好,效率就更谈不上了。以知识为训练指导,就是以知识作为实践活动的定向工具,前文已经讨论,不再赘语。

其次,要发挥知识的教示功能。一般来说,知识都有教示作用,但从教与学的需要来讲,又不一定。语文知识十分丰富,小学、初中、高中乃至大学都要根据需要分开来掌握。不同的学习阶段,用来指导训练的知识不同,即使知识类别相同,在需要的程度上也不一样。因此,只有那些对具体训练起到切实指导作用的知识才真正具有教示功能。这就要求我们:各学段训练所需要的知识都要扎实地讲到,让学生扎实地掌握,否则,训练的要求是高层次的,而讲的知识是浅层次的,或学生实际知识水平处于浅层,那么,训练的要求就难以达到,训练也就失去了真正的意义。

最后,要科学地配置练习。课文后边有练习,教师还要编练习,但是,值得商量的是,很多练习往往有两方面的失误。其一,所安排的练习往往只起到复习知识的作用。比如,课堂上,教师讲了五点知识,课下练习,或填空,或选择,或从给定的材料中找答案……仅仅只是复习了这五点知识。这样的练习是巩固性的,不能说对训练技能、培养能力没有用,但功能远远达不到要求。其二,在引导上缺乏内在的逻辑联系。课文后的练习常常是分散布点,这道题是语文知识方面的,那道题是阅读思考方面的,还有一些是写作方面的,"类"上有好几种,但"类"与"类"之间逻辑联系不明显。真正有价值的练习不仅在于复习知识,而且在于引导学生一步一步读书,完成自能读书的任务。以一篇课文的练习安排为例,从第一题到最末一题,是按照课文思考的顺序来安排的,也就是说,学生一题一题地解决了,课文的一个一个基本问题也就弄通了。学生做练习与读课文是密切联系在一起的。应该是,一边读文一边做练习,读读做做,做做读读,遇到疑难,教师点拨。若此,练习和课堂教学时教师的巧问是一回事。另外,练习要配置得科学,必须从语言文字入手。学语文就是学习语言文字,培养语文能力主要就是培养运用语言文字的能力,因此,只有从语言文字入手配置练习,练习才有训练意义和价值。这样配置练习,有四个问题要考虑好:(1)抓住课文关键性的语言文字材料出题;(2)学生看到这样的题目必然要回到语言文字上来,思考、辨析,给出答案,这也就是练习的引导功能在发挥作用;(3)不单是识字析词、理解句意等要从语言文字入手出题,理解中心、把握结构、分析技巧方面的题目,也要从语言文字入手;(4)从语言文字入手出题,既要考虑到本课本单元的训练要求,也要考虑到下一课或下一单元的训练要求;前后既要避免重复,又要保持连贯,有一定的联系。

练习的近距离目标主要是让学生形成学习语文的技能。这与一般的认为让学生做练习是为了培养能力是不完全相同的。说明白了,语文教学中的具体的单项训练是为了训练学生学习语文的技能,而不是直接培养能力。为什么这样说呢?

因为,技能与能力有联系,但不是一回事。什么是技能?技能就是人们运用有关知识,顺利地完成某项任务的一种机体活动方式或智力活动方式。如生活技能,就有说话、行走、穿衣、用筷子吃饭等。什么是能力?能力是顺利完成活动任务的个性特征。很多人把技能和能力混为一谈是不对的。技能是形成能力的前提。一个人有说话技能,有行走技能,有穿衣吃饭技能,我们才可以说他基本上具备了生活能力。单项技能没有,总体能力就无从谈起。当然,技能和能力是相对而言的,比如,说话,相对于生活能力或工作能力来讲,它是一种技能;若相对于发声、听知、语调、语速、语流等方面来说,它又是一种能力,而发声等相对于说话来说则是一种技能了。

从教学论和训练上讲,技能的形成对各种能力的发展具有促进作用,学生学习的各种知识,不能直接转化为能力,只有把知识运用到实践中去,经过形成技能的环节,才可能形成作为个性心理特征的能力。所以,技能是知识转化为能力的中间环节。另外,一种能力的形成,是需要具备多种技能的。上面的内容,如图 3-6 所示。

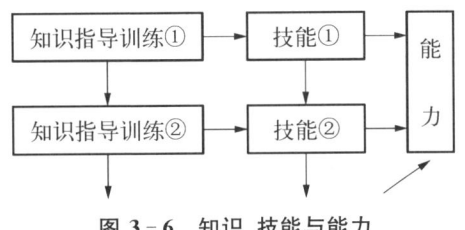

图 3-6 知识、技能与能力

如果把这个图演化为语文能力训练图,则如图 3-7 所示。a、A、甲分别代表技能的小、中、大三项。听是语文综合能力中的一个单项能力,说、读、写也是。这些单项能力的形成都必须经过 a、A、甲这些若干单项技能训练才能达到。

就分布在教材中的某一项练习来说,它承担不了直接培养能力的重任,只

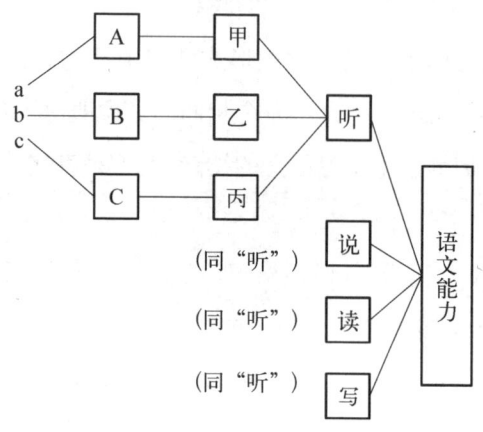

图 3-7 语文能力的训练

能发挥训练技能的作用。例如,《风景谈》一文后有这样一道练习:

试以第 4、6、8 段为例,分析这些抒情语句对揭示写景的意义有什么作用,并说说你怎样理解作者这样写的用意。

这道题的训练目的很明显,就是让学生搞清楚课文中重点抒情语句在揭示内容寓意及作者写作意图上的作用。笼统地说,这道题是为了培养分析理解能力,但究其实,着眼点还是在训练学生掌握从词句入手分析内容含义及表达作用这个技能上。分析内容含义及表达作用是分析理解能力的一个方面,而从抒情语句入手,又是这个方面的一个小的方面。我们知道,分析内容含义及表达作用可以从议论语句入手,可以从文题入手,可以从时代背景入手,还可以从选材、用例入手等。只有让学生在这些多个入手处练通了,练熟了,熟能生巧,这样,从词句入手分析内容含义及表达作用的技能才能形成。这种技能形成了,那种技能也形成了,这样,分析理解能力也就大体上培养成了。

因此,科学的练习,都是从能力培养着眼、从技能训练入手。着眼的是总目标,入手的是该练习所必须达到的近距离目标,不经过入手这一环,着眼就很可能要落空。

又例如,有一种教材在《一次大型的泥石流》后安排了这样一道练习:

分析课文第 2 段,就各句的意思说说它们之间的关系。

这道题的训练目的是什么?说是为了培养学生分析理解能力,当然不能算错,但是从题目的要求上看,旨在训练学生分析句间关系,更明确些说,是分析说明文的句间关系。我们知道,语言组织形式、风格等是不一样的,分析句间关系是弄清文章语言组织特点的一个基本方式。就句间关系来说,说明语言、议论语言、叙述语言及抒情语言中的句与句之间的组织关系也不一样。如果再往细处说,不同的作者在安排句间关系方面也是各有打算、各有特色的,散文与韵文的句间关系更是不同。如果这些方面的关系都用练习的形式让学生来摸一摸,想一想,那么,从句间关系入手来分析文章语言的内部组织情况的阅读技能,学生很可能就掌握了,这种技能一旦形成,无疑给分析能力的培养奠定了基础。试想,如果不是为了达到这样的目的,那么在文后安排分析句间关系的练习又有多少意义呢?反过来说,正是文后练习的着力点在于训练技能,越练越熟,越熟越巧,所以阅读能力及其他能力才真正得以实现。

第二节　培育学习主体是发挥功能的目的

理论上,我们认识到语文课程功能有认知、情意和能力这三大领域和三种类型。在具体的课堂教学中,发挥这三大功能的目的究竟是为了什么呢?一言以蔽之,就是培养爱学语文、敢学语文、会学语文的洋溢着活生生语文生命的学习主体。

一、对学习主体的认识

1. 教学主体确立的条件

在教学活动中,主体是学生。教学活动本质上是一种认识活动,教学过程本质上是一种认识过程。在认识活动中,始终有两个因素在起作用:一是认识者;二是被认识者。认识者是学生,被认识者是学习的对象。认识是人脑对客观世界的反映,因此,把教学活动中的认识主体确定为学生是合乎逻辑的。但是这里必须同时具备两个条件:一是要有主体反映者和客体被反映者;二是主体要有活力,其结构和功能要正常。

第一个条件不用多说,第二个条件则存在明显的问题。主体虽然名义上存在,但其是否有活力,是否在结构和功能上属于正常,即是否具有主体性呢?这在教学中必须高度重视。因为真正意义上的认识是主体的能动的活动,而不是机械地或简单直观进行的活动。换言之,主体能够进行能动的认识活动,主体性才可得到真正的发挥,否则,认识就不能产生,主体地位也必然名存实亡。

孔子说:"不愤不启,不悱不发,举一隅不以三隅反,则不复也。"朱熹的解释是:"愤是心求通而未得之意,悱是口欲言而未能之貌,必待其如此乃启发之。"这也就是说,"孔子与人言,必待其人心愤愤,口悱悱,乃后启发为说之","如此,则识思之深也"。程颐说:"不待愤悱而发,则知之不能坚固,待其愤悱而后发,则沛然也。"①孔子这里所指的"愤""悱"就是主体性的外在表现。学生能动意识强烈地表现出来了,教师的教学必能产生较大作用,得到最佳效果,相反,"举一隅以语之,其人不思其类",则表明学生主体性并未具备,并未发挥,尚处于缺乏能动回应的状态。相同的话,孔子还说了很多,如"知之者不如好之者,好之者不如乐之者",这是从主体性发挥的程度上来讲的,意思是主观能动性越强,学生积极性越高,就越有利于学习。又如"中人以上,可以语上也;中人以下,不可以语上也",这句话和"因材施教"同出一理,强调主体的主动性应该成为主导者施教的根据。

2. 学习主体认识上存在的弊端

我们现在的语文教学,在弘扬人文精神,增强学生主体意识,充分发挥学生的主体性方面还有明显的不足。

第一,课堂上,学生不是作为自觉的学习者能动地走上主体位置,而是教师让他们"被"主体。学生学习的主体性是否发挥,教师不去研究,只是心中把他们当作主体就开始教学工作,这样必然产生师生之间不协调、不同步的情形。像"问",课堂上一片问答之声,看起来热热闹闹,实际上很多的问等于"逼""抠"。"问"是教师提出的,而不是学生自己。有些问题,是教师仅凭对学生的肤浅猜测而设计的,学生其实还不具备在诱导中自行解决的能力。教师出之以问,学生被动应答,答不上,教师再问,变法子问,直到教师暗示答案让学生答出为止。有人说,这难道不是启发吗?表面看来,这也许是启发,学生确实按照教师的要求回答了问题,在教师的引导下完成了教师事先苦心考虑的教学设计,似乎让教师得到了一份教学满足,但学生并未得到身心上的快乐与满足,学生只不过是被动地甚至是害怕地等待教师出题,尔后苦思冥想,仓促应对。这苦

---

① 朱熹.四书章句集注[M].北京:中华书局,1983:95.

思与应对之间,哪有什么自得其乐可言。这种提问—应答式教学是缺乏"举一隅不以三隅反则不复也"的明智的,严格说来是不尊重学生这一主体的表现,与依据主体性发挥程度而教之相距甚远。

第二,主观设计的僵化模式扼制主体性的多向发挥。20世纪80年代以来,似乎教学模式越具体细微越好,殊不知,这些模式在规范教学行为的同时也粗暴地干涉了学生学习主体性的充分发挥。什么叫模式?简言之就是标准的样式。模式是相当严格的,不能出其右,也不能出其左。模式有没有?有,因为它是人们在长期的实践活动中建立起来的、大家所约定的一种标准。教学模式有没有?当然有。教学是活动过程,既然是过程,就必然有阶段、程序、规则,自然也就有一种标准。问题是模式不能僵化,变成固定程式。

二、"主体"表征:有发现敏感

要确立学生主体地位,关键是要激发学生的创造欲望,这就必须时时关注学生的发现敏感。这反映了教育的本质性要求。发现是创造的先导,是创造品格的外在体现,是学生学习行为和学习心理优良的最闪光的标志。

能否发现问题,受多种因素制约,如情境、学养、眼光以及其他客观条件等。不过,根据我们实验与观察,在很多情况下,往往取决于发现者的发现敏感怎么样。一篇作品,在教师这里,可以发现很多有研讨意义的问题,而在学生那里,则变成了无问题的文本对象。这种现象怎么看?通常是教师素养高一些,发现能力强一些。这当然有道理。但在把问题归结到这一方面的同时,恰恰忽视了问题的另一方面,即教师在阅读作品积累了丰厚经验的基础上,明显的有一种发现敏感的内驱力在起作用。如果不拿教师和学生作比较,而是看学生甲和学生乙对作品的敏感,我们会察觉学生的发现敏感大有差异。即使是同一个学生,对于不同体式的作品的认读,所表现出的发现敏感也有区别。在课堂上,为什么有的学生能很快地发现问题而有的学生则表现一般?甚至有时候语文修养不怎么高的学生比修养高一些的学生发现得快,这又是什么原因?我以为,大多情况下是发现敏感的强弱所致。

发现敏感是阅读者在心理自由的条件下,仅凭经验和习惯上的直觉很快地对问题进行质疑的个性特征。它是阅读自由状态下的产物,阅读者有了一定的经验,就会产生直觉感,即便在熟悉的情境中,阅读者也能够质疑,而且速度较快。有阅读成就感的人多有这方面的体会。同类质的材料在手上盘熟了,很容易发现问题,这是经验在起作用。同类质的材料虽然很熟悉,但由于阅读时头脑中有某几个定向问题在支配阅读,因此特别关注的是定向问题,至于其他问题则不一定能察觉到,这是阅读不自由所致。同类质材料虽然很熟悉,但由于先前受到某种定向教育或读者本人始终处于被动接收状态,没有"发现"和"挑刺"的欲望,也就不能"发现",这是缺乏质疑能力和意念的缘故。另外,对材料有质疑欲望,但反应迟钝,最终是别人发现了,自己只能应声附和"我也这样认为",这是思维不敏捷的缘故或缺少"发现"信心的缘故。

既然"发现敏感"重要,又有其固有特性和制约因素,那么,我们培养学生的"发现敏感"可以从以下几方面入手:

1. 变目的前置为原理归纳

写语文教案也好,课堂施教也好,教师一起备课也好,目前有一种很常规也很刻板的做法,就是先明确"教这篇课文的目的是什么"。首先明确目的当然是对的,教前做到心中有数,教时就能纲举目张,所谓教课要"立主脑",不能无的放矢,就是这个道理。但是,如果教师在黑板上直书"学习目的",或在导语中直接告知学生"我们这堂课要解决什么问题",就未必妥当了。因为这样定向教学的弊病就是使学生失去了思考的自由。从一定意义上讲,目的越明确,学生的思考天地就越小,质疑的扩散力就越弱,创造的欲望也就萎靡了。其危害性也就很明显:与其说是引导学生学习,不如说是牵着学生跑,强行使学生的思维车轮进入教师的思维轨道。长此以往,学生就成了教师规矩下的机械人,这显然不利于培养学生的创新意识和创造才能。如果不事先明确目的,而在隐性引导中让学生自主学习,最后与学生一道归纳出这节课的学习所得,特别是着重总结之所以有得的原理(如思路、方法、达到了怎样的目的等),又会怎样呢? 不妨举一个实例来说明。

《死海不死》是一篇内容通俗、语言浅显的说明文,我在教这篇课文时,没有讲什么导语,也没有说明"我们学这篇课文要抓住两点:一是说明的方法,二是说明的语言"这些目的和要求,而是要求学生在十五分钟内自读并提出五个以上的有意义的问题。这样上课,对学生的学习不是没有要求,而是要求得比较苛刻:问题要有数量、问题要有意义。两个要求互相钳制,加大了思考难度。我的想法是,对于浅显课文的阅读,适当施加思考的压力是必要的,这样可以促使学生激发探寻的亢奋心理。接下来用十分钟的时间与学生一道整理出以下问题:

① 为什么用"死海不死"这样的短语作标题? 改为"死海"行不行?

② 为了说明死海的咸度,文章列举了大量数字,作用是什么?

③ 标题说"不死",文末又说"那时,死海真的要死了",这不矛盾吗?

④ 作者介绍了死海形成过程以后,为什么又写了人们开发死海资源这些事? 这些内容多余吗?

⑤ 写了一些神话传说有什么作用?

⑥ 作者为什么要写这样的说明文呢?

⑦ 写说明文要有科学性,而文中写神话传说是不科学的,这是不是毛病?

⑧ 第2段说不会游泳的人不会淹死,说的是人不死,而作者末一句说"真是'死海不死'",说明对象是否搞错了?

⑨ 文章明明说"死海"是一个"世界上最咸的咸水湖",可又说它是"海","湖"与"海"难道没有区别吗?

⑩ 文中说"海水平均深度146米",用的是确数,接着又说"最深的地方大约

有400米",用的是约数。最深的地方还没有搞清楚,准确的平均数又怎么会得到呢?

面对这些问题,我欣喜万分。一则这些问题搞明白了,学习目的也就达到了;二则提出问题是解决问题的先导,能提出这些问题,相信学生也有解决的能力。在此基础上,教师和学生先讨论哪些问题没有多大意义,如⑥⑦⑧⑨,再就有意义的问题展开讨论,二十分钟足够。

但是,教学还不能满足于此。我以为,不能把这篇文章当成知识短文来教。如果是为了获得"死海不死"的知识,放一段录像即可。退一步说,即使学生不知道这方面知识也不碍事,这类地理知识很多,语文课不必深究。最要紧的,是要上成思维训练课,即要让学生的头脑充分动起来:这样一点知识,用百来字说明,写成一个词条即可,作者为什么要列举多方面内容来写?其用意是什么?说明这样的内容,为什么要采用这样一些说明方法?这对我们写作有怎样的启示?这些问题,旨在让学生研究作者认识事物、说明事物的思维特点和写作艺术,教师和学生讨论起来难度不大,但能使学生认识别人的思维方法和表达长处,这自然是语文课应该管的事。

在一个班级内让几十名学生一起学习,还必须挖掘集体智慧的内驱力。大家你一言我一语,表达学习时的见识,有互相促进思考的作用。这恰恰是语文课必须充分开掘和利用的集体积极思维的资源,这种资源是个人学习无法获得的。为此,我又提出了以下问题:

① 将十个问题归类,看看涉及阅读说明文的哪些方面?涉及多个方面的问题是大家提出来的,一个同学能提出来吗?今天不行,以后行吗?有怎样的启发呢?

② 今天,同学们能提出这些有意义的问题,与平时的学习或以往的说明文学习有哪些联系?你觉得以前的积累对今天的质疑有怎样的帮助?谈谈体会。

③ 今天提问题不妥当,原因是什么?有些不妥当的问题如"作者为什么要写这样的说明文?",如果换一种问法如"作者这样说明死海与词典上介绍死海有何不同?有什么意图?"是不是更妥当?这体现了提问的技巧,你能认识到吗?

④ 在提问的时候,有的同学一开始没有疑问,听了别人的问题后能马上提出有联系又有区别的问题,其中有没有把别人的问题当作自己提问的"拐杖"的诀窍?对你有什么样的启发?

我以为,这些问题是学习方法、学习品格和思维方法与技巧上的问题,加以训练与讨论,对于开启学生思维大门、点燃学生微弱的思考之火,大有裨益,而这也体现了语文课以思维训练为中心的教学要义。当然,我的这种教法,只是一种尝试,并不排斥其他的教法。

总之,一句话,变目的前置为原理归纳,能放开学生思维的手脚,有益于发现敏感习惯的养成。

2. 变探究结果为辨析问题

检测一个人发现能力的强弱,应该以他所提问题的数量为标准。一是问题最难提出,缺乏思考力或不愿动脑筋的人是提不出问题的,提不出问题,发现又从何谈起呢?二是能提出问题基本上就能解决问题,因为提问题者在提炼问题时已经在进行解答准备了,加之这些问题本身并不具有多大的学术独创性,因此,解答的难度也不大。比如,学生读一篇记叙文,把某一处的描写有何作用作为问题提出来,这里就隐含着学生知道此处的描写有作用,至于是怎样的作用,又要联系文本来分析,就能够大体上加以解答。鉴于这一实际情况,我觉得在课堂教学中,应该把辨析问题作为经常性训练的重点,而把问题答案的解决看作辨析问题之后水到渠成的事。遗憾的是,听了不少公开课,感到不少教师依然把解决问题看作课堂教学的头等大事。比如,教师提出了一个思考题,然后要求学生答,学生答不上来,教师就牵线搭桥,暗示一番,直到学生说出答案为止。这样做,无非是解决了问题,使学生抄下了答案。

什么叫辨析问题呢?以上讨论原理归纳时已有所涉及。明确地说,就是教师引导学生对师生双方提出的问题,从出发点、角度和思路上加以辨析,达到区分问题的侧重点、意义大小及答问取向等问题的目的。产生的效果应该是:学生知道该选取怎样的角度提问,从哪一方面提问;学生知道别人所提问题的价值,并能积累相关经验,总结相关教训;学生能够学习对同一方面的问题从不同角度提出,并且明白角度不同,问题之间有明显的差异。为了激发学生敢提问题,多提问题,我对学生说:"课堂提问没有错。"学生的任何一个问题都是有价值的,其价值就是思考的力量。下面举例子作些说明。

《在马克思墓前的讲话》中有这样一段话——

正像达尔文发现有机界的发展规律一样,马克思发现了人类历史的发展规律,即历来为繁芜丛杂的意识形态所掩盖着的一个简单事实:人们首先必须吃、喝、住、穿,然后才能从事政治、科学、艺术、宗教,等等;所以,直接的物质的生活资料的生产,从而一个民族或一个时代的一定的经济发展阶段,便构成基础,人们的国家设施、法的观点、艺术以至宗教观念,就是从这个基础上发展起来的,因而,也必须由这个基础来解释,而不是像过去那样做得相反。

这段文字,可以提出哪些问题呢?学生通常提出以下几条:

① 马克思发现的人类历史的发展规律是什么?
② 这一组复句层次如何划分?
③ "发现了……规律,即……事实",规律就是事实吗?

这三个问题,①②思考难度不大,③则要动点脑筋,如果是事实,那么,"所

以"后边的文字是不是事实？如果不是事实，怎样理解？如果是事实，用"所以"一词有何必要？

有学生提的问题很独特，他说"宗教，等等"，后边的分号要改为句号。理由是：句号前的内容是概述事实，句号后的内容是对规律的解释。规律和事实不是同一概念，事实是现象，规律是本质。"所以"后的内容是根据事实而得出的结论。

这个问题体现了很强的思考精神，质疑名家名作，也很勇敢。这个质疑对不对呢？我以此为突破口，组织学生辨析，正好也可以连带思考问题③。有学生说，不能改为句号，否则前面内容是一个单句，主语是"马克思"，谓语是"发现"，后面"规律……即……事实……"这一部分内容都是宾语，这样，规律也就是事实了。有学生说，改不改关系不大，前面是举例，后面是对事实的概括，主要内容是后者，说明规律。又有学生说，不是改句号的问题，而是这一大段话有语病，应改写为："正像……一样，马克思根据历来……的一个简单事实：……宗教，等等，而发现了人类历史的发展规律。即直接的物质的生活资料的生产……那样做得相反。"其他学生认为他言之有理，是最佳修改方案。对不对呢？

教师表述了自己的看法：规律就是后边的事实，不能看作两个概念。事实跟现象不同，只有体现了必然性的现象才是事实，而这个必然性就是规律的体现。"事实"后边的冒号一直管到"那样做得相反"止。冒号后的内容都是对事实的概括说明，也就是对规律的说明。分号不能改为句号。这两个分句说的是同一层意思，即规律。分号前的内容看起来是概述现象，其实是揭示规律，"必须""才能"揭示了两者关系；分号后的内容仍然是对两者关系的理论化解释，但又不是简单重复，而是更概括、更抽象。文中"从而"一词要仔细研究，它不表示因果关系，相当于"以至于"的意思，表明"经济发展阶段"包括"直接的物质的生活资料的生产"这层意义又扩大了外延——侧重于"经济发展"过程，也即"生产"及生产"过程"都是"基础"。

教师的这个意见显然否定了学生的看法，但这是对学生理解的否定，并不是对所提问题的否定。相反，学生所提问题促进了教师的理解。

接下来看几个问题的差别及所提角度。问题①是从内容上提的，问题②是从复句关系上提的，问题③是从概念上提的。三个问题角度不同，但都与内容的组织关系有关。最能反映组织关系的便是标点符号了，即用什么样的标点符号取决于前后句内容关系怎样。因此，最后一个问题的提出有"牵一发而动全身"的思考效果。经过这样的讨论，不仅解决了内容理解上的障碍，而且使学生强化了对问题本身的思考。我觉得，这样的讨论对学生的思辨能力有很强的砥砺作用。

当然，培养发现敏感不仅仅是上述两种形式，也不必每堂课都这样做。这里有一个建议：培养发现力很重要，而发现力的基础是敏感，因此，培养发现敏感，不可轻视。

三、培育主体的关键是培养创造品格

语文教学应该也必须注重创造能力的培养，这是由语文学科的性质特点与位置、功能决定的。汉民族语言的最大特点就是表意上的多元化与模糊性、表达上的概括化与内隐性。"诗无达诂"姑且不论，即使是一篇比较明朗的文章，在结果的探求方面，理解也是允许多角度与多方向的。而人的创造能力必须依赖于智力，智力不外乎观察力、想象力与联想力以及思维力，语文教学所依凭的文本都是创造者智力的结晶。这些作品，不仅是砥砺学习者智力的砂轮，也是培养学习者创造力的路标。何况语文训练活动本身就是思维体操，尤其写作，更是一项创造性劳动。所以，通过训练培养创造能力，不是外贴上去的标签，而是语文教学本身就具有的得天独厚的条件。

但是，纵观近几年有关语文创造能力培养的一些做法与经验，有急功近利的简单化、肤浅化操作的流弊。一是单纯重视创造技巧，轻视创造积累，比如，

就某一具体问题,教学生朝那个方向想、朝这个角度看等。创造与变化角度有关,但创造绝对不等同于简单的"变化角度"。二是忽视创造活动的复杂性与长期性,使创造活动简单化、肤浅化,比如,变"不要班门弄斧"为"要到鲁班门前弄斧",变"有志者事竟成"为"有志者事未必成"等,似乎来点"反弹琵琶"就是创造了。以上两种流弊本质上的错误就在于:把创造等同于技能而非品格。

真正的创造,不是技能,而是品格。

创造作为一种精神、品格,是内隐性的力量,看不见、摸不着,形之于外的是方法与技能。方法与技能是比较稳定的东西,它们是创造的产物,又是创造的凭借,但不是创造本身。比如,人类有造船、造飞机的技能,通过创造力起作用,又发明了水上飞船。发明固然要用到原来的技能,但根本是创造品格在起作用。有了品格,才会对原有技能产生联想或想象,否则,技能依然存在,但各自西东,不会自己走到一起来组合成一项新的发明。

在中学阶段,培养创造品格比训练创造技能更为重要。应该说,中学生并不处于创造的黄金时期,他们的首要任务是传承前人的创造成果。即使读一篇作品,着力点也不在于对作品提出异议,而在于对作品的意义进行深刻而准确的理解。当然,这里说的理解不同于对字词句意义的理解,而是指对作者为什么要表达这样的思想和为什么要用这样的形式表达等问题的研思。前一种理解是对原意的读懂,后一种理解是对作者思维特点的琢磨。这种琢磨便是一种创造品格,当然,也不是创造品格的全部。

在语文教学中,我们究竟应该培养怎样的创造品格呢?下面我结合自己的教学实践,分类谈点初步认识。

1. 对问题的钻研自信力

自信力是学习和进取的原动力。正如兴趣要在学习过程中产生一样,自信力也是在学习磨砺中不断增强的。学生在学习之初,一般都不那么自信,只有在战胜困难、取得学习成效之后,才会使心中的信心之灯越捻越亮。

检测学生的语文学习自信力有其特殊性。像数理学科,难度阶梯明显,学生自信与否的状态也容易观察,而语文则不然。拿高中课文给初中生学习,学生未必受到"吓阻",同样可以尝试研究。由此可见,语文学习自信力的特殊性主要表现为对自我判断的解释性上面。换言之,要检测学生学习有无自信力,就得看他对解决问题的理由阐释的程度高不高。比如,作文,一个词用得不好,教师要求换掉,就教师一方而言,有自己的理由。但学生呢,则不一定同意,他可以加以充分地解释,直到教师认同为止。这种对教师意见的反驳,就是自信力的具体表现。这是十分值得珍视的学习品质与精神状态。

在阅读教学中,常常看到这样的情形:学生回答问题之后,等待教师评判。老师说"对",他点头,老师说"不对",他也点头,学生完全信赖教师。这种习以为常的情形,实质上潜藏着一个危机,即学生自信力的淡漠化。有的教师可能会说,是不是非得要求学生反驳教师才算有自信力呢?也不是。课堂上的学习,大多是认同,不同于法庭辩论,非质疑不可。

问题在于,有没有对自己的回答进行阐释。从教学论上讲,要把"理由解释"看得比"问题解答"更加重要。比如,学习李白《早发白帝城》一诗,问题是:"这首诗表达了诗人怎样的心情?"学生答:"畅快。"表面上看,简洁明了,一语中的。如果细加分析,两名学生都回答"畅快",但其理由是不一样的。教师追问:"何以见得呢?"恐怕是一生语塞,一生列举根据。语塞的学生可能是人云亦云,阐释的学生则显然是有备而答。谁有自信力,不言而喻。问题还不在这里。

检测有无自信力,不是目的。目的是变"无"为"有",同时要不断强化。因此,要引导学生学会用根据说话,养成旁征博引的习惯。比如,讨论上边的"畅快"心情的根据,可以从两方面看:一是诗人用船速之快来写心情畅快;二是诗人心情何以如此呢?是因为在白帝城突然接到特赦令,变遭遇流放为重获自由。如果能这样阐释,就可以判断学生是有自信力的了。因此,增强自信力的教学着力点就是引导学生学会胸有成竹地表达学习成果。

2. 对问题的敏锐洞察力

敏于发现、勤于发现、善于发现、养成发现的习惯,是创造品格的又一表现。在教学过程中,高明的教师往往把发现权交给学生,适当地给学生以暗示,创设发现情境,从而使学生品尝发现的快乐。发现是一种行为习惯,而不是教师说"这里有问题"让学生去寻找。教师明白地说出"这里有问题",实质上是把自己的发现转移给学生。起初,这样的工作是有用的,但不过是手段而已。目的则在于让学生具有一种发现的"敏感",即学生在发现习惯的支配下,凭借自身的学养,自主地看到问题所在。

为解决问题而指出"这里有问题",当然没有错,但忽略了解决问题的过程。过程在教学论上的意义比"解决"更有价值。"解决"是对问题的认识,而过程是认识"认识问题"的思路。认识"认识问题"的思路对认识者更有启迪价值。

教鲁迅先生的《一件小事》,我启发学生细读课文,力求有新发现。一位学生怯生生地举手说:"我觉得这篇文章没有具体交代时间推移的过程。只知道是早晨,故事结束的时间不清楚。"我和其他学生都被这位学生的话吸引住了,都觉得这是一个有意义的问题。又有一位学生说:"时间是交代了,是间接交代。"怎样间接交代的呢?这位学生说:"是通过写风来交代的。"大家都集中精力来找写风的文字,开头写风很"猛",然后写风小了,最后写风全住了……对的,"猛""小""住"写风力的变化,也暗示了时间的变化。

正当师生欣喜于新收获时,又有一位学生说:"我觉得写风,意在交代事故的原因。"何以见得呢?学生又说:"老女人跌倒,是因为她的背心挂到车把上了吧;背心没有扣起来,猛烈的风一吹,自然就掀起来了。"有道理!由此可见,作者写风有两点作用。

一位女生又迫不及待地站起来:"我觉得写风是为了说明人物生活之苦。"这又是一个新看法。她的理解是:早上的风很猛,天气恶劣,路上没有人,只有"我""车夫""老女人"一大早在路上走,这说明生计艰难。尤其是车夫,除了他出门拉车外,再没有别的车夫了。他生活艰苦,却敢于承担责任,令人可敬!这样的理解无疑也是正确的。

看来学生思维的火把一经点燃,便能发出耀眼的光芒,我对学生投去了赞许的目光。

事情还不能结束。我觉得,认识到本文写风的价值固然是一种收获,但更大的收获还是认识今天的"认识"。今天发现的启发意义是什么呢?这是应该深入挖掘的问题。这个问题搞明白了,对于学生自觉养成发现习惯、培养发现的敏感大有益处。我们讨论的结果是:

(1)发现"时间没有交代"是"问题"的"苗头"。这是凭借以往学过的记叙文知识而产生的敏感,非常重要。给我们的启示是,根据已有的知识来发现问题是十分重要的。发现不是凭空地捕风捉影,而是拿着知识的钎锤在具体的文章中勘察。

(2)发现了苗头后,要进行多角度思考,不断拓宽分析的路子,这样的扩散会使我们有多种收获。比如,我们对于风的认识,就是从交代时间、塑造人物、交代事实真相等方面来开掘的。

(3)群体之间的启发是扩散思考的条件。要充分发挥个体思考的连锁促思作用。因此,在课堂上积极发表自己的看法,最大的效果便是促进思考,至于能否准确地解决问题则在其次。从这个意义上讲,每个学生的任何一次发言都是有价值的。

3. 对问题的论证推断力

要重视学生务实求真品格的培养,在语文学习中单纯地谈感悟的做法是不妥当的。

感悟是人的心理对外在事物的反应,往往显得粗糙与模糊,要使粗糙变得精细、模糊变得明晰,必须经过严密地论证和严格地推断。论证,是找到确凿的事实材料来证明;推断,则必须学会归纳或演绎。学生的实际情况是,可以找到一例或多例来证明自己的看法,难以对众多材料的内涵加以打通,从现象走向

抽象。而我们的语文教学似乎不大习惯像数学那样推理，往往对学生的看法加以简单地评判就了事。这是要改进的。

根据学生心理及思维发展实际，我感到，对于高中生的学习而言，语文课堂应该成为推理的课堂，以求培养学生的学习理性。对于理性的阅读材料，如议论文，当然要引导学生在认识别人推理的同时自己也进行分析上的推理；对于感性的阅读材料，如小说、散文、诗歌等，也同样要认识别人的推理并且自己也进行分析上的推理。任何一篇感性的阅读材料，都内隐着作者的推理过程，如小说，人物的命运逻辑是明显存在的；如散文，感情变化的逻辑，所描写事物之间的内在关系也是明显存在着的。即使是抒情的诗歌，其节次之间的组合、诗句之间的顺序，以及诗眼与内容间的联系……，也都是可以抽象出来加以分析的。

有人认为，对待文学作品要重感悟、少分析，尤其是诗词，只要读读背背就行了，我觉得这个观点要辩证地看待。对于小学或是初中一二年级的学生而言，可以这样做；对于高中生，我以为这等于是放弃理性思维的培养。有针对性地培养高中生具备一定的"学术理性"很有必要。下面举一个教学实例。

论题："祥林嫂之死"探究

第一种论证：从三次肖像描写看祥林嫂之死。

第二种论证：由思维的重负看祥林嫂之死。

第三种论证：从环境的逼迫看祥林嫂之死。

上述三种论证，都有道理，没有必要肯定一种否定其他，也没有必要把三种观点归纳起来求得分析的完整。重要的是：学生能够凭借依据证明观点，学生对于自己提出的看法能够多方面地寻找同性质的证据，即能够根据"为我所用"的原则围绕中心选择适当的材料。这种论证与推理的思路同样可贵。

《祝福》有不同的教法，如果我们把小说提供给学生，把其他研究资料提供给学生,让学生做"祥林嫂之死探究"这个论题,写出论文,是不是也可以呢?

培养学生学习语文的创造品格,当然不只上述的做法。不过,我认为,"意志力""洞察力""推断力"是最为重要的,它们不是创造的捷径,而是创造的根基,统而言之,就是"创造的素质"。

四、培育"主体"的难点是培养学习意志

谈到中小学生的语文学习,有一种呼声,就是要减轻学习负担,不要让学生学得太苦。这当然没有错,不过,凡事均要实事求是。无端地搞题海战术,任意加大学习压力,影响了青少年的身心健康,自然要反对;适当地增加学习难度,使学生在困难中前进,从而品尝到战胜困难的甜头,这理应看作教学艺术的应有之义。

课堂上,讲讲故事逗逗乐;课下,搞搞活动做游戏,这是激发学习兴趣的手段而已,绝对不能认为这就是语文学习的全部形式与内容。语文学习是要思考的,思考有一个生疑、解疑、攻关、探求的过程。从本质上说,在这个过程中既有苦也有乐,对于学习者而言,多半是先有苦后有乐,甚至可以说,没有苦就没有乐。"乐"的真实含义是战胜困难后,从心底自然升起的一片喜悦的阳光。孔子有言,"知之者不如好之者,好之者不如乐之者",强调的是"乐",但达到"乐"的境界,必先有一个由"知"到"好"的过程。"乐"不是教师奉赠给学生的,而是学生在冲锋陷阵之后自己悟到的。

应该看到,当前的中小学生,一方面在被动接受题海战术的狂轰滥炸时,苦不堪言;另一方面由于题海战术的恣意挤兑,产生逆反心理,连必要的深思熟虑也厌烦了,学习进取心疲软,学习思考力弱化。比如,迷信学习方法就是一例。学习方法重要,自不待言,但是学习方法应该是自己去摸索的,买一百本《学习方法谈》之类的书也无济于事。语文教师的本领,不是向学生介绍某种特定的学习法,而是引导学生总结属于自己的学习法。自我总结学法,没有一个艰苦

的实践过程,怎么行呢?上海市北中学提出"爱学习,敢学习,会学习",我以为相当深刻。"爱""敢""会"是相辅相成的。"爱"是动机,"敢"是"意志","会"是方法。"敢"是枢纽,有了"爱",就能"敢",有了"敢",就能"会"。敢了,就能增添"爱";敢了,就能找到"会"。学生一进入学习状态,就是面对困难之时,首先考验学生的,就是"敢不敢"。特别是难度很大的问题,一看到心里就发怵,没有"爱",也谈不上"会",就看"敢不敢"了。敢了,坚持下来了,问题就解决了,"爱""会"也就翩翩而来了。

培养意志力,养成勇敢学习的精神,不仅仅是为了解决学习上的困难,更重要的是培养人的一种不可或缺的品质。在现代生活中,要竞争,没有意志力不行;遇到挫折,没有意志力不行;需要创造,没有意志力不行。因此,我以为,在语文教学中,要明确树立吃苦的旗帜,这是培养学习能力、锤炼健康人格的需要。

至于在语文教学中怎样锤炼学习的意志力,我想以下的做法或许是有益的。

1. 提问的多次修改

课堂上,我们提倡学生发问,但只能满足学生提出的一个问题。其实提问大有讲究,问题有无质量,问得是否恰当,问得是否新颖、富有艺术性,都值得探讨。比如,学习鲁迅的《故乡》,学生问"作者为什么要写这样一个木偶人呢?"这个问题不切实,因为"为什么要写"是作者思想深处的东西,只能大致地推测,如果改作"木偶人的具体表现有哪些?这些描写表达些什么?"就有针对性了。一般说来,人们把这样的问题推敲看作教师的事,其实让学生反复思索与推敲,提炼最佳问题,是促进其深入思考的有效途径。提问有会与不会之分,经常让学生修改学生自己提出的问题,能有效地提高先说会问的能力。会问往往是会学的先兆,这一点开掘了,益处甚大。

顺便讲到回答的修改。课堂上,我们提倡学生踊跃答问,但往往是简单化处理。一生答完,对,即作肯定;错,即令其坐下再换一人。如此三四次,问题得解即罢。其实,这里有一个非常值得开掘的环节,即要求学生针对第一位学生回答的正误,总结其得失,或讨论"他这样回答为什么正确",或讨论"他这样回答误在何处,如何修改"。一次修改不行,再来几次。这样做既是进一步求得正解的过程,也是引导学生不断思考、砥砺的过程。长此以往,学生会明白:凡事,不要率尔而作。反复之中精益求精自有好处。

2. 逐步增大思考容量

这样做的目的,在于使学生咬住问题不放,步步深入探究。有一种教材就《石钟山记》设计了这样一个思考题:

苏轼认为:"事不耳闻目见而臆断其有无,可乎?"你同意吗?你有没有新的看法?

揣摩这道题题意,是希望学生提出与苏轼不同的看法。这样的讨论与思考有意义吗?不仅没有,而且有害。因为苏轼作出判断明显有一个前提:臆断。凡是臆断,不管是否"耳闻目见",判断都错。因此,苏轼的话一点也不错。忽视苏轼所用的臆断一词,草率"反弹",连读懂原句意义都没有做到。长此以往,就会养成断章取义、马虎从事的坏习惯。

那么,苏轼这句话就没有思考的意义了吗?有的。请看下边的思考过程的设计:

第一步:苏轼通过考察,叹郦道元之简,笑李渤之陋,得出了自以为正确的结论。但读了明代罗洪光《念庵罗先生文集》卷五《石钟山记》和清代俞樾《春在堂随笔》卷七记载的彭雪琴的实地考察,才知道苏轼也受了大自然的捉弄。原来苏轼六月访山,适逢涨水期,因而未能得见全貌。罗、彭二人在冬春时节江水下落时才明白:"盖全山皆空,如钟覆地,故得钟名。"对此,你对"耳闻目见"有何理解?

　　经过讨论明确:"耳闻目见"强调了实地考察的重要,这是对的,但时空限制往往使"耳闻目见"也有局限性。这样就发现,时空限制是认识的第一困难。

　　第二步:苏轼有诗:"横看成岭侧成峰,远近高低各不同。不识庐山真面目,只缘身在此山中。"按苏轼的观点,"身在此山中",耳闻岂不真切?目见岂不具体?为什么又"不识庐山真面目"呢?用苏轼之诗来证苏轼之文,自相矛盾了吗?

　　经过讨论明确:不矛盾。苏轼之文强调"考察",苏轼之诗强调"视角"。二者结合,才有可能准确认识事物。这样就发现,视角限制是认识的第二个困难。

　　第三步:苏轼在《石钟山记》一文中描写了夜探石钟山的惊险。这不是虚夸,石钟山确实险峻。"从江天一览亭西出月亮门,登上矶头石俯瞰,但见石壁如削,直下百十丈。"可想见苏轼深夜出没于绝壁深潭间,确乎有性命之忧。苏轼的实地考察与其他人简单行事便得出结论形成了鲜明对比。可见苏轼写考察之险是有寓意的。怎样认识?

　　经过讨论明确:要打破时空限制,勤于变换角度,往往会遇到意想不到的困难,有时甚至是牺牲自己性命。追求真理要有勇敢精神。这样就发现,勇气是认识的第三个困难。

　　第四步:有人新近探访石钟山,认为"全山皆空"的说法还需证实,空山内长、宽、高、低、大、小等数据至今还未得到。"如钟覆地"能说是最终探查、研究的成果吗?对此,你能得到怎样的启发?

　　经过讨论明确:认识事物有一个不断探索的过程。这个不断探索的过程往往需要几代人共同努力。这样就发现,认识无涯而生命有限是认识的第四个困难。

　　如此让学生抓住一个问题层层深入地讨论,等于让学生的思维进行"跨栏赛跑"。从这个意义上说,教师不是一个释疑解惑者,而是一个设置思考障碍者。之所以如此,是让学生的思考火轮不停地螺旋上升地飞转。应该说,这是富有教学论意义的。题海战术不对,因为靠量的增多难以奏效;抓住一个问题,分层探索,量不多,而难度在增大,学生思而得知的乐趣能应运而生。最大的乐趣是战胜种种困难之后的喜悦,而不是围着肤浅的问题做一番游戏后的轻松。

3. 作文的全过程反复修改

讲快速作文,我不反对,但对于学习写作者而言,我以为还是慢速作文为好。一节课写一篇千字文,好不好? 要看质量;一学期只写一篇千字文,好不好? 要看实效。我的体会是,一些写作能力较差的学生,如果让他一学期只写一篇往往很有作用。有一种现象很常见很有趣:某学生平时最懒于作文,考试了,半小时也快速诌成一篇。分数不高,但也不低。扣题了,有头有尾了,能给个及格分了。如此反而与中等水平的平时苦练作文的学生相距不大。如此,懒学生便依旧懒下去。

如果平时训练,抓住他不放,一篇作文写八次又如何呢? 我做的试验能反映三个阶段的变化:第一阶段,"野蛮"逼他写:没有变化,重写;只变化一二处,重写。第二阶段,出主意诱导他写:变得对不对? 点一点;变得好不好? 点一点。为什么不一上来就走这一步呢? 让学生自己体会求变的难处。真正感到难了,有了"愤悱"之意,第二步就有效了。第二步的"变得好"不过是相对而言而已,还必须有第三步和重写,即想办法促进他写得美一点。这自然也有弹性,只要有进步就好。这位学生写《我的校园》八易其稿,最后达到在校刊上发表的水平。编为一册,留作纪念,师生均尝到了乐趣。

以上介绍了三种做法,举一例而已,还有"变化记忆""阅读长文""抄读""一文多写""一材多用"等。只要有意于磨砺学生的意志力,教师的办法总是很多的。当然,磨炼要讲科学和艺术,一篇千字文抄写一百遍那可是摧残了。

当前,人们正在进行创造能力培养的研究。创造,涉及积累、方法、品格等问题。不论怎么说,真正的创造者都必定是一个意志坚强、富有探索韧性的人。因此,探讨培养学生的学习意志力当不是一个小问题。

第三节　设计教学程序是实现功能的保障

程序,即学习与工作进行的先后次序,教学自不例外。讲究次序,是保证时效的前提,因为行动的先后安排,活动的环节设定,都是在一定时间的控制下实施的。所谓的效能,必定要与一定时间联系起来衡量才是真实的、完全的。

从一定意义上讲,教学程序是教学时间的有效形式,以下试作分析。

一、语文学科特点与认知要求决定了语文教学的程序化

语文是一门学科,这门学科有它的系统化学科知识。承认它有学科知识,就得在教学中重视知识价值,应用知识解决问题,发挥知识指导学习的功能。语文学科知识有两个方面：一是概念性知识,属于客观上的指事称物方面,如语言学上的基本常识;二是技能性知识,属于经验上的实践总结,如文章学、修辞学上的基本常识。这些知识是语言实践中产生的,用到学习语文活动中来,当然能起到指导作用。知识本身有线索,应用也有线索,因此,从程序上讲,这里明显有一条知识的序。遗憾的是,21世纪初有些教材逐渐淡化知识系统,课程教学重感悟、重体验,不知不觉地把知识扔掉了。

语文学习活动丰富多彩,而课堂教学又是语文学习活动的主要渠道,这个主渠道有根本性、不可代替性,也就是基本认知的指导性。比如,课的特点应该符合认知规律;教必须切合认知论,遵循学生认知心理;学的过程必须有一个科学的认知路线图。从程序上讲,这里明显也有一条认知发展的序。认知过程中,信息感知与记忆、联想与想象、推理与概念化等思维方式,都贯串于人们认识事物的整个心路历程。语文学习是基本的认识活动,认识活动必然有从低级到高级、由简单到复杂等循环往复螺旋上升的程序。不依照程序教学,怎么行

呢？遗憾的是，有些课在倡导自主学习时隐藏着散、松、乱之弊，无休止的天马行空的讨论，没有效果，似乎是满堂闹。

20世纪80年代末、90年代初，语文教学界对于教学程序研究比较深入，为什么在21世纪初新课改推进之后，在强化自主学习、体验学习时，却淡化语文学科知识序、认知序呢？从内部分析，原因有二：一是语文学科知识本身及其教学处理确实还有问题。学科知识系统欠严密、有漏洞。语言学家在理论贡献过程中有明显争议，语言理论学术内部问题也直接在中学教学实践领域反映出来。另外，中学怎么教，也发生偏失，语言学家的成果，应该拿过来侧重于应用性学习，可偏偏我们代替语言学家来进行以传授知识为目的的普及性讲座，致使语文课变成了语言知识课。二是语文认知过程特别是认知结构还难以明白。学生学习新内容，一般要调用认知结构中的定位性知识，形成新旧知识呼应，产生对话效果，但由于语文学科不同于数理化学科，知识新旧分界不明显，加之语文学习评价带有很强的综合性，有些语文成绩很好的学生也确实得益于课外，因此，语文认知同构现象扑朔迷离。

问题是，不能因为怎么教上有偏失，就否定知识本身的价值；不能因为语言知识系统有争议，就否定基本常识有错误；也不能因为语文学科认知特殊性导致认知之序安排有困难就否定认知之序探索的必要性。我十分赞成个性化自主学习语文。正是为了强化自主地位，才更需要教学科学化，及早地促进学生应用知识，根据认知程序学习语文。

二、知识程序定向，重在发挥知识的基础性教示功能

首先，要从教学论意义上认清知识的价值。教学是为了学习知识，学到的知识对于新的认识过程又产生酵母作用。知识是认识活动的定向工具，定向是指教示与指导，工具是指其在认识中发挥支撑、凭借作用。这就是"知识就是力量"在教学论上的含义。正是因为知识具有认识的定向、教示作用，所以，它必

定是能力形成的基础。我们说语文教学要教基础知识,不是指知识本身的特点,而是指这类知识在教学中的指导地位。现在,我们特别重视能力,这是正确的,但同时要深刻认识到,失去知识的支撑与教示,能力的形成就是一句空话。

其次,"知识程序定向"有其教学论上的基本含义。它不是单列知识线索,如编一套汉语知识课本,给知识排序,而是把知识纳入认知活动中,引导和促进学生在学习中应用。从这个意义上讲,就是应用程序。知识本身是静态呈现着的,除了知识的生成有其层递、裂变等特殊情况外,产生的知识无须人为定向、排序。但是为了应用,就要进行不同的考虑。要选择,不是所有的知识都拿过来应用;要定位,即解决什么问题要用什么知识,使知识与问题形成对应关系。因此,"知识程序定向"的含义就是"确定应用知识的思考方向"。要考虑应用的时间,即知道什么时候用;要考虑用什么知识来解决问题最为恰当;要考虑如何用必要的知识来解决问题,即运用知识的策略与方法。这些都是在教学过程中进行知识程序定向的基本要求。

最后,最重要也是难度最大的,就是在知识程序定向的教学实践中如何定向,如何安排程序。主要说两个基本环节:一是教示性练习,二是学术性理解。学习是由浅入深、由低级到高级、由简单到复杂、由表及里的认识过程,先进行"教示性练习",再进行"学术性理解",就是学习一篇课文的知识应用次序。这两个环节是如何选择、安排有关必要的知识的呢?又是如何发挥这些知识的学习功能的呢?以下分开来说。

1. 教示性练习

教一篇课文,要布置学生预习,预习做什么事呢?一般就是圈点、勾画、抄记、诵读,现在的教学大体这样。其实,这里隐藏着很多问题。如圈点,圈什么点什么,学生是不大清楚的,年级越低越是不清楚。这和成年人特别是语文专家的自读圈点不一样。专家圈点,你我不在一地,不在一时,不用提示,圈点的结果惊人相似。学生同桌,圈点相差甚远。问题的症结就是知识基础不同。圈点预习,是学习的起点。存在差异是正常的,关键是及时缩小差距。此时缩小差距,是很容易做到的。如果教师放弃,导致的结果是后边的理解研究性认知必将拉开更大的差距。所以在有经验的教师看来,群体学习课文最应该缩小差距。办法就是"知识定向",具体做法就是明确教示性练习,也就是预习时,提供知识,引起知识关注,设计"知识+问题+导向"这样的练习模式。比如,预习朱自清《春》,有两种练习要求,试作比较:

① 阅读全文,找出你最喜欢的段落或词句,谈谈感受。
② 比喻就是打比方,即用一个事物作喻体来形容另一个事物(本体),好处是把本体描摹得更为生动。你能找出文中主要的比喻句吗?举三个例句,说出比喻的作用。

①是宽泛的,目的是放开来让学生自己去学,结果是五花八门,学得很差。②是有明确限制的,看起来束缚了学生,但结果相当出色。有人说,这不是僵化吗?学生自主性在哪里?其实,预习起点时的这种僵化,恰恰是为了学生后续学习能真正自主。因为真正的自主学习是在基本认知具备的情况下才可以实现的。这一篇课文的预习定向了,下一篇同类课文的预习就能自主了。定向是为了自主。

2. 学术性理解

预习之后,就是课堂讨论。讨论有两种。一是学生用内部心理言语对话,即自己跟自己讨论,所谓沉思默想。这是十分重要的环节,可惜我们常常忽视,问题一提出,马上讨论,学生没有想好,怎么可能说得出呢?二是把内心讨论转化为班级群体间的交流。现在比较严重的问题是,讨论失去学术性,接近于"乱弹"。发言的准确性、依据性、严密性恰恰是课堂研讨的最重要环节。准确性是指明确题意;依据性是指以知识为判断标准和以文本为思考对象;严密性是指分析有条理推论合逻辑。其中最重要的是以知识为判断标准并分析相关知识在文中功能的体现。一个语言学家欣赏朱自清《春》,心中立即会跳出与文本相对应的知识并用来直接认读。实际上,这已不是一般的认读,而是用知识来鉴赏了。知识是尺,文本是材,一量,材优之处立见。学生则不同,他心中本无多少知识,又是散乱的,又无如此思维品质,怎么办?教学的着力点就是引导他们用知识来对应文本,形成科学的认知方式。这就是我体会最深切的"学术性理解"。必须指出的是,"学术性理解"是以"教示性练习"为前提的。前期打下了知识与文本对应认读的基础,课堂上的讨论就能保证质量,真正的思考高潮就会到来。

三、认知程序引导,旨在提高语文学习理性化程度

知识是认识的指导性工具。认知是心理运动过程,是学习活动的基本方式。知识与认知,从来就是辅成关系。知识教学中的关于文本的学术性理解,就是一种学习理性化的具体表现。但是从认知程序上讲的理性化,则不仅仅是一种认知方式,更重要的是对多种认知方式的科学安排。认知方式的科学程序,本身就对学生的学习产生积极引导作用。以下从三方面略作讨论。

1. 理性化的本质就是为了熏陶与习染

一谈到语文课堂理性化,有人会说语文教学以情感熏陶为主,不同于数理学科以推理为主。其实,这是错解了熏陶。熏陶是从语文文本对学习者的影响与感染上来讲的,理性化是从学习者对文本的解读上来讲的。熏陶不同于熏香,严格来讲,不会自然产生。读同一文,有人感动,有人不感动,情况很复杂,基本一条是理性化理解程度使然。读透了,理解准了,共鸣感产生了,熏陶才得以真正实现。只有披文入情,才得情感熏陶。文,是一道障碍,穿透文,才能感其情。

2. 理性化是课堂学习的特殊性所在

语文学习有自然学习与强化训练之分,前者宽松、自由,后者紧缩、严格。说古人学习如何涵泳,别忘了古人只学大文科,只学文学一类,现在的学生一天八小时要被多门学科分配,时间紧了。另外,现代以班级授课制为主,学习内容有等级达标要求,基础教育阶段内的语文总学时也明显受限。这样就必然要求课堂上的语文教学必须根据任务要求,针对学生实际进行强化训练。这里要强调的是,强化的真正含义是什么？强化不是施压,不是野蛮操练,恰恰相反,强化就是科学化。行动科学了,效益就提高了,学习进步的势头就强劲了；战胜学习困难的方法与策略准确了,学习自信心就强盛了。这个意义上的强化,就是学习的能力的科学增强。要达到科学强化的目的,关键要搞清楚什么是课。课的本质,就是理性教示。给其一,使其反三。只有给的这个一,是概念化的、规律化的,才具有反三的功能。

3. 理性化的学习指标是有科学等级的

每节课都有任务,也就是每个学生上这节课都必须在原有基础上发展一步,完成发展性任务。新课的"新",不是课文面貌的"新",而是学习任务的"新"。怎样落实并完成学习任务呢？我的体会是抓六个环节、六级指标。

（1）认读式认知。认读是浅认知,还未进入分析状态,如上文所讲的圈点、勾画、抄记等。在课堂教学中,这是一个起始环节,以随机检查为主。高明的教师可以省略,因为他心里对学生的认知有一个基本的准确预判。

（2）筛选式认知。进入分析讨论状态之前,要找到对象。对象既指文本难点、重点、疑点,也指要完成任务的中心点。这个对象怎么来？要靠师生双方的共同选择与确认。教师起引领作用,学生起呈现作用,即将学习障碍在课堂摊开来、彰显化。筛选式认知的第二层含义,也是最难的一点,就是信息筛选。一段话的中心句找出来,一句话的中心词找出来,这是字面上的筛选。还有文外之义、弦外之音推测过程中的筛选。推测有多种选项,究竟是以哪一项为主？必须筛选。

（3）联系式认知。一是与旧知的联系，新旧知识分辨清楚之后能搭桥引渡，学习更加有效。二是学习者主动把自己的认知与别的同学的认知联系起来，能够分辨异同，找出正误，学习也更有效。三是把这篇课文与那篇课文联系起来。请注意，这里的联系不是比较阅读。语文课的特点在于学的是文本而不是直接性知识。通常，文本相近，但思想、语言相异；有时，思想、语言相近，而文本相异。这时的认知，不是比较文本的异同，而是寻找解读不同文本的相同知识联结点。

（4）推断式认知。由语言到思想，是第一层推断，叫披文入情；由思想到语言，是第二层推断，叫因情解文。换言之，先搞清楚这篇文章写了什么内容，再在理解内容的基础上思考为什么要这样表达。有不少语文课只走了第一步，比如，教《苏州园林》，放一段录像，更能直观地了解文章写了什么。为什么要用这样的语文形式来写？文字表现与画面再现有何差异？这个问题的解决才是语文课的特点。

（5）辨析式认知。这个环节，是对上述四种认知的小结，通常是一节课的结束语。不过，传统教学的结束语是教师说出的。其实，让学生来完成更有必要。辨析差距，辨析闪光点，辨析遗漏等，通过辨析，以求新的提高。

（6）创新式认知。这是一个水到渠成、因势利导的环节，不是每节课都要完成。有的课非得留出五分钟组织创新，拓展开来，宏议一番，未免蛇足。当然，有了时机，必须抓住不放。

第四节　建立思考逻辑是凸显功能的枢纽

正如前文所论，培育学习主体就是促进学生"活生生"地学习，"活生生"地建构生命。"活生生"的标志是什么？一言以蔽之，就是"活生生"的思考。

真正意义上的思考必定是有逻辑的，换句话说，思考就是逻辑。有人说，语文是感性的，学习语文重在感悟，似乎逻辑推断等思考形式与过程不是语文学习的方式与要求。其实，感性也好，感悟也罢，都不过是学习逻辑生成的一种方式和特点，其本身仍然是逻辑的应有之义。

我们正处在一个以人为本的新时代，真正的以人为本，就是促进人的独立与自由。语文教学注重引导当代青少年建立自己的理性的思考逻辑，就是建立新时代的"新我"，就是用语文来创造"我"这个思想独立体。

语文教学中，帮助学生建立思考逻辑，理应是培育主体独立性的关键。

怎样帮助学生建立思考逻辑呢？途径和方法很多，这里重点结合高中语文教学批判意识的培养，举例加以讨论。

一、思考逻辑就是明确"理应这样思考"的"理"

我们都知道，语文课堂要唤醒学生的内心，生成鲜活的问题与思想。生成是自主的体现，是个性化培养的需要。如果学生能生成批判性问题，那更是一个高境界。在课堂实践中我愈发感到，个性也应该有逻辑的存在，尤其是个性化学习，事实上是思想化的过程，而这个过程必然是有思考又有理性。语文学习思想化，实质上就是把不理性、缺乏逻辑的学习之弊改正为理性化与逻辑化，否则，就是粗鄙、无知乃至野蛮。这个问题很复杂，我认为，主要还是语文教学知识论问题：一是需要回答语文学科的知识内涵与尺度；二是强化知识论的一个基本层面——课堂学习的逻辑规则。

就我的实践而言,目前注重的是学生与教师讨论问题的一个起码要求,即面对问题展开思考的逻辑推断规则。

这个规则需要学生悟出来,更需要教师加以点拨与指导。其目的是将这样的思考习惯化,成为学生自我建立的阅读课文的理性态度与知识尺度。这里要强调的是,思考逻辑是指思维的规律而非专指逻辑思维,也即"理应这样思考"的"理"。逻辑思维与形象思维相对,这是思维方式的区别,而思考逻辑则是各种思维方式都共同遵循的前提,即判断的依据、推理的条件与认知的范畴。有人以为,语文学习应多注重形象思维,因为作品是形象的,这其实是错误的推断;也有人认为形象思维就是形象化,这也是错的,作家的想象是形象的,而典型化又是概括与归纳的;还有人认为,形象化就是个性化,由于个性化突出个性特点,因此思想可以自由言说,这更是一种失去逻辑的随意牵扯。语文学习过程中的思考现状之病根也许就在这里。

怎样在语文教学中防治这些毛病而致力于思考逻辑的点拨呢?

下面以《梦游天姥吟留别》一课的教学为例来谈。

二、思考逻辑的因势利导

李白《梦游天姥吟留别》是传统课文,一节课可以教,两节课也可以教。为了有意突出研究与思考,我用了两节课。第一节,读读议议,解决一般问题;第二节,由一位学生的质疑而引发思考推进与点拨。关于作者的思想感情讨论,很多学生都落脚于"安能摧眉折腰事权贵,使我不得开心颜"一句,这是没有问题的。众多诗论家都这么认为,这是一个定论。尤其是章培恒、骆玉明主编的《中国文学史》写得更是酣畅淋漓:"在中国古代诗人中,李白的个性之活跃和解放是少有的",他"以大胆反抗的姿态,推进了盛唐文化中的英雄主义精神"。"李白反权贵的思想意识"是魏晋以来"重视个人价值和重气骨传统的重要内容"。确实,"安能"一句,便是李白这一精神最有标志性的艺术概括,但是在第一节课,有学生提出疑问:如果是蔑视权贵,说明李白的精神是积极的,既然其精神是积极的,那么,和"世间行乐亦如此,古来万事东流水"这句消极的感慨是不是矛盾呢?

这个问题引起了我的警觉。因为学生在诗中发现了情绪"对立性"词句。

我觉察到了其中的教学价值,没有用"虽然情感在句中有对立、有不合,但从总体上把握还是末句压住了全诗的阵脚"这样一类貌似符合解读逻辑的语言搪塞过去。我开始查阅资料,金性尧说"执笔时当然还经过精密的构思,增加了许多现实生活里的东西……在离奇恐怖的气氛创造上尤为出色"①,其"构思"与"恐怖"的点示使我深受启迪。沈德潜称李诗"诗境虽奇,脉理极细",又是别开生面之评。其所言脉理何在?是否与金性尧所言构思同指?这首诗为人激赏的是反抗的思想情感,是梦境的瑰丽,为什么两位论家都强调构思之巧?通过查阅不同唐诗选评,最后我茅塞顿开,与学生一道完成了一个初步体现思考逻辑的对话过程。

当然,这个对话不是你问我答的散谈,而是凭借思想材料的师生再认识。

我先将学生对消极诗句的疑问和施蛰存先生所论和盘托出。

学生:"古来万事东流水"是消极的感慨,与全诗思想不合拍。

施蛰存:我们可以找到两个概念。一个是"世间行乐亦如此,古来万事东流水",这是一种消极的世界观;另一个是"安能摧眉折腰事权贵,使我不得开心颜",这是一个不为权贵所屈的诗人,它反映一种积极的世界观,一种反抗精神。这就引出了一个问题:到底哪一个是作者的主题呢?(摘自施蛰存《唐诗百话》)

学生的发现与学者的判断相一致,值得珍视。在讨论中,学生认为"诗无达诂",有的说时有消极时有积极,有的说整体上看消极为次、积极为主,有的说可以多侧面、多角度地理解。显然,学生的思考有两个逻辑起点:一是整体把握;

---

① 蘅塘退士编选,金性尧注释,金文男辑评.唐诗三百首新注(附辑评)[M].上海:上海古籍出版社,2014:55.

二是诗无达诂。整体把握、诗无达诂确实是阅读思考的逻辑,但所指截然不同。为了不陷入问题丛林,我回避了这个概念问题的讨论,因为所谓"整体把握""诗无达诂",目前不过是刻记在学生脑中的一种别人的判断,并非他们内心求证过的坚实的逻辑。

我要帮助学生挑除那些一鳞半爪的囫囵吞枣的概念词句,夯实内心的建构——用思考的砂轮磨出自己对于思考逻辑的真实体验。

于是,我将唐汝询《唐诗解》的观点和陈沆《诗比兴笺》的观点呈现给学生并展开讨论。

《唐诗解》:此将之天姥,托言梦游以见世事皆虚幻也。……于是魂魄动而惊起,乃叹曰:"此枕席间岂复有向来之烟霞哉?",乃知世间行乐,亦如此梦耳。古来万事,亦岂有在者乎? 皆如流水之不返矣。

师生讨论,唐汝询的逻辑是:李白写梦游之境是虚幻的,是为了感叹人生行乐也是虚幻的,因此感叹"失向来之烟霞"。怎么办呢?"且放白鹿青崖间,须行即骑访名山",即离开权贵,走向自然。这样一来,又有了新的问题:既然"世间行乐亦如此",那么李白希望"须行即骑访名山"是不是明知虚幻而不得不再寻虚幻呢? 这岂不是逃避吗?

《诗比兴笺》:此篇即屈子《远游》之旨,亦即太白《梁甫吟》……之旨也。太白被放后,回首蓬莱宫殿,有若梦游,故托天姥以寄意。题曰《留别》,盖寄去国离都之思。

师生讨论,陈沆的逻辑是:李白回忆唐宫生活有如噩梦,心有余悸,其所写梦境就是对皇宫生活的如实刻画,所说"世间行乐亦如此"的"此",就是指皇宫生活。李白恨之,因而一旦梦到便"恍惊起而长嗟"。李白不是在表达对天姥梦境的向往,而是对这一现实的否定。

到这里,问题似乎可以了结,但依然还有二选一式的被迫勉强投票之嫌。唐汝询立于诗本身,对消极情绪的自圆其说,不能说错;陈沆比类他诗,也是对消极情绪的自圆其说,似乎还不能完全肯定。

为此,我抓住陈沆提到的李白另一首诗《梁甫吟》之旨继续敲打。

我欲攀龙见明主,雷公砰訇震天鼓,帝旁投壶多玉女。三时大笑开电光,倏烁晦冥起风雨。阊阖九门不可通,以额扣关阍者怒。

这实际上就是《梦游天姥吟留别》所写梦境的另一描写。经讨论,大家的认识是:唐汝询在原诗中沉吟,是就诗论诗;陈沆则引别诗开拓了李白的心灵空间,显然思考的逻辑基石要有"证"得多。

因此,施蛰存先生说:

陈沆引用李白另一首诗《梁甫吟》来作**旁证**,确实也看得出这两首诗的描写方法及意境都有相似之处。李白有许多留别诗,屡次流露出他被放逐的愤慨。把这些诗**联系**起来看,**更可以肯定**游天姥山是游皇宫的比喻。

上文加着重号的词句,反映了施蛰存先生对陈沆所持见解的学理分析。旁证,理一也;联系,理二也;更可以肯定,理三也。这是对陈沆逻辑的评价,是"逻辑"的"逻辑",对于学生的启迪与教育是极为重要的。

至此还没结束,我又引用了施蛰存先生自己的判断:

有一首《留别曹南群官之江南》的五言古诗,就紧接编在《梦游天姥山》之后。曹与鲁是邻境,前诗留别东鲁诸公,后诗留别曹南群官,可知是作于同一时期。这首诗开头说自己早年修道求仙,后来碰上运气,供奉内廷。有过一些建议,很少被采用,只得辞官回家。下文说:"仙宫两无从,人间久摧藏。"这是明白地说学道做官都失败

了,只落得在民间没落和流浪。《梦游天姥山》开头两句是说求仙"无从",其次两句是说进宫或有希望。此下描写天姥山景色的一大段,实质是描写宫廷。结论是宫廷里也"无从"存身。"仙宫两无从"这一句可以说是《梦游天姥山》的主题。

师生讨论:施的补充,既强化了陈说,又强化了学理。可见"旁证"的空间是可以拓展的。旁证要"证"才有说服力,施之分析两首留别诗内容的相通,正是"证"的逻辑。最后的"可以说"是一个判断,但没有打下死结,这才是真正的"诗无达诂"的思考空间。

讨论到这里,一节课的时间也差不多了。我问学生:是不是可以下一个结论,拥护陈沆而否定唐汝询呢?学生很聪明,因我的提问而警觉起来。有的说可以拥陈否唐;有的说不必急于下结论,我们对陈沆的讨论占有资料多,对唐汝询的思考占有资料少。这是一个极为重要的思考所得,我真是喜出望外!

我说,今天讨论的材料都是从文史大家施蛰存的《唐诗百话》中摘录的。当然,我的摘录与提取是遵循施先生的文章思路来进行的,实际上既传达了他对于《梦游天姥山》一诗思想主旨的认识,更展现了他的"说什么"和"怎么说"。他"说什么"很清晰,有分寸;他"怎么说"注重理据与推断。我们经常讲,语文理解要注重整体性把握和个性化认识,这是正确的认识原则和追求。

三、思考逻辑的基本理路

就本节课的讨论来说,语文研读有两个既独立又叠合的思考逻辑模型,如图 3-8 所示:

先说整体。唐汝询就诗论诗,整体只有"①诗";陈沆有"诗人"和"②诗",整体发生了变化;施蛰存把唐和陈的观点叠加并比较,又建立了新的整体。这便是语文整体把握的难处。再说思考逻辑,在认识作品、发表见解的过程中,都应

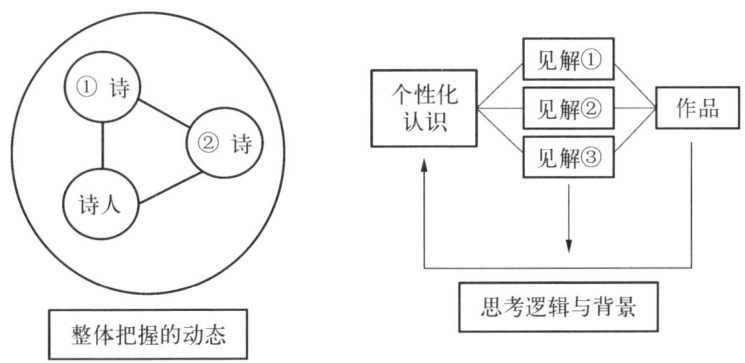

图 3-8 语文研读思考逻辑模型

有施蛰存先生用证推断的过程,常常要占有众多见解,再比较、取舍、归纳。思考背景材料越丰富,思考本身才更有活力,逻辑推断才更有力量。

我上语文课,常常引导学生画图,不是对文字加以形象表达,而是对文字形象中的理性推断加以线条勾勒和符号揭示。对于高中生来说,文字是最美的形象,不必再用图片(照片、影像)来蛇足一番,要从黑压压的文字中抽绎思想路线,勾勒内容关系,推断心理过程……这才是高中语文教学的必由之路。

我的"时习论",尤其强调"时"的教学意义。为什么呢?因为高中生正处于"人生的第二次诞生"阶段,也就是说,在进入青春发育期之后,高中生不仅能认识和评定自我的所作所为,还能把做出这些行为的自我作为客观的对象加以分析、评定。这是高中生思维的基本特征。当然,这也是我们高中教育对学生能够进行自我"分化"的总期待。学生在我们的期待中,逐步实现自我个性的重新改组、理性思考的螺旋深化。在高中生自我意识的成长过程中,语文学科的独特功能不再是单纯的思想情感的熏陶,而是引导学生对语文熏陶的内在机理的认识和对自我认识的理性评价,尤其是建立起对自我认识的认识。

我教《梦游天姥吟留别》这一课隐含着一个追求,即学术化的学习是个性的知识化过程。思想的逻辑化建构,说到底就是语文课程中的科学人生的奠基。

第五节　提高效率是实现功能的追求

我们处在一个效率化时代,提高语文教学效率是教育效率化的应有之义。

但是,必须注意的是,语文教学效率是有其特殊性的,有道和术的分别。"道"是复杂的学术概念,是规律化的理念,它总绾教学之"术"与效率。"术"是技巧、方法,是求"道"的工具。"道"是人们充分发挥"术"的作用所求得的结果,它既包括思想观点,也包括"用术"的成功经验;既包括求"道"过程论,也包括求"道"原理论。总之,"道"是长期实践中问道者学与思、知与行的结晶。它显然比一般具体方法和应对策略要高明得多,因为它里边隐含着较多的普遍规律性因素。至"道"就是至"理",也就是规律。

毋庸讳言,我们的语文教学效率长期偏低,未能大面积地形成多快好省的局面,原因是多方面的,有些原因教师自己也无能为力。单从教师自身的原因来看,有三条应该引以为戒:一是过分强调甚至夸大"术"的功能。多年来,人们提出的这个法那个法,实际上还很难称之为"法",只能说是"教学术"。二是割裂了传统与现代的关系,不是用"流"的眼光来看待传统和现代的不可分,而是人为地把二者对立起来,好像传统就是注入,现代才是启发。三是摒弃了我国语文学习的特性,轻视语文学习的培育、积累与酝酿,总想找到一条"便道",这多少带有急功近利的色彩。当然,这并不是说这三条中毫无合理因素,都应当彻底摧毁。正确的态度与做法是:取其精华,弃其糟粕,在求索语文教学之"道"上下功夫,只有这样,才有利于提高效率。

在长期的点拨教学中,我们也一直在研究这个问题,总结出的点拨之道有三项,即"积累之道""技术之道""时序之道"。我们觉得,这是任何形式的语文教学都不可或缺的"三道"。对点拨教学来讲,也是如此,不管哪一方面的点拨,不管诱导学生学习哪一方面的语文知识、培养哪一方面的能力,也不管教的是哪一类学生,总之,都得依照这"三道"行事,全面认识和正确发挥这"三道"的教学功能,才有助于提高语文教学的效率。

一、积累之道

积累是学习知识,特别是学习语文不可忽视的基本环节。积者,聚拢也;累者,叠加也。积是从范围上讲的,累是从程度上讲的,所谓广采博取,陈陈相因就是积累的特征。"采"与"取"是吸收,不用多说。单一个"因"字很有意味。何谓"因"?因者,依也。依靠、傍依、凭借是"因"的本质特点。把积累看作用麻袋装马铃薯是极不妥当的。尽管积累的知识是方方面面的,种类也不相同,表面看起来彼此没有多少关联,但究其实,我们发现知识种类之间有一种天生的凝合融通的本质属性,同类知识更是如此。既不是散装,也不是组装,而是相互依托、彼此贯通乃至发挥再生。长期积累,烂熟于心,会创造出奇妙又瑰丽的情景:一道电光射进森林,森林中的一切都活动起来。从这个意义说,古人讲的多读多写很有道理,我们想否定它的功用也否定不了。只不过,我们迫于无奈,没办法无限制地利用时间来多读多写罢了。在这无奈中,不得不想想别的办法,通过提高积累效率来弥补时间之不足。这样一来,积累就不能随而便之,像学问家那样日积月累,缓急不惊,坚持一生。依我们的经验,必须抓住四个环节:

1. 积累的度,即广度与高度

这是很难确定的一件事。从中学生的实际出发,我们认为在广度上至少有"三围",在高度上至少有"三级"。如图 3-9 所示。

先说甲。学生立足于教材,进行同步积累。教材是一条线,积累沿着这条线略有扩展地进行。积累的内容基本上是教材上有的和与教材有直接关系的语文知识及必读作品,主要是与教材内容相近的课外阅读作品。另外,教材上规定的熟读、背诵任务必须完成,这是第一圈积累的硬任务。根据教材内容的

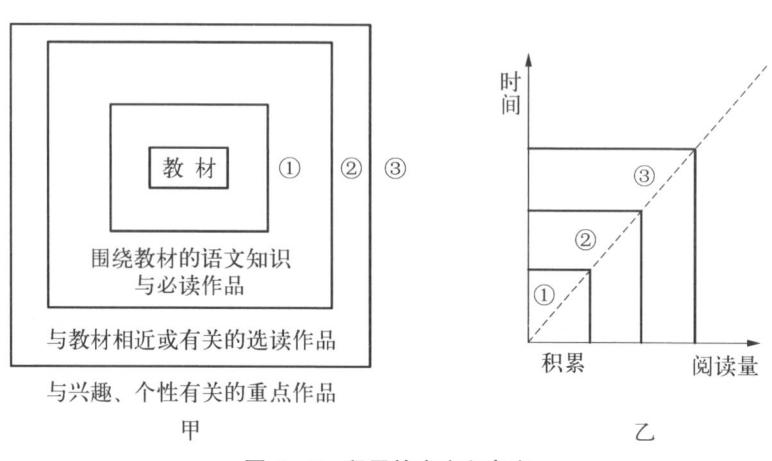

图 3-9 积累的广度和高度

提示和学习需要,学生还必须选读一些作品。选读,与同步并进式阅读不同的一点就是选读确定了重点。比如,某一单元是散文作品,为了使学生的视野宽一些,理解力强一些,教师可从其他材料上选出一两篇作品,让学生参读。这就让学生由教材向教材之外跳出了一步。针对学生的兴趣、个性或缺陷,教师再选定一些作品让学生阅读,一般不与教材同步,时间也不加限制,可以通过读书报告会的形式检测。

在阅读积累过程中,要防止畸形积累现象。有些学生并不是不坚持积累,但偏于好恶,在某一方面广泛阅读。例如,有些学生只读小说,在中学阶段可以读百来部长篇,而其他方面少涉及,这样的积累显然是不全面的,甚至会给语文学习带来负面效应。因此,教师必须加以调控和点拨。

再说乙。学生阅读能力的提高与发展,一般随着时间的延长、阅读量的增大,在教师的点拨下是完全可以保证的。阅读材料品性的变化,一般来说,先读形象作品,后读理性思考性作品;先读短小作品,后读长篇作品;先读语言文字障碍少的作品,后读语言文字障碍多、思想比较艰深的作品——教师应有意选一些让学生读,对高年级学生来说,这一点很必要,可惜目前我们做得还不够。

在学校里,让学生进行快餐式的阅读甚至是消遣性阅读是十分有害的,既浪费了时间,又致使学生在阅读中少于殚精竭虑,思想越来越浅薄,思维锋芒越来越钝。

2. 积累的"快慢"

快与慢是速度问题,速度等不等于效率?要辩证地看。从时间上来看,当然快一点好;从积累来看,就难说了,有时快好,有时慢好,有时不能快只能慢,积累的品质主要是慢而不是快,所谓日积月累就是说积累必须有一个较长的过程。

从哲学角度研究积累的快慢,会看出一种奇特而又在意料之中的现象,这就是快会导致慢,慢会促成快。

"快速积累"实际上难以达到积累的真正目的,因为积累有一个较长的消化过程。它不可能像货车拉货,快速装车,快速拉走。积累具有融通的性质,而融通不是一朝一夕之事,融通须具有促进融通性能的新的积累材料。比如,今天积累了A,明天积累了B,你暂时还难以将 A、B 融通起来,只有再过一些时日,积累了C,这C具有促进融通性能,正好在某一条件下 A、B、C 三者融为一体了。

所谓"快",不能单看成是积累的速度,而应当看成通过积累使学习能力有发展效率的快。这才是真正意义上的快,才是真正的高效率。这里可以计算一下比值。假定研究一个问题,积累材料一年而无进展,再积累一年,偶然间被某一新积累的材料所触动,前期积累的内容也顿时鲜活起来,终于捕捉到了立论与阐述的生命力,当此之时,一气呵成,很快就拿出了成果,尽管用了两年时间,因为进行了很好的消化思考,给积累材料以自动慢慢渗透、融解的条件,所以契机才会产生。假定将两年的积累工作并作一年来完成,压缩了消化思考的时间,最终是契机永远也得不到。两相比较,谁有效率不是很明白了吗?正因为如此,古人给我们留下一条十分宝贵的学习经验,即反对囫囵吞枣,而应当细嚼慢咽。"欲速则不达"也辩证地说明了为学的快慢关系。

在语文教学中,有一种错误观念,即学语文像上楼梯那样简单,每跨一步都

能上一个台阶,有些教师还苦心孤诣设计出一套线性训练步骤,试图以此作为提高效率的捷径,这是不符合语文学习实际的。语文学习的运动量总是要大于提高的发展量,想运动一次就提高一步,这几乎是做不到的,不要说是十几岁的中学生了,就是学有所成的学问家,也很难做到这一条。

3. 积累与思考

强调积累的同时要强调思考,因为思考是催化剂,能使积累的内容真正有助于提高学习效率。

积累与思考是紧密伴随的,没有哪一位学习者只积累不思考,只不过有强弱之分而已。有些论者在强调思考的时候,往往把积累看作死记硬背,这实际上是脱离实际为自己方便而武断地提出一个否定的假想敌。死记硬背就没有一丁点思考吗?也不见得。学习想完全不死记硬背也行不通,再则,"死"与"硬"也不过是说记背很艰苦罢了,另外,谁又能想出什么灵丹妙药让记忆和背诵像吃巧克力那样轻松呢?死记硬背,冥思苦想,不是坏事,相反,它是在为提高效率做准备。

当然,在积累与思考中,教师巧于点拨,加快学生的思考进程,提高学生的思考力度,开阔学生的思考视野,拓展学生的思考空间是能够做到并且也是应该去做的。加快学生的思考进程的要领大致有:

① 比较。提醒学生把积累的相同或相异的材料摆在一起鉴别,以便能较快地把握材料的各自特点。

② 反思。将材料的思路理出来,然后作反向思考,看看能看得出什么结果,或者看出新问题,或者能更好地证明原材料思路的正确性。

③ 联想。由此及彼,闻一知十,举一反三,都是联想所致。

④ 推导。顺着材料的思路与原理再向前走,看看能推出什么。

⑤ 考问。自己时常考问自己,也即自我生疑,自我答疑。

凡此种种,都是人们的成功经验,教师有责任点拨学生,使学生获取登楼的跳板。

4. 长期积累与抓住时机享用积累

积累有一个较长的过程,我们不能等学生积累到一定程度才点拨学生发挥积累效益。在积累过程中,应随时抓住机会,以积累的原材料为加工对象进行小规模的单项的研究,以获取积累的享用愉悦。通过这种加工活动,学生能更加明白积累的意义,由于加工是单项的,容易得到小成果,故而能使学生体会到艰苦的积累自有乐趣。有了乐趣,就有了内驱力,这能使学生鼓起劲头向更高的积累之峰登攀。加工所得的成果往往是积累材料之间的黏合剂、贯通桥,有益于学生对积累的材料进行更深入更广阔的考察。

因此,我们应当采取措施,点拨学生尽可能多一些地享用积累。一般的做法有:

① 写读书笔记,记要点,写一鳞半爪的见识。
② 开读书报告会,师生互谈,质疑反诘,共同磋商,辨明是非。
③ 写小论文。这是一种理性思考的活动,一事一议,一文一评,片段引发,概要综述都是好办法。

以上四环节说的是积累之道,其"道"的核心是积累与效率息息相关,积累是提高效率的前提。在传统语文教学中,积累的思想十分深刻,积累的方法也多种多样,我们应当古为今用,使过去的宝贵财富现代化起来。

二、技术之道

技术是指人类以科学知识和实践经验为依据而创造的改造世界的手段,它包括自然技术、社会技术和思维技术等。技术作为一种手段，其作用就在于提高工作、生产、学习的效率。要提高语文教学效率，就不能不在技术上下功夫，充分发挥教与学技术的作用。就语文教学而言，技术分两类：一类是教师的教学技术；一类是学生的学习技术。换一种说法就是教的方法和学的方法，而归根结底则是研究学生学的技术。

古今中外，教学家和学问家在教与学的问题上总结了各种技术，我们应该充分研究挖掘这些技术之所以产生、具有生命力的内在机理，即研究技术之道。明白了"道"，也就明白了技术形成的原因以及运用技术的基本法则和规律，在提高效率上，这自然比只顾用技而不辨技要有价值得多。这也是创造新技术的基础。

那么，技术之道又在哪里呢？

1. 技术的稳定性

技术是人们以科学知识和实践经验为依据而创造的手段，它既切合实际需要，又符合科学知识原理，这使它有一个相对稳定状态。瓦工盖房子，木工做家具，各自的技术，长期以来都不会发生质的变化，至多是有所改进而已，因为这种盖房技术符合实践活动规律。读书作文的技术也是如此，以"圈点"与"评注"为例，这是人们长期以来习用的读书技术，古人以此作为精读作品、记录思考结果的简便手段，现在的学生也可以用此手段来读书，因为它是阅读过程中很重要的一环。这样说来，我们在技术上就不应当有传统与现代之争了。技术没有必要这样规定，只要现代学习生活需要，它就是好技术、实用的技术。

技术当然有一个淘汰、改制的过程。稳定是相对的，淘汰是绝对的，也因为淘汰了一批，保留了一批，这被保留的也就显得更加稳定了。从这个意义上讲，古人的读书作文的技术一直到今天仍然在运用着，这就说明这些技术是科学的，应当拿来，古为今用。

2. 技术的变通和再创

技术是有多种类别的,某一种技术表面看起来与我们所做的一行没有直接联系,但它能促使人们产生联想,并由此在自己的实践活动中采取相类似的手段、逐渐使之提炼为实用稳定的技术。再创则是对原技术的加工与改制。一种技术,随着时间的推移、实践活动的变化,可能会显露不足、缺陷,只要根据现实需要进行合理的加工、改制、扬弃,它仍然会焕发生机,为我所用。

技术的变通与再创原理对我们进行语文教学有着很重要的意义:首先,它能帮助我们从"教而无术"的困境中走出来。有些教师教学技术很高明,占有量也很多,也有些教师仍然苦于"不知道该怎么教"。只要做有心人,进行联想,是能够发现属于自己的教学之法、教学之技的。其次,它能够帮助我们重新认识那些也许有些过时的、有着明显毛病的教学技术。应该承认,传统语文教学中的有些方法、手段与我们现代学习语文的实际是不相适应了,对此,我们不妨采取再创的办法。

对技术的变通与再创,目的是提高效率。例如背诵,它是积累语言、培养语感的一种必不可少的学习语文的手段。古人有很多时间,背诵数量大,今天学生的背诵就难多了,主要是时间太少,怎么办呢?废除,不行;照搬,也不行。唯一的办法是运用现代记忆科学原理,对背诵进行改制,使之成为符合现代学习实际的新的背诵术,比如,交叉记忆、联想记忆、分布记忆等,这些记忆术是经过现代心理学家研究过的,其特点是能充分利用有限的时间扩大记忆量,教师在这方面点拨学生,必定能提高学生的记忆效率。

3. 技术的相机运用

机,时机、机趣、机巧之谓也。在技术的调遣与运用上,见机行事是十分重要的。相机运用,技术应有的功能就可发挥;忽略"机",对技术随便用之或硬性模仿别人,即使技术本身很好,也难以发挥应有的作用。在讨论语文教学时,有些同志对优秀教师的高超教学之技表示怀疑,怀疑的理由是"学不到手",这是一种肤浅的认识。

优秀教师在教学中运用技术无不是相机行事的,有时所用的技术很平常,但由于抓住了时机,用在刀刃上,恰到好处,正合火候,这些技术也会顿然焕发动人的光彩,犹如神来之笔。是技术本身"神"吗？不是,是"时机"神和抓"时机"抓得神。

技术是最优的,但不择"机"而用,就有可能遇到障碍,使技术顿然失色。在这种情况下,要再创条件,酝酿时机,尽可能让火候到家。技术的相机运用,自然不是为了搞技术表演,而是为了提高效率。技术对提高效率当然有用,但这句话还不够完整,只有当技术用在火候上,才可产生神奇的催化力量,高效率的倩影也才真正闪现在我们的眼前。

4. 技术与艺术

这是两个既相互联系又有明显区别的概念。技术是纯粹的可操作性手段,而艺术,则明显地带有浓厚的情感性,它指精巧的技术,并且具有感染人的力量。语文是一门情感性极强的学科,教师教语文,应该讲究艺术之道。艺术的感染力不仅能代替技术的功能,而且能在学生的心里产生强大的震撼力,使学生不仅会学,而且会产生情感追求,极力去学。可见,艺术比技术更能够提高学习效率。

于漪教《七根火柴》。起初准备问："无名战士的动作是什么样子的？"仔细一想,这是为了求知,是一种技术之问。于是改为："无名战士留给人间的最后一个动作是什么？"由于加上了"留给人间""最后"等情感丰富的词语,显然对学生的震撼力要强得多,学生不仅求了"知",而且还入了"情"。多了一份情意,学生必将铭记不忘,并且对作品情感底蕴会有更深切的体会。这种问,无疑是一种艺术之问。

为什么在这一节里,我们用技术之道的提法呢？道理有三：其一,艺术是"巧"的技术,教的艺术是从教的技术中提炼而成的,不掌握一般的有效实用的教的技术,就不会捕捉到教的艺术的迷人之光。技术是通向艺术殿堂的大门,每一位教师都得由此而入。其二,艺术不仅是手段,而且是风格。风格的养成有一个很漫长的过程，特别是对于教学来说，没有一二十年的磨炼，艺术的风格之神就不会降临。未得风格之前，还是着手于技术、着眼于艺术为好，这不仅是求得风格的前提，也是使语文教学具有效率的最基本保证。如果技术都没有，又从哪里去谈效率呢？其三，教学的技术是以单项形式出现的，教学艺术风格由整体教学面貌来体现。演戏，得使唱、念、做、打的技术项项过关，尔后才综合成高超的表演艺术，教学也如此。教师在成为教学艺术家之前，也得反复锻炼各项教学基本功，各方面的单项技术都过关，才能充满信心地渐入艺术佳境。

总之，技术之道是提高效率的最基本的要求，没有它，就谈不上创造效率；艺术之道是从效率更高的角度来讲的。从大面积地提高语文教学效率来看，认清技术之道，正确运用教学技术是当务之急。技术是雪中送的"炭"，艺术是锦上添的"花"。

另外，教学除了要追求艺术，在很多情况下也确实需要动用技术，即运用现代多媒体技术为教学服务，现代化语文教学不仅在内容上要现代化，而且要在教学形式上现代化起来，一支粉笔、一本书的时代毕竟已成为过去，凭借科技手段组织教学势在必行。

三、时序之道

效率里边包含着时间因素。这个时间因素，至少有两层内容：一是要有一定的时间量，这是固定的时间，像一课时，两课时，少了不行，多了又浪费。二是时序运行规律。时间量要依照时序运行规律来定，否则，就不合适。比如，一首古诗，小学生只用一课时足矣，背熟，了解大意即可；中学生则可能要用两三课时——要向学生剖析诗中的哲理玄机。这样确定时间量是根据学生的学习实际、思想实际、知识修养、思维程度和学习需要这些在不同学习时段有不同的学习目的的时序规律来定的，依此教学，各得所需，各有成效。倘若反过来就糟了，给小学生讲隐性情感、玄机妙理，显然不行。因为小学生的身心发展还没有达到能听懂个中玄妙的成熟程度。由此可见,顺应时序规律教学,就有效率;违背它,效率就无从谈起。

正是基于这一点考虑,我们把时序之道看作提高效率的最基本的环节之一。

1. 把握时序之道,要做到恰到好处

首先,在教学思路上以学生的学习实际为出发点。学生的学习,哪里有障碍,哪里有断层,哪里有兴奋点,如此等等,教师都要清楚,在此基础上,才能设计科学可行的教学方案,规划合理有效的教学步骤。

其次,要认清并处理好教材中的特定的学习内容。不能过于拉大学生的认知距离。随意加大学习难度,学生就会失去学习的信心,也不能搞简单重复式教学。讲浅了,就会失去认识上的坡度。教师要恰到好处地处理教材,使特定的学习内容成为引发学生学习动机、兴趣与激情的引爆点。

最后,要注意学生心理的转化阶段。学生心理千变万化,时而愉快、稳定、平衡,时而烦躁、波动、冲突;时而积极、自信,时而消极、自卑。对教师,时而感激、信赖、亲近,时而戒备、对立、疏远,对此,教师要恰到好处地引导学生把心理转化到最佳状态,也就是让学生处于心理不平衡以致剧烈冲突而又积极渴望解决矛盾之时。这种心态既是教师和学生的心里交流的接触点、共振点,也是教与学的共同机遇。

2. 把握时序之道,要创设教与学的"自由之境"

古人特别推崇的"和",也就是和谐、调顺、融洽、亲近、得体。在教学中既要克服急功近利的冒进思想,又要克服消极、懈怠、低落的情绪;既要反对大起大落,搞知识的狂轰滥炸,又要反对一潭死水,毫无生气,沉闷僵化。这里,要处理好几种关系:

① 动与静。学习心理只动不静、只静不动都不好,最好是动静相宜。

② 死与活。有时要下死功夫,有时又得活起来。

③ 抑与扬。有时要施下压力,抑制学生的骄气;有时又要多加鼓励,增强学生的信心。

④ 虚与实。实实在在的知识要扎扎实实地训练,而情感陶冶又得虚一点,让学生在情感的氛围中接受熏陶。

⑤ 快与慢。有时加快教学节奏,让学生产生紧张感、急切感;有时放慢学习进程,多给学生回味咀嚼的时间。

⑥ 粗与细。有些知识的传授宜粗不宜细,不要毕其功于一役,不妨大而化之;有些知识是前进的桥梁,非得让学生学得丝丝入扣,毫厘不爽。

⑦ 明与暗。有些问题,教师直接点破,使学生豁然开朗;有些问题,教师要叩其两端,巧于暗示,让学生自己求得结果。

⑧ 内与外。课内训练求实求稳,课外视野宜阔宜远;由内向外延伸,由外向内呼应。

⑨ 点与面。由关键的一点切入,引导学生由点推及面;有时从知识面上拓开,让学生逐步缩小思考范围,由面的搜索转为对点的钻探。

这些关系要处理得恰到好处,实为不易,但教师组织教学又必须在这些方面下功夫,力求早日进入中和之境。

3. 把握时序之道,要遵循"人道"教学

教师要依照人的身心发展规律来从事教学活动。揠苗助长式的教学,就是一种不把学生当作活生生的人来看的教学行为。揠苗助长,不仅仅是知识上的强行灌输,更主要的弊端是"道"上的牵逼。教师非得把自己所崇尚的"道"嫁接到学生身上,使学生一个个都成为自己的模型。好比孙悟空吹一根毫毛,于是就变出很多的一模一样的孙猴子。须知,教师对"道"的认识与学生身心实际有较大距离。有些内容可以通过引导、点拨的办法让学生早一些知道,有些内容恐怕要等学生

身心发展到一定阶段才能相机培养,过于超前,效果不佳,就是揠苗助长。

4. 把握时序之道,要重视与其他学科协同培养

以传"道"为例。人类普遍认同的高尚的人格,壮美的情操,我们确有让学生习得、养成的责任,但是,我们也不必把一切责任都担在肩上。适当地利用语文教学条件点拨学生,培养人格,健全德操与把一切责任都担在肩上是有明显的区别的。前者是因势利导,因时育人,因文传道;后者是把自己的领地看作唯一的培养人的熔炉。

从学科分设上来看,古代文史哲不分家,文即史,史即文;文即哲,哲即文;故此,因文而传道,责任明显、专一。现在不同了,虽然文史哲仍然无法分开,但"道"的传布除了语文科这一途径外,另有政治、历史等多门类的人文学科。这些学科分别承担着主次不一、轻重有别的责任。强调文道统一、因文传道是完全正确的,但把传道之责全都压在语文一科身上,则有违于中学阶段各学科共有的传知布道、齐头并进的教育时序之道。

叶圣陶说:

国文是各种学科中的一个学科,各种学科又像轮辐一样辏合于一个教育的轴心,所以国文教学除了技术的训练而外,更需含有教育的意义。说到教育意义,就牵涉到内容问题了。……笃信固有道德的,爱把圣贤之书教学生诵读,关切我国现状的,爱把抗战文章作为补充教材,都是重视内容也就是重视教育意义的例子。这是应当的,无可非议的。不过重视内容,假如超过了相当的限度,以为国文教学的目标只在灌输固有的道德,激发抗战意识,等等,而竟忘了语文教学特有的任务,那就很有可议之处了。道德必须求其能够见诸践履,意识必须求其能够化为行动。要达到这样的地步,仅仅读一些书籍与文篇是不够的。必须有关各种学科都注重这方面,学科以外的一切训练也注重这方面,然后有实效可言。国文诚然是这方面的有关学科,却不是独当其任的唯一学科。所以,国文教学,选材能够不忽略教育意义,也就足够了,把精神训练的一切责任都担在自己肩膀上,实在是不必的。①

这对当今语文教学是有警策作用的。传道如此,思维训练也如此。

有人把语文教学完全等同于思维训练,出发点是强调语文教学中要注意学生思维能力的培养,这自然是正确的,但完全等同起来,未免有夸大之嫌。须知中学阶段的各学科教学都有思维训练的任务。正确的态度是把语文科看作各学科中的一科,遵循中学阶段各学科共同发展的时序之道,重视语文科本身的特点——工具性,并凭借语文的特殊条件充分发挥教学的传道功能和育情作用。

重积累、重技术、重时序,旨在提高点拨教学的效率,而提高效率的最终目的又是什么呢? 一般来说,语文教学的目的很清楚,即让学生掌握语言文字工具,能在工作与生活中自由运用,并且学文而悟道,提高思想认识,培养情感德操,增强人格力量。但是,这里有一个重要问题须认识清楚,即学文悟道是一个漫长的人生过程,培养运用语言文字工具能力及思想与情感的提高任务不可能在中学教育阶段全部完成。中学教育只不过是一个承上启下的阶段,它承接小学教育,又与继续深造教育和立即投入的生活实践相连接。因此,上述语文教学目的,只能是基础的、大体的。学习语文、运用语文是一生的事。

提高点拨效率要落实两个不同层次的目的,一个是终极目的,即上述目的;另一个是教学阶段的目的,即提高学生的语文学习转换能力。发展并提高了转换能力,才能真正实现终极目的。

什么是语文学习的转换能力特征? 即学生长期得到语文教师的言传身教,从中悟得学习语文的基本方法,并由此强化自学意识,逐步做到由教师点拨下学习转换到充分发挥自主意识进行学习的轨道上来。

---

① 叶圣陶.叶圣陶语文教育论集:上[M].北京:教育科学出版社,1987:56-57.

促进学生尽快形成语文学习的转换能力绝非易事,它取决于教师自始至终的教学是否具有一种学习的暗示效能。也就是说,我们衡量语文教师善教的标准有两个:其一,看教师的教能否有效地让学生完成学习任务。其二,看教师的教能否从学生的学考虑,把自己教的过程当作学的过程来研究,即怎样教与怎样学是一回事,而后者更显得重要。

所谓怎样教与怎样学是一回事,可从两个方面来看。

第一,教师在教学之初就想到,我这样教由我这样学而来,教的程序、方法与内容,就是我学的程序、方法与内容。教就是把我"怎样学的"充分体现出来,让学生明白:教师这样教实际上就是告诉我们他也是这样学的,而我们要学习的对象除了书本以外,更重要的是这一点。高明的教师教课文从一开始就这样暗示学生:我是怎样做准备工作的?我是怎样发现闪光点的?我是从何处入手的?我克服了哪些困难?我的学习愉悦是什么?我建议你们应该怎样学?……凡此种种,对提示、点拨学生自学极有帮助。虽然很多优秀教师在教学中并不直言不讳,但他们的高超教学仍然对学生领悟"这样学"有明显的暗示作用。比如,教师在课堂上旁征博引,这就是暗示学生:调用较多的积累材料对解决问题大有益处,因此,平时的积累马虎不得。

第二,学生在听课过程中,不仅是记取了知识,明白了要点,而且深受教师教学艺术的感染,领悟到:教师如此教既让我扫清了学习障碍,也让我摸清了入门之道。从这一点上看,学生不仅学到了书本知识,而且学到了教师的学。教师与学生在这两方面呼应起来,学生自学能力必有长进。如果说点拨教学有效率,能提高效率,那么最大的效率也就在这里。

第四章
——课文当代价值研究
时间与课文

　　传统的语文教学是有时间概念与安排的,但远不如今天课程的精确与固化。时间账的精确与时间运用的固化,是课程科学性的体现。

　　一篇课文究竟教哪些内容?长文为何短教?整本书阅读怎么安排?一个单元安排多少课时?这些都要计算时间。因此,选教课文,不仅是教的问题、文的问题,也是时的问题。

　　课文作为课的构件,是语文教学现代化的标志之一。从课的立场来选用文,是语文专业内涵应有的内容。一节课的时间对于课文的施教往往具有决定性。

　　课文,有古今之别。古典作品入选课文,如何发挥现代性教育价值?当今报刊发表的时文,是否就具有现代性意义?在弘扬优秀传统文化的今天,如何教出现代文的现代性?这些都是在时间潜意识思考中应该揣摩的关键问题。

　　当然,不必刻板地数着时间来研究课文,但在时间背景下来安排课文则是十分必要的。

第一节　课文的含义

课文是什么？这似乎是一个不是问题的问题。说不是问题，是大家对课文太熟了。什么是课文？课文不就是一篇篇文质兼美的文章吗？这恐怕是不少人的定见。说是问题，是围绕语文教材中的课文确实有两种截然不同的观点。

一、对两个代表性观点的分析

1. "文选说"的历史轨迹

在我国语文教育史上，此说由来已久。孔子创立私学，开始把《诗》《书》《礼》《乐》《易》《春秋》这"六经"当作教材主体。学生学什么？学"六经"的内容，即"六经"之"道"。当然，也包括"文"。"文以载道""文道结合"的基本教学思想就是从这时候萌芽的。后来的思想内容虽然历经演变，如由战国之时的百家争鸣到汉时的儒学独尊，又到魏晋的儒道合流和佛老交融；由六朝隋唐尊崇儒道、宣扬佛教到宋元明儒释道三位一体，直至明末清初思想的"天崩地解"，但教学内容的"文道结合"及教学思想的"重道""兼文"一直没有多少变化。从教材方面说，以经典文章为学习材料的"文选型教材"观没有改变，尽管当时并无"文选型教材"的说法。

为什么没有变化呢？我想可以从三方面看。

第一，历代士子求学实质上是为了求官。求官之要，一要对先贤思想有所精通；二要对当时之势有所分析，能提出对策；三要经过唯一的选拔渠道——考试写文章；四要对统治者百依百顺，为帝王与圣贤立言。要做到这四条就必须读经典文章，既"求道"也"学文"。

第二，读经典文章确实有好处，除了谋官取仕外，还能够提高思想认识，增进社会责任感、陶冶性情。社会的、思想的、修身的以及自然方面的知识,都可以从经典文章中吸取。

第三,教学没有时间限制,完全由学生的物质条件、资质条件来定,直到达到目的——求官出仕为止。有资质、有毅力,哪怕缺吃少穿也要苦读下去。做不了官,也要当学问家,至少要求一个"读书人"的头衔,装上一些好诗文以自娱或糊口。没有时间限制,读经典之文就从容了,反复玩味,充分积累。另外一条也是不容轻视的,即学现成的文质兼美之文,确实符合汉语的基本规律,肚子里装上大量的经典诗文,整体把握,完整感知,积少成多,反复领悟,确为学习中国语文之"道"。既然有上述明显的好处,历代沿袭着"学习选文之规"也就可以理解了。

以选文为教材是我国传统语文教学的主流,但并非唯一的,从周代的《史籀篇》到秦代的《仓颉篇》《爱历篇》《博学篇》,汉代的《凡将篇》《急就篇》,以及后来流行的"三、百、千"等都非选文,既有识字价值,又有构字与语法教学作用,后来还有韵语知识读物,如《幼学须知》《算学歌略》《声律启蒙》等。名副其实的"文选教材"大概要推梁代萧统编的《昭明文选》,以及后来的《文章正宗》(宋代真德秀)、《文章轨范》(宋代谢枋得)和《古文观止》(清代吴楚材、吴调侯)。

2. "凭借说"的应时而生

"凭借说"是叶圣陶提出来的,他在《略谈学习国文》一文中说:"知识不能凭空得到,习惯不能凭空养成,必须有所凭借。那凭借就是国文教本。国文教本中排列着一篇篇的文章,使学生试去理解它们,理解不了的,由教师给予帮助。"[①]"凭借说"的核心是"例子观"。"例子"的意义,可从叶圣陶和朱自清合著的《精读指导举隅》《略读指导举隅》中的"举隅"一词上看出来。"举隅"由孔子的"举一隅而不以三隅反,则不复也"中来,强调了"举一反三"的功用。后来,他

---

① 叶圣陶.叶圣陶教育文集:第三卷[M].北京:人民教育出版社,1994:89.

说得更明白了,即"教材无非是个例子"。

"凭借说""例子观"并没有否定用整篇的文质兼美的文章作为课文的功效,但在性质上,它与"文选说"有着本质的区别:

第一,"文选说"落脚于"道",当然也有"文",强调的是"因文悟道""缘道学文"。学整篇的文章,指向的是选文中的"文"与"道"的"精华"。"凭借说"并不排斥"道"的学习,"道"的凭借也是"文",但它强调了"文"的训练,即语言文字的"历练",在强调"道"的同时,要特别突出语文科的特性——工具性。也就是说,语文教学的根本任务是培养学生运用语言文字的能力,使学生能够熟练地运用语言文字工具为生活服务。因此说,"凭借说"是在语文的工具性这一指导思想的哺育下生长起来的教材建设之花。

这里有必要申诉两个问题:一是依"文选说"能不能让学生掌握语言文字这一工具?伴随着因文悟道的过程,有时是能够学会并运用语言文字工具的。但是,有一个明显的事实必须知道,即历代学子学习选文,目的不是直接为现实生活服务,而是为了出官谋仕,所谓掌握的语言文字工具,与生活相脱离。这一点,近人张志公说到了四大弊端:A. 脱离语言实际。"语文教学只管书面上的训练——识字,写字,读书,作文章,完全抛弃了口头上的训练——听话的能力和说话的能力……至于书面上读的、写的,却是以先秦两汉语言为基础逐渐形成的文言,与生活中实际使用的活语言距离很大,而且越离越远,以致完全脱节。"B. 脱离应用实际。读的写的都与日常生活和工作中实际应用的东西无关。C. 忽视文学教育。D. 不重视知识教育。这样说来,古人学习文选,落脚点并非真正的生活工具。二是强调语文的工具性质是不是就忽视了思想情感教育?回答有两点:A. 不仅没有忽视,恰恰相反,它强调了思想情感的熏陶与培养。语言是思想的直接现实,真正学语言文字不可能不体味语言中的思想感情,不可能不带着浓郁的情思来学习。否则,只能算是搞语言文字的学习游戏。语言中的人文精神是剥离不掉的,真正的工具论者也从来没有否定通过语言的学习来培养人文精神。B. 工具论者有一个观点倒是十分清楚的,即不要把所有思想感情培养的责任都置于语文教学的肩膀上,特别要防止因过于强调"道"的教育,而轻视运用语言文字工具能力的培养。《叶圣陶语文教育论集》,这一点是不难明白的。

第二,"凭借说"把语文能力训练的要求与目的当作学习课文的指向,而"文选说"则是把文章本身的"闪光点"当作学习的指归。如图4-1所示。

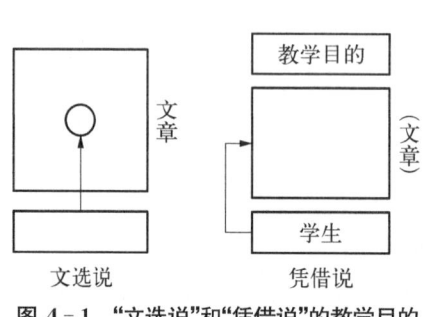

图4-1 "文选说"和"凭借说"的教学目的

依"文选说",把一篇篇文质兼美的文章组编起来,然后分篇学其闪光点——闪光的思想、闪光的艺术。"凭借说"则把选文看作语言文字训练的中介,在选文之前明确提出语言训练目标,教师与学生先盯住目标,然后按训练要求来看选文,凭借选文来落实目标和要求。

这就遇到一个很突出的问题,即凭借选文来落实目标与直接学习文章中的闪光点是否一致?应该说,既一致又不一致。一致,是由所选的文章的特性决定的。选文都是文质兼美的,语言文字能力训练当然要学习典范、优秀的语言文字材料。不一致,是由教学需要决定的。教学需要是由能力训练程序来定的,而编配的课文并非为教学需要而写,因此,实现"需要"落实"目标",往往要对课文进行取舍,有时甚至要把课文中的某些闪光点舍弃掉。叶圣陶说:"文章是多方面的东西,一篇文章可从种种视角来看,也可应用在种种的目标上。例如朱自清的《背影》可以作'随笔'的例,可以作'抒情'的例,可以作'叙述'的例,也可以作'第一人称的立脚点'的例。"[①]那么怎么办呢?是把各方面的闪光点都点到呢?还是分列项目,依项目来从某一角度选例呢?显然是后者。《国文百八课》就分列"文话"项目一百零八个,每一项代表文章知识的一个方面,总起来便"排列成一个系统"。对于这样处理的选文,叶圣陶还表明了态度:"我们以为

---

① 叶圣陶.叶圣陶教育文集:第五卷[M].北京:人民教育出版社,1994:404.

杂乱地把文章选给学生读,不论目的何在,是从来国文科教学的大毛病。文章是读不完的,与其漫然的瞎读,究不如定了目标来读。本书每课有一目标。为求目标与目标间的系统完整。有时把变化兴味牺牲亦在所不惜。"①

编教材,最好能将选文与目标一致起来,比如,专为教学需要写课文,这一条难做到,因此,只好选取那些不是为教学而写的名家名作来作凭借的例子,这样,要取舍一些闪光点确实是难以避免的了。这也正是编选语文教材的一大难题,像历史课,中学使用的历史教材绝不是某一史学家写的专门通史,而是编者依据教学需要编写的,其他如数学、物理、外语、化学等都是如此。唯独语文做不到这一条,也正是有这样的难题,人们有很多不同的看法,想得最多的就是:"像这样依目标来教课文,甚至要牺牲掉闪光点,岂不是一件很可惜的事?"我的看法是,目前只能是缩小差距。

这里有必要指出的是,叶圣陶提出"凭借说"与"例子说",一方面是从学习和应用语言文字工具的事实来考虑的;另一方面也是具有一定的历史背景的。前者可从《叶圣陶语文教育论集》中找到答案,后者往往被人忽视,这里想谈点个人浅见。

背景有两个方面:一是时代大背景。在中国文化教育史上,"五四运动"前后,构成了两个不同的历史时期,新文化运动和马克思主义在中国的传播催生着中国新民主主义教育的萌芽。"文化革命"的特点是,要传播民主思想,介绍科学知识,文字上的障碍必须扫除。文言文以及所谓的"国粹",妨碍人民大众去懂得民主的道理,同时妨碍人民大众接受新的科学知识。所以在"打倒孔家店"的潮流中,白话文运用发展起来了。新文化运动以后,中国人重新考虑教育问题,用马克思主义作为分析教育问题的工具所取得的最突出的成果是:教育必须以工农群众为对象,离开了工农大众,普及教育和提高国民文化水平都会成为空话。李大钊于1919年2月在北京《晨报》上撰文,主张教育上人人机会

---

① 叶圣陶.叶圣陶教育文集:第五卷[M].北京:人民教育出版社,1994:406.

均等,劳动者必须有受教育的机会。由于"五四运动"请来的"德先生"的关系,平民教育在当时是主要的教育思潮。平民教育鲜明地体现了"民主思想",教育必须与生产劳动相结合,教育必须为人民大众的生活服务,教育必须和人民大众的生活结合为一体,这是当时思想家和进步教育家所共同倡导的教育主题。叶圣陶在批判旧式教育时尖锐指出:"旧式教育可以养成记诵很广博的'活书橱',可以养成学舌很巧妙的'人形鹦鹉',可以养成或大或小的官吏以及靠教读为生的'儒学生员',可是不能养成善于运用国文这一种工具来应付生活的普通公民。"①如果我们联系"五四"以后文化教育改革的时代背景来理解这段话,就可以断定,叶圣陶提出"工具说"是体现民主精神的,是符合教育改革大趋势的,在改革我国语文教育方面,无疑写下了光辉的一页。

二是叶圣陶提出"凭借说",主张"教材无非是个例子",与新学制的建立是有关联的。中国古代的学制,如中央官学、地方官学、书院、私塾和社学等,除少数对群众进行教化外,多数是为了培养各级行政官吏,教学内容以儒家经典为主。这种学制还有一大特点,就是不讲究时间的安排与确定。鸦片战争以后,西方列强的船坚炮利使统治者震惊了,也激发了进步思想家和教育家变革旧式教育的巨大热情。共识是:不仅需要很多的实用人才,而且盼望快出人才,主张"废科举,兴学校",1904年的癸卯学制,不仅增进了学习新内容,而且规定了学习年限,第一次考虑到了时间问题,但其学习年限太长了,总计要二十五六年。如果七岁入学,中学毕业二十一岁,读完通儒院三十二岁。这个时间规定显然远远不能适应当时中国社会发展的需要。直到1922年,真正的新学制——"六、三、三、四学制"才产生。六,指小学六年,分四二两段;三、三,指中学分三、三两段;四,指大学四年。这个学制的贡献之一,就是科学地按照儿童和青少年年龄特征来划分学习阶段,压缩了时间,为提高学习效率、快出人才提供了有力保证。为什么说叶圣陶的"凭借说"与"例子观"与新学制有关系呢?归纳为一

---

① 叶圣陶.叶圣陶教育文集:第三卷[M].北京:人民教育出版社,1994:92.

句话,就是他从学习时间上来考虑语文教学问题。中国古代语文教育一直不从时间上考虑,能读多少年就读多少年,各人有各人的时间,政府没有统一标准,这为文选教育提供了便利,读百篇、读万篇,开卷有益,博览群书,重复再重复,谁也不管,只求效果,不谈效率。而新学制的提出就不是这么回事了,不仅学习阶段时间很明确,而且安排了多种课程。语文课只不过是这众多课程中的一门,因此,语文课所占用的时间是相当有限的。如1932年颁布的《正式课程标准》就分列了物理、化学、动物、植物、算学等教学时数,以前,假定一年时间专以学文的话,那么现在是一年时间要被六七门学科分而用之,语文学习时间明显减少是不言而喻的。时间少了,质量又不能下降,这就必须"挖潜",必须在提高语文教学效率上下功夫。提高效率的方法当然很多,而最根本的就是要真正解决学习上的举一反三问题。孔子也讲"举一反三",但他的"举一反三"是不大考虑时间因素的,"举一反三"是目的,孔子并没有提出快的要求。现在讲"举一反三"显然是要计算时间账的。因此,在时间限制的前提下讲"举一反三",就必须创造"快一点""来得直接一点"的条件,而主要条件就是教材的编定和课文的科学化安排。

只有课文的编排科学化和课文取舍的科学化,才可以不违教时,让学生少走或不走弯路,再在此基础上相机诱导,让学生"举一反三",由此,语文教学的高效率曙光就可以看到了。我想,这也是叶圣陶主张"凭借说"的根本出发点和落脚点。

二、课文是例子的特点

以上,把"文选说"和"凭借说"作一番比较,剖析了叶圣陶提出课文是"凭借"的"例子"的主张的时代根源,无非是想说明:把课文看作语文能力训练的"凭借",看作教师诱导学生学习,使其"举一反三"的例子,不是故意与传统的"文选说"作对,而是顺应时代要求、切近语文教学规律,真正提高语文教学效率的必然选择。中小学语文教材建设必须从这方面着手。

这里又有一个问题要辨析清楚,即语文教材中的课文例子和其他学科如数学中为了讲明知识而选用的例子是不是一回事?显然不是一回事。尽管例子所具有的功能切近一致,但处理例子的着眼点和目的是有明显区别的。其他学科,比如,数学教材中用例,是为了验证知识,由例子推导出知识;语文教材用课文作例子,主要不是验证知识、推导知识,而是为了由此带动其他相关内容的进一步学习、融会与贯通,最后落实在行上。数学里学一元二次方程的知识,小而言之是懂得了这方面知识,大而言之是增进了逻辑思维能力;而语文课中学习课文,小而言之是增长了知识,大而言之是培育了人文精神,还有一点也属于大的范围,即直接在生活与工作中运用,也就是要直接见诸"行"。听说读写,课堂上学,生活中用,时时关联,密不可分,这也是语文学习不同于其他学科学习的地方。

到这里,我试着给语文课文下一个定义,即课文是学生在语文运用的大背景中进一步提高语文能力、接受系统训练所用的典范实例,既是教与学的凭借,也是将来运用语文的参照,更是接受思想熏陶、情感冶炼的一种渠道。稍加申说,有四点:

(1)儿童始终处于母语习得的大环境中,时时都在学语文,但不够系统,缺少规范。

(2)进入学校学习是自觉地接受训练,需要有典范的例子。学习典范例子与以前被动接受母语环境影响正是有无语文训练以及语文能力提高快与慢的根本区别。

(3)在校学习期间,课文是凭借,而一旦走上社会,课文就变成运用语文工具的参照,脑子里时时想到以前的样板,在生活工作中听说读写,都力求像样板那样规范。

(4)语文是思想感情培育的一个重要渠道,但不是唯一的渠道。在学习语文过程中接受语文精神是在心中埋下美好精神的种子,而要使其开花结果,还要凭借其他艺术教育,更重要的是在人生风雨中自觉践履。

第二节　课文的形式

课文的基本概念是课文建立形式的基础。课文不等同于文章,教材不等同于选本,而是教与学凭借的例子。那么,它的外部形式就必然体现出两个基本特征:多样性、被动性。

一、关于课文的多样性

多样性是由课文的"课"决定的。课文有两个基本因素,一是课,二是文。课,是学习目的、教学要求和时间限制的有机结合体,平时三五知己一起赏析作品,可多可少,可近可远,可深可浅,可正可误……这不能说是在学"课",只有依照统一要求,在教师指导下完成某一训练任务,并且受到严格的时间制约,才是"课"的特点。文,是教与学依凭的语言材料,教与学的目的、要求不同了,文也要相应随之改变。大而言之,听说读写,各有各的要求和目的,自然所依凭的语言材料就不一样;小而言之,如学句,句的训练要求循序渐进,由易入难,自然所提取的训练材料也要合乎要求。

研究"课"与"文"的关系很有必要。在现行教材中有两种情况是值得注意的:一是"课"的"要求"较空较大,而"文"的内容与分量较窄较少,这样就导致虽然"课"前确定了目标,但实际上仍然完成不了的现象;二是"课"的要求过于笼统,缺乏鲜明的层次感,比如,初一提归纳中心,初三提归纳中心,高中仍然提归纳中心,至于从何处归纳,从什么层次上归纳,依什么要求归纳等,很少明确地提出来,这样就导致训练过于重复。适当的重复是必要的,能力的训练总有一个循环往复的过程,但只考虑重复不注意训练的层次,就必须改进,因为学习总是以尽可能少走弯路为最佳选择。

真正处理好"课"与"文"的关系，或许能改掉这两点不足。"课"与"文"的关系到底是怎样的呢？我想至少是：

（1）少与多。"课"的要求定少一些，而提供的语言材料尽可能多一些，这样就能给学生以充分训练的机会。

（2）小与大。提"课"的要求，开口尽可能小一些，训练材料在涉及要求的"面"上尽可能大一些。一个小目标，用多种材料训练来实现，效果肯定要好得多。

（3）精与粗。精，精要，这就是说"课"的目标要反复提炼，必须典型，这样才能真正体现例子的价值。语文能力千种万类，难以尽述，只有抓住"以一当十"的"一"，才能让学生吸取"举一反三"的最大功效。这个"一"，实质上就是生活、工作以及继续提高所需要的最基本的语文能力要素。"一"也是纲，纲举而目张。粗，不是指粗糙、简陋，而是指选取训练材料要尽可能多地涉及生活与工作中运用语文工具种种复杂的现象，说白了，也就是尽可能地让学生见得多一些。比如，选料，精品是要选的，取法乎上一般仅得其中，同时也应兼顾一般普通语言材料，至少可以使之发挥比较的功能。

上面是从"课"与"文"的关系上讲课文的多样性，下边再从"文"的类别上讲其多样性。类别的多样性，叶圣陶的看法特别值得珍视。

（1）课文的分量。是长课文好，还是短课文好？叶圣陶主张宜短不宜长，他说："国文教本为了要供学生试去理解，试去揣摩，分量就不能太多，篇幅也不能太长；太多太长了，不适宜于做细琢细磨的研讨工夫。"

（2）课文编定的类型。叶圣陶并不把眼下常见的排列一篇篇完整选文的编法看作最好的办法，他说："理想的办法，国文教本要有两种本子：一种是不分段落、不加标点的，供学生预习用；一种是分段落、加标点的，待预习过后才拿出来对勘。……现在的书籍报刊都分段落、加标点，从著者方面说，在表达的明确上很有帮助；从读者方面说，阅读起来可以便捷不少。可是，练习精读，这样的本子反而把学者的注意力减轻了。既已分了段落，加了标点，就随便看下去……

在这种常情里,恰恰错过了很重要的练习机会。"①

(3) 精读与略读。叶圣陶的看法是:"精读文章,每学年至多不过六七十篇。初中三年,所读仅有两百篇光景,再加上高中三年,也只有四百篇罢了。倘若死守着这几百篇文章,不用旁的文章来比勘、印证,就难免化不开来,难免知其一不知其二。所以,精读文章,只能把它认作例子与出发点;既已熟习了例子,占定了出发点,就得推广开来,阅读略读书籍,参读相关文章。"②

(4) 文学作品与普通文。叶圣陶提出了"普通文"一说,并强调了"普通文"的教学作用,他说:"'五四运动'以前,国文教材是经史古文,显然因为经史古文是文学。在一些学校里,这种情形延续到了如今,专读《古文辞类纂》或者《经史百家杂钞》便是证据。'五四'以后,通行读白话了,教材是当时产生的一些白话的小说、戏剧、小品、诗歌之类,也就是所谓文学。……其实国文所包的范围很宽广,文学只是其中一个较小的范围,文学之外,同样包在国文的大范围里头的还有非文学的文章,就是普通文。这包括书信、宣言、报告书、说明文等应用文,以及平正地写状一件东西、载录一件事情的记叙文,条畅地阐明一个原理发挥一个意见的论说文。"③叶圣陶强调:"中学生要应付生活,阅读与写作的训练就不能不在文学之外,同时以这种普通文为对象。"

(5) 文章与书籍。书籍能不能被选作教材中的课文?按阅读实际说,是应当选作课文的,之所以不选是迫于无奈,书籍太长了。叶圣陶说:"课本里所收的,选文中入选的,都是单篇短什,没有长篇巨著。这并不是说学生读了一些单篇短什就足够了","学生在校的时候,为了需要与兴趣,须在课本或选文以外阅读旁的书籍文章;他日出校之后,为了需要与兴趣,一辈子须阅读各种书籍文章;这种阅读都是所谓应用。使学生在这方面打定根基,养成习惯,全在国文课的略读","忽略了略读,功夫便只做得一半"。④ 由此可见,书籍阅读指导也应

---

① 叶圣陶.叶圣陶教育文集:第三卷[M].北京:人民教育出版社,1994:229-230.
② 同①239.
③ 同①55.
④ 同①254.

纳入课的范围,如何编成训练的课文,应该要想出办法来的。单靠课外阅读指导,恐怕难收切实之功。叶圣陶甚至主张"国文教材似乎该用整本的书,而不该用单篇短篇",因为"用整本的书作为教材,对于'养成读书习惯',似乎切实有效得多"。

(6)现成文章与创写文章。叶圣陶说:"选古今现成的文章作教材,这虽已成习惯,其实并不一定是好方法","最理想的方法是依照青年的需要,从青年生活上取题材,分门别类地写出许多文章来,代替选文"。① 叶圣陶把创写文章当作"理想",也曾想实现,后来虽未做到,不得不"依向来旧习惯"编《国文百八课》,但他的态度是明确的:"自己并不满意。"

以上大体把叶圣陶依教学目标编选课文的看法都列出来了,从中应该得到的启发是:要破除旧习惯,尽可能地变文选型教材为依教学目的而编成的训练型教材;要破除以选文为中心的教材观,建立以训练目标为中心、以课文为范例的教材观;要破除训练用例的单一性,力求课文类型的多样化;要破除一本教材占领讲台的旧规矩,建立精读略读相互配合、课内课外相互比勘的多套教材同时使用的格局。总之,选取语言材料作为课例始终是从训练语文能力着眼的。

在中国语文教材建设史上,叶圣陶的贡献至今仍然是无与伦比的。当然,这并不是说他的思想十全十美,也不是说他的思想是不可超越的。我们今天搞教材建设,自然应有新的发现、新的创造。结合叶圣陶的思想,根据我国语文民族性特点,从现代语文能力培养需要出发,建立新型的课文形式,力求课文类别的多样化,应坚持以下基本原则:

(1)整体化解与分项训练相结合。所谓"整体化解"就是让学生阅读整篇的文质兼美的文章,这是培养语言感受力的基础,是发展语言运用能力的基础,也是我国几千年来人们学习语文的成功经验。所谓"分项训练"就是在整体化解

---

① 叶圣陶.叶圣陶教育文集:第五卷[M].北京:人民教育出版社,1994:404.

的基础上,专门提炼出学生学习语文的典型性的薄弱环节或基本要领,分门别类,提要求,配材料,组织学生进行强化训练。

(2)目标控制与文章特点相结合。目标控制是从教学要求、训练目标上讲的,假如编配课文以单元组合为结构,单元之前即提出本单元的学习目的和应该达到的要求,那么如何选文用例呢?是不是可以不考虑选文用例本身的显著特点而把它强行纳入单元中,只管与单元目标对应呢?显然不是这样的。最好的办法是让选文的显著特点和单元目标基本上统一起来。比如,单元目标是"内容层次的分析与掌握",那么选文时就要尽最大努力把内容层次处理得相当好的文章选进来,至于这篇文章的其他问题则可以从轻考虑,不要对每一篇文章都要求面面俱到。我们现在选文似乎不大注意这一点,动不动就选名家名作。名家名作固然要选,但不少普通文更适合单元训练的需要。

(3)整篇文章与文章片段相结合。选整篇文章不用多说,选文章片段是怎么回事呢?为了落实某一单元要点的训练,单靠一两篇文章是不行的,最好组合若干片段来进行。比如,描写技能的训练,既可以编配一篇完整的文章,也可以把不同的描写片段编进来,甚至可以把学生的作品编进来。由于这些片段都单纯地指向同一个训练要点,没有旁枝斜逸的东西,因此更便于训练,同时也能起到节省时间、集中学生注意力的作用。

(4)课内用例与课外比勘相结合。首先,要有两个本子,即课内本与课外本。课内着重于举例,课外着重于延伸与"反三"。其次,课内单元与课外单元要有相互比勘的关系,课内用例的触须要伸到课外单元里去。有的教材也注意到了两个本子,一叫课本,一叫课外阅读文选,但两者的关系是"形似而神异"。比如,课内单元是散文阅读,课外本子也就再选入一些散文,这只是考虑到了文体上的相似性,仍然是文选型教材的影子在作怪。其实,应该根据训练要求、学习目的来编配,课内外的课文都应指向同一目的、同一要求,这样,比勘的特点就显露出来了。

二、关于课文的被动性及其位置

被动性也是由"课"的要求决定的,这里着重谈谈应该给课文以什么样的合适的位置,即课文在单元中所表现出的形式。一般地说,在训练型教材中,课文总是受训练要求和训练目标支配着,如 1993 年启用的人民教育出版社"九年义务教育初中语文教科书"先确定"教学要求",然后依"要求"编配相应课文组织单元;又如辽宁版初中教材,每个单元由五部分组成,一、二、三部分分为"知识短文""单元学习任务""教法与学法",然后才依此选择例文。再如上海版(H版)语文教材,每个单元有三部分,即阅读提示(训练要点和要求)、课文和单元训练题。还如北京版初中试用课本,坚持的第一原则就是"取类点化",即依照大纲规定的语文知识与能力训练要求安排每册教材的单元训练点,再按训练点选取若干篇课文组元。课文是学习语文知识和训练语文能力的某一方面的例子,起举一反三的作用。另外,还有按"章"分列单元的,如广西版初中语文教材,以"章"为"纲",以"单元"为"目",以课文为"例"。纲,发挥导向作用;目,是教学的基本单位;课文是例子,发挥示范证实作用。这同样是把课文放在单元支配的位置上。

上述教材的共同点,都是以课文为例子,并且都使之处于受支配、被处理的地位,完全改变了过去以选文为中心、一切围绕中心转的文选型教材的陈旧格局。但是,它们也有明显的差异,即课文所处的被支配的位置各不一样。广西版课文处于第三层面,即章/单元/课文;北师大版课文处于第二层面的第二阶段,即单元说明/提示·课文;北京版课文处于第二层面,即单元提示/课文;上海版(H 版)课文也处于第二层面,即阅读提示/课文;四川成都版课文处于第三层面,即学习要求/复习旧知识/辅读(含课文);四川内地版课文也处于第三层面,即单元学习要求/课文引入(导语)旁批(含课文)。相比较而言,浙江版富有新意,每个单元的结构由五方面组成:一是例读训练;二是例写训练;三是例听说训练;四是字词句系统训练;五是古诗词诵读。"例(课文)"的位置处于第一层面。至于辽宁版课文则处于第四层面,即知识短文/单元任务/教法与学法/选择例文/单元训练。

课文到底处于什么位置更科学一些呢?结合我个人的体会看,我以为把课文放在第二层面比较合适,其格局构想如图4-2所示。

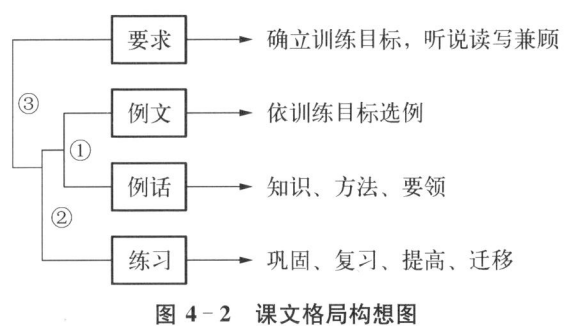

图4-2 课文格局构想图

构想思路及理由是:

(1)要求是单元中心,"例文""例话""练习"等都围绕这个"中心"运转和配置;每个单元的要求要相互联系,彼此照应,相互沟通,形成层递演进之势;要求开口较小,不要把话说完,一个能力点可分项提要求,在若干单元完成;要求要听说读写兼顾,偏重读写,让学生过读写关的时候也要顺便过听说关,因为读写与听说关系密切,往往是一而二的事,比如,读要分层次,听说同样也要分层次,层次之"理"是相通的。听说读写的要求要趋于一致,否则,教与学的注意力分散了,难以收到应有之效。

(2)例文是训练的主体,是凭借,是由要求而来,在选类上要体现多样性,标准是:有利于要求的实现,例文既有整篇的佳作,又有适合训练的片段。我想是不是可以分作两个阶段,即"整体感悟/分项训练"或是"分项训练/整体感悟"。比如,描写中的细描,一开始可以让学生先研究若干精彩无比的细描片段,对细描有一个多角度、多侧面的理解与掌握,然后让学生研究在细描上最见功力的一两篇文章。细描内容在整篇文章中只是一个小部分,从专门研究细描上看,

这未免太少了,但前边有过片段研读,可以补此处太少之不足。更重要的是,细描的魅力与情味往往只有通过整篇文章的研究才可真正地看到,而这也正是整体感悟的难以取代的好处。因此,我主张整篇与片段搭配起来组合单元,这既可以弥补能力点训练量的不足,又可以克服只顾肢解训练、不重整体把握之弊。我觉得一个单元中,片段三四则,全文一两篇就够了,太少不行,求多也没有必要,只要精到即可。所谓"精到"有两层含义:一是选料是高品位的;二是高品位较弱,但直指训练要求,有切实之用的。

(3)"例话"讲"三要",即"知识之要""方法之要""选文之要"。解决问题,总得凭用一些相关的知识,因此要把知识要点笼一笼;解决问题,同样要借一些方法,因此要把"方法要领"指给学生,在学习中运用;解决问题,还得看准选文(片段)的要害,因此,点出来,让学生瞄准它学习,可以避免云遮雾罩、绕来绕去的学习之病。总之,例话重在点门径、点要害、点纲领,目的是帮助学生尽快完成任务,达到要求。

(4)练习从大格局上看,一般摆在单元末或课文末为好,但也不必绝对化。练习可有两种安排:一是直接插入例文中去;二是留一部分摆在文末或单元末。插到例文中去,实际上就是把古人读文章的"夹注"改作"夹问",用另一种字号、字体排出,教师与学生一边读文,一边研究;放在末尾的,都是一些综合思考、整体感悟的练习内容,层次要高一点,含量要多一点。练习的性质,我以为应有两种:一是引导性,二是检测性。现在有些教材上的练习用考试题的形式出现,搞一些填空、选择之类,这样搞肢解之病太重。我以为,检测性题目要有一些,但最主要的应突出引导性。何为"引导性"?引导性就是指所出的题目具有一步一步引导学生自己求得结果的性能,也就是变"为什么"为"从哪些地方知道为什么"。再就是练习题要围绕语言文字来出。

人民教育出版社于1987年出版的三年制初级中学语文课本《阅读》上的练习有很多精彩的地方。如下例:

阅读时遇到生词,如果手头没有带工具书怎么办?可以用这样的方法去推断词义:

① 按照合成词的结构规律,根据已知的语素意义去推测整个词的意思。如"挺进"是个偏正合成词。根据"挺胸""笔挺"等用法,知道有"挺"有"直""硬而直"的意思,就可以推测出"挺进"是"直向前进"的意思。

② 通过上下文提供的语言环境,参照文中与生词内容有关的说法去推测词义。如:"困软得像一团棉花了","困软"怎样理解?参看前文:"接连一个礼拜的夜班,每天都要在车上摇晃十一个钟头。"根据这些画线句子就可以得知,"困软"是身体疲劳、全身无力之意。

学习这种推断词义的方法,有助于提高阅读理解的效率。

教材与教学常有较大距离,善教者,即使用不好的教材,也能收训练之效;不善教者,即使有一套好教材,也不能发挥好教材的优势,因此,落脚点还在一个"教"字上。对此,下文试作申述。

第三节　课文的价值

讨论课文的价值，不能泛化为文的价值，也不能大而化之地认定为教的价值，而应该确立其课的价值。"文"在"课"中，"教"体现"课"的目的，"课"始终是考虑"教"、考虑"文"的前提。这也正是课文与时间的暗合性。

不管教材用什么样的形式编选课文，也不管编选的课文是如何的多样化；不管课文是高品位的还是低品位的，也不管课文处于哪一层位置，关键的还是要看教师的处理是否艺术化，是否有创造性。换言之，就是看教师能否正确、充分地发挥课文的教学价值。这是从教师一方来说的。

从教材一方说，教材编选的课文，也应该具有让教师顺利发挥其价值的条件，一张报纸也能上好一堂课，对于少数教师来说，也许不算难事。而就大多数教师而言，绝非易事。这个例子，也许偏了一些，常见的情形是，教材中编入的课文，一线教师不甚满意，有的随便翻过去，有的干脆发怒了："就应当撕掉！"教材编写者和教材处理者想不到一块去或者想法有较大距离，都不利于教学。因此教材编写者要为用教材的人着想，用教材的人也应揣摩编写者的意图，双方认识统一，行动协调，事情就好办了。

我以为，要让教师能够发挥课文功能，就要让课文有功能和条件。课文的条件是什么呢？是文质兼美吗？不是。文质兼美仅仅是选文的标准，还是要从例子上考虑，要使例子具有例子的特性。前文说过，语文课的例子不同于数学等其他学科的例子，语文课的例子应有以下三点特性：

（1）典型性。这是例子的共有特性，否则就不算是真正的例子。

（2）典范性。这是对选文的要求，应该把思想典范、语言典范的文章选进教材，这一点已成共识，也不用多说。

（3）引发性。引发，引而发之；引，引子、引动、引导；发，发挥、扩展、发散。

这里展开说一说。

叶圣陶说,课文只是些例子,是"从青年现在或将来需要读的同类的书中举出来的例子。其意思是说你如果能够了解语文教本里的这些篇章,也就能够大概阅读同类的书,不至于摸不着头脑"。由此可见,课文是学习的起点而不是终点,学生的学习由课文引发开来,再向课文以外的语文内容探索。

课文的引发性来自它的基础性,或者说,只有基础性的语言材料才具有引发性。对于这一点,叶圣陶也说了一段十分精辟的话:

> 学习图画,先要描写耳目手足的石膏像,叫作基本练习。学生阅读与写作,从普通文入手,意思正相同。普通文易于剖析、理解,也容易仿效,从此立定基本,才可以进一步弄文学……我也知道有所谓'取法乎上,仅得其中'的说法,而且知道古今专习文学而有很深的造诣的不乏其人,可是我料想古今专习文学而碰壁的,就是说一辈子读不通写不好的,一定更多。……从现代教育的观点说,人人要做基本练习,而且必须练习得到家。说明白点,就是对于普通文字的阅读与写作,人人要得到应有的成绩,绝不容有一个人读不通写不好。①

应该指出的是,基础性不等于低品位,普通文也不等于低品位的文章,叶圣陶的《苏州园林》《景泰蓝的制作》,朱自清的《绿》《春》能说是低品位的文章吗?当然,要写出这样的文章,必须凭借更高的思想文化修养,站得高,修养深,写普通文就驾轻就熟了,但是,从学习过程说,总得由浅入深,由低到高,由普通到不普通,由基础到高精尖。所以叶圣陶说:"不先作基本练习而径与接触,就不免迷离惝恍。"全面地完整地看叶圣陶的话,我想应该是基础训练和"取法乎上"结合起来,正如前文所举的例子,学片段是基础练习,学全文是取法乎上。偏于一边,都有所伤。

---

① 叶圣陶.叶圣陶教育文集:第三卷[M].北京:人民教育出版社,1994:56.

引发性或是扩散性,选用的例子要具备足以使学生进行发散的条件。我们很欣赏"举一反三",往往是欣赏"反三"的结果。其实,之所以能"反三","举一"是功不可没的,不是随便举个什么例子就能收到"反三"之效,学生能"反三",往往是因为举的"一"很典型,很适时,很有启发性。有时候学生不懂,就是因为举的"一"不合适、不恰当,应当换举"一隅"。在教学中,这种情况很常见,教师举 A 例,学生很迷糊,教师换举 B 例,学生就豁然开朗了。

以上就课文说,下边再说说教师应发挥课文的哪些价值。

1. 解读化悟价值

课文,特别是那些文质兼美之作,都是对自然人事及其内在机理上最成功的解读化悟。创作者把自己解读化悟所得用语言文字表达出来,目的是期待并赢得更多的人来解读化悟。学生在教师指导下学习课文,目的之一就是凭借作者的解读化悟来取得新的解读化悟,并把取得的结果变成积淀在内心的心理事实。所谓读书使人充实,道理就在这里。这种双主体、双客体关系,如图 4-3 所示。

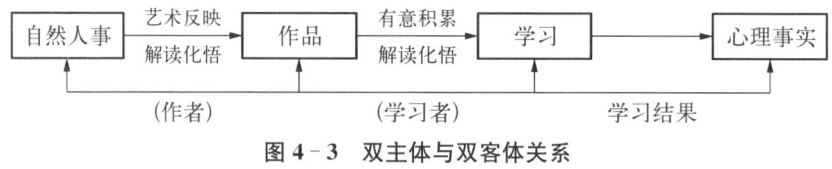

图 4-3 双主体与双客体关系

"自然人事"是客体,用艺术手段反映"自然人事"的作者是主体,主体创作出的成果——作品,又成为第二客体,而学习作品的读者(学生)便就是第二主体。两个主体的目的不同,第一主体意在用自己的眼光来认识自然人事,并参与主观感情来反映它,目的是求得一个认识的结果;第二主体既认识作品,又认识作者的"认识过程""认识方法"和"认识角度",简言之,即认识作者的"认识"。认识的目的是学习思想,接受熏陶,借鉴艺术,学会方法,最后把作者的认识化解为自己的血肉,简言之,就是积累。从这个角度说,课文的例子功能就是解读化悟,一方面把作者怎样解读化悟自然人事的情况展现在学生面前,另一方面又提示学生,既要记住这个结果,又要学会作者解读化悟自然人事的艺术方法。教师教学生学课文就得在这方面花工夫。

2. 凭借发展价值

自然人事是客观存在的,人们可以凭借不同的形式来解读它、化悟它,比如,春天之景、秋夜之境,音乐家可以用音乐语言来表现,美术家可以凭绘画语言来表现,摄影家则用摄像工具与载体来表现,而文学家则靠的是语言文字工具来表现。既然作者凭借语言文字来状物写形、表达心志、传递情感,那么,我们指导学生学课文,就必须围绕作者的凭借对象——语言文字来研究、来揣摩。离开语言文字,不仅犯架空分析之病,而且置作者的凭借对象于不顾,不能真正达到解读化悟的目的。

叶圣陶在《国文百八课》中说,"所选取的文章虽也顾到内容的纯正和性质的变化,但文章的处置全从形式上着眼",他举了一个例子:"在国文科里读《项羽本纪》,所当着眼的不应只是故事的开端、发展和结局,应是生字难句的理解和文章方法的摄取。"对此,叶圣陶还有所强调:"不论国文、英文,凡是学习语言文字如不着眼于形式方面,只在内容上去寻求,结果是劳力多而收获少。"围绕语言文字读课文,就是处处从语言文字入手,认识作者是怎样运用形式来反映客观事物的。

我们通常说某某文章传神写照,极富表现力,何以见得呢?还不是从语言文字上看出来的?我们通常还说某某字句用得准,何以见得呢?还不是把客观情况和表现客观情况的语言文字作了比较而后得到的结果?

道理是明白了,但我们做的时候往往不见得很出色。比如,教《牵牛花》,就"生之力"问题可以有两种不同的问法:

第一种:① 为什么说牵牛花具有"生之力"?
② 作者是怎样写"生之力"的?

第二种：① 哪些语句生动地描写了牵牛花的"生之力"？

② 作者还从哪些方面表现了"生之力"？

第一种问①，意在让人说道理，问②则显得大而空；第二种问①，让学生直接找有关语句，问②让学生再找相关内容。比较起来，第一种是架空分析，第二种才是扣住了语言文字。

又如，教《记一辆纺车》，就文章的思路，也可有两种不同的问法，作两种不同形式的处理。第一种，粗线条地问"这篇课文怎样提出了要说之物，怎样从不同方面展开记叙，怎样从甲事说到乙事，怎样把各种内容围绕中心组织到一起的？"第二种问法如下：

① 第2段说："那是一辆普通的纺车。"作者对于"普通"两字的含义是怎样解释的？"一来""二来"这两层意思能不能颠倒过来说？

② 第3段引用了"自己动手，丰衣足食"的话，但接下来却先说"足食"后说"丰衣"，为什么不按"丰衣足食"这句话的本来顺序写下去？

③ 第4段是围绕穿衣来写的，第5—9段是围绕另一个内容来写的。第4—5段有没有既足以承接上文，又总领以下各段的话？试找出这样的话来。

④ 第5段说纺线是"很有兴趣的生活"。对这个"很有兴趣"的丰富含义，作者从哪几个方面展开了记叙？

⑤ 文章哪句话和"很有兴趣的生活"这句相呼应？

⑥ 第11段开头，作者说的"这些"指什么？这段说的"旅伴和战友"和什么地方呼应？"心里充满着深切的怀念"，怀念的是什么？

⑦ 作者围绕一辆纺车的记叙，充分肯定了它在经济生活中所起的作用，表现了延安无限丰富的精神生活。试结合文章的层次结构，说说作者是怎样写出这两方面的内容的。

第一种问法同于严师在课堂上发出考问,催促学生在总体上作出推断;第二种问法同于亲切的学习指导者在指导学生研究问题该从何处入手,从这里如何读到那里,开口小,都从具体的语言文字上找答案。从语言文字入手,大概可从这第二种问法上见到一斑。

3. 中介促进价值

中介价值与上述两种价值是有联系的,也有其特殊之处。学生学习语文连着两头,一头是"原先是这样用语言形式的,是这样来思考世界、认识生活的";另一头是"将来在生活、工作中,更好地运用语言形式,更好地思考世界、认识生活"。而"看文章是这样运用语言形式,是这样思考世界、认识生活"正处于这两头中间。

既然是这样的关系,那么我们的语文教学就不能只顾中间这一段。视野过窄,考虑问题的范围较小,是不利于做好中间这一段工作的。张志公曾经批评过"小学不知道幼儿园干了些什么,初中不知道小学干了些什么,高中不知道初中干了些什么"的语文教学现状,指出"这种'铁路警察,各管一段'的情况是不能许可的"。因此,中学语文课文对中学以前的课文要有承接,同时对下一阶段的语文学习又有铺垫、传递作用。中学语文课文还要对学生已有的语文学习实际有所承接,同时对中学学业完成以后走向社会生活或进行语文深造的语文运用的高要求、高标准有所预想与推断。学生已有的语文学习实践是可以测量的,因为这已成为既定的事实,通过调查分析、实践考核,能求得一个基本的判断。未来的要求与标准能不能作出科学的预想呢?回答是肯定的。因为未来的变化总是与现实相通的,现实总是闪现着未来的图影。张志公说:"处理生活和工作中的实际问题的敏捷准确的高效率的口头和书面语言能力,将成为每个人的需要。"其实,这一点,现在就已经明显地体现出来了。课文教学还要想到"邻居"学科的情况,比如,语文与数学、语文与物理、语文与外语、语文与政史地、语文与音美体等。

想课文的前与后，叫瞻前顾后，想课文与"邻居"，叫左顾右盼，这八个字总结了语文课文与前与后与左与右的复杂关系。依此八个字来处理课文，来发挥课文的中介功能，就必须做好以下三点：

第一，依据事实，对课文的处理要有所省略。课文，特别是完整的佳作，含量极丰，涉及面很广，字词句篇、语修逻文、思想感情、观点态度等几乎都是一应俱全。这些内容，有些是学生知道的，有些是下一阶段所安排的训练内容，对此，教课文时应当省略。只有省略了一部分，才可以将立即训练的这一部分真正凸显，也才能真正依照单元规定的训练要点组织教学。这个道理很明白，但做起来并不见得好，具体表现是：教师常有一种担心，总觉得依照规定的训练要点教学有遗珠之憾。例如教《荷塘月色》，情感、语言、心态、描写、结构等，丢掉哪一样都不好，于是，教师花上三四节课教学本文也不过瘾。如果教师瞻前顾后一番，看看情感、语言、心态、描写、结构，有的在前面训练过了，有的在后面靠别的课文来完成任务，担心就大可不必了。有些训练本子通行以后，教师看安排的要求和练习很生气，觉得"该练的不练，不该练的却大练"，辨析一下，这该与不该大约是从某一具体选文提出来的，如果瞻前顾后，恐怕想法就不同。

第二，看旁的学科，主动与之联系。语文教师是不是有这样一种狭隘之见，觉得在各学科中，语文课最重要？不错，语文课是重要，因为它是基础，是工具，且又包涵丰厚的人文精神，但又不能过于夸大它的重要性，不能排斥其他学科的重要价值。在看重语文课的特殊性、重要性的时候，要与其他学科主动配合，求得合力。比如，思维训练，中学各学科都分担着思维训练的任务。有人说，语文重形象思维能力的培养，数理学科重逻辑思维能力的培养，从侧重点说，是可以的。从思维力本身说，未必正确。形象思维与逻辑思维是思维能力的外在表现形式，当需要用形象思维时就侧重用形象思维，当需要用逻辑思维时就侧重用逻辑思维。而作为思维能力的根本内容，不论哪一学科都要考虑到，并以此作为教学目标之一。思维能力的培养是需要认知基础的，知识越丰富，思维的张力与活力就越强，中学各学科都把扩大认知范围、提高认知程度、增加认知含量作为教学目标之一。思维能力的培养是相互贯通的,语文的联想与想象和音乐美术的联想与想象并没有多少不同。学习议论文的论证过程与学习几何三角的论证形式也没有多少差异,因此说,中学各学科在思维能力培养方面天生就有联系。语文教师教语文,数学教师教数学,看起来是各教各的,实际上,他们都涉及同一个主体——学生,他们的教学都要在学生这里交汇,如果两方教师主动配合,注重联系,那么学生所得的好处是不言而喻的。

  第三,不仅使课文成为"跳板",而且使课文成为学习的比照系。跳板有两层含义:一是通过课文的学习获取知识、巩固知识。现在有些训练教材在提出单元要求的时候,还讲到了一些系统的为训练服务的知识,这是非常必要的。提供知识是为了帮助学生较快地求得学习结果,但是要防止用课文来验证知识并停留于此的错误倾向。二是要用获得的知识作为进军的手杖去学习课文以外的语言材料,课文具有例子的品性,只要引导得法,是完全可以做到这一条的。比照,是什么意思呢?所谓比照就是用课文来检查、比较自己在生活、学习中的语用实况。课文是学习过了的,存留在心中,学生自己在生活中、在表达时的情况如何呢?通过比照就知道了,不足之处,加以弥补,有了进步,继续提高。比照是一种学习习惯,一方面靠历练,另一方面靠教师的点拨。

第四节　课文的时代性

课文的时代性,从时间上讲,就是指所处的一个时期的社会生活对课文选择与教学的需求与期待,是历史的特定时间对语文教学内容的定格。课文的时代性,就是课文在某一个历史时间段发挥独特价值与作用的特征,不同时期,课文的时代性特点是不一样的。

因此,课文在课程中的教学论意义始终有一个时代性问题。21世纪初的课程改革波澜壮阔,尤其是新的课程标准的出台,各种新教材相继使用,人们对课文的价值观又开始了新的讨论。其中有一条观点格外引人注目,就是现在课本里的文章太旧了。中国的现代文,20世纪三四十年代的多,五六十年代的多;外国作品,19世纪批判现实主义作家的作品多。批评教材选文太旧,理由也是充分的:21世纪的学生为什么不能多读一些新时代的作品呢？这些意见,有些是正确的,也被新教材的编者吸纳,有些则不一定正确。

一、课文时代性的内涵

总得有一个标准,对课文的时代性有一个比较统一的认识。过去的大纲对课文有一个评价,即"文质兼美",也就是从思想内容和语言形式两方面加以衡量。这当然是对的,"文质兼美"在任何时代说都是不错的。也正是因为在任何时代都这样说,我们又感到这四个字很难揭示时代性的特征。什么样的"文"？什么样的"质"？又是什么样的"美"？很不具体。你可以讲这样的"文"、这样的"质"有时代性,他也可以讲那样的"文"、那样的"质"有时代性,很难说清楚。

我想,时代性总得跟以下几方面联系起来讲才比较合适:

1. 时代性是当代民族文化精神主流的反映

"时代"是一个时间概念，添加一个"性"，就必然要集中体现该时代的主流精神特征。时代性可以从多方面体现。政治、文化、文学、艺术、军事、科技等可以体现，人的衣食住行也可以体现。反映这方面生活的文章，当然是展现时代性的一个凸点。

就以我国文学传统而言，人们一直在说《诗经》、《楚辞》、汉赋、唐诗、宋词、元曲等。这个说法的内涵是多方面的：一方面概括了文学样式革新的情况，一方面概括了各个时代的文学贡献，还有一方面，就是所概括到的这些文学形式类别最能集中反映所属时代的文化精神。因为讲《楚辞》，不是这个时代只有《楚辞》，同样，讲唐诗，也不是唐代只有"诗"。古代的事就不多说了，单说"五四"前后的情况。

"五四"以前，前面已有论述，"五四"以后，白话文运动开始，反映新时代精神的新作品出现，无疑发挥了巨大的育人之功。在我国语文教育史上，白话文的盛行及其育人意义应该写成一章。白话文的出现，使语文内容发生了质的变革。学习白话文不仅是学习白话的语言形式，而且是在接受新文化、新思想，语文教学所传之道有了摒弃封建经学之道的可能，增添了现代民主意识和现代科学意识。白话文精品进入教材，体现了"中体中用"的有机结合。体，是新思想、新道德、新观念、新文化；用，是新语汇、新形式。说到这里，我想有一个结论是可以下的：叶圣陶所编《国文百八课》，收录了朱自清、茅盾等人的揭示新时代精神的作品是充分具有时代性的。要强调的是，这个时代性，不仅是语言上用语体文代替文言文，而且是思想上用民主与科学的精神和自由的品质对抗封建经学之道，概括地讲就是离经叛道。这样说来，时代性要加强不等同于不读20世纪三四十年代的文章。当然，反映21世纪新的民族文化精神的佳作，我们是必然要读的。但不能用"谁离我时间近谁就有时代性"这样的不合逻辑内理的观点，来否定"五四"以后那些洋溢着民族新精神并在今天仍然散发着思想热力的时代经典的价值。

2. 时代性不仅指当代性，而且指未来性

反映现时代（即当代）精神主体的作品当然有时代性，但更为要紧的是，时代性要对将来有贡献意义。时代性不是某一个时间段上的朝霞，它应该有也必然有与时俱进的优秀品质。换句话说，时代性强的作品总是焕发着人类代代进取的本质特点。反过来说，虽然反映了某个时代的某一方面特点，但没有揭示这个时代的精神内质（而且，这个内质能够激发未来人的追求与理想），那么，这样的作品，我们很难认定它具有真正的时代性意义。这是人类文明未来要求在当代对我们的提醒。

按照这个标准，我们不妨衡量汉赋与唐诗。汉赋，至今仍有借鉴意义，但在它铺陈与堆砌的背后，躲藏的是一颗脆弱、浮华的心，这并不是人类进取精神的主流。唐诗呢？虽然它所描写的江南春色、塞外寒雪，我们现代人能用摄像机拍下，比诗句的描写更逼真，但我们无论如何也没办法拍下只有唐诗才有的那颗充满瑰丽色彩的联想与想象的心，而这颗始终跳荡着青春火焰的心，才是我们当代最需要的，也是未来最需要的。因为，这是人类生生不息的精神火种。对于21世纪的青少年来说，谁更有时代性呢？答案不言而喻。从这个意义上讲，时代性就是当代人需要心理的折射。当然，这个需要心理，不是为了眼下的心理满足，而是为了将来的开拓与进取。学唐诗，不是为了记住诗人、格律，而是为了继承其中的思维成果、智力成果和思想成果，是为了使自己这个当代人更聪明一点。

说到这里，有一句话必须挑明了讲，课文的时代性，就是课文对于学生未来发展能产生巨大效能的价值体现。我们现在培养的学生，是21世纪的主人，要促进他们成长为未来民族的脊梁。既然如此，我们现在教给他们的作品就必须具有为了达到这一目的而增添他们的精气神的作用。

有人反对读文言文，以为文言文里讲的是过去的"道"，语言形式现代也不用了。这是多么肤浅的认识。有人提倡多读文言文，多到要增加50％的程度。为什么呢？因为文言文是千锤百炼的好文章，比现代文好。这又是多么模糊的认识！这两个观点，都没有抓住今天青少年为什么要读文言文的本质，犯了同样的错误，即只从文言文与现代文的一般差异上来认识问题。我以为，学文言文，在于古今贯通，在于用中华民族不变的灵魂来滋养当代少年，从而走向未来。

成语的高度凝练与概括，看起来是语言形式问题，实际上是中国人特定的思维方式问题，体现了中国人认识事物、分析问题、表达思想的智慧。就《岳阳楼记》来说，不在于写阴雨晴日的华丽辞藻，这种描写本领，现代作家并不逊色。但是，它以阴雨暗喻挫折，以晴和暗喻顺利，这两处的暗喻再归结到结论"先天下之忧而忧，后天下之乐而乐"的点化上，这样的艺术化说理巧思，难道不值得我们当代人以智慧而待之吗？语文教学有开发智力一说，开发智力是为了被开发者更好地生存与发展。那么拿什么开发智力呢？上举之例就是。固然，"先天下之忧而忧，后天下之乐而乐"这样的思想精华是要汲取的，但别忘了，表达这一思想精华的智慧同样也需要汲取。

3. 时代性是指课文具有课程性

前述两条就作品本身的一般特点而言，这一条就作品的可教学性特点而言。有时代性的文章不一定具有教学性，具有教学性的文章也不见得具有时代性，这正是长期以来困扰教材编写者的难题之一。

比如，鲁迅的作品，在鲁迅专家那里，几乎篇篇都具有上述所讲的时代性，但是在学生眼里，有些选入教材的作品，他们就是不爱读。究竟是迁就时代性，还是迁就教学性？有的主张迁就后者，有不少人呼吁删掉一些鲁迅的作品。在这个问题上，我认为要对"时代性"作品的课程性加以研究。要坚持"利于教学"的原则，但又不能把"利于教学"跟"迎合学生口味"等同起来。所谓"利于教学"，有三层意义：一是落实教学目标的需要；二是符合教学课时划定的需要；三是能够被学生理解。正是从这个角度出发，教材的编者有责任对拟选作品进行修改。所谓不能"等同"，是因为课程性自有

其特点。

这点,我想有必要讲得更具体些:

(1) 课程所设定的认识程序中的内容,肯定要高于学习者自然状态下的认识内容。比如,自然状态下的鲜花不过是叶子、花瓣、色彩、形态等,但给学生认识的是从这些方面体现的鲜花的感情。鲜花本无感情,是作者融进去的有所寄托的"另外成分",这"另外成分"只有通过课堂上的学习与研讨,学生才能认识到,才会感到与老师一起学习一篇写鲜花的文章,比自己到花园里面对鲜花观察更有意义。描写类的文章如此,议论类的文章也如此。学生在自然状态中的人群里听议论不会比课堂上体会一篇议论风生的佳作更有收获。这样说来,我们在考虑课文的课程性的时候就不能单纯地迎合学生的喜好,否则课堂、课程、学习的价值就荡然无存了。

(2) 既然课程化的内容高于学习者自然状态下的认识内容,那么,课程内涵之一的教学就要发挥作用了。有些具有深刻时代性的作品,看起来不适合学生学习,但如果老师教学有法,引导学生花"啃"的功夫,这样的作品是能够被学生理解和喜爱的。引导学生理解并喜爱起初生厌的作品,也许是教学的最高艺术境界之一。课程,有多种多样的解释,但在这里,我且用"课程就是学习障碍"来表述。任何一门课程都是贯串着"障碍链"的,课程的完成,也就是障碍的超越。学习的最大快乐就在战胜学习障碍的过程之中。否则,失去思维较量的学习又有什么意义呢?

(3) 时代性的认识与课程性的安排高度相关。有些时代性强的作品初看似乎没有教学性,不是其本身确乎不具备教学性,而是在课程化过程中缺少铺垫。比如,鲁迅的作品,如果初中不学习《孔乙己》《故乡》,那么高中学习《祝福》《阿Q正传》就会感到不适应。因此,我们可以作出这样一个判断:高中学生厌读《祝福》,不是因为《祝福》本身没有教学性,而是因为初中没有很好地领会《故乡》的精髓。与此相反的情形是,由于课程性落实得很好,学生对时代性的认识也就顺利而且深刻。

二、要善于开发课文的时代性

一代有一代之文学,一代文章有一代文章的"主打"内容。一般说来,人们爱把这样的作品看作有时代性的作品。比如,以前的教材中没有电视剧本,为了增添时代性,就加进电视剧本。以此类推,我想教材中也许还要加进赵本山的小品、王菲的歌词……可这,又是多么可悲可笑的事。说可悲可笑,并非指赵本山、王菲的东西不好,而是指按照这样的思路做下去,时代性是加不胜加的。请问:网络文学作品要不要加进去呢?"文革"时期,一有"社论",立马作为教材;现在,网上一有"亲密接触",教材也要立即"亲密"起来吗?

因此,我认为,靠做加法的办法来解决时代性问题,是幼稚可笑的。怎么办?有一个"开发"的问题,正如前文所讲的古典诗文同样具有时代性。怎么来的呢?开发使然。时代性不是标签上的图案和说明,而是作品里的东西。以下从教学论角度谈谈"开发"的途径与方法。

1. 从内涵上开发

这是一个老话题:要吃准吃透教材。只要准确领会,透彻理解,作品的时代性必能抓住。以朱自清的《春》为例。

表现春天之美的诗文何止这一篇,在古典诗词中,描写春风春花春雨情致的佳句数不胜数,丝毫不比朱自清笔下的文字逊色。我们为什么会对朱自清的《春》情有独钟呢?最关键的是《春》表现了奋然勃发的生机,展现了充满活力的生命美,同时潜在地流动着一种奔放自由的情致。

以写"草"为例,朱自清不同于古人的地方就是由态而写神。"一大片一大片,满是的"是写生长旺盛的"神","从土里钻出来"的"钻"同样是写生命饱胀的"神"。又以写花为例,用"你不让我""我不让你"表现花儿的竞相争艳的态势,"赶趟儿"的"赶"充满竞争的意味,也是生命勃发的体现。写山用"朗润",写水

用"涨",写太阳用"红起来",写蜜蜂用"闹",写鸟儿"呼朋引伴""卖弄清脆的喉咙",等等。这些都全面展现了个性张扬的精神特质,同时,其笔下的事物从不同角度揭示了春天的自由力量。我想,这些当是引导学生体会的重点。

古诗词中有没有写春天的生机的呢?当然是有的,如"红杏枝头春意闹""一枝红杏出墙来""春风又绿江南岸""随风潜入夜,润物细无声""野火烧不尽,春风吹又生"等。但由于体裁形式的制约,都只能凸显一点,显得较为单薄。而只有朱自清的《春》将春天自然界多种事物的情状汇聚一篇,从而形成了生命涌动的"大合唱",其汪洋恣肆的气势也就无与伦比了,也正是有了这样一种大气势,所以读者对旺盛生命力的感受,也就更具体、更真切、更难忘了。

另外,语言的散化与跳跃也很好地表现了生命旺盛与自由的风貌。现在要讨论的是,让学生从这方面加深理解与时代性有什么关系呢?这得用"润物细无声"来说明。文章的精神体现了时代的主流精神,学生吸收这一时代精神会在现实的奋斗中和对未来的追求中受到这一时代精神的召唤,躬行践履,这就是朱自清《春》的时代价值所在,也是不同时期的教材都要选之为课文的根本原因所在。

如果单从观察细致、描写入微的角度来理解,本文的时代性就要打折扣了,很多公开课总是抓住"春风图""春花图""春草图""春雨图"来让学生知道作者写了什么,更是索然寡味,走了偏锋。如此,还不如让学生观看十分钟的视频呢!

2. 从思维上开发

汉语思维的流畅性、沟通性、辩证性和概括性是其他语言难以同时具备的,尤其是辩证性和概括性,更是汉语思维的优势。英语也有汉语所不及的思维特点,这就是逻辑性与扩展性。两种语言思维的互补是现代青少年可持续发展的需要。从这个意义上讲,语言不仅是表情达意的工具,而且是训练思维品质的凭借。有些课文,内容不见得新颖,语言不见得多彩,似乎看不出时代性,但它在表达思想内容上有其思维特点,而且也是现代青少年的思维发展最为需要的,因此我们仍认定它具有现时代教学的现实性、针对性。要抓住这个中心环节来开发、来组织教学,从而达到培养学生良好思维品质的目的。

例如初中课文《想和做》,当时就有人主张删去,因为语言不华丽,内容也不过是讲一番道理。语言究竟好不好,内容究竟好不好,另当别论。不过有一点我们确实没有予以高度的关注,就是这样一个论题该怎样清晰、简明、辩证地加以论述呢?换言之,作者认识问题的思路、分析问题的思维特点究竟对青少年有多大的教益呢?依我看来,辩证性至关重要。

想和做即古人讲的思和行,这一哲学问题,表述时有三种思维特点、三种认识上的强调:一是"行是知之始,知是行之成",强调行先知后的关系;二是"吾尝终日而思矣,不如须臾之所学也",强调"行"重于"思"的道理;三是"学而不思则罔,思而不学则殆",强调"思行并举"的观点。三种论述,都有其针对性,都切合现实中的认识矛盾,因而都是正确的。不过,对于认识水平不高、分析问题容易片面的学生而言,教给他们全面认识问题的方法并确立完型思维的习惯是十分重要的。《想和做》一文,先回答了"想""做"的内涵,继之分析只"想"不"做"怎么样,只"做"不"想"又怎么样,最后下结论。这样一个很复杂的问题,通过辩证思维的方法而得以简明地表达了。在信息纷纭、观点复杂、论家蜂起的当今社会,青少年学生难道不应该有这样的思维品质吗?

有一次国内大学生在辩论上争论"愚公移山好还是搬家好"的问题,其实这个命题的提出暴露了思维的缺陷。愚公移山讲的是精神价值论,搬家讲的是操作方法论,二者不是同一逻辑层面的问题,方法论总是为价值论服务的。像这样的思维笑话在当前是很多的。就拿2001年全国高考作文题来说,为什么非要学生在"诚信""荣誉"中作出唯一的选择呢?"诚信"和"荣誉"难道是一对尖锐对立的矛盾吗?这样的命题与一则逻辑难题如出一辙:母亲落水,妻子也落了水,此时究竟先救谁?这是一个无法通过思考来解决的问题。从思维训练上讲,这种价值取向是没有意义的。

时代的信息化当然是最好的,但是在信息高度密集的社会,也有很多值得辨析、澄清的非科学化信息内容,因此,对有关独具思维特色的课文的学习与研究,很具有现实性。因而,这类课文的开发,也就具有了时代性的亮点。

3. 从比较上开发

比较是一种思维方法,通过被比较双方特点异同的揭示与研究,进一步理解作品的时代意义,是常见的而且是很有意义的开发途径。认识到了作品的时代意义,自然又能加深对作品的理解。

这里以初中语文传统篇目《我的老师》《藤野先生》《最后一课》和《从百草园到三味书屋》为例。前三篇文章写的对象都是老师,后一篇写"三味书屋"读书生活时也写到了老师。常规的教学处理是:一篇篇教读,从写作手法、语言艺术到文章主旨分别引导学生弄清楚。这当然是正确的做法,但课文的亮点似乎还没有抓住。

魏巍写《我的老师》,为什么要把"我"遭到"小反对派"的攻击以及在这些攻击下老师出来解救"我"这件事作为全书叙述的重点内容呢?文章是写了多方面事情的,如"佯打""教诗""尝蜜"等。与这些事情相比较,"解救"这件事是不是有特别的意义?回答是肯定的。"教诗""尝蜜"之类的事只是表现了师生的亲近,表现了老师在传授知识上的作为,而"解救"一事则是动情的。在动乱的年月,"我"没有父亲,遭到欺负,可谓势单力薄,内心孤独,性情怯懦。在这种情况下,老师呵护了"我",还说"我"是"心清如水"的学生,这是怎样巨大的情感激励啊!卑怯者得到呵护,被欺者得到公平,老师的这份尊重自然是最难以忘怀的了。这篇文章的时代意义就在于:揭示了动乱时代、不公平岁月中,老师对学生的公平与尊重具有特殊的人格支持力量。

再来看鲁迅的《藤野先生》。通行的说法是,藤野先生做教师一丝不苟,连"我"的讲义上的细微之处都改正了过来,因此鲁迅先生崇拜他。这种理解只抓了现象,未扣住本质。教师认真上课,批改作业,这是应尽的责任,这不是令鲁迅真切动情的原因。真切动情的原因是什么呢？是一个被侮辱、被宰割的国家的国民在一片冷眼与欺凌之下受到一个人的格外尊重，而且这个人恰恰就是欺侮别国的国家的教师。文章从大处入笔，写了中国留学生的麻木，写了"我"内心的苦闷，写了冷漠的外部环境和随时遭到嘲弄的情状。在这样的情境下，"我"为中国人而悲哀。就是在"我"陷入悲哀、冷漠的境地中遭到精神上的欺凌的时候，是藤野先生给了"我"最公正的待遇，以至于连藤野先生改讲义这样的小事"我"也看得格外重要。区区小事之所以成为大事，是由特定的背景决定的，是由作者的情怀决定的。因此说，《藤野先生》所抒发的敬师之情是一个特定时代中的"中国人情结"。这跟《我的老师》有很大的不同。

《最后一课》表达的是一种爱国情怀，老师实际上就是爱国者形象的化身。《从百草园到三味书屋》里的老师形象是有趣的，作者丝毫也没有贬低老师的意思，"方正"是对他的直接评价，另外就是"宽容"。作者虽然没有用到这个词，但通过老师对待顽皮学生的态度可以这样确认。

通过上述分析，我们得出了什么样的结论呢？第一，经典作品中的时代意义是不一样的，有的是时代精神的直接反映，有的是新时代精神的间接投射。前者如《藤野先生》，后者如《从百草园到三味书屋》。第二，通过比较，有利于抓住和凸显同题材作品的不同旨趣，有利于完整而又准确地把握作品。第三，有利于促进学生养成研究性学习的习惯，探索研究性学习的特点与方法，从而促进研究能力的发展。

第五节　课文的现代异质

中国现代文学特别是经典作品是中国走向现代化的思想表达,在中学语文教学尤其是高中语文教学中,对于当代青少年现代精神的构建和现代艺术的审美都具有极为重要的奠基作用。

然而,当前的现代文学作品的教学与现代文学作品内在的精神吁请,差距较远。一是被高考羁绊,考什么,教什么,只停滞于信息筛选、内容概括和一般技能理解的层面,基本上不涉及思想特质。二是古诗文教学与现代文教学比重如何切分研究不够,有古典作品教学重于现代文教学的倾向,甚至有人认为,古典文学作品能代替现代文学作品的学习。三是当代的"现代文学"精神式微,文学与娱乐等同,表达与游戏不分,创作与拼凑无异,以鲁迅、沈从文、曹禺等为代表的经典作家所创立的中国现代文学精神的特质——对中国国民性的批判、对人类现代价值的追求在当前的现代文学创作中表现不力,导致现代文学对青少年缺少强大精神感召力。这就形成了一个相互分离的恶劣闭环。

我们的学生是在现代汉语情境中生活与成长的,一方面要认真传承传统文化,学好古汉语;另一方面要大力培养热爱现代汉语的感情,掌握现代汉语运用规律,增添现代汉语的现代精神。因此,我老调重弹:教出现代作品的精神而不是当作一般的阅读材料加以处理。换言之,也就是聚焦"异质"凸显"现代",这是当前不容忽视的问题。

一、目的:强化现代作品异质学习是为了促进青春发育

突出现代作品的异质教学,就是满足青少年成长的三大需要。

一是满足青少年阅读心理需要。

我一直认为,语文的感召力与学生对语文的追求力始终是相辅相成的。以阅读为例,现在各种数据统计,中学生阅读量太少。问题不管怎么复杂,其中都包括"感召力"与"追求力"的缺失。现在不是无书可读,而是不读,但这不过是一个表象。不读,仅仅是情绪化的拒绝,透过这个表象所见的正是对阅读的追求而不得的焦虑。从内心深处出发的阅读渴望是对新颖、深刻内容与形式的追寻。如果把现代典范作品的异质凸显出来,就能与这一追寻心理对接。当这样的心理对接多次获得成功时,阅读的自觉兴趣就产生。因此,促成和促进"对接"是对学生阅读好奇心的第一满足。所谓内心感应力,就是对作品优劣的敏锐判断力,特别是对语言和思想异质的敏感性和追求心。有了强大的内心感应力,自会读书,自会如饥似渴,自会寻找经典。一切所谓经典的评价和读书的方法都是自己读出来的,而要达到这个境界,中小学教学的引导尤其高中阶段的教学引导极为重要。读鲁迅作品的关键就是读不懂的异质,假若以读不懂为不读的理由,则恰恰是在培养阅读的胆怯,从而导致思想的荒芜。

二是满足思想现代性启蒙需要。

这里认定的具有现代异质的文学作品是指以鲁迅、朱自清、郁达夫、沈从文、曹禺等为代表的现代作家的文学代表作。这些作家作品的共同特点是:既是新文化思想的结晶,又是新语言运用的工具,还是新生活变革的酵母。"结晶""工具""酵母"的三维互动,使得现代汉语在 30 余年发展中确立了持久性的语言标志和地位,成为中华民族新的思想表达的现代性模型。我们不仅要引导学生认识到这样的思想现代性模型,而且要明白:这个思想模型正是自我青春启蒙的思想杠杆和基点,如此,学生才乐意走进现代作品的精神世界。我和我的学生总是反复思考一个问题:现代文学作品的这一典型的现代性何以如此迅速地建立呢?原因在于三方面:一是思想引领,敢破敢立;二是审美批评,价值创造;三是努力实践,凝聚共识。这三方面,我们用鲁迅的思想和作品就能够说明。思想领先就是弄懂现代汉语的人文本质,与胡适、傅斯年、周作人等人的表述相比,鲁迅的思想最简明深刻:"我们要说现代的,自己的话;用活着的白话,

将自己的思想,感情直白地说出来。""现代"是与古代相对的,"自己"就是确立独立性。"活着的白话"也就是当代人的鲜活思想与形式,而这恰恰是新的现代汉语的价值审美。至于现代汉语新规范、新典型的草创,鲁迅做出了卓越的贡献。古代汉语与现代汉语对于当代青少年的思想影响的区别也就在这里:古代汉语的典范作品主要对青少年产生传统文化的哺育与影响,这是必要的;现代汉语的典范作品主要对青少年产生现实和未来的思想启蒙,这必定是不可或缺的。我们无法想象一个用现代汉语生活的当代少年缺失现代汉语之魂而期待其有未来性创造。

三是满足培养理性精神与人格需要。

青少年时期是自我意识发生突变的时期,儿童发展心理学形容为"人生的第二次诞生",其显著标志就是成人感不断增强,一则把自己作为思考对象,二则努力促进自己不断调整与他人的关系,自我评价趋于成熟。反映在认知领域,就是兴趣更加持久,质疑心理更加活跃,批判思维更加习惯化。这样的自我意识,是中学生尤其是高中生最宝贵的思想财富,它是衡量个性成熟水平的标志,是整合、统一个性各个部分的核心力量,也是推动个性发展的内部动因。现代经典作家的作品本身就是现代性人格尤其是个性思想的结晶,我们知道,现代性必然始终发展。人的现代性即社会现代化过程中产生的基本属性的发展也没有止境。人的现代性,实质上就是基于理性精神对各种现代实践活动的调适、批判与纠正的品格。[①] 这种精神,对于中国的青少年极为重要,教育的价值就在于凭借现代作家经典作品引导当代青少年自主建立现代人格。

二、立意:教现代性异质,就是教现代汉语经典的魂

现代性异质是现代汉语之魂,换言之,就是现代语言所传达的现代思想与

---

① 原祖杰.东方与西方,还是传统与现代?——论"东西方"两分法的历史渊源和现实误区[J].文史哲,2015(6):18.

精神。它的内涵由"文""道""人"三维构成。"文""道""人"的现代化异质在现代汉语作品中主要体现在四方面：

一是独立性。一方面用否定旧语言（文言）的方式来否定旧思想，另一方面又不断吸纳欧式文学语言的精髓，力求在局部欧化上实现现代汉语的创建，这就是现代汉语独立性的特质所在。这种特质的核心就在于输入和学习了西方的思想和知识，增加了汉语的新的理念元素，在思想表达胸襟与视野上更加开放和兼容，具有"更加适应世界之潮流和变化的""新的品性"。当然，钱玄同等人对汉字、汉语的愚鲁批判是不足取的，只有胡适的现代白话思想特别是鲁迅等作家用作品创建了现代汉语品格，令人崇敬，理当学习传承。与此同时，创作者本人和作品中人物形象的独立精神与思想也与作品的语言一道打动着读者，这正是语文教育所追求的阅读熏陶的价值。

二是质疑性。现代文学中的汉语经典都具有质疑性特征。对旧思想、旧制度、旧文化、旧人物的深度质疑就是作出批判性否定，这种精神大裂变正是"五四"运动所产生的语言变革与思想创新互为表里的基本特征。无论是语言观念，还是作品人物形象都有显著呈现。对于当代中学生而言，这无疑是培养质疑能力和批判思维的生动课堂。不是教了现代汉语就自然获得新思想，而是要看现代汉语的骨髓里有怎样的新思想。我们现在读的一些现代汉语作品，没有思想生气，没有精神活力，虽是当代之文，却无汉语之骨，是不能用之于教学的。胡适对此有精辟的观点："若单靠白话便可造新文学，难道把郑孝胥、陈三立的诗翻成了白话，就可算得新文学了吗？难道那些用白话做的《新华春梦记》《九尾龟》也可算作新文学了吗？"[①]现代文学经典之所以成为经典，最突出的一点就是充满时代性的思想质疑与批判。鲁迅的《狂人日记》《阿Q正传》、巴金的《家》、曹禺的《雷雨》等记录了一个裂变时代的反思与渴望，这种裂变应该成为一代又一代青少年思想创新的跳板。

---

① 胡适.胡适文集：2[M].北京：北京大学出版社，1998：52.

三是个性化。"个性"与"独立""质疑"是相互促进的,反映到作品气质特点上,个性就是人格与思想在文章语言上富有时代新意的标志。从现代汉语本身来说,其鲜明的个性,体现在用新思想、新观念对旧工具、旧文体的"叛逆"与改造上。胡适曾经说过:"先要做到文字体裁的大解放,方才可以用来做新思想新精神的运输品。"①胡适首先从工具层面来思考现代汉语的构建,实现文言置换成白话。这一思想受到当时新文化阵营的一致认同,几乎每一个现代作家都把功力花在语言形式和思想的同步变革上。其实,很多情况下,语言形式的变化本身就是思想观念的变化。比如,鲁迅先生外来音译词创造性地运用,就揭示了新语言的表达个性。鲁迅作品中音译外来词来源于英语(出现21次,频率64%)、德语(出现4次,频率12%)、法语(出现2次,频率6%)、梵语(出现5次,频率15%)、俄语(出现1次,频率3%)。②鲁迅作品"出现大量的外来字母词和音译词,影射了当时社会思想在外来文化冲击下的巨大改变。鲁迅在思想变革的背后努力寻求语言革新,他'试验'性地在文学创作中引入外来音译词,创新地赋予字母词新的用法和内涵……打破了我国传统的语言体系,同时成就了个人独特的语言风格"③。至于欧化的语法、句式等,在大批作家作品中都有显著体现,这样的语言个性洋溢着新时代新生命的气息,教学中必须予以高度关注。

四是超越性。现代汉语对古代汉语作了全面的改革与超越——在标点、词汇、句式、语法、体式、观点、思想、情感等领域,通过现代作家三十余年的努力,卓越地打造了新的现代汉语表达体系与范式。这种继承与超越的本质特征就是汉语的现代性。在中学语文教学中,这种古今联系比较的意识是鉴赏现代汉语风采的思考切口。当然,现代汉语是从古代汉语那里脱胎而来的,古典汉语,风神卓越,生命活化于现代汉语;现代汉语,超越古典,使传统精髓活化在现代世界。这种超越不是排斥和否定,而是继承、改造与创新。由此,中华母语的元

---

① 胡适.胡适文集:9[M].北京:北京大学出版社,1998:82.
② 万莹,刘璐璐.鲁迅作品中外来词研究[J].江汉论坛,2012(12):100.
③ 同②102.

素不断焕发生机,在全球全人类语言世界中具有不可替代的卓越的表达力、思想力、生命力。教经典作品,要把语言文字教得站立起来的最高境界就是把母语的超越性教到心坎上。因为,这是每一个热爱现代汉语者的情感之根。有人以为超越就是"西化""欧化",就是把古代汉语推倒,这完全是一种自以为是的曲解。汉语的超越不仅指向自我,也指向别的语言。这就是汉语的生命。鲁迅说得好:"装进异样的句法去,古的,外省外府的,外国的,后来便可以据为己有。"这个"己有"就是重构之新有,就是现代化了的汉语。关于欧化,鲁迅的说明更能揭示目的性,"欧化文法的侵入中国白话中的大原因,并非因为好奇,乃是为了必要……固有的白话不够用,便只得采些外国的句法","中国人'话总是会说的',一点不错,但要前进,全照老样却不够"。不在好奇而在"必要",何为"必要"? 是"前进"这个目的的需要。教现代汉语经典作品,就是要举出"前进"之例,让学生感受"前进"之力,从而逐步在将来形成立足于"前进"这个立意的对现代汉语的自觉审美。古代汉语是我们的精神传统,现代汉语是我们的思想创新。传统的传统意义是促进现代精神成长,现代的现代品质是不断追求创新。钱玄同把古汉语与白话对立起来,显然是错的;胡适倡导现代白话建立,是与时俱进的;鲁迅作为中国现代小说之父,所开拓的现代汉语创新之路,理应由一代又一代青年不断继承和拓展。

三、内容:全面认识课文的现代性异质,做出正确选择

现代性是一个宏大论题,所表现出的异质也丰富多彩。我们现在回头看现代文学经典作品的现代性,要全面客观,不能只限于反帝反封建的固有层面。就中学语文教材中所收的课文来看,所谓异质的主要内容大致有五方面:

一是对封建专制的颠覆性批判。如鲁迅《狂人日记》充满批判与追求,概括和寄托着我们民族的血泪和希望,"抨击的是全部旧历史和整个旧社会的吃人本质和传家老谱",鲁迅所创立的"吃人的礼教"这一概念,成为20世纪思想界

共同表达的认识代码,毋庸展开阐释,人们即知其内涵。这里要特别指出的是,这里所讲的颠覆是对封建专制主义的推倒,而不是对封建时代中的一切文化予以彻底否定。

二是对新理念的突破性阐释。1960年,晚年胡适在美国华盛顿大学作题为"中国传统与将来"的演说,很值得我们作为教学的参考。他指出,新文化运动并非与传统的彻底断裂,而是在西方异质文明"发散渗透"的历史新境遇之下,对中国经典时代的人文主义、理性主义、民本主义等诸种价值的重新发掘,是一场"中国的文艺复兴"。① 正如上文所述,颠覆性批判主要是针对"封建专制"的,不是现代文学作品的全部,还有一部分内容则是对中国传统精神的现代诠释,对西方先进文化的普及宣传,对新时代中自然产生的思想矛盾的辨析与扬弃。以鲁迅的作品为例,有《狂人日记》式的无情批判,也有对古代文化的珍惜与审美。例如对"东方美的力量"有着无限的期待:"以为倘参酌汉代的石刻画像,明清的书籍插画,并且留心民间所赏玩的所谓'年画',和欧洲的新法融合起来,许能创出一种更好的版画",这就是鲁迅借版画来表达对中国传统艺术的美学形态的新构建。就文学作品而言,《拿来主义》是典型的中国传统文化思维的现代阐释,"借鉴外来"和"继承遗产"是中国思想传统中典型的开放精神和理性姿态,"运用脑髓,放出眼光,自己来拿"的主体精神与自觉意识并不是西方的舶来品。

三是对个性与生命的自由化抒写。无论是鲁迅的《伤逝》《风筝》《社戏》,还是巴金的《家》、沈从文的《边城》等,体现这方面思想意识的现代文学作品蔚为主潮。不仅如此,近年来,人们对过去遭到贬斥的现代文学中的通俗文学"鸳鸯蝴蝶派"作品也有了更加客观的分析与评价,肯定了其"与时俱进"的特质②,从而说明了现代性是多种文学流派的文化合唱。由此可见,各类作品中洋溢的个

---

① 肖剑."中国文艺复兴"晶石上的西方异彩——胡适"白话文运动"与但丁《论俗语》之相似鹄的[J].文学评论,2016(6):50.
② 孔庆东.鸳蝴派与现代性的同步[J].文学评论,2014(5):85.

性与生命的思想,以及充满的个性追求,都推动着现代化期待中的人性觉醒。这样的思想内容与表达这样内容的文学形式,都可以引入课堂,催动学生的积极思考。

四是对古典审美的创新表达。例如朱自清的散文《春》、郁达夫的《故都的秋》、戴望舒的诗《雨巷》等,一方面继承了中国古代文学的审美传统和精神元素,另一方面又在认知方式与思想立意上展现了新的时代境界,这种创新表达十分切合中学生对现代汉语的体验需求。比如,朱自清的《春》,美妙词句的倩影,在古典诗文中都能一一找到,但是合古典诗文写春的所有,也无法取代朱自清《春》的境界。《春》是全知全觉的,是整个宇宙的,既有时间上的推进,又有空间上的转换,还有人的自由精神上的主导,这样的三维交合的广阔的运动着的世界,是朱自清用现代汉语创造的"个性形象"。这就是朱自清用现代汉语对古代汉语的超越,对古人思想情怀的超越。引导学生在对比中探寻创新,便是当代的审美培育。

五是对西方语言方式的现代移植。现代文学产生了中国文坛从未有过的只有现代作家笔下才能形成的语言特点与思想模型。这方面的"文学异质",对于当代青少年自然有着强大的吸引力。胡适对这样的语言变革有敏锐的洞见,他说:"这二十年的白话文运动的进展,把'国语'变丰富了,变新鲜了,扩大了,加浓了,更深刻了。"[1]朱自清在这方面是坚定的实验者与创造者,他非常自信地说:"中国语在加速的变化。这种变化,一般称为欧化,但称为现代化也许更确切些。"[2]如他创作的《背影》,全文浸透着传统的孝道,通篇洋溢着汉语白话的简约韵味,但有一两处欧式词句呈现,就立即使质朴的收敛着的文情决口狂泄,如"在晶莹的泪光中,又看见那肥胖的、青布棉袍黑布马褂的背影",先用状语结构来表达情感状态,继之连用三个定语修饰"背影",使得朗读者不能不一读一停顿,一顿一肠回,产生尽力步步收敛情感而情感又时时因收敛而更加膨胀的夺

---

[1] 胡适.胡适文集:1[M].北京:北京大学出版社,1998:132.
[2] 朱自清.朱自清全集:第三卷[M].南京:江苏教育出版社,1996:64.

路而奔的情势。这样的欧式句式的呈现,显然是更深入心灵层次的表达。语言形式的"异质"往往就是思想的新模型。张中行先生评价鲁迅杂文的开头说:"其开头和结尾,少数是符合'标准'的,而大多数却可以说像夏天的云,乍看平平常常,再一看便变了,有了另外的含义,有时候,第三次看,又有了更多的含义。那些文章,全篇华彩缤纷,气象万千,用不着靠着'好开头''好结尾'去吸引读者和发人深思了。"①这里说的"好开头""好结尾"既是文章体式传统,又是思想表达传统,而鲁迅杂文则偏偏在打破传统上建立新意和模型,这样的现代性是完全应该在教学中重点探究与寻味的。

---

① 张中行.张中行作品集:第二卷[M].北京:中国社会科学出版社,1995:596.

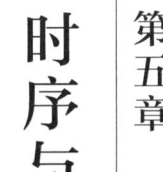

第五章
时序与研习
——语文研究性学习研究

时序,也称时节、时令,突出"时",多一层先后次序的意义,既讲季节性,也讲层递性。孔子教育思想中,十分注重时序的安排,从"吾十有五"到"七十从心所欲",每个人生阶段都设定不同的成长目标,又因目标而选定不同的学习内容和方法。一百多年前,美国诞生儿童发展心理学,更加科学地划定了零到十八岁的学习发展阶段,特别是明确了不同成长期的内容与要求。

语文是育人的,语文教学是为了达到育人目的而采取的行动和步骤,因此,语文及其教学都必须紧扣学生成长的脉搏,踩准青春跃动的节奏,尽可能地做好时序安排。

遵从成长时序,涉及内容十分广泛,这里重点论述研究性学习方式、基本途径等相关内容。一则因为研究性学习方式是"时习"之"习"的最高形式;二则因为研究性学习的最终目的是培养学生的独立思考精神和质疑创新人格;三则因为语文学科的学习特点,主要是实践的方式、自主的方式,读是实践,写更是实践,正所谓习得而成。当前的语文教育改革尤其倡导核心素养培养,这就更加要求我们推进语文学科的研究性学习。

第一节　研究性学习的定义

研究性学习是一个新概念,还缺少深入全面的研究,因此,其基本含义还没有一致的认识。有人说,研究性学习与接受性学习的不同,就在于"在教学过程中创设一种类似科学研究的情境和途径,让学生通过主动探索、发现和体验,学会对大量信息进行收集、分析和判断"。有人说,学习有四种基本方式,研究是其中的一种,通过研究获得知识和技能的学习叫研究性学习。有人说,研究性学习是指学生在教师指导下,选择一定的课题,以类似科学研究的方式,进行主动研究的一种教学方式。有人说,研究性学习不是单单开设一门课就可以了,它应渗透、融入各科教学中,既可在课内进行,又可在课外活动中进行,以丰富多样的形式培养学生的研究能力。有人说,研究性学习是指学生在教师指导下,从学习生活和社会生活中选择并确定研究专题,用类似科学研究的方式,主动地获取知识、应用知识、解决问题的学习活动。

关于研究性学习,观点林林总总,上边摘引的是一些有代表性的看法。概括起来,强调了四点:一是研究性学习是学生学习的一种方式,但不是唯一的方式;二是研究性学习虽然是学生自己学习,但必须有教师指导;三是研究性学习是对问题的研究,是过程化的学习,不一定强求结果;四是研究性学习的目的是培养创造能力。

我的看法有以下几方面。

1. 研究性学习是学习成功者的常用方式

研究性学习这一学习方式,不是当代人创造的,自学习这一行为存在之日起,它就被一些学习成功者所使用。否则,我们就无法解释,古今中外的创造者是如何成长起来的。孔子讲"知之者不如好之者,好之者不如乐之者",由"知"

到"好"的转变,由"好"之境上升到"乐"之境,最本质的原因就在于学习者在学习过程中品尝到了研究的快乐,有所认识,有所发现,有所创造,于是,就有了快乐。但是,我们又必须看到,在古代教育中,研究性学习不是教学过程的主线,并不作为学习的主流方式而加以倡导,这不仅仅是农业社会的问题,也是由教育专制主义所致。当时教育目的的单一性决定了教育方式的单一性,教育方式的单一性必然扼杀了学习方式的多样性。

2. 研究性学习的目的是适应社会进步的需要

近代工业革命后,社会进步需要大规模地培养人才,班级授课制这一教学形式适应了需要,发挥了重要作用。同时,一大批教学模式也应运而生。现在进入了后工业时代、后工业社会(或称信息社会),教学要求也自然要发生变化,使受教育者在不同的基础上发展学力。自主高效地进行学习,提高创新和实践能力,使学习终身化、生活化、工作化,便是最突出的教学目的,而要达到这一目的,引导学生进行研究性学习便是不可缺少的途径。

从一定意义上讲,倡导和发展研究性学习,是针对长期束缚我们的应试教育而言。从学习方式转变入手,促进教学方式转变,进而促进评价方式和指标的改变,便是当前课程改革的基本思想。因此,研究性学习问题,不仅仅是一个学习方式的问题,也是一个人才观、教育价值观的问题。

3. 实施研究性学习的困难是在班级群体学习中如何调控

学习个体的研究性学习,正如上述所言,古已有之。现在抓一两个成绩优秀的学生,培养一两个特长生,辅导一两个学生写一两篇论文,是比较容易的,每一所学校、每一个教师都可以做到。最难的是班级学习群体的研究性学习趋向的形成和群体学力的集约化发展。我们在一个常态的教学班内将面临三大挑战:一是多学科研究性学习同步发展,而不是某一学科单兵突进;二是所有学生在研究性学习方面都有区别于原有基础的发展,而不是给成绩优秀的学生开小灶;三是多学科教师在引导研究性学习方面充分协同,理念一致,步调一致,方向一致,便是协同的最高境界。因此,就某一学科而言,要采取"瞻前顾后""顾全大局"的原则,从而使学科个体融入学科全体中,使学习个体融入学习群体中。

当然,起步阶段必然有一个带动的问题,以学习者而言,某些学习个体的研究性学习能带动学习群体的研究性学习,同样,学习群体的研究性学习能促进一些有困难的学习个体的跨越式发展。

第二节　研究性学习的条件

在中学,引导学生进行研究性学习,语文学科具有得天独厚的条件。

1. 语文学科的开放性,为研究性学习提供了多向性接口

语文不同于汉语,它具有"文"的形式与内容,这个"文",不管是解作"文化""文字",还是解释为"人文""文学",它总是天生具有综合性的特点。可以从文学角度研究它,也可以从文字角度研究它;可以从文化角度研究它,也可以从文章角度研究它。这些角度,无疑形成了一个多维的研究空间,使学生具有了多层次的研究平台。

2. 语文学科的模糊性,为研究性学习留下了深入钻研的余地

小到一个词、一句话,大到一篇文章、一本书,再高明的解读都无法一步到底。古人说"诗无达诂",就是这个意思。在课堂上学习课文,再高明的教师都无法穷尽问题。于漪教《孔乙己》与钱梦龙教《孔乙己》各具神姿,各显其能,各有特色;于漪今日教《孔乙己》与往日教《孔乙己》也有不同的时代印记和不同的开窍渠道。这样的文章解读,充满灵活性。学生学习能力越强,年龄越大,积累越深,思维越敏锐,解读的模糊性就越大。小学阶段教一篇文章,问题单一,课如清流;到了高中阶段,问题就复杂多了,课如江湖。从这个意义上讲,从小学到高中的语文课的变化,就是内容不断多维化、立体化的过程。而多维化、立体化的程度越高,学生研究的余地也就越大,自主性也就越强。高中阶段的语文学习,优秀的学生已经摆脱了教师的常规教学,走进了十分宽广的研究领域,这就是证明。

3. 语文学科的基础性，为研究性学习铺设了跳板

基础性有两个方面：一是学习其他学科的基础；二是发展智力和思维的基础。首先，通过学习语文，理解力增强了，这样就为学生学习其他学科提供了方便。比如，通过学习课文，划分段落、归纳中心的能力具备了，再去学习历史、地理、数学等学科，其概括能力必然派上用场，发挥作用。其次，也是极为重要的一点，由于语文学科学习材料本身具有想象、联想、记忆等智力因素，因此，很自然地对学生的智力起训练、强化和提高的作用。比如，学习一首古诗，背诵训练，包含了记忆力训练；理解内容，包含了想象力、联想力训练。尤其是思维方面，汉语思维的辩证性、灵活性、概括性，对学生思想品质的养成起到了潜移默化的作用。学习成语，一方面是能运用这个成语去表达思想，这是显性作用。另一方面是在学习和运用的过程中能自觉地揣摩一个四字成语能包含万字乃至十万字才可讲清楚内涵的概括力。西哲讲一个道理写一本书，具体而微，分析精细，往往失之烦琐；中国古代先哲讲一个道理往往是一句话、一个词或一个寓言，抽象玄妙，概括简明。这样的例子，对于训练当代青少年的概括力和抽象智慧具有独特的作用。这是隐性养成的作用。

4. 语文学科的综合性，为研究性学习搭建了桥梁

语文内容，有历史的、地理的，也有军事的、艺术的，还有哲学的、科技的、自然的等。这样，学生在学习某一方面内容的时候，自然会产生相关性联想，找到多个研究课题。以学习《史记》中的部分篇章为例，至少可以联想到"古代的战争""隐士与侠客""古代的外交""礼器""官制"等研究专题，这是横向拓展式联想。还有纵向延伸联想方面的，以学习鲁迅作品为例，至少可以提炼出这样一些课题，如"鲁迅的语言风格""鲁迅的写人艺术""鲁迅笔下的女性""鲁迅笔下的几个读书人""鲁迅运用标点符号的艺术匠心""鲁迅小说的特点"等。综合性决定了研究的广阔性，广阔性又决定了研究的无限性，而无限性自然又决定了能力，尤其是创造能力发展的可持续性。

5. 语文学科的时代性,为研究性学习注入了活水

在中学阶段,没有哪一门学科在内容上像语文学科那样敏捷地对时代生活作出具体的反映。语文教材,一方面关注经久不衰的经典,另一方面也关注反映现代生活的文质兼美的佳作。语文教材是最为鲜活的教材,尤其是在当前的课程改革中,教材的时代性日益加强。语文内容的时代性对于研究性学习的直接意义是什么呢?这可以从三方面来看。一是时代性强的课文反映了时代性强的思想意识,这对学生的研究态度、思想等有直接影响。比如,竞争意识的强化能促进学生反思我国古代作品中渗透的随遇而安、知足常乐等观念;财富意识的强化能促进学生对我国传统文化渗透的重义轻利观念进行新的阐释。二是时代性强的课文反映了时代性强的思维特征,这对于学生健全思想结构有直接的作用。比如,一系列充满发散思维品质的作品,使学生在认识能力方面增添了既求同又求异的活力。三是时代性强的课文反映了时代性强的语言风貌,这对于学生比较语言变化、运用新语言形式表达思想有直接的感染。比如,一些新文体进入教材,使学生在语言感悟方面有了新的参照系,在继承传统语言风格的基础上能同时学习运用新语言表达,尤其是在语言发展上能延伸思考的线索。

第三节　研究性学习的平台

现在有一个认识上的误区,很值得注意,这就是把研究性学习等同于课外专题研究。有的学校有的教师选定几个题目,找几本书,指导学生写论文,以为这就是研究性学习。还有的教师感到,学生要升学,考试总是第一位的,学生没有余力去搞"研究"。不管教师是否准备开展研究性学习,都把它和常规学习对立起来,以为研究性学习是新增加的东西。

其实研究性学习作为一种学习方式是贯串于学生一切学习活动之中的。课堂学习,始终是学生学习的阵地,因此,研究性学习也必须是课堂学习的主要方式。离开了课堂这一阵地,研究性学习就没有生命力,就没有立足点,就是一句空话。

研,就是把石头打碎,究,就是探寻水源。这个会意词很好地揭示了研究性学习的本质特点。研究性学习有几个要素:一是研究对象,即问题;二是研究目的,即求得结果;三是研究方法;四是研究过程。这些要素在课堂学习中都同时存在着,课堂上不搞研究性学习搞什么呢?大凡优秀教师上课,都是在引导学生进行研究性学习。比如,布置预习,除基础问题外,总有一些要学生思考的问题,其实这就是研究性课题。上课,组织学生围绕某些重要观点进行讨论,这就是在研究。讨论有了结果,有了发现,甚至有了创造,这自然就是研究的成果。当然,这些都是最基础的研究性学习,还有更大的余地可以拓展,可以深化。

怎样把常态的课堂学习强化为研究性学习呢?我以为有四大问题值得讨论。

1. 形成课堂问题中心

以前的课堂教学是师讲生听,这自然没有什么研究可言。目前,课堂教学

比较注重启发学生思考了,但基本上还停留在问题设计与解答阶段,即教师备课精心设计几个与课文理解相关的问题,然后在课堂上启发学生思考,逐一解答。弊病是问题过多过杂,一堂课十来个问题,铺天盖地,实际上,很多学生还是处在被问题轰炸的被动之境。这并不是说研究的问题不能由教师提出,恰恰相反,在研究之初,教师提出问题是十分必要的,尤其是对于初中生而言。教学中的问题是,"牵一发而动全身"的问题太少了。

有一次我教鲁迅的《祝福》,设计了多个问题,形成了比较严密的教学环节,以为课可以上好了。在一班上课,依计划施教,完成了任务。下课后,一个学生问我:"祥林嫂究竟是怎么死的?"我一时语塞,敷衍几句套话是可以的,但我分明感到,这是一个很难用几句话讲清的问题。于是我当即取消二班的预习要求,只要求学生就这个问题充分准备,上课参与讨论,展示自己的研究心得。讨论结果表明,这个问题总揽了课文的全局,而且要研究深透,还得凭借其他材料。

① 这个问题与课文的三次肖像描写有关,肖像的变化反映了祥林嫂生理上的衰老。

② 生理上的衰老是反常的,祥林嫂不过中年,她怎么会变得老态龙钟了呢?与心理压力、精神打击有关。

③ 心理与精神上的打击者是鲁四老爷吗?祥林嫂是如何看待自身命运的?再嫁,本来有利于新生,她为什么撞香桌?

④ 是穷死的吗?又不是,祥林嫂对生活容易满足,她丧夫之后来到鲁家,不是有了"笑影",也"白胖"起来了吗?

总之,抓住问题,层层推进下去,集中了学生注意力,不仅完成了既定的教学任务,而且使学生处在思考的较量之中,效果很好。课后,要学生写一篇《论祥林嫂之死》,学生并不觉得困难,还有学生写一篇不够,又去写《论孔乙己之死》。

到此,我以为课堂教学的价值还没有发挥尽,它还对学生产生了隐性影响和暗示作用,在以后的课文学习中,学生养成了提出问题、思考问题、解决问题的习惯,如此,研究性学习的目的才算真正达到了。

2. 养成辨析问题的习惯

课堂教学注重启发是完全正确的,但是缺少辨析问题一环,很值得纠正。经常见到教师提出一个问题,某位学生回答错了,再请一位,直至回答正确为止。这样教,目的是求取答案。有的教师上公开课,怕时间不够,恨不得学生立即作出正确回答,甚至事先准备,让学生知道答案。显然,这不是着眼于学生的"学",而是为了教师的"教"。

如果我们重视辨析问题这一重要环节,效果就有质的不同。一个问题提出来,学生讲错了是很正常的,问题是要让这个学生和其他学生明白错在什么地方?为什么会错?如何改正?要解决这个问题是要花时间的,宁可放弃一些问题,也要强化辨析。

例如,我教《藤野先生》一课,组织学生讨论一个问题:"鲁迅为什么如此崇敬藤野先生?"一位学生回答:"藤野先生工作负责,精心批改讲义",一位学生反驳说:"教师批改作业仔细,是应该做到的,有什么好崇拜的呢?"又有一位学生支持前者:"教师工作本就平凡,伟大包含在平凡中,批改讲义是平凡小事,对教师而言是应该做到的;可对学生而言,难道不应该崇敬吗?"如果按常规教法,此时到了教师表态的时候了,讲讲自己的看法就可收场。但仔细推敲,这里隐藏了一个十分难得的理解与辨析的契机。

第一位学生对不对?对的,因为他能从课文里找事实根据,但又缺少了一点,因为这一点事实还不足以掀起鲁迅内心的感情风暴。第二位学生反驳似乎偏激,但他的话音里分明隐含了另一层意思:真正让鲁迅崇敬的绝不是批改讲义这一件事。究竟还有什么呢?他又讲不出来。第三位学生的反驳,似乎很有道理,但他的不足,是用常态下的教师观点来读课文,把课文当作一般的怀念老师、礼赞老师的文章来读了。现在看来,很有价值的是第二位学生的反驳,如果强化其反驳理由,则必然出彩。

经过讨论,学生从鲁迅当时的处境来思考,深化了认识。大处境,是所有中国人被日本人看不起;小处境,是鲁迅本人在仙台,在东京时时遭到白眼,即使考试不错,也被诬为作弊。在遭受歧视的不公正的境地中,藤野先生则给予了公正,没有歧视,因此鲁迅对于批改讲义之类的平凡小事赋予了人格尊重的内涵。没有比人格上受到尊重而更使鲁迅感动不已了,所以崇敬之情油然而生。

这样辨析的好处是什么呢?一是促进学生对文章进行更深层的理解,寻找事实根据的视野更开阔。二是学会分析众多观点的合理成分和缺陷所在,吸取别人思考的长处。三是不简单肯定,也不简单否定,尽可能想办法完善别人的观点,或者沿着别人思考的路子再往前走几步。这三条正是研究性学习的应有素质。

课堂上抓住例子作出示范,学生在课下自己研究时,就能慎重对待所搜集的材料,就能知道补充什么、纠正什么、发展什么。中学生进行专题研究,不可能有填补空白式的成果,大多是综合多种意见,选定一种并阐述理由。而要在这方面做得很好,确有研究的味道,那就不可能缺少辨析这一环节。而要学会辨析,就必须在课堂上经受磨炼。

3. 培养分析问题的本领

中学生对问题的讨论笼统居多,在陈述理由时很少有同时摆出一二三四条的情况。原因有二:一是对问题的认识还不深透,理解还不全面;二是不知道把一个中心话题分成若干方面来说,缺少分析的本领。比如,读过《荷塘月色》,问他们好在哪里呢?回答是语言、构思之类。再问语言好在哪些方面呢?就很难说出一二三条了。即便是说出一二三条来,也常常是彼此交叉,重复居多,难以构成逻辑上的并列关系或层进关系。而要进行研究性学习,特别是选定一个问题写研究论文,缺少分析的本领,显然是不行的,因为研究的基本素质之一,就是分析。

怎样培养学生分析问题的本领呢？

一是抓单项问题的分解训练。单项问题不同于一个课题，它是十分具体的，切口又是很小的，回答起来很可能用一两句话表述即可。这样的问题有分解的可能吗？当然有。只要抓住语言中的几个不同要素就可以展开。

比如，朱自清《春》中写春雨："像牛毛，像花针，像细丝，密密地斜织着。"问学生，这句话写得好，好在哪里？学生答"好在形象生动"。对不对？对，但又不对。说对，是指形象生动确实可以概括这句话的特点；说不对，是朱自清用具体的比喻和动词把形象生动的春雨写得如在目前，而你分析却又用形象生动这样不具体的概括把可触可视的形象推远了。显然，这样的回答，不叫分析，说了等于没说。恰当的分析应该从四方面入手：

① 写雨丝形态——像牛毛，像花针，像细丝

② 写眼前一片雨丝的状态——密密地斜织着

③ 写微风——斜

④ 写雨的动态——织

引导学生这样析句，也许有些琐屑，但对于养成分析的习惯，知道分析的思路是很有效果的。有人说，这是读书读得细，其实不然，不是读得细，而是思考得细。没有精细思考的习惯，是读不细的。

二是抓思考综合问题的思路指点。比如，魏巍的《我的老师》。研究的问题是：本文在材料的选用上有什么特点？一般的回答是详略得当，这可以从文章所写几件事的篇幅上看出来。写教诗、写尝蜂蜜等，略写；写帮助"我"从同学们的围攻中解脱，详写。想到这一步，还没有摸准作者的用意。如果反过来问，写教诗、尝蜂蜜，详写，可以吗？学生就回答不上来了。实际上是不可以的，这样写了，文章也就失去了感人力量。为此，我为学生指点了思路：从篇幅上看，这

是一条路；从材料的内容归纳上看，这是第二条路。还有一条路，这就是围绕感情主线选材。全文的感情主线是怀念，为什么对解救一事叙述详细？是因为这件事震撼了"我"的心，占据了整个心灵。这样，学生就可以列出一个论述题的要点了：

① 详细与简略，文字体现上，就是一浓墨一概括。
② 详细与简略，内容体现上，就是既全面写了老师的教育特点，又不忽略重点。
③ 详细与简略，感情表达上，就是把最难忘的事情凸显出来。

平时我们说学生写文章写不具体，原因何在？不是技巧问题，而是思路问题。思考的路子没有打开，自然就写不具体。我一直主张，高中的语文课一定要有理性思辨的色彩，这样才能满足学生的心理需求和能力发展需要。分析，就是思辨的具体表现。在初中，要培育这方面的幼芽。

4. 注重思维方向的指引

研究性学习，从运用层面上说，是一种学习方式；从学习心理上说，是思维的强化训练。所谓强化，是指通过学习活动，使学生摒弃思维劣态，径直进入思维的正确区域中。正确区域包括聚合思维领域和发散思维领域，以及进行这两种思维活动的全过程。

这里，我举一个自己的课例。对苏轼《石钟山记》中的点睛之笔"事不耳闻目见而臆断其有无，可乎？"进行讨论。从接受性学习上看，这句话是完全正确的，记住即可。从研究性学习上看，有两种思考。

第一种是提出质疑，认为在信息传递十分发达的社会，"秀才不出门能知天下事"的情形是普遍存在的，根本用不着亲自去"耳闻目见"。表面上看，这是求异思维的表现，很有道理。但苏轼说的是"臆断"，不是有根据的判断，对这句话怎么能够随随便便地求异呢？

第二种是深入钻探，进行聚合性思维。从这个思维方向上研究，肯定有厚重的收获。

① 苏轼否定李渤和郦道元的看法值得辨析。其实李、郦二人也是进行过实地考察的，符合"耳闻目见"的认识要求，苏轼的否定是否简单化？

② 苏轼之后的俞樾在冬季枯水时节实地考察后，得出的结论是山形如钟，与苏轼的结论不同，能否用俞樾的观点来否定苏轼的观点？

这两个问题，都是紧扣着"耳闻目见"这一观点提出来的，思维方向及区域是一致的，但是思考的空间大为拓展了。回答问题①，使学生对"耳闻目见"有了认识，但简单、肤浅。苏轼与儿子、水工一道冒着生命危险考察，因此苏轼十分自信，也十分自豪。苏轼的这一冒死探险、求真务实的认识态度显然是十分可贵的。回答问题②，使学生对"耳闻目见"的时空条件有了认识。同样是实地考察，由于时间不相同，考察的空间位置不同，得出的结论也就有所变化。苏轼在涨水期考察石钟山，看到的是"水石相搏"的情景；俞樾在枯水期考察石钟山，看到的是"水落山出"的情景，两人都"耳闻目见"了，但都有其局限性。有的学生说，苏轼在涨水期、枯水期都去看石钟山，认识就更全面了。就认识石钟山而言，苏轼可以这样做。但在人类认识自然的过程中，很多自然奥秘是无法由一人在不同时期去认识的，要靠几代人甚至几十代人不断努力才行。比如，对月球的认识，从古代的"嫦娥奔月"故事到现在的人类登月实践，花了多少时间，用了多少人力和智慧。苏、俞二人观点的不同正好说明了一个认识论问题：认识是不断反复、不断实践的逐步完善的过程。通过这样的深入讨论，思想得以深化，对问题的认识也得以深化，这样的研究导向是极为重要的。

现在的课堂教学十分注重讨论，特别注重求异思维训练，这是好事。但一种倾向掩盖另一种倾向的情形也是有的，即对一个问题让学生从不同角度讨

论，对学生的讨论都予以肯定。有的甚至以是为非、以非为是，比如，认为"愚公移山"不如"愚公搬家"。这样，就使学生的思维处于散乱无序、正误不分的状态，与其说这是思维训练，还不如说这是思维扭曲。其结果是使学生思维偏执化、简单化。对此，应予以纠正。

　　课堂是研究性学习的主阵地。要打好阵地战，上述四方面是重中之重。这方面能力强了，学生在任何情境中的研究性学习都能取得实效。

第四节　研究性学习的类型

一、接受型研究性学习

　　传统的学习方式以接受型学习为主。所谓接受型,是指以"接受"为主要方式的、以记忆为重要目标的学习形态。"接受"的弊端不言而喻,但也不能忽视其应有的价值,尤其不能忽视其对于研究性学习的巨大作用。现在,有一种观点值得辨析,就是要引导学生去探索知识的发生与发展的过程。这句话,说起来容易,做起来很难,而且也没有必要。以语文学科中的知识点为例,像比喻,是一个相当稳定的修辞知识,要学生去探索它的发生与发展的过程,怎么操作呢? 从今溯古,一一举例论证吗? 这要花多大精力呢? 有这个必要吗? 牛顿的名言我们是应该记住的:"站在巨人的肩膀上。""巨人的肩膀"就是伟大的贡献,站在上边,就是以其为基础,继承并发展。就语文学科而言,其知识的形成有一个十分漫长的积累、补充、修正、定位的过程。要认识,也只能是接受性地了解有关详尽的资料。

　　要充分认识到接受型学习的必要性,最典型的例子就是背诵。为什么单单学习语文就非要背诵不可呢? 原因大致有三:一是典范的语言材料是学生运用语言的模仿对象,通过背诵,积累了词汇,掌握了语言表达形式,有利于进行"试运用";二是作者的思想感情等包孕在具体的语言材料中,背诵,接受的不仅有语言形式,而且有思想内容;三是典范的语言材料体现了作者富有创造性的思维,背诵就是化别人的"血肉"为自己的思维营养。因此,语文教学的传统经验就是背诵。从眼前利益看,背诵确乎是花时费力的,背诵一百首唐诗,包括巩固、默写的时间在内,大约需要三百个小时。但从长远利益看,背诵又是一条捷径,大量典范材料烂熟于心后,一遇恰当时机,便会为创造效力。"不会作诗也

会吟"就是效力的体现。

语文知识的接受型学习,不光是背诵,还涉及多个方面。比如,修辞知识、语法知识、文体知识、文章知识等。有一种观点似乎很盛行,就是语文教学要淡化语法知识教学。其实,这是一种缺乏辩证思考的说法。烦琐的语法知识,固然没有必要让中学生学习,但必要的、精当的、稳定的语法知识必须学习,因为它是研究与创造的拐杖,是思考时的内在心理专业用语。一个作家,如果缺少专业化语言,就难以将作品剖析透彻;而一个评论家,虽然不会创作,但由于有专业化语言支撑,他能将作家本人讲不清楚的作品讲清楚。由此可见,要做研究,没有知识支撑是绝对不行的。

当然。接受型学习有一个科学化问题。例如茅以升《中国石拱桥》中有这样一段文字:

两千年来,我国修建了无数的石拱桥。解放后,全国大规模兴建起各种形式的公路桥与铁路桥,其中就有不少石拱桥。1961年,云南省建成了一座世界最长的独拱石桥,名叫"长虹大桥",石拱长达112.5米。在传统的石拱桥的基础上,我们还造了大量的钢筋混凝土拱桥。其中"双曲拱桥"是我国劳动人民的新创造,是世界上所仅有的。近几年来,全国造了总长20余万米的这种拱桥,其中最大的一孔,长达150米。我国桥梁事业的飞跃发展,表明了我国社会主义制度的无比优越。

教这段文字,接触的语文知识,就是说明的方法——举例说明。问:这段文字运用了什么说明方法?学生都能回答"举例子"。再问:举例子有何作用?学生部分回答"形象具体",教师纠正:形象谈不上,具体是对的。又问:为什么说举例子就具体了呢?学生答不上来了。应该说,这是知识学习上的缺失。举例的本质特点一是典型,二是事实,合而言之,用典型事实说明,当然具体了。

这个知识结论,是讲给学生听、记,还是让学生在理解过程中体会呢? 我选择了后者。问了两个问题:

① 为什么作者详细举了云南省的"长虹大桥"的例子,而讲"双曲拱桥"时却不指明地点、时间?
② 为什么举"双曲拱桥"的例子时只讲了"最大的一孔,长达 150 米",而不讲这座桥何时建,建在哪里?

经过讨论,学生明确了:

① 举"长虹大桥"的例子,是因为它是"世界最长的",最具代表性;
② 举"双曲拱桥"的例子但不详尽,是因为它不是石拱桥,不太切合本文标题,在这里只是说明石拱桥对造"双曲拱桥"的影响。

明确了这两点,就可以下结论了:举具有代表性的例子一是为了说明具体的需要,二是为了突出中心内容的需要。明乎此,举例子的表达作用也就不言而喻了。更为重要的是,通过本文的讨论,掌握了举例子相关的说明知识,将来遇到同类问题时,就可以直接拿过来运用了。

在研究性学习过程中,接受型学习能起到不可替代的作用。接受的东西,往往是研究的基础和酵母。关键是接受什么和怎样接受。因为接受型学习是为研究性学习服务的,因此,我在这里的提法是"接受型的研究性学习"。

二、批判型研究性学习

什么叫批判? 批,注;判,区分。现今的常用义就是质疑、评定。从批判的发生过程来看,有三个基本环节:认识—质疑—评定。认识是基础,质疑是关

键,评定是结果,是把自己的意见表达出来。

所谓批判型研究性学习就是以质疑为基本特征,以作出评价为重要目的的学习形态,最需要的是质疑能力。我们要通过研究性学习来培养质疑能力,通过质疑能力的培养提高研究性学习的水平。明确这一关系,我们在操作上就必须注意:对中学生的质疑能力要求不宜过高,使研究性学习与质疑能力协调发展,最终目的是发展质疑能力。

质疑的能力,怎样在研究性学习活动中得以发展呢?

运用比较的方法培养质疑的幼芽。通常所说"有比较才有鉴别",鉴别之果就得益于比较之功。参照系,或者说是被拿过来比较的材料,通常在课堂上是教师准备好的,学生依照教师的要求进行比较。难度较大的是,学生没有教师的指导,难以自主萌发比较意识,自主选择用来比较的材料。因此,我以为,培养学生具有自觉比较意识是关键之关键。

一般情况下,学生拿到阅读材料就只知道要研究这一篇,不大会去想还有可比较的另外作品。针对这种情况,教师要帮助学生建立联想点。比如,读《孔乙己》,从作品内容可以知道:孔乙己是一个读书人。已读过的作品还有哪些读书人?回忆一下就可以列出:《藤野先生》中的"我",《我的老师》中的"我",《最后一课》中的小弗朗士,《从百草园到三味书屋中》的"我"……这样,一个初中生的"读书人人物系列"就建立起来了。这个系列就是"联想点"。有了这样的联想点,学生提出比较的"追问"就有了条件。当然,这个人物系列是在教师点拨下建立起来的。不过,经教师一两次点拨、帮助之后,学生就能够模仿与拓展。达到了这一目的,也就意味着"比较"这一方法已被学生初步掌握了。

上述"比较",特点就是抓住实有作品联想,旨在培养自觉比较意识。再说假设比较。被比的是读者暂时虚拟的对象。比如,读《阿Q正传》中这样一句话:"你怎么会姓赵!——你哪里配姓赵!"为了比较,可假设有"你怎么会姓赵,你哪里配姓赵!"和"你哪里配姓赵!你怎么会姓赵!"这样两句话。为什么会生造呢?是因为原作的话引起了注意;为什么要生造呢?是因为要突出原作的话写得好。生造"你怎么会姓赵,你哪里配姓赵!"显示了生造者对原作中的破折号予以特别关注,具有标点修辞方面的修养;生造"你哪里配姓赵! 你怎么会姓赵!"显示了生造者对原作的句序予以特别关注,具有语法方面的修养。这种生造显示了生造者已具有较高的理解、欣赏水平,如果读得不深透,欣赏定位不准确,生造也就没有意义了。平时的课堂教学,高水平的教师都钟爱这种假设比较,常常说:"为什么要这样写呢? 如果写成……会怎么样?"现在的问题是,要把教师的这一比较能力变成学生的比较能力。怎么变? 引导学生就某一个词、某一句话进行尝试性假设。这样的训练增多了,力度加大了,学生的假设比较能力也就有望逐渐形成并发展了。

三、创新型研究性学习

在研究性学习之前再加上一个"创新型",是指学习形态呈现创造特点,以认识新颖为主要标志,这显然是研究性学习的最高境界。但这个境界的显著成效是不是就得是创新型的成果呢? 显然不是,否则,给学生提出不切实际的要求,只能使这种学习处于目标抑制状态,难以求得实效。我认为,"创新型研究性学习"可以用这样一句话表述:运用科学研究方法,围绕一个中心问题,尝试研究的过程并能尝试着作出结论的学习。有四点要注意:

1. 强烈的好奇心和探索欲能转化为持久的兴趣心

好奇心也称陌生感。没有见过导弹的人见了导弹,产生了想看、想摸、想问的心理,这是好奇;不是一时三刻的好奇,而是想搜集一些相关资料,更全面地了解,这是探索欲;经历了探索,感到越了解越有趣味,明明到了熟悉的程度还有陌生感,这才是兴趣心。兴趣以好奇为先导,以探索为前提,以持久不厌地钻研为标志。因此真正的兴趣,不是一开始学习就有的,更不是在学习之前就有的,而是在学习过程中品尝到了失败、成功之后才有的愉悦心理。

为什么要说这层意思呢？就是教师对学生初期进行创新型学习的兴趣，不要定很高的期望值，有些时候，可能要采取"逼"的办法，引学生上路。在教学过程中，我们时常看到，学生对这个问题比较冷淡，无兴趣可言。没有兴趣，怎么办呢？不是先激发兴趣，而是"逼"学生在学习中品尝收获、滋生兴趣。当然，这里的"逼"也有限度问题。有一种教学经验值得商榷：让学生学习某一篇课文、研究某一问题之前先激发兴趣。还没有学，兴趣怎么能激发出来呢？关键是要引导学生在探索过程中逐步地捻亮兴趣的灯光。

2. 能够求证和假设

假设，指用怀疑的眼光审视问题，提出论题；求证，是用务实的手段加以推断与证明，论述思考的逻辑程序。从我们的语文课教学的实际来看，这两条都有些落空。

一是问题没有假设性，大多是不是问题的问题，或者是把已知的结论当作问题来研究。比如，学习朱自清的《春》，提出的问题是：

① 作者写春的目的是什么？
② 作者是从哪些方面来描写春天的？

这就是两个不是问题的问题，因为在课文中能找到答案。如果改一改，情况就可能大不一样：描写春草、春花、春雨、春风的古诗词很多，朱自清在描写这些单个景物方面并不比古人高明，比如，写"你不让我，我不让你"，是好，但古人写"红杏枝头春意闹"的"闹"也十分传神，既然如此，朱自清的描写魅力又在哪里呢？这个问题，看起来否定了朱自清，其实是更准确地肯定了朱自清。那么，该怎样来肯定呢？这就要从白话散文的"新鲜""活泼""青春气"上来研究了。

二是求证太少。求证涉及三个基本环节：其一是求证什么？很多情况下，不是证明课题，而是证明能支撑课题的某一个疑问。只要这一个疑问搞明白了,整个课题也就清晰了。其二是用什么来求证?这是选材问题。选材,要视野开阔,要用料典型,要选而有据,要紧扣中心——学生在研究过程中的难点就在这里。在日常课堂学习中,我们常常看到,学生谈感悟的很多,提供根据的很少,久而久之,容易养成大而化之、含糊其词、任意发挥的坏习惯。其三是如何简明而又巧妙地把相关材料组织起来,有逻辑地求证。现在简单的模式是由一个"因为"带出一个"所以"(结论),最好是要把这一模式深化并拓展为:

① 多个"因为"带出一个"所以";
② 由"因为"到"又因为"再到一个"所以";
③ 由"因为 A"到"所以 A",由"所以 A"到"所以 B"。

这样,求证就有了思考的层次和波澜。一个细节问题能有这样的波澜,在思考世界里就叫"尺水兴波"了。

3. 能够自主采用科学研究的方法

说到方法,不外乎两种:一为归纳法;二为演绎法。在学习过程中,运用哪一种逻辑方法,没有高下之分,只要按需选用即可。现在的问题是,对于中学生的研究,只谈这两种方法,不讲究为两种方法服务的方法,显然是舍本逐末的做法。

哪些是服务方法的方法呢?一是调查,二是索引,三是实验,四是统计。调查是对现状的了解,索引是对文献的搜集,实验是对情境的体验,统计是对数学意义的揭示。一般说来,在自然学科研究中,这四种方法普遍使用,而文科研究,特别是语文的研究,几乎不大用或干脆回避。但是对于中学生而言,我倒是主张有意识地引导学生尝试多用。特别是数学意义的揭示,不妨作为要求提出来。

理由是:其一,可以打开新的研究天地。比如,有人通过计算机统计,得知

朱自清作品中"袅娜"一词出现的频率最多,这是很有趣的研究;又比如,有学生研究年度新词使用频率,写出若干年度几种主要报刊新词报告,其水平不亚于专家的水平。其二,可以养成严谨求实的优良学风。比如,韩愈的诗"草色遥看近却无",写的是春草初露近看无、远看有的视觉形象,究竟远到什么程度或近到什么程度才有这样的视觉感受呢?与春草出土的高度以及天气情况又有多大的关系呢?有一位学生专门进行了连续一周的观察,并对视距与效果进行了测量与分析。这样做的意义究竟有多大?就理解句意说,没有多大意义;就学生学风说,不可估量。

4. 注重感受和体验的真切性以及能够下结论

语文学科与其他学科的不同,就是具有明显的感受性和体验性,这一点用不着多说。现在要强调能够下结论。说研究性学习中过程是对的,说不要结论则又是错的。结论是研究后的心得与见识,是创造的标志,怎么能不要呢?问题是不要把学生下的结论看得过于理想化。换句话说,学生的结论应该允许是学生式的。学生式的主要特点:一是不严密,甚至有片面性;二是重复别人的结论,没有新鲜感;三是幼稚可笑,错了。

尽管结论是学生式的,但其意义十分重要:有了结论,研究才算完整,结论本身就是研究过程一个重要的终端环节。有了结论,我们就有了评价学生研究能力与水平的凭借。结论本身的优劣与正误,对于学生的继续研究有较强的暗示作用,有激励性的,也有矫正性的,还有提醒性的。结论对学生的教育意义往往超过教师的指导意义。

对于学生下的结论,教师自然要加以开掘与利用:正误有因,分析这个因,具有直接的启迪价值。

第五节　研究性学习的形式

说到专题学习,目前有很大的争议。焦点在于专门化的课题研究适合少数优秀学生,大多数学生怎么办? 比如,"《红楼梦》侍女研究"是好的课题,但没有普适性。我对此也持有疑义。不过话又说回来,专题学习除了缺少普适性外,其学习意义显然又是十分突出的。研究性学习既能渗透到课堂教学的血液里,又能在课下有鲜明的体现,找到比较切实可行的接口,我想,这也许就是当前亟待探讨并加以解决的课题。我的看法是分两步走,既要有问题学习法,又要有课题研究法。这样,也许就可以既照顾到个别,又照顾到全体;既照顾到课上,又照顾到课下,使研究性学习既有一定广度,又有一定深度。

1. 问题学习

"问题式学习"(简称 PBL),源于医学教学。20 世纪 90 年代中期以后,美国教育界将它移植到幼儿园、小学、中学各年级的教学中,取得了成功。学生是主体,成为问题的解决者。学生通过调查、理解、分析和解决等活动形成能力和技能,从而获得解决现实问题的经验。比如,提出"中学语文中文言实词的归类研究"这一问题,把一个教学班五十人分为十个研究小组,要求每组写出一篇说明文,集中一个时间发表演讲。又比如,提出"中学语文课本中的成语故事"以及"成语与战争"问题等。这些问题有大量的参考资料,做起来并不困难,但是,材料掌握得多,要化繁为简,写成简明的说明文,又有一定的困难。让学生处于难与不难之间进行研究是比较容易见到实效的,学生在短期内也是比较容易做到的。

2. 拓展和延伸

在问题学习的基础上,通过拓展和延伸逐步向专题学习迈进。专题学习就是我们常讲的课题研究。说到这里,也许有人要问:上边说到的"成语与战争"难道不是课题吗?这确实有必要加以说明和厘清。课题这个概念目前用得很滥,其本质意义就是研究的对象——问题。课题有大有小,只要是研究的对象,都可以看作课题。正因为此,我不用"课题研究""课题学习"而用"专题学习"这一说法。"专题学习"与"问题学习"又有多大区别呢?单从名称上看,没有区别,只能从属性和类别上加以说明,见表5-1所列。

表 5-1 问题学习与专题研究

属性类别	短期作业(问题学习)	长期作业(专题研究)
目标	侧重于巩固课堂学习	侧重于综合运用
过程	记忆→复习→迁移	发现→拟题→研究
时间	即时(当堂,当天或隔天)	长时(一周、一月、一年)
起点	课文问题	涉及生活、学习、课文内容
师生关系	教师贴近指导	教师不过多指导
学习形式	侧重于个体完成	侧重于小组合作完成
学习结果	多为唯一答案	答案多向性
思维方式	集中思维	发散思维
评价	分数、等第	弹性评议

3. 专题学习题举例

依据上表要求,我列了一组"短期作业"的题目:

① 作者为什么反复写"风"。(鲁迅《一件小事》)

② 祥林嫂死因研究。(鲁迅《祝福》)

③ "轻舟已过万重山"中的"轻"如何理解?(李白《早发白帝城》)

④ 鲁迅作品(教材上的课文)省略号妙用。

⑤ 谈谈《我的叔叔于勒》中的插叙作用。(从两个方面谈)

⑥《岳阳楼记》写"阴晴"两种景观的用意是什么？

⑦"主形派"否定苏轼的"主声说"也是有道理的，你怎样评价苏轼在《石钟山记》中表达的观点？

⑧都德《最后一课》中的心理描写略论。

⑨《木兰辞》不写战争场面，不写木兰英勇杀敌的情景，凭什么称木兰是一位英雄？

⑩从课文中选取三个例子，说明破折号的不同作用。

⑪有人说愚公移山不可取，应该搬家，你说呢？

⑫用所学到的关联词的知识来分析一个课文语段，谈谈关联词的表达作用。

下面是上海学生确定的专题研究的题目：

①李清照的"奇"与"悲"。

②古老与先进——中英文字比较。

③中国古代文人的个体意识对中国文学发展的影响。

④中日漫画之比较。

⑤科幻小说中的科技与人性。

⑥街市广告词探新。

⑦鲁迅笔下的女性形象。

⑧激情与理趣——唐宋诗比较。

⑨城市地图的复杂语言。

⑩东南西北中民歌求异比同。

⑪上海百年文学史略。

⑫北京人的"猫性"与上海人的"狗性"。

比较以上两类题目，我们可以看出，短期作业是教师帮助学生理解课文而

设计的思考题,与课文贴得紧密,长期作业则是学生自主确定的题目,与课文几乎没有直接关系。短期作业的解释平台是课堂上研究课文;长期作业的解释平台则是课下收集资料和调查研究。两者的研究目的与功能,研究方法与凭借等都是不一样的,基本反映了表5-1中的区别。

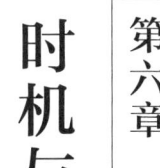

第六章
时机与方法
——语文教学点拨法研究

我所研究的"时习",主体是"习",即一切有价值的语文学习实践活动。实践活动方式固然很多,但从基础教育的特点上来看,不外乎听说读写四类。这四类,又以读和写为重点。"读"是吸收,能促进"听";"写"是表达,能强化"说"。一个中学生,能够养成良好的读写习惯,至关重要。

"习"要真正达到目的,又必须注重"时"。我所讲的"时",就是指学生所处时代之"时"、身心发展之"时",以及因材施教之"时"。只有因"时"而"习",才能"习"在关键处,"成"在有效"时"。换言之,也就是语文学习这一实践活动才有生命意义,才有课程意义,也才有发展的意义。

在学生的学习实践过程中,教师施教的意义又在哪里呢?在于点拨。点拨,是促进和引导学生自成学习主体、提高学习成效的不可或缺的指导力量。点拨,既是理念,又是方法。作为教学方法论,其智慧就在于时机的生成与把握。本章从操作的层面,结合个人实践展开讨论。

第一节　点拨法的含义与方法

关于点拨教学方法的提出与研究,有一个三十五年的发展过程。1982年,我的导师蔡澄清先生在《语文教学通讯》第2期发表《重在点拨》一文,提出了点拨的观点,即"点者,就是点要害,抓重点;拨者,就是拨疑难,排障碍。也就是在教师的指导下,主要组织学生自学"。这一年,我刚做教师。看似简单的一句话,对我产生了强大的思想冲击力,我开始在实践中落实、摸索、体会。接下来的几年,我结合教学实践,与蔡老师一起写了大量文章进行研讨,使点拨教学从实践层面逐步走上理论层面。1990年,我和蔡老师合写的论文《点燃主动探求知识与发展能力的引爆剂——语文教学"点拨法"新探》一文,提交给全国中学语文教学研究会年会,得到广泛好评,收入北京出版社《语文教学方法论》一书,第一次重点对点拨的含义作了基础性诠释,这就是:

所谓点拨,就是教师针对学生学习过程中存在的知识障碍与心理障碍,用画龙点睛和排除故障的方法,启发学生开动脑筋,自己进行思考与研究,寻找解决问题的途径和方法,以达到掌握知识并发展能力的目的。这种点拨,可以是教师点拨学生,也可以是学生之间的相互点拨。所谓"点",就是"画龙点睛"或"点石成金",它可以是:点课文的精彩处,点知识的重点与难点,点学习中的疑点,点学法上的佳妙处,点学生容易忽视或出错的地方。所谓"拨",就是拨去故障,使学生开窍。这种拨,可以是:拨乱反正,拨疑为悟,拨难为易,拨暗为明,拨死为活。

以后的关于点拨教学的研究,基本上是立足于这一诠释而不断深化和展开的。为了表达我的敬师之情,在导师花甲之庆当年,我自费印刷了《语文教学点拨论》一书，印了五百本，作为"非卖品"赠送朋友。书中收入了我独自写的和我与导师合作写的论文，也收入了其他同道者的文章。第二年，天津教育出版社以这本书为基础，正式出版了《语文教学点拨艺术丛谈》一书。应该说，这是最早的一本全面研究点拨教学的文集。我一直与导师进行深化研究，1997年，山东教育出版社约我和导师合作撰写《蔡澄清中学语文点拨教学法》一书，作为中央教科所重点图书系列出版。2013年，蔡澄清先生年届耄耋，我又一次筹资正式出版了《青年语文教师成长之路》一书，系统整理了研究点拨法的一个群体经验，一则作为对导师的感恩与庆祝，二则作为对青年教师学术成长的示范与期待，以表达我的点拨教学情怀。我与导师虽然身处沪皖两地，但思想相通，学术相融，感情相恰。导师一再嘱我也出一本个人点拨法专著，为不辜负期望，在本书中，我继续对点拨教学作一次整理、归纳和阐释。"点拨"与"时习"同出一理。点拨是在时代要求、身心发展时期以及动态变化的教学时机下的引导。点拨的过程，从本质上说，是促进学生实践（习）的过程。点拨与时习的注意点，就是以学生的发展为本。

一、点拨教学的客观要求与适用范围

实施点拨法不是出于主观愿望，而是语文教学客观要求使然。为此，我在这里回答两个问题：为什么要提倡点拨法？从哪些方面点拨？

（一）客观要求

1. 点拨是中学语文教学特点的客观要求

语文课的根本任务在于教会学生正确掌握和运用语言文字工具，它既要求学生掌握字词句篇和语修逻文等基础知识，又要求学生具有听说读写的能力。

从掌握知识来说，从小学到中学，学生已经学过多年的语文，掌握了一定数量的字词句篇等基础知识，教学中学语文课文，并不需要从每一个字词句教起，而只需在学生有障碍和困难之处,教师引导学生越过这些障碍,解决这些疑难,因此无须逐字逐句地讲读,只要重点点拨,这是一方面。

从培养能力来说,学生要通过语文学习,掌握运用字词句篇和语修逻文这些知识的本领,培养和发展自己的听说读写能力,不是仅靠教师讲读就能做到,而是主要靠学生通过自学自练的实践活动来完成,教师点拨正是引导和帮助学生顺利地进行这种实践练习,更快更好地培养和提高他们的运用语言文字的能力。能力不是教师讲出来的,而是学生练出来的。

因此,语文既不同于政、史、地这类以传授知识为主的学科,也不同于数、理、化这类特别强调运用技能训练的学科。它具有综合性强、积累性强、应用性强等特点,教学中既不需要,也不可能全面讲授,而只需要从教材和学生的实际需要出发,重点点拨,组织和引导学生自己去学习和运用。

2. 点拨是现代化教学注重提高效率的实际需要

现代教学的重要特征之一就是适应当代知识飞速发展的客观需要,采用高效率的教学手段,加快学生掌握知识与发展能力的进程。教师的根本任务在于教会学生自己吸取和运用知识的本领,帮助他们在这方面解决一些疑难,掌握自学的方法,养成良好的习惯,而不是把书上的全部内容一字不漏地灌给学生,让他们死记硬背,不加思考地全盘吸收。

在知识飞速增长的今天,在现代的信息社会,传统的全盘授予的教学方法是无法提高教学效率,让学生发展智力、提高能力的。那是一种远远落后于时代需要的很不科学的教学方法。德国教育学家第斯多惠说:"一个坏的教师奉送真理,一个好的教师则教人发现真理。""奉送真理"的教法在今天已不合时宜,它完成不了现代教育的任务,而必须代之以"教人发现真理"的教法,这才是科学的。

点拨法正是教师引导学生、学生引导学生,使学生学会"发现真理"的一种教学方法。在中学语文教学中,它将大大有助于改变长期以来语文教学的少慢差费的状况,提高语文教学效率。

3. 点拨是调动学生学习积极性的科学措施

学生对语文课不感兴趣的重要原因之一,就是对填鸭式教学感到厌倦,尽管教师讲得天花乱坠,学生却听得昏昏欲睡,始终打不起精神,哪里谈得上有什么主动性与积极性?不改变这种局面,语文课是很难提高质量的。

教育学和心理学的常识告诉我们:学习积极性是学生在学习活动中的一种自觉能动的心理状态,它是由多种心理因素构成的。比如,学习动机、学习兴趣、注意状态等,都与学习的积极性、主动性密切联系。运用点拨法,就是要根据学生的学习心理特点,从上述各方面去拨动和引发学生的学习动机,激发和启发他们的学习兴趣,吸引和集中他们的注意力,从而促使他们主动地、积极地自觉学习,以提高学习效率和学习效果。学生的学习积极性一旦调动起来,他们就会以高昂的情绪主动去探求知识的奥秘,奋勇地攀登发展能力的阶梯,教师的任务就在于把这种积极性充分调动起来。点拨的任务正是在这方面因势利导,而不是全盘灌输。

孔子说的"不愤不启""不悱不发","愤"与"悱"说的正是学生的心理状态,"启"与"发"说的就是针对心理状态,相机诱导,适时点拨。一个高明的教师只要三言两语就能激起学生强烈的学习欲望;只要给一个巧妙的暗示就能使学生在一片昏暗中悟见光明,豁然开朗;只要在方法上略加指点,学生就会心领神会而自动腾飞。教师的一石激起千层浪,学生往往就会浮想联翩,进入一个别有洞天的知识世界,这就是点拨的功能。因此,点拨的方法不是全面授予,而是片言居要、点石成金。

"一个无论怎样坚持也不过分的,就是在教育中尽量鼓励个人发展的过程。应该指导儿童自己进行探讨,自己推论,给他讲的应该少些,而引导他们去发现的应该尽量多些。"(斯宾塞语)所谓"引导""发现",就是一种点拨。因此,我们认为点拨法是发展学生思维、调动学生学习积极性的一种有效方法。

（二）适用范围

点拨教学法的适用范围十分广泛。总的来说，它的实施不分课内与课外，也不分阅读教学和写作教学。甚至，点拨法也打破了教师与学生的界限。从宏观角度对点拨的内容作一个扼要的扫描与考察，撮其要者，有如下几个方面。

1. 点拨学习目的，引发求知动机

我们特别着重从现代社会需要这个制高点上来引导学生明确学习目的。现代社会需要每一位公民都应当思维活跃、敏捷、缜密、全面。思维不能健康完整地发展，就不能算是一个完整的人。从育人的高度来使学生明确培养思维能力的重要性，学生就能主动地进行自我调节，自我点拨。一个教师仅仅懂得学生学习的目的是什么，并相应地苦心经营出合理的教法，把学生当作接受训练的机器，这是达不到较高的境界的。教师只有点拨学生自我明确了学习目的，才能真正引发他们的求知欲望，教学相长才能变为现实。

另外，点拨学生明确学习目的是一个动态的过程。它随着社会生活、学生生理及心理、课程设置等因素的变化而变化。从根本上说，学生现在及未来的人生过程都应当是点拨明确学习目的的过程。有人说，学习目的在学生入学那一天起就已经讲明，教育方针及教学大纲都规定得很清楚，有何点拨的必要？如果从外在要求上看，这是对的，但如果根据学生的实际，这种以不变应万变的态度就很简单。点拨法的特点就在于将学习目的与学习实践时时结合起来，让学生学有方向，稳步前进。比如，说话能力及实用文写作能力的培养，学生明知重要，但由于考试的因素，有不以为然之感，宁愿舍此而去求彼，如果教师点拨学生开启信息化社会的大门，使学生懂得口才的重要，引发学生主动培养自己这方面能力的动机，那么，教与学双方就能和谐地统一起来。如果再进一步说明，训练说话能力不仅是为了有好的口才，而且有利于其他思维能力的培养，那么，学生主动求知的积极性就会更加高涨。

2. 点拨学习心理,让学生掌握自己

我们知道,心理学是同语文学习联系十分密切的一门科学,它直接研究不同年龄阶段的学生大脑工作原理,研究记忆、注意、观察、思维、想象等规律。而这些规律正是学生迫切需要的。让学生懂得这些知识,可以自觉地避免那些错误的学习方法,自觉地选择适合自己个性的学习方法,从而大幅度提高语文学习效率。这种学习心理上的点拨,应当列为语文教学点拨法的重要内容。

有三十一名农村初二学生自读《连升三级》,认为这个故事不真实。张好古混迹一年,只字不识,值得怀疑。再说张好古只字不识,是一恶少,在口头表达上也应该是粗浅不堪的,难道那些有真才实学的翰林们分析不出来?教师仔细地联系时代背景和文学的真实性问题来讲解,学生表面上消除了疑雾,然而肯动脑筋的学生还是问:"老师,为什么我们不能像你一样来分析啊?"仅是回答"你现在水平还是不够"恐怕还不行。教师不妨让学生了解自己:初二学生大多是十四五岁,这个时期,心理上是少年期和学龄中期。因此,学生心理尚处于幼稚期向成熟转化的朦胧醒悟期,特点是模仿性强,静止不变的概念性知识容易掌握,而透过作品外壳进行理性分析的能力不强。学生有些焦灼:"那我们就不用分析思考了吗?"不,教师让学生进一步明白,在神经系统的进一步发育方面,少年的脑重量已达到了成人的水平,脑细胞的分化能力也接近成人水平,但脑细胞的功能还比较脆弱,大脑皮层区域的神经联系还不稳固,兴奋点容易转移、跳跃,意志力、自控力薄弱,兴奋和抑制过程的扩散都较快。这样,思考分析不应要求过高,关键还是学习习惯的培养。如阅读,在初一、初二阶段理应着重掌握查工具书、查字解词、提要摘抄、背诵等基本功。

教师这样从生理、心理素质上来点拨学生,学生完全掌握了自己,就能愉快而又和谐地与教师一道学习,使学习不断科学化。

3. 点拨学习兴趣,激起探索欲望

兴趣是学习知识、探求疑难的原动力。为什么学生的兴趣、积极的情绪对于学习活动十分重要？巴甫洛夫高级神经活动学说实验证明，情感对大脑皮层有效工作具有巨大作用：积极的情感是人的一切活动的强有力的鼓舞者和发动者。相反，消极的情感则阻碍压抑它的工作。教育学家斯卡特金说："如果我们能够做到百分之百地使孩子们兴致勃勃地学习，那么我们的成绩率就是全优的了。兴致勃勃地学习，不仅是孩子们的幸福，而且也是教师们的幸福。"这实际上也是古今中外历代教育和教学论诸家思想的主旋律。

点拨法把激发学生的学习兴趣也当作教学实践中的重要一环。尤其是对待学习有困难的学生，更着重于兴趣的点拨。比如，写议论文，学习有困难的学生没有不皱眉头的。经过两三年的反复练习，他们还是不能写出一篇像样的文章。为此，我们运用点拨法，让他们走上议论文写作第一台阶。首先强调第一步：先放后收，打破框框，消除顾虑，让学生进行漫步式的写作。所谓漫步式的写作，就是漫无边际地写，其根本目的，就是为了激发那些视写作为畏途的学生的写作兴趣，让他们充满信心地迈开第二步。写作内容既有学生的身边生活，也有山川、草木、虫鱼、人物等，无所不包。这样不加限制地引导，能使学习有困难的学生无拘无束，为培养他们的思维能力营造良好的心理环境。他们心里都想："写作，原来如此。"当然，"放"过之后，便是循序渐进，由易入难，开始做"收"的工作。

4. 点拨学习重点，导入攻关要塞

点拨法最忌面面俱到，而特别重视对学习内容的轻与重、主与次的分辨。只有牵住牛鼻子，点拨才能够获取最好的效果。所谓点拨学习重点，导入攻关要塞，按叶圣陶的意思就是要处理好"纲领"与"纤屑"的关系。

在学习课文时，就表现在选定突破点上面。何谓突破点？一是教材中的点，二是教法中的点。前者指的是课文内容中的重点、关键点，后者指的是教学过程中的引爆点、窥豹点、释疑点和传技点。教师要善于点拨学生把这两方面的点有机地结合起来，引导他们抓住什么、如何抓，从而达到掌握知识、培养能

力的目的。

例如学习长文《制台见洋人》,教师点拨学生从字词句中这一点上来突破:

① 他接过手折,顺手往桌上一摆……

② 他"索性把手折往地上一摔"。

③ 巡捕报告"有客来拜"因制台正准备吃饭,于是,"只见啪的一声响,那巡捕脸上,早被大帅打了一个耳刮子"。当制台知道是"洋人"来时,"又打了巡捕一个耳刮子",还踢了两脚。

全文至此写了三件事,这里的一摆、一摔、两掌、两脚生动地描述了制台骄横恣戾、欺压下属的"横"像。又如:

① 制台见"领事气愤愤地"质问自己,当下想了想说道:"贵领事可是来问我兄弟杀的那个亲兵?"于是讨好一番。可领事再次逼问:"何必一定要杀在我的公馆旁边呢?"制台想了一想,道:"有个缘故……"于是又加倍地讨好卖乖。

② 领事走了,制台说:"我可被他骇得一身大汗了!"作者复用"想了一想"生动传神地表现了制台想蒙混过关、竭力讨好献媚之能事的惧怕心理,画出了一副"骇"像。

再如:

① "洋人"回国,制台说:"很好! 他这一走,至少一年半载。我们现在的事情,过一天是一天。"

② 当淮安知府告诉制台"地方上的百姓动了公愤"时,制台说:"糟了! 一定是把外国人打死了! 中国人死了一百个也不要紧!"

③ 当淮安知府说:"洋人"在中国人面前彻底"服软"了,制台说:"咦! 这也

奇了！我只晓得中国人出钱给外国人，是出惯的，哪里见过外国人出钱给中国人？"

以上写制台与淮安知府的对话，突出一个"昏"字，活画出制台没有骨气、崇洋媚外的"昏"像。

学生在教师的点拨下，抓住"横""骇""昏"这三个字的含义，对文章艺术特色及制台形象就能一清二楚。

5. 点拨学习疑难，帮助逾越障碍

学习有一个"无疑—生疑—解疑—领会"的过程。传统的教学是教师唱独角戏，将这个过程变为教师嚼烂知识送进学生嘴里的简单的包办代替的形式，导致的结果便是学生的思维变得呆板机械。点拨法教学则着重于点拨学生在无疑中生疑、解疑，或者是当学生实在生不出疑难时，教师献疑，让学生活跃起来，攻克疑难，逾越障碍。点拨的目的是让学生自己学会积极思考。

方法上的点拨不能仅仅停留在教师对学生的单向指导上，而要充分地调动学生的智力，让他们学会点拨自己。学生能点拨自己是必不可少的点拨。苏霍姆林斯基说得好，如果把掌握知识的过程比喻为建造一幢房子，那么教师提供给学生的只是建筑材料——砖头、灰浆等，应当把一切砌垒起来的工作交给学生自己去做。正是由于教师不让学生去干这种笨重的建筑工作，才使学生变得不够机灵，理解力下降。只有让学生实际地干，他才会真正掌握知识。

我在班上试办了"疑难问题"征答专栏，划出一块园地，写上几条须知：

① 提出学习时遇到的疑难问题；

② 问题必须具体，要抓住要点；

③ 集思广益，献计献策；

④ 欢迎一题多解，展开争论。

这样做,点拨学生时时处在思考中。如有学生学过《桃花源记》后问:"'仿佛若有光'中的'仿佛''若'都是'好像'的意思吗?如果是,那是否重复了?"课本上没有注释,教师也忽略,另一个学生借助《说文解字》解决了这个疑难问题:"佛,见不审也。"有学生补充说:"见不审,就是看不清楚的意思。"这一句译为:"看不清楚,隐隐约约,好像有光亮。"还有《一月的哀思》中,作者为什么用了这么多的破折号?《故乡》中又为什么用了那么多的省略号?诸如此类疑问,不一而足。在教师的点拨下,学生查阅资料基本上都能作出完满的回答。

至于在课堂教学中,教师相机提出疑难,引发学生生疑,然后展开讨论就更是习以为常了。总之,点拨学习疑难,帮助逾越障碍,是点拨的重要内容之一。

6. 点拨学习方法,交给钻研钥匙

学生明确了学习目的,产生了学习兴趣,这仅仅是搞好学习的第一步。学习,有一个方法问题。有了方法,等于有了进军的手杖,没有方法等于在暗胡同中乱钻。有些学生失去学习信心,自怨自艾,大都是没有掌握学习方法的缘故。点拨学习方法理应是教学的重要内容之一。那种只管教,不管学,只研究教法,不研究学法的教学算不上点拨教学。

怎样点拨学习方法呢?我们在点拨的实践中体会到:

(1) 教师在继承我国古代传统的语文学习方法和借鉴国外各种先进的语文学习方法的基础上,努力总结当代一些卓有成效的学者和成绩优异的学生在语文学习中创造的学习方法,然后加以归纳整理,逐步建立起科学的语文学习方法论来,让学生运用。

(2) 方法不仅由教师总结,还应让学生自己动手创造。叶圣陶说:"让学生自己去发现种种的法则。"学生自己摸索到的方法,往往感受更亲切,使用起来更得心应手。因此,应当点拨学生在语文学习过程中,自己去总结、改进和创造学习方法,学会科学地学习语文。

(3) 中学各学科的学习方法有很多是相通的。因此,我们要点拨学生进行方法渗透、转换、比较。将学数学的方法移植到学语文上来,同样生动实用。我们举办"学习方法汇报会"是很有效的形式,比如,在一个小时内让全班学生以"课堂笔记作法"为题,举例畅谈。七嘴八舌,各抒己见,学习方法的火花时时闪现。这也会出现教师点拨学生、学生点拨教师、学生点拨学生的立体交叉式点拨的喜人局面。方法在手,等于拿到钻研知识的钥匙,其效果是不言而喻的。

点拨学习方法,交给钻研钥匙,不仅势在必行,也需要较厚的知识基础作保证。学生进入中学阶段,储备了一定的词汇,积累了一些文章,具有了一定的听说读写的能力,这为学生全面地掌握语文学习的基本方法奠定了基础。同时,根据心理学的分析,学生智力发展的高峰是在初高中时代,由于智力是构成学习基础的能力,因此中学阶段确实是点拨学生掌握学习方法的最佳时期。此外,初中时代又被称作青年早期,这时期学生处于从孩子到成人的过渡时期,在心理上具有钟摆一样强烈动摇的特征,因此在这时期加强对学生语文学习方法的指导,有助于他们接受正确的语文学习方法,养成良好的学习习惯。

7. 点拨知识运用,体会收获乐趣

为什么不少学生读了十几年书,走入社会,却有学用脱节之感呢?主要原因就是只重视校内技能传授的过程,而忽视了校外见习运用,校内与校外没有有机地结合起来。当然,点拨学生运用知识,体会收获的乐趣,也不是非让学生走到校外不可。在校内开辟第二课堂也是知识运用的有效途径。方法尽管多种多样,而效果则是趋于一致的:

① 在实践中,运用掌握的知识,更能激发探寻新知的兴趣;
② 学生运用知识,更能清楚地认识自己知识水准的程度,能进一步调节自己;
③ 运用知识,使思维能力向更高的境界发展;
④ 在实践中运用知识,常常采用综合交叉的形式:读写听说这四项能力常常是融会贯通的,这比教室内进行单一式教学效果更大。

这几种效果实际上也就是点拨知识运用的意义。"破封闭、倡开放,进行社会调查,开展以写为中心的读写听说综合训练"活动,是进行这方面点拨的有效形式之一。利用节假日组织学生进行社会调查,在研究前先综合归纳语文四项能力的基本要求。首先是说。这是调查时首先遇到的一个问题。说的问题是什么?同一个问题运用哪些不同的形式进行表达?对不同身份、不同性格、不同修养的采访对象运用什么样的方式说?如何提问?如何引用?如何增强趣味性?等等。其次是听。为了迅速达到采访调查的目的,会听会记至关重要。如何抓住契机,让对方作深入表达?如何以点带面,进行由此及彼、由深入浅、由表及里地联想分析?如何提纲挈要,对被采访者的话进行过滤、分析、综合归纳,再作记录?等等。最后是读。着重于写作例文的阅读点拨,让学生在写的时候,心中有一个参照物。最后是写。复习写作知识及要领。

总之,学生在调查前将四项能力的知识要领掌握之后,更容易走入生活,实践见习,运用锻炼。运用的过程,就是一个巩固、复习、发展、创新的学习过程。

在这个过程中,乐趣也是无穷的。仅说修改文章吧,平时修改,仅仅是针对文章本身的毛病而言,诸如谋篇布局是否得当、文字表达是否凝练等。而在调查中修改,则打破了这种封闭的单一状态。调查时的"听""说"效果在文章写成后体现得十分明显,如学生甲在文中写了一个精彩片段,而学生乙却只字未提。学生甲与学生乙同时调查,应该说都可以运用这些精彩材料,为什么写作事实却不是这样呢?原来甲在调查时,听说能力比乙强一些。甲注意的问题往往被乙忽视了。教师这时候点拨学生比较思考,学生就能领会掌握知识的重要性。

二、点拨教学的基本方式及其作用

"点拨法"能帮助人们端正语文教学思想,明确语文教学过程,运用科学的语文教学方法。在明确点拨法基本思想的前提下,作为一线教师,最关注的还是如何操作的问题。虽然说运用点拨法没有固定的模式,应该灵活掌握,但在教学中，基本的操作方式还是有的。

我在教学实践中，摸索了十种点拨方式，有一定的实用价值，当然还很不全面，有的还有待进一步完善。现提出来，仅供参考。

1. 暗示引发

心理学上所说的暗示，指人从环境中的人或事物所接受的不知不觉或意识模糊的刺激及影响。这种人与人之间、人与环境之间的自发的刺激影响作用，叫暗示。运用暗示引发式点拨，就是充分利用学生的心理暗示活动，促进学习某事物的需要、兴趣和动机，同时与有意识的心理活动相结合，以充分发挥智慧潜力，取得尽可能好的学习效果。

具体地说，就是在点拨过程的开端甚至结束，并不直接提出"学习什么"的目的，而是艺术地把学生引入一种境地，来焕发合宜的动机和需要，启迪他们由衷产生相应的情感、想象和思维，使学生自然而然地获取某种知识和技能。"任何一种教育现象，孩子在其中越少感觉到教育者的意图，它的教育效果就越大。我们把这条规律看成是教育技巧的核心，是能够找到通向心灵之路的基础。"（苏霍姆林斯基语）这个见解强调了暗示引发式点拨教育的意义。

我们来谈一个例子。某种高中二年级第二学期语文教材有一个戏剧单元，包括《雷雨》《威尼斯商人》和《窦娥冤》三篇课文。学生学戏剧作品有一定的难处，平时见得少，戏剧常识和分析方法也了解不多。为了达到实用而又别开生面的教与学的效果，我们打破了常规分析的教法，结合"五四"青年节活动，安排学生演一场戏——《威尼斯商人》。把全班学生分成导演组、演员组、舞台设计组、表演评议组。教师将有关材料全都提供给学生，让学生精心准备，然后演出。学生成了导演，成了演员，成了评剧人，兴趣盎然，只知道自己是在演戏，忘记了自己是在带着任务学习。实际上，编导的过程就是一个分析剧本的过程、深入角色的过程、领悟台词的过程，而评议表演，则是深化各项知识的过程。除了导演和表演者，作为观众的学生也都在积极地学习。

这种点拨，不是正面的直接让学生学什么，而是让他们去做什么，用表演活动来激励他们的学习兴趣、需要和动机，围绕活动来学习知识，顺其自然地学习。在点拨实践中，进行暗示引发的途径是很多的。比如，播放诗歌或散文朗诵音频，将学生带入作品所渲染的意境中，使其在情感上得到陶冶等。

2. 引路入境

境，指美好的境界。怎样入境？强调一个引字，也就是点拨。它不是牵拽，更不是灌输，它着重于让学生在心理上产生共鸣，在思维上达到同步。引，实际上是架起一座引桥，教师点拨学生，矫正路线，循序渐进。引路入境的范围很广，既关联学习方法的点拨，又涉及讲读教学与写作教学的艺术表现。

如矫正习作中出现思想情绪灰暗低沉的例子。一位农村中学生在文中散布对农村生活彻底失望的情绪，堆砌了不少能体现农村生活落后的事例，引起不少学生的共鸣。怎么矫正？一般方法是在讲评时提出批评。这样做，教师说套话多，虽然也有理有据，学生在情绪上却一时不愿接受。如果采取委婉迂回、引路入境的方式，效果就大不一样。

教师首先谈一点关于美的知识作为引子，生活中包含着美，客观中存在着美，但又不是俯拾皆是。凡是客观的存在于社会生活中、最能体现人的本性、富有生活意义与人生价值、易于唤起审美情感的社会生活事物，就是生活美。生活美并不表现在一些非常态生活，如激动人心的社会事件，而最多的是平凡的常态生活。学生常忽略后者，这一点要特别强调。

继之，教师又引出生活美的主要内容：

① 性格美，如农民任劳任怨的精神；
② 风尚美，如淳朴的乡村习俗；
③ 事件美，如移风易俗的新人新事；
④ 氛围美，如富有人情味的生活气氛。

这样,使学生对农村生活美有了一个全面的认识。

最后,避开病文,引导学生每人根据上述提示举出二三例。有意点拨学生举出一些反例,对正例与反例进行辩证分析,用一分为二的观点分清主流和支流。

通过以上几步的引发,学生已沉浸在生活美的境界中,火候一到,再亮出病文,不待教师讲,学生便自有认识了,像这样委婉迂回,引路入境,能从根本上解决认识社会生活的方法问题,也点拨指导了写作。

3. 辐射延展

点拨,着重于一"点"的拨动。一篇课文是一个沉重的物体,而拨动的某一点是垫在杠杆下的石头。石头支撑杠杆起作用,便顺利地移动了物体。这一点,可以是课眼,也可以是文眼或诗眼。拨动这一点延及其余,抓纲显目。既在知识上放射开来,呈网状结构,又在能力发展方向扩展开来,形成发散式思维。这就是进行辐射延展式点拨要达到的目的。

如扣住文眼,用辐射延展的方法教《触龙说赵太后》一文。全篇的眼睛是"说"。辐射延展状况如图6-1所示。

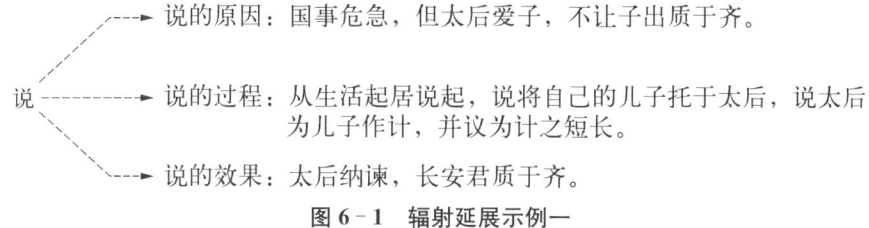

图6-1 辐射延展示例一

通过图6-1的扩展,为时不多,学生在知识上至少有两点收获:触龙的说话艺术;文章谋篇结构的特点。在技能上也有两点借鉴:学习说话;学习扣住文眼分析作品。

在写作教学中,辐射延展式的点拨也很常见。如下面一则《观察札记》。

张二叔家的小院子十分宽敞,院墙四周垒起了花坛,种了各色各样的花草:有玫瑰、兰草、月月红……三间正屋都是青砖屋顶。红瓦参差,十分气派。初夏的黄昏,一家人都歇工了,围坐在小院中央的石桌边闲聊。张二叔却闲不了,他正在侍弄培育的"猴头"。再过半个月,"猴头"就要上市了。新月初升,小院清幽。大家都在吃香喷喷的绿豆稀饭,张二叔还要饮两杯"洋河大曲"呢……

一般情况下,学生只能扩写成一篇情景交融的散文。其实,通过点拨,还有图6-2所示的写作思路。

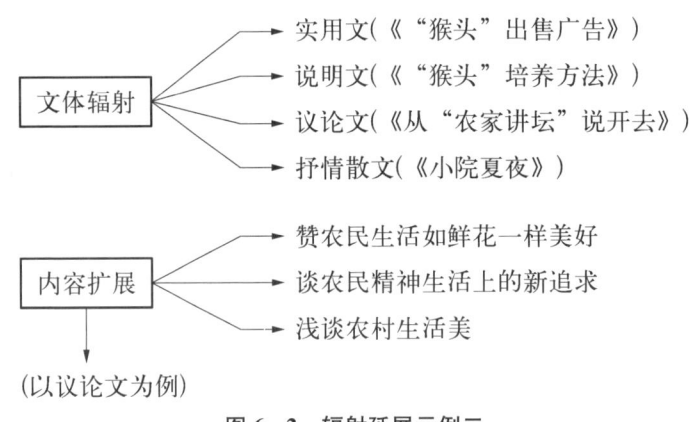

图6-2 辐射延展示例二

明确以上思路,学生就可以根据需要组织材料、补充材料写作了。

4. 逆转爆破

常规教法是:教师先备课,然后设计教案,接着讲课,最后布置作业。这种常规教学,沿袭日久,当然切实可行。是否非得如此沿袭不可呢?不一定。如果我们把这种课堂讲授、课后作业、教师批改循环往复的教学模式看作顺向教学的话,那么,进行逆向爆破式的点拨教学恰恰与此相反,所以,相应的称为"逆转"。

教师把有关课文的材料给学生(成立阅读小组),并设计出一整套练习题,让学生自动完成。学生进行练习的过程实际上也就是提供反馈信息的过程。教师据此备课,批改作业,然后补缺补差,解决疑难,这就是选点"爆破"。这种方法能充分调动学生自学的积极性,教师做到对症下药,点拨能"点"到要害,"拨"到关键。

如教《人民的勤务员》,教师拟了一份自测试卷让学生在竞争气氛十分浓厚的情况下一节课完成。下面是几道题目:

① 填写表格6-1:

表6-1 自测试卷

时　间	地　点	事　件	服务对象	评　论

做这道题的目的是掌握课文的内容。从时间上看,有平时、假日;从气象上看,有晴天、雨天;从地点上看,有旅途、驻地;从服务对象上看,有老人、妇女、孩子等;从事件上看,有扶老携幼、端水倒茶、打扫卫生等。作者的评论有两点:一是直接评论"寻找一切机会为人民服务";二是引用毛主席的话"一贯地有益于广大群众,一贯地有益于青年,一贯地有益于革命"。从答卷上看,学生基本上能完成。

② 提问题:

文章开头和结尾都引用了雷锋日记,在内容上有何异同?有何作用?它们

的位置能否颠倒？

做这道题的目的是让学生了解结构特色。学生回答不周全，教师在第二节课上进行点拨：两段日记都展示了雷锋高尚的共产主义情操。不同点是开头侧重说明雷锋的生活宗旨，结尾侧重揭示雷锋的思想基础。作用是形成首尾呼应，揭示全文的中心。它们的位置不能颠倒。因为开头有总领全文的作用，而结尾则是揭示雷锋之所以这样做的基础，含收束之意。

总之，这种点拨形式所要达到的目的，就是创设一种竞争气氛，充分调动学生智慧的潜力，让他们自己动手动脑，克服依赖思想。

5. 抽换比较

抽换比较是指将课文中的某些内容抽去，换上教师自编的内容，让学生比较。比较的内容包括：找与课文配合的例文，将重点、精彩点抽出来，换上另一种内容或表达方式。这也是为了打破每一节课都是叫好的沉闷格局，活跃课堂气氛，促进思维发展。这种点拨方法也适用于写作教学。

如教《阿Q正传》，可请学生研究表6-2。

表6-2 抽换比较示例

原　　文	抽　换　句　子
① 你怎么会姓赵！——你那里配姓赵！	① 你怎么会姓赵，你那里配姓赵！
② "老Q……现在……"赵太爷却又没话，"现在……发财么？"	② "老Q"，赵太爷却又没有话，"现在……发财么"

这个表中还有很多条，通过标点的抽换让学生品味鲁迅使用标点符号的艺术：

① 原句中用两个感叹号，充分表现了这个豪绅咄咄逼人的口气，中间的一个破折号活现了赵太爷步步逼人的气焰，而抽换句则不能达到这一效果。

② 赵太爷的一句话仅九个音节,却用了三个省略号,表明四次才说完。"现在"一词,竟然重复两遍,停顿两次,巧妙的标点,惟妙惟肖地揭示了赵太爷之流惶惶不安的心理和神情。

显然,抽换句的表达效果也不如原句好。

又如教《反对党八股》一文。为了促使学生对课文语言特色的掌握,有意地将原文中的典型句子抽出,换成另外意思相同的句子,让学生比较思考。如"……但是没有什么内容,真是'懒婆娘的裹脚,又长又臭'",换成"没有什么内容,显得空空洞洞,而且又拖沓冗长"。再如"俗话说:'到什么山上唱什么歌',又说:'看菜吃饭,量体裁衣'",换成"具体问题具体对待"。哪一种语言通俗易懂,深入浅出,生动活泼,不言而喻。

在作文批改过程中,也不要随意画去学生的文字,而是将教师的修改文字写在旁边,并略述之所以如此修改的意图。这样也留下了让学生比较思考的广阔空间。

6. 纲要信号

有些文章要掌握的内容很多,重点交叉,头绪纷纭,为了使学生自己解决一些较为容易的问题,以便集中攻克某一难点,教师有必要用"纲要信号"的形式让学生先熟悉一部分内容。有些文章浅明如话,几乎不用饶舌,教师干脆将"纲要信号"传递出去,使学生更快地通过学习的关卡。有些构思能力较差的学生,写作时手足无措,文章常常是乱麻一堆,怎么办?把"纲要信号"传给他,让他明白作文结构的"格",按照一定的定式来写,进行定向思维。这些,都是"纲要信号"所起到的点拨作用。

什么是"纲要信号"呢?我们用实例来说明。

茅盾的《白杨礼赞》从文体上讲是抒情性散文;从构思设计上讲是因物联想;从写作意图上讲是"赞美白杨树";从感情基调上讲是充满了赞美之情;从线

索上讲是由描绘、概括而联想、赞美,白杨生长的大自然背景—白杨树的形象—由白杨联想抗日人民的形象。仅这些问题,单靠教师用语言表达既费时,又费力。而如果用纲要形式列出来,变有声语言传达为无声的信号指示,就能事半功倍。见表6-3所列。

表6-3 纲要信号实例

白杨树生长的自然环境	→	白杨树形象	远望,勾勒白杨的风姿 ↓ 近观,描写白杨的形象 ↓ 比较,概括白杨形象特点	→	像白杨一样的人	象征了北方农民 象征了敌后守卫家乡的哨兵,象征了用血写出了新中国历史的精神意志
(引出)		(描绘—概括)				(联想—赞美)

学生仔细审读上面的纲要,其中的箭头方向与文字说明已组成一束信号,很快贮入脑内,对照课文思考,一系列问题就可以解决了。这样从全局认识全文之后,再局部剖析课文中的疑点、难点、重点,就具备了成熟的条件,而且思路广阔畅达,节省时间。

事先向学生传送纲要信号与进行一般的板书设计不同,板书设计实际是为教服务的,一套板书设计结束也是一课内容的分析的结束。板书设计反映了教学思路的走势,便于学生有条理地掌握一课学习的内容。而纲要信号也常常以板书形式出现,但它不是一课内容的全面概括,它主要呈现课文的某一点、某一部分。如《白杨礼赞》的纲要信号就是突出在作者思路和文章结构这两点上,至于语言特色、修饰艺术等不包括进去。一套板书设计常常是贯串全课始终的,教师边讲边板书。纲要信号则不用教师去讲析,而是发出信号,提示学生怎样去思考。因此,板书设计是知识概括,纲要信号是思考方向的点拨。

再举一例,有些学生写记人叙事的文章,不会选材,不懂结构,不知详略,不明主次。如果总是给学生讲述文章知识结构,空洞呆板,不能解决实际问题。与其重知识上的灌输,不如在表达上将语言概述改成信号传递,让学生看图6-3。

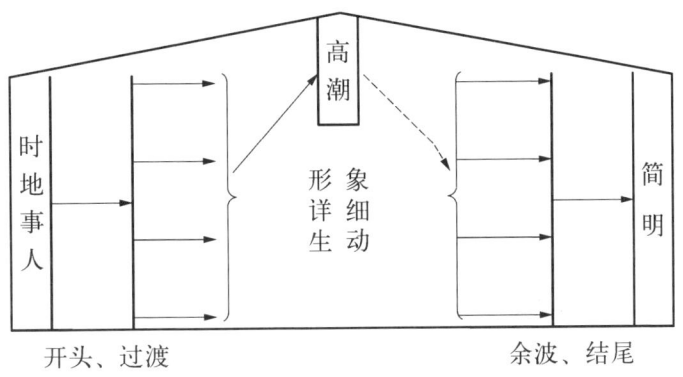

图 6-3　作文的纲要信号

学生依上图构思、选材、结构、连缀,就如下棋,有了一个定式,有格可依、有路可寻。当然,发出纲要信号,只是一种思路上的点拨,不是定下一种僵死的思维模式。

7. 激疑促思

"要尽量使你的学生看到、感觉到、触摸到不懂的东西,使他们面前出现疑问。"(苏霍姆林斯基语)疑问是思维的导火线,激疑与促思是孪生姐妹。"思"以"疑"为起点,有"疑"才有"思",无"思"就不能释"疑"。当学生情感被激发起来,兴趣之潮也激荡起来,再点燃"激"与"促"这个外因之火,就更能发挥学生学习的主动性。进行激疑促思的点拨有两个方面:

(1) 面对显露的疑难,教师搭桥铺路,牵引学生,或正面突破,或迂回冲锋。比如,课文《一面》中有一句:"那笑声里,仿佛带有一点'非日本'的什么东西。"这句由于故意幽微其辞,颇有些费解。而解释清楚,又大有助于对课文的理解。于是针对这一疑难,教师引导学生迂回思考:

① 文章写于何时?有何背景?
② 文中提到的内山与鲁迅关系如何?何以见得?

③ 内山是什么样的人？

归纳学生的见解，便得出如下结论：《一面》成文于1936年，此时日本帝国主义已侵占我国大片领土，中国人民对日本侵略者的民族仇恨已达到极点，日本帝国主义分子和特务分子的狰狞面目已深深地刻在中国人民的心中。而内山完造其人与内山书店所为则相反，内山是为中日人民的真正友好而奔走努力的，因而作者把他当作"非日本"来写。这句话的真正意思是：那笑声里充满了中日两国人民的友好情谊，全然不像当时一般日本人（日本军国主义分子）的笑声。故作者用"非日本"这样一种特殊修饰词来加以表达。

(2) "于无疑处有疑，方是进矣。"（张载语）在无疑处激疑，可促学生深思，深思而后释疑，既深入了解内容，又提高认识。

祥林嫂之死常被忽略，人们只关心祥林嫂的生前命运。其实，教师提出"祥林嫂是怎么死的？"这一疑问更能促进学生掌握祥林嫂这一艺术形象。课文并没有具体交代祥林嫂的死因。但从内容上判断，可推知祥林嫂是"老死"的，犹如一盏油灯，油竭芯尽灯灭。如果泛泛而谈是因为封建绳索的捆缚而死，虽正确但不具体。从祥林嫂临死前的神态、死前的心理活动和短工的旁证，可见祥林嫂是自然死亡。这是一个畸形的生命。祥林嫂"老死"的结局丰富了人物形象的内涵。她是那样勤劳、善良，希望依靠勤劳的双手度过一生。而她生活的那个社会的制度、封建礼教和封建迷信不断地摧残她。那一幅"丧夫图""丧子图""木偶图"，勾勒了中国近代妇女的悲剧生活。而那一幅"中年老妪"图，使她被侮辱、被损害的形象更丰富了。一个不到四十岁的中年妇女，按照生命自然法则正是年富力强之际，然而祥林嫂生命却枯萎了，世上还有比这更惨烈的侮辱和损害吗？未老先衰，未到老死之年而老死。这是祥林嫂形象的独特的典型意义。教《祝福》，在这无疑之处发疑，并结合文章内容推断分析，对认识小说的悲剧意义无疑是十分重要的。

长期运用这种点拨法，可使学生养成反复多思的好习惯，有利于创造性思维能力的形成与发展。

8. 再造想象

想象力是一种认识能力。"想象力比知识更重要,因为知识是有限的,而想象力概括着世界上的一切,推动着进步,并且是知识进化的源泉。"(爱因斯坦语)想象力的种类较多,我们所说的"再造想象"是根据语言的表达或条件的描绘在头脑中形成有关事物的形象的想象。

在讲读教学中点拨学生借助再造想象来理解他们未曾感知的有关知识,认识他们未曾经历的生活,才能对文章的内容及其表现方法有深入的理解,有助于提高学生的观察力和写作能力。比如,社会生活是纷纭复杂的,作者在文章中的表达都是经过提炼的,是"过滤的生活"。如果教师让学生读作品时,通过作品中的语言信息想象事物的原理及生活原貌,就能真正理解作者是怎样由观察生活到表现生活的。

鲁迅《故乡》中的"我"回到故乡后,来到"家的门口",看到"瓦楞上许多枯草的断茎当风抖着"。这一句语言十分简约,但留下了多层次的想象空间,教师提出问题进行点拨:作者写的是什么?生活的原貌是什么?为什么这样写?学生想象的翅膀款款而飞。首先想象,作者写的不是房上的草而是瓦楞上的草,不是枯草而是枯草的断茎,"断茎"不是随风摇动,而是"当风抖着"。这写的是冬天里的荒凉之景。再想象"我"既然观察如此之细,势必还看到其他种种情景:旧屋、荒院、杂草、枯树等,可为什么只写"瓦楞上"的"枯草的断茎"呢?还要进一步想象"我"急于见到家中的亲人,匆匆往院内走的情形。想到这些,就可以理解这一句已表现悲凉之情,无须在凄凉之景上大力渲染了。

这种想象力的发展,对选材、写景诸要领的掌握是很有裨益的。

在教议论文时,点拨学生"再造想象",使语言表达的抽象道理形象化,就容易理解得多。这是因为抽象的东西是从具体的东西中来的,要掌握抽象的道理最好让自己的思维之鸟飞回到生活的事实原野上。

《个人和集体》中有这样的句子:"他骄傲,有了一点成功,就盛气凌人,不可一世,企图压倒别人……",让学生发挥想象,在现实生活中找出"他",给"他"画漫画,这样,"他"的形象给人的印象就更深刻了。

9. "挑拨"争鸣

为了培养学生的创造性思维能力,进一步挖掘学生的智能潜力,打破沉闷的课堂气氛,适时挑拨起争鸣的战火是很好的点拨手段。这种形式也适应青少年敢于探寻知识的心理特点。教材有很多值得争鸣的篇章,为我们开展这种点拨提供了条件,知识越争越多,思路越辨越清,问题也越议越明。

如教《柏林之围》,儒夫上校到底是一个什么样的人?这就是一个值得争鸣的话题。教师直截了当地提示学生:分析儒夫上校的形象,要深掘理论或事实根据。于是两军对垒,战火纷飞,课堂像一锅沸水。学生的观点有两种:儒夫上校是爱国者;儒夫上校是侵略者。

两边都似乎有很实在的理由,在谁也说服不了谁的时候,教师不必急于揭底,而是再添一把火,再拨一次灯,点拨学生思考普法战争的性质。学生说:普法战争实际上是一场统治者争夺欧洲霸权的战争,双方都是非正义的。这是学生给自己泼一瓢冷水,看来问题还是难解难分。

当学生将希望寄托在教师身上时,教师才亮出自己的看法:只有联系人物活动的历史背景和社会环境,才能正确理解人物的思想性格,深入了解人物思想性格形成发展的社会根源与阶级根源,才能对儒夫上校作出客观的评价。众所周知,普法战争是由路易·波拿巴挑起的,目的是延长自己的统治,扩大疆土,争夺欧洲霸权,力图阻碍德国的统一,以便蚕食它的领土。他的野心同普鲁士宰相俾斯麦通过战争统一德国的战争政策发生了冲突,于是对普宣战。开始,这场战争在德国方面是防御性的,在法国方面是侵略性的。这就不难看出,当法国处于侵略性阶段,儒夫上校的爱国主义实际上是一种民族扩张主义和沙文主义。在色当会战之后,法国则转为正义的防御性战争,儒夫上校所想的是从本国人民的利益出发,因而是值得歌颂的爱国主义。

教师的这一分析,在儒夫上校是什么人物这一点上平息了风波,但在学生的内心世界,争鸣的余韵还在扩散。他们尝到了争鸣的乐趣,这种内在的动力必将越来越发挥较大的作用。

创造思维,会引起一系列的心理反应,涉及人的全部心理因素,教师如果在造就良好的心理环境上下功夫,使学生无拘无束,敢想敢说,敢于挑战,那么,学生就会处于兴奋活泼的状态。心理学表明,在这一情况下,学生的智力火花就会得到充分燃烧。这也就是进行"挑拨"争鸣式点拨的根据之一。

10. 举隅推导

教师讲"一",让学生"反三",教师讲"一",让学生"知十",充分地调动已有的知识潜力,推导、综合、分析出新的知识,这就是进行举隅推导式点拨的效果。所举之"一隅",所推导的触发点应当是典型的例子,具有一定的知识辐射因素,对于高中学生来说,这种点拨方式是深受欢迎的。因为他们已经逐渐地显露出试图独立地探索读写中遇到的各种各样困难的心理倾向,他们对难度不大的理论推导较感兴趣,他们的思维能力由经验型向理论型转化,独立思考能力有所提高,不轻信、不盲从,对各种问题能谈自己的见解。我们应当不失时机地抓住这一心理特点来培养学生综合性、创造性的思维能力。

比如,学习《祝福》一文,学生已经懂得祥林嫂的悲剧命运主要是通过眼睛来表现的,《祝福》中三次较为集中地描写了祥林嫂的眼睛已为学生所熟知。学生还懂得鲁迅的名言:"要极省俭的画出一个人的特点,最好是画他的眼睛。"学《祝福》是不是就到此为止呢?倘若如此,学生还有不满足感。教师适时举隅:如果把鲁迅的画眼睛艺术仅仅看作描写人物的眼睛,只能算是狭义的解释。其实,鲁迅的所谓画眼睛是形象的比喻,是一个理论上的概括,是艺术创作中典型化的一种手段或准则。

这样拨一拨,目的是挑起学生对平时所读的鲁迅小说中的画眼睛片段来一

次综合整理。学生举的例子很多：祥林嫂四次发出"我真傻"的喟叹，用来表现她凄惨无比的精神状态；《白光》中作者让封建科举制度的殉葬品陈士成三次产生"这次又完了！"的幻觉，用来表现他陷入疯癫的绝望心理；《药》中仅"这大清的天下是我们大家的"一句话就表现出夏瑜的革命民主主义思想；《孔乙己》中，孔乙己反复说"窃书不能算偷"，画出他的迂腐；《故乡》中用"细脚伶仃的圆规"来刻画杨二嫂这个病态社会的畸形儿；《阿Q正传》中通过龙虎斗、画圆圈的描写，生动地刻画了阿Q的精神胜利法等。

学生例子举完了，教师再点拨学生归纳，于是就有了结论，画眼睛这种典型化的手段，在鲁迅小说中运用得相当广泛，比比皆是。归纳起来有三种情况：其一，抓作者反复写的内容，以显示其灵魂；其二，抓人物关键性语言，显示其灵魂；其三，捕捉人物外貌、性格、行为的特征，显示其灵魂。学生由《祝福》一篇而串起鲁迅其他名篇，不仅深化了已有的知识，而且掌握了这种方法去攻取新的堡垒。

上面谈的十种点拨方法，很显然不是齐全的罗列，而是通过一些常见的例子来谈种种点拨方法的特色。应该说，点拨法是在实践中产生的，随着教学实践的扩展而扩展，随着地点、时间、人物、教材等因素的变化而变化。

第二节　点拨法的传承与品性

点拨法思想是中国历代教学思想的基本精神在当代中学语文教学实践领域的应用与发挥而形成的价值观与方法论。换言之，点拨法既是根据人的成长需求所开掘的语文教育理念，又是引导学生自主学习语文的教学方法。点拨法作为一种具体的教学方法，同于导读法、单元法、图示法以及情境教学法等教学方式。同时，它作为教育价值观，运用时又超越了一般的方式方法，体现为对教育精神的追求和对多种具体方法的凝聚与概括。所以，点拨法既是教育原则，又是教学方法。点拨法的着力点不是自立一个"三步四段"之类的静态的教学模式供人模仿应用，以便在不同的师生手里对于同一问题获得相似解决，而是建构一个体现启发式教育精神的开放式教学法系统，引发教与学双方的自我方法不断衍生与创造。从这个意义上讲，点拨法不仅具有多种教法的通用性，而且具有多种方法的孵化功能——点拨法能孵化更多的点拨方法。

点拨法的这一开放性特点，正是点拨教学思想的文化品性所在。用钱穆的文化观来说，就是"长时期传统一线而下的"，具有历史演进特点的同时也体现实践者自己的生命意义的教学文化模式。认识到这一点，才算是把握了点拨教学法的精髓。

这里要讨论的是：这样的文化品性是怎样形成的？点拨法研究者是如何运用当代的教育学、教学论等理论工具对传统丰富的思想进行了新时代的再建构的？

我认为，教育哲学上的思想立意，教学方法论上的选择与重构，师生关系思想上的借鉴与创新，这样一个"三维同构"是点拨法思想建构的当代创新。以下用史论的方式，讨论点拨法从传统走向现代的思想耦合特点和内容演化过程。

一、依据教育哲学思想演变规律,确立以问题为中心的课堂点拨原则

一是基于孔子的"启—发"教育关系。点拨法确立了关于"人"的哲学思考的思想立意。孔子尤其强调学的主动性。"不愤不启,不悱不发,举一隅而不以三隅反,则不复也",其中的"愤""悱""反"是学习者的主动性表现。这也正是点拨法确立的学习前提。孔子确立的启发式,最重要的不是方法论意义,而是以人为主体的成长意义。点拨法亦始终以人的积极性追求为基本导向,同时又在具体教学中寻找时机以语文情怀的激励为点拨的核心与撬点。从这个意义上讲,点拨法又是精神激励之法。

二是基于宋代哲学家朱熹提出的"学—序"关系。为学之"序"是朱熹"循序渐进"的成长总纲,也是他"知先行后""行重于知""知行互促"的全面知行观的概括:博学之——起点与视野;审问之——质疑与发问;慎思之——独立与求取;明辨之——拨乱而反正;笃行之——知行融为一体。根据朱子之"序",点拨法同样十分注重教学"序"的建设,一方面确立"学—问—思—辨—行"的语文学习总体思路,另一方面又根据当代语文课程特点提出了"知识序""能力序""教学序"的三序合成说。知识序从语文学科上确立,体现课程价值;能力序从学生认知上确立,体现主体学习特点;教学序从因材施教上确立,体现点拨入手时机。需要指出的是,点拨法注重三序联动,最关键的是聚焦于思考这条主线,从而促进学生自主学习、自我成长。

三是基于中国教育哲学最根本的知行关系思想。明代王阳明突破了朱子"格物致知",提出"知行合一",清代颜元,更是把知行关系合化为学习之"习",使"行"的哲学意义转化为教学意义。朱、王、颜的"知行"思想变革,极大地启迪了点拨法的知行理论建构。20世纪90年代,我和蔡老师共同发表了点拨教学长篇论文《全面认识和正确发挥语文教育的整体功能:深化语文教学改革探讨之一》一文,就语文能力形成勾画了知行之"习"的教学思路

(图6-4):

我们认为,技能是能力的元素。学生学习的各种知识,不能直接转化为能力,只有把知识应用到实践中去(习),经过形成技能的环节,才可能形

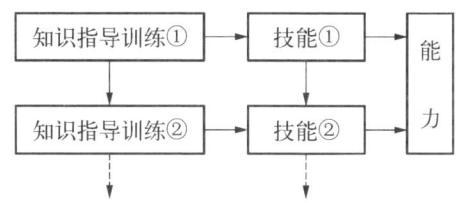

图6-4 知行之"习"的教学思路

成作为个性心理特征的能力。所以,技能又可以看作知识转化为能力的中间环节。另外,一种能力的形成,又需要具备多种技能,因此,技能的多样与融合是能力发展的前提。在课堂教学中,点拨常常从一"点"一"式"入手,层层递进,步步延伸,说到底就是引导学生从技能点上强化学习,从而达到积"技"为"能"的目的。

总之,从"启—发"到"学—序"再到"知—行"(习—行),这条教育哲学思想史,深刻培育了点拨法的思想立意与创新。

二、活化教学方法论传统精神,注重价值观与方法论的思想融合

所谓方法,通常是指行动门路、程序与手段。方法论,则是指有学科理念指导的研究方式和方法归纳,是"方法"的"方法",是"知"的"知",是行为的概念化。前文论及点拨法,既是具体操作的方法,又是具有点拨效能方法的通则性方法论。这个点拨法的文化品性,正是中国教学思想史中方法论思想的基本特征。

第一,毋庸置疑,点拨法对先秦时期孔子因材施教思想和方法有明确的学习和继承。孔子并没有提出因材施教说,但他的教学行为体现了这一特点,因此,宋儒张栻、朱熹等根据孔子的操作行为而加以理论概括。张栻说"圣人之道,精粗虽无二致,但其施教,则必因其材而笃焉",朱熹认同了张栻之说,"夫子教人,各因其材"。从行为上所见的具体方式,就是方法,根据若干种类的方法而概括其"各因其材"的精髓,就是原则和方法论。孔子各因其材的方法,我们

不能固化为某一种具体格式,因为"材"是多元复杂并且是千变万化的。而方法又是为"人"(材)的成长服务的,因而这就决定了方法的多样性与变化性。点拨法重加体会和继承的是,孔子"各因其材"在前而用方法在后,不是为了构建自我的方法而让学生适应方法之教。因此,点拨法尤其反对把教学过程刻板化、使教学方法僵化。

第二,汉代贾谊"圣教"思想提升了点拨法价值观与方法论同构的境界。贾谊对孔子的启发式和因材施教有所发挥。他说:"师傅之道,既美其施,又慎其齐;适疾徐,任多少;造而勿趣,稍而勿苦;省其所省,而堪其所堪,故力不劳而身大盛,此圣人之化也。"①所谓"圣人之化",意义有四层:一是师道本身要"美其施,慎其齐",即爱教学,为师表;二是适合学生"疾徐"与"多少";三是既促其追求又量力而行;四是省略应该省略的,但挖潜也要最大限度。后人之所以称此四者为"圣化"之教,就是因为贾谊的思想贡献在于提出了教育之法的综合性,尤其是不再静止地看待"因材施教"(只注重眼前的人的学习实际),而是把因材施教活化为引导学生终身成长。我们在点拨教学中搭建"未来学者论坛",大力推行学生经典学习演讲以及小论文写作的研究性专题学习,始终追求"四有"效果:有思想、有争议、有合作、有论文。学生会讲,既是掌握了学习方法的体现,又是思想与精神的建立过程,充分体现了价值观与方法论的有机同构。正是这样的有机统一,始终激励着点拨法研究迈入新的境界。

第三,要特别强调的是,价值观与方法以及方法论的有机统一的聚焦点是"疑思问"。点拨法的教学引导原则是:疑是思之始,问是思之式。这种引导也是对朱子之教的借鉴。朱熹强调"平日功夫,须是做到极时,四边皆黑,无路可入,方是有长进处",又说"大疑则可大进"。他还特别指出"群疑并兴,寝食俱废,乃能骤进",尤其是"群疑",既是指个人有多种相关联的疑惑,又是指众人就同一问题所呈现的各种各样的疑惑,这些疑惑一旦"并兴",实质上就能使人的

---

① 贾谊.贾谊集[M].上海:上海人民出版社,1976:110.

探索精神得到充分激活,这是何等高妙的创造性学习状态啊!

不过,成人学者容易创建这样的情境,而中学语文课堂则难以直接达成。为此,点拨法在"疑—思—问"的过程中,吸收了明清之际思想家王夫之提出的"不疑—生疑—释疑"的循环点拨策略,在课文教读方面重在"生疑"指导。

综上所述,"方法—方法论—价值观"有机统一的"点拨法图式"(图 6-5)可以表述为:

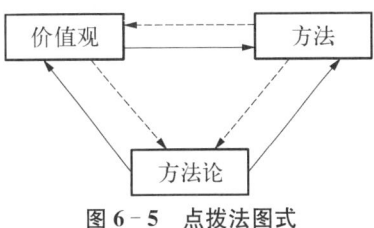

图 6-5 点拨法图式

这样的"有机统一"分两个阶段:第一阶段是由价值观发动的对方法的改进与研究,继之深化到方法论层面,形成方法的思想归纳。只有上升到方法论层面,价值观才能实现。这是一个价值观指导下的方法升华阶段,是价值观与方法论的思想一体化。第二阶段是由方法论发动的方法改进与研究,是对方法的进一步扬弃、归纳、提炼和类化。这样的方法变化,必然导致价值观的调整与变化,从而更加与时俱进、更加科学普适、更加现代化。当然,这样的价值观演变又必然会发动方法的改进与研究,演变成新的阶段。

点拨法作为方法和方法论,就是在这样一种演进模式中不断发展提升的。前文讲它是一个开放系统,指的就是这个意义与特点。我在这里要强调的是,点拨法的建构不只是对自身教学法的完成,更是对教学方法的研究,特别是对克服科学主义限制下的方法机械化、刻板化之弊,有着鲜明的借鉴作用。

三、创新师生关系的时代精神,注重思想学友化的建构

点拨教学十分重视师生关系的建立,在坚持民主平等的人际关系价值观的同时,又鲜明地继承和弘扬了中国教育注重伦理的特点,突出了其精神特质——友这一教与学的立体关系的建构。

在点拨法基本思想论述中,我们一直倡导七个方面的点拨:一是学习目的,

引发求知动机;二是学习心理,让学生掌握自己;三是学习兴趣,激发探索欲望;四是学习重点,导入攻关要塞;五是学习疑难,帮助逾越障碍;六是学习方法,交给钻研钥匙;七是知识运用,体会收获乐趣。这七个点拨领域,核心问题是学习心理,包括学习的性质、学习的过程、学习的动机、学习的迁移和其他非智力因素。而这个心理的调控,则是依靠师生双边以及生生多边的合力得以实现的。正如李伯黍、燕国材先生所指出的"教与学是同一过程的两个方面"①,两个方面的互动成效必然决定着学生语文学习的成效。点拨法所秉持的这一核心思想,是对我国传统的教与学师生关系思想的现代化突破。

教师与学生的思想学友化,首创实验者是孔子和他的弟子,点拨法特别坚持的学友信仰就是孔子所言的"和而不同"。什么是"和而不同"？历代注疏各有解释,我十分赞成杨伯峻先生的说法:"君子用自己的正确意见来纠正别人的错误意见,使一切都做到恰到好处,却不肯盲从附和。"②孔子讲君子之交,讲友之关系,十分注重刚、毅、直的品性,既注重切磋讨论,更强调坚持主见。从本质上讲,只有"和而不同",才有"教学相长"。唐代韩愈发展和升华了孔子的学友思想,从师生关系角度提出了"师不必贤于弟子,弟子不必不如师"以及"道之所存,师之所存"这一内涵深刻丰厚的师生关系思想,一言以蔽之,就是把师生为友关系上升到师生与知识(道)的关系(图6-6)。

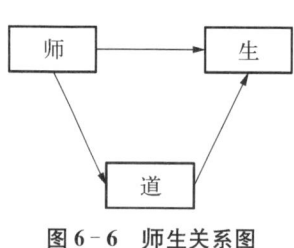

图6-6 师生关系图

点拨法为什么要特别重视师生关系的思想学友化的建构呢？一是与"问题为中心"这一课堂学习思想相呼应,师生在课堂都是学习者和学习研究者,一切努力都指向"学习问题"。二是当代与未来的学科教学必须在两个维度同时进行深度变革:人际关系变革和教育技术变革。这两个变革的物质基础是信息技术所形成的"互联网+教育"的学习条件,它所产生的最大效能使学生的精神个

---

① 李伯黍,燕国材.教育心理学[M].上海:华东师范大学,1993:5.
② 杨伯峻.论语译注[M].3版.北京:中华书局,2009:140.

性得到更充分的形成与发展。《美国 2000 年教育目标法》认为,人类教育的形态有三个阶段:

教育主题:知识—智力、能力—个性
活动方式:传授—操作—实践
师生关系:教师为中心—学生为中心—师生合作

正是在这样的教育视野下,"师生平等,生生互动;相互合作,教学相长"是点拨法所追求的当代课堂教学情境,也是思想学友化的基本特点。

两千多年前,孔子创立"启发式",苏格拉底创立"助产术",为人类创立了教育思想的基础与源泉。点拨法长期努力的就是把古之圣贤思考过的"思想"在当代再思考一次,并加以当代化的建构与应用,始终是一种与时俱进的追求。

第三节　点拨法的问答与时机

问与答,是古今中外教育教学活动中的基本方式。

苏格拉底与学生的问答,非常注意言说本身逻辑层次,即在言说中使用的任何概念,都必须建立在这个概念明确的严格的定义之中。这样一个原则也就是后来亚里士多德所建立起来的形式逻辑的原则——同一律与不矛盾律。①

在《论语》中,"问"使用频率极高。《论语》各章均是对话或自言。对话有问答,自言也有问答,灵活多变,各臻其妙。后来王阳明参照孔子的问答,也十分注重与弟子的辩对,著有《传习录》,在逻辑推断上有新的突破。

总之,古今中外大家都十分注重问答的教育价值和启发功能。点拨法全面继承这方面的思想与实践,在语文教学中重点研究了问答的形式与方法,同时由此提出"教学时机"命题。

一、问答原理与方法

1. 问的原则

在课堂上,一味地讲,固然不好;一味地问,也应当反对。只有科学地把讲和问有机结合起来,在一个整体内部共同发挥讲与问两种教学方法的最佳优势,形成教学艺术的集合力量,才能收到切实的教学效果。讲问并用,问答互利的原则有以下几条:

(1) 真正做到讲问并用,先要考虑到问在课堂教学过程中的位置与功能。

在课堂教学这个独立性强的系统中,讲、读、问、思、听这五者构成了一个相

---

① 《大学学术讲演录》丛书编委会.中国大学学术讲演录 2003 卷 A 辑[M].桂林:广西师范大学出版社,2003:339.

互交错、相互渗透、相互催动、相互发展的网络,讲问之间的关系更为密切。有时以讲催问,以讲作为问的铺垫,以讲作为问的阶梯;有时则是以问作讲的先导,以问作讲的羽翼,以问作讲的引爆。总之,废讲崇问或废问崇讲都是片面的,都有可能打乱教学计划的实施。"问"在语文教学中的位置如图6-7所示。

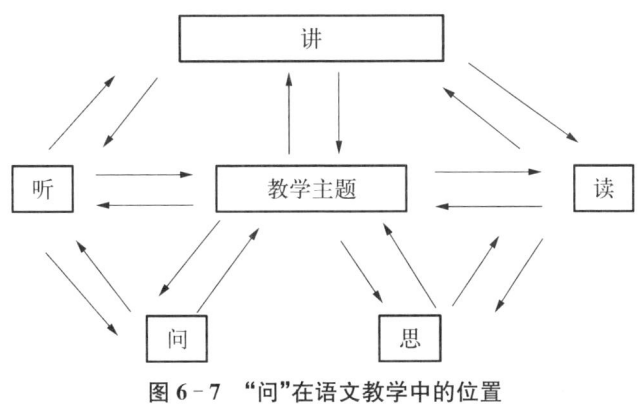

图6-7 "问"在语文教学中的位置

教学主题是一节课的核心,讲、听、读、问、思这五者既是这个核心的体现者,也是这个核心的贯彻者与落实者。讲的重点是什么?听的内容有哪些?问的方式该怎样?还有思路的选择与思考的要点、阅读的范围与阅读的取舍等,都与教学主题息息相通,密切相关。

讲、听、问、读、思这些教与学的运动形态,是以来复关系、渗透关系、交叉关系出现的,它们共同构成了一个以"思"为主轴又接受"思"的有力催动与引发的相互协调的动态系统,是一个有组织的复合整体。讲的意向常常指向听,听又反馈于讲,给讲以启迪,促使启发思考的问的产生。讲受问的催动或者问受讲的点拨,教与学双方都进入了广阔而又有秩序的思考空间。在这样的教学情境中,读也就难以避免。我们知道,阅读是讲、听、问、思的立脚点与触发点,只有读,教学才能落到实处。但是又不能为读而读,如果是这样,那就是死读书,读死书了,也就谈不上点拨理想的实现。所说的这些,还仅仅是一种对图6-7的静态描述与诠释。实际上,讲、听、问、思、读这五者不可能只发生一种静止的单一的交流关系，图6-7中双向箭头就是表明他们的交叉动态性与功能综合性。

我们讲五种循环的功能具有综合性特点并不否定它们之间的主次差异，也不是说这五种环节是在一个静态的平面上运动的。在课堂教学中，因教学重心、难易程度、教学情绪、时空限制等因素的作用，讲、听、问、读、思常常主次有别甚至互换位置。例如，遇到设问的机遇，或者通过提问的方式更能开发学生智力，发展能力，那么，在这一节课中，就可以以问为主。教师依据教学内容层层设问，步步相逼，收到教学实效。又如，课文比较艰深，需要背景材料，像鲁迅的《阿Q正传》《狂人日记》等，教师就不能走上来就问，而是要多讲一些有关知识，甚至不妨来点满堂灌，让学生在知识的确认与思路的调整过程中有思考准备。这样在学生的求索心理十分亢奋而思考又恰恰处在十字路口上的时候，讲不就是最好的催发、点拨与引导吗？

"教是为了不需要教"（叶圣陶语），这句话甚有哲理，不需要教是教的目标和教的效果。教是不需要教的必然前提，不教就不能达到不需要教的境界。讲也是如此，一点不讲，学生就不可能思考，就是教师的提问也无法落脚。总而言之，关于问的系统化思考是我们进行点拨教学的前提。问，在这个基本思想指导下才具有活力，才能焕发艺术生机，否则，就有可能走入无路可通的隅巷。

（2）问答并用，不是问与答的随意拼凑，而是问答交叉，问中有答，答中有问，问答结合。如图6-8所示。

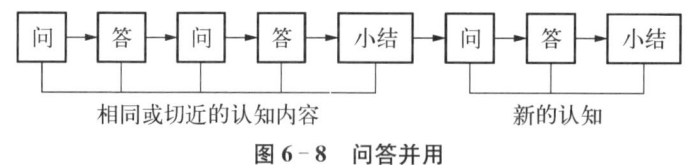

图6-8 问答并用

图6-8有这样几层意思：在一节课中，问答构成了一个教学整体，而在这个整体中又切割成几个方面的问答局部，具有相对的独立性。比如，讨论一篇文章的主题，这是一个教学整体，而对主题的讨论又要分成几个方面的问题，这分开来的问题，具有相对的独立性。这在图6-8中就表示为"相同或切近的认

知"。一个方面的局部性问题解决了,又转入下一个问题的讨论中,这在图6-8中表示为"新的认知"。这样,在课堂教学中,随着问题讨论的不断深化,问答内容与方式也在不断地变化与发展。正如图6-8所表明的,在回答的进程中形成了一定的阶段性。

在一节课中,应当问中有答,答中有问。这就是说,在问的语言中暗藏着答案的因素,以利于学生捕捉这些因素,迅捷作答。同样,教师听取学生回答时也要捕捉疑点和不明确处,以便紧紧扣住不放,继续提问,使得问题的讨论认真细致,透彻具体。

图6-8强调"小结",这就是"讲"的环节,旨在说明,教师要进行小结式的"讲",一方面对展开讨论的问题加以总结,对学生的回答加以归纳;另一方面,为下一步的提问,奠定认知基础,开拓新的思路,展开新的话题。这个小结式的"讲"是不能轻易放过的,这时的"讲"犹如一眼具有启发与引导价值之泉,我们必须认真开掘。请看下面的教学片段。

师:"油蛉"真会"低唱","蟋蟀"真会"弹琴"吗?

生:不会。这是一个形象的写法。

师:对,就是把动物当作人来写,是一种修辞方法,叫作"拟人"。这样写,就使本来不是人的事物人格化了,显得活泼可爱,富有感情。用"低唱",使人好像听到油蛉那低回婉转的悦耳的歌声;用"弹琴",使人好像听到了蟋蟀那清脆响亮的琴声。听到这些,当然会使孩子们感到十分快活。那"无限趣味"还有什么?

生:有时会遇见蜈蚣,还有斑蝥。

师:"斑蝥"怎样?

生:"倘若用手指按住它的脊梁,便会拍的一声,从后窍喷出一阵烟雾。"

师:这就不但写出了斑蝥的特征,也把儿童爱玩的心理写出来了。一"按"一"拍",描写得活灵活现,有趣极了。以上,着重写动态事物,主要写动物,下面

还写了什么?

生:还写了"何首乌藤"和"木莲"。

这个例子就是图示的具体化,它揭示了讲、问、答并用的基本原则,大体归纳为以下三点:其一,认知上的层递点拨的原则。对问的设计,或者是"讲",都应由易到难,由简单到复杂,由单一到综合,教师巧于点拨。其二,心理上的激励原则。对学生的回答要及时予以肯定。其三,承上启下,教师的讲具有过渡作用。

2. 问的几种方式

(1) 设问。

从点拨角度看,设问之难关键在于一个"设"字。"设"有两个方面:一是善于无疑生疑,着眼于"生";二是善于设在一个恰当的当口。课有课眼,问也有问眼。

那么,为什么要"设问"呢?其依据又是什么呢?从表达角度看,设问能够强调自己的看法或结论。有时自问自答,有时问而不答,这样表述问题,能突出重点,点化中心。从教学手段上讲,设问能造成教学上的悬念感,能抓住学生并使之始终随着教师的点拨来思考问题。到了思考成熟的境地,再表达出结果,这对促进记忆的牢固与思考的深化大有裨益。

再从思维科学的角度看,设问常常成为分析、综合、比较、抽象和概括这个思维过程的联结环。比如,思维的起点——提出问题,就是设问的一种直接表达方式。教师设问固然是为了教学,但更重要的是为学生提供了一个思维范例,让学生逐步懂得怎样发现问题、提出问题。

从课堂心理氛围上看,设问具有推波助澜的教学艺术效果。由于教学形式的单一、呆板,在课堂上,学生的学习心理常常会出现两种现象——疲软现象和高原现象。前者是指学生的学习心理过于沉静、抑制,这对于学习是一大障碍。

而设问则是变化单一性教学方式的艺术手段,它能使学生在无疑处生疑,强化和开掘亢奋能量,激发新的探求兴趣,提高学习效果。高原现象是指在学习过程中,后期阶段出现的思考暂时停滞的现象,其生成原因主要是教学内容熟知与思维方式单一,而设问常常可以开发学习内容,引出新的问题,催发学生交换思维走势,调整思维轨迹,产生新认识和新结论。

(2)曲问。

曲问是指在问的内容与形式上采取迂回包抄的手段。它有三点要求:一要定点定向,即确定一个问题的中心,并按照一个方向向这个中心进逼。二要曲折适度,曲直是相对的、辩证的。直问不一定达到目标,而曲得过分,形同猜谜,也是失误。这里的度,就是指学习内容与学生接受能力、思考能力的程度。三是要求交叉运用,不是一曲到底,而是曲问与其他问的方式并举。这样才能使曲问的"曲"的特殊效应更加明显。

在点拨教学中,曲问常常是唤起学生进行联想的有效方法。联想是使学生的抽象化知识具体化的必要环节。学生需要在审题的基础上通过联想,使头脑中学得的知识复活起来,然后依据这种知识去辨认当前课题的性质特征,把它纳入已有的知识系统中去,使课题归类。只有这样,才能产生对课题性质的理解,进一步找到解决问题的途径和方法。

为了达到解决中心问题的目的,有时无捷径可走,在问的时候选择一个跳板——中介环节,即意在彼,而言在此,通过"问"此,而能够明彼。中介环节要力求简化,最忌繁多。如果"曲"中有"曲","曲"不可止,则不仅不能迅速解决中心问题,反而转移了探索目标,浪费了学生的思维能量,导致越问越糊涂的恶果。这里举个例子。

课文《一面》中说:"那笑声里,仿佛带着一点'非日本'的什么东西。"这"非日本"是什么意思?直接提问,学生犯难;采用曲问,比较切合。但有老师这样问:

① 文章写于何时,有何背景?

② 在这个背景下产生的文章还有哪些?

③ 在文本中,作者是怎样赞扬鲁迅的?

④ "非日本"在这里充当什么成分,修饰对象是什么?

⑤ 作者为什么要写内山的"笑"?……

这样越问越多,越多越乱,实在是不如不问。我们必须坚持一条基本原则,曲问是一种引导学生思考的手段,"曲"的目的是使学生对问题的探索路程不断缩短。

(3) 比问。

比问,就是从发展智能的角度,设计比较性问题或创造比较性情境引发学生进行比较性思考的问的方式。

一种情况是教师不点明比较意图,而是从创设比较性情境入手,通过问作出比较暗示,让学生自发地比较思考。例如,教师先教《天山景物记》,然后引到对《风景谈》的学习上来。教师的导语为"天山的景致真美啊!雪峰、溪流、野花、野马、牧场……如果我们身临其境,一定会赞叹不已,并且还会发出一些议论,对人与自然进行深入的思考。那么,同学们,我们该思考些什么呢?"通过这样的提问,可使学生读《风景谈》时紧扣"谈"字来思考。

从"比问"的开端到结束,并不直接提出"比较什么""学习什么"的目的,而是艺术地把学生引入一种思考的境地,来焕发合宜的动机和需要,启迪他们生出比较的思路。这个暗示性比较提问的运行机制如图6-9所示。

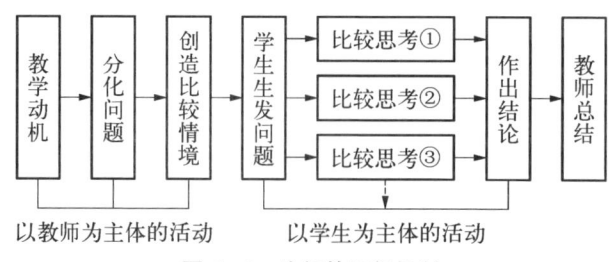

图6-9 比问的运行机制

这个机制的核心,就是教师调动学生的心理因素与思维因素,让学生能设计比较性问题,能思考作结。这比教师设计比较题,让学生被动接受、进行思考,在内涵上要深刻得多,在能力发展上潜能也要大得多。"比问"除了暗示式,还有常见的抽换式。抽换是指:将课文中原有的重点或精彩之处有意地抽去,换之以自编的内容,这样让学生进行比较思考。抽换式比问的内容很多,或找例文与课文配合,求同存异;或是抽取课文中的一词一句,让学生填充,再进行比较等。这种比问的效果总起来是:打破平板的每上一课都是叫好的沉闷格局,活跃课堂气氛,促进思维发展。

(4)驳问。

什么是驳问?怎样驳问?驳问在教学中有何作用?我们从唐彪的一节话谈起,说几点基本认识。

唐彪在《读书作文谱》中说:"学生复讲书时,全要先生驳问,层层辩驳,如剥物相似,去尽皮,方见肉,去尽肉,方见骨,去尽骨,方见髓,书理始见透彻,不可略见大意,即谓已是也。虽然,凡书不特弟子复讲时,师宜驳难,即先生讲解时,弟子亦宜驳问。先生所讲未彻处,弟子不妨以己见证之。或弟子所问,先生不能答,先生即宜细思,思之不得,当取书考究。学问之相长,正在此也。"

唐彪关于驳问以及驳问方式的阐释与说明,是极为可贵的见解。

第一,驳问的时间宜在"学生复讲书时"。所谓"学生复讲书"是私塾教学活动中的一项主要内容,即先生先讲,讲完之后,学生涵泳、体会。继之学生"复讲",教师由此而验察学生学习的效果。在现代教学活动中,"复讲"的形式有所改造,也不作为一个固定的模式。虽然学生不"复讲书",但有一点是相通的,即"驳问"宜在学生初通课文之后进行。如果学生对课文还没有一个基本的理解,驳问就难以奏效。由此可见,驳问是要以学生的知识程度、能力实际为基础的。

第二,驳问不是教师单方面地提问学生,而是师生双方都要进行的教学活动,即"学生复讲书时,先生全要驳问","先生讲解时,弟子亦宜驳问"。只有这样,学问才能"相长"。唐彪的这番话具有朴素的科学教学论思想。教学在任何时候都是双边的交流活动,这是唯物论的辩证法。研究驳问这一教学方式,就是研究这二者的对立与统一。

第三,驳问的目的是激发思维活力,探寻知识答案,解决教学问题。这里边,"思"是"驳问"的核心。通过驳问,教师引导学生一层一层地思考问题。同样,通过驳问,学生也促进教师思考,即唐彪所言,"先生即宜细思,思之不得,当取书考究"。

唐彪提出的驳问毕竟还有些简单。但是我们应该捕捉住这一闪光的思路,结合现代教学思想,在语文教学中加以扩充、引发和深化,使驳问真正成为一种科学的、实用的言语调控方式,真切体现"点拨"的精神实质。驳问的运行机制如图6-10所示。

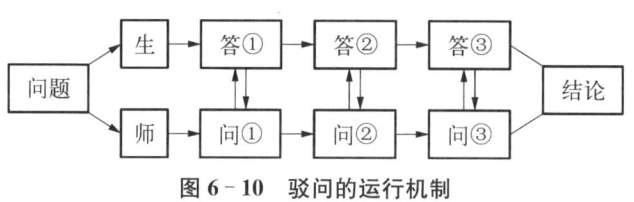

图6-10 驳问的运行机制

教师把问题提出来以后,学生回答的情形有这样几种:直接完满地作答,只回答问题的一个方面,偏题或离题。对于基础知识与基本技能较差的学生,出现后两种情形较为多见。这时,教师进行驳问就相当适时、切合、重要。比如,学生答出了甲,教师驳问了甲,乙不也是答案吗?学生依此答甲乙,教师再驳问:答甲乙的原因何在呢?如此等等,一而再,再而三,让学生步步寻思,将问题深化,从而理解得更加完全、具体、透彻。

教师提出的驳问内容一定要以学生回答的结论作问的基础与诱因,这样才能真正提出"问②""问③"来,以便学生依问而答。总之,要懂得由答起问,依问而答的辩证性的来复关系。请看下面的一个教学片段及关于驳问的简评:

师：（针对百草园的一节描写）这些描写都是写动态景物，形象生动，用词准确，显示了动态事务的特点。在写这些景物之前为什么用了两个"不必说"？

生："不必说"就是"不用说"。

师：既不用说，为什么又说了呢？（一驳，催发学生思考）

生：说了是因为太有趣了，太可爱了。

师：不对吧？既然太有趣、太可爱，作者就可以大力描写嘛！（二驳，开拓思路）

生：作者写"不必说"，是表明写得简单，作者还有更多的内容要写。

师：但从文字详略上看，作者写得并不简单啊？（三驳，收拢话题）

……

结论："不必说"与下文的"单是……就有……"相互承接，即完整地写出上述景物，又跳开一笔，写出更加引人入胜的内容。句式上显得活泼，有特色。

当学生向教师提出驳问时，正是学生思维活跃、心理亢奋之时，教师不能压制学生的这种"兴问"情绪，也不必一下子把问题解答清楚，可以故意留些"破绽"，让学生再次驳问。我们要知道，此时的教学最佳效果已不是教师答得怎么样而是学生问得怎么样。也就是说，教师要善用"错误的问答"来引导、激发学生更急切、更准确、更深刻的驳问。

教师有必要帮助学生整理驳问的思路，让学生迅速进入驳问的科学规范的领域。学生毕竟受到思维能力、知识水平以及提问经验的制约，他们提出问题常常大而无当，题意过远，或者违拗教学主题，与课堂讨论中心不合；有时零碎杂乱，本身没有中心，使人难以明白……像这样一类的驳问毛病大部分都要靠教师的引导得以纠正或避免。总之，教师在学生驳问中的引导与提领作用是很大的。问是对知识的梳理与思考过程，答是对知识的梳理和表达的过程。问与答之间，互为诱因，构成了良性循环的因果关系。这个关系实际上也就是问题进一步深化、进一步明朗、进一步趋于正确的过程。在诸多问的形式中，驳问的

难度大,其效果也往往是最佳的。

3. 问的目标调控

所谓问的目标调控,就是教师根据教材内容、学生能力以及课堂教学目的等因素确定每一问的期待性结果,并力求这种期待性转化为必定性。如果我们只设计问的方式与内容,而不注意问的目标调控,那么,问的实效就要打折扣了,有时还有可能产生相反的结果。

课堂教学目的是确立问的目标的核心,离开这个核心来设计"问",则不管多么具有艺术性也没有实际作用。例如,教《内蒙访古》,问:

① 关于"一段最古老的长城"的内容是歌颂塞外风光还是赞扬赵武灵王?
② 如果是赞扬赵武灵王,那么,赞扬的又是什么?

这两个问题是切合教学主题的。如果改作:

① 如果要写塞外风光该怎么写?如果要赞扬赵武灵王又该如何赞扬?
② 赵武灵王修筑长城的历史意义是什么?

这两个问题都把学生思考的注意力引偏了,虽然与教学内容也有关系,但不像前者直截了当地切入正题。

有些问题的解决,需要有一个较长的思考过程,除了在问上要注意铺垫外,适当地调控好学生的学习情绪也是十分重要的。如果说动机、兴趣、态度是学习的动力系统的话,那么,情绪方面的因素,包括情感和意志等都是调节和维持系统。首先"导以思",让学生迅速走入学习主题之中,把握住基本问题,这是从思路上来引导;然后"导以情",把学生的学习兴趣激发起来。"导以思"是问的主体,是实现教学目标的必要手段;"导以情"是问的辅助,同样也是实现教学目标的重要手段。

二、教学时机与调控

1. 什么是教学时机

时机,即恰好的时间和境遇,点拨时机,也就是在点拨教学中发现并利用的教学契机、教学最佳情境与状态。从教学关系上看,它是以学生的学为认识出发点的。学生利用学习时机进行有效的学习,进入最佳的学习状态。从教师这一方来看,教师及时发现并利用点拨时机,有效地组织教学。把上述两方面因素综合起来,点拨时机可以准确地定义为:依据科学的教学思路,认清教材中特定的学习内容、在学生学习的最佳状态中进行点拨教学的恰好时间和境遇。

点拨时机的形成有三个基本条件:

第一,要有科学的教学思路。正确教学思路形成的初始阶段总是以学生的学习实际为基础的。学生的学习,哪里有障碍、哪里有断层、哪里有兴奋点,如此等等,教师都要清楚,在此基础上,设计教学方案、规划教学步骤。从这个角度看,形成教学思路的过程,也就是创设点拨时机的过程。

第二,要认清并处理好教材中特定的学习内容。不能过于拉大学生的认知距离,随意加大学习难度,学生就会失去学习的自信心;也不能搞简单重复式教学,讲浅了,就会失去认知上的坡度。教师要恰到好处地处理教材,使特定的学习内容成为引发学生最佳学习动机、兴趣、激情的引爆点,点拨时机才会出现。

第三,教师要善于运用点拨的方法。点拨时机不是等来的,必要时教师要进行有效、适宜和积极的多方面、多层次的"刺激"。比如,创设教学情境,使学生兴趣勃发,思维处于一种激活状态等。总之,教师要巧于点拨,使学生的"学"和教师的"教"密切地配合。在这种情境中,点拨时机将会层出不穷。

2. 发现、创新并利用点拨时机的意义

点拨法实际上特别强调教师的课堂洞察，洞察的内容很多，其中就包括对点拨时机的发现。一般的教学论也强调，教师的主导作用表现在能预见学习的进程，用最有效的方法指导这一过程，培养学生克服可能遇到的困难的能力。所谓预见能力，也就包括了教师应有的对时机的洞察力和调动力。《礼记·学记》也谈到了"时机"观，所谓"禁于未发之谓豫，当其可之谓时，不陵节而施之谓孙，相观而善之谓摩"，这里讲的"预""时""孙""摩"实际上也是在讲"防预""适时""合序""切磋"的最佳时机和途径。叶圣陶相机诱导的思想，更突出了教学时机的重要功能。

相机诱导包含了三层关系：一是层进关系，先"相机"，再"诱导"，即在教学之初，教师就要预见到教学机遇，然后循循善诱。二是因果关系，即因为"相机"很准、很巧，所以"诱导"才能得法、适时、有效。三是并列关系，即一边"相机"，一边"诱导"。也就是说，在教学过程中，一方面是通过"相机"进入"诱导"阶段，另一方面是通过"诱导"而又不断翻新的教学时机。这样就形成了相机—诱导—再相机—再诱导的螺旋上升的共生效应。

归纳这三层关系，我认为核心还是"相机"，它是"诱导"的不可缺少的条件，而这个核心的核心就是一个"机"字。机者，时机、机遇、情境和条件也。试想，如果只谈"诱导"，而不讲"相机"，那么，"诱导"不就是一句空话吗？综观名师教学，他们都是遵循学习规律，充分激发、创设和利用教学时机，自始至终地点拨学生生动活泼、积极主动地学习。名师的教学既有巧妙的风采，又有多变的魅力，这个"巧"和"变"，都与善于抓住教学时机有关。

3. 如何捕捉和利用点拨时机

点拨时机不是一个偶然发生的教学现象。表面上看来，它呈现出零散的偶然状态，具有不稳定性特点，但实际上，它是教学主体与客体相互作用以及主客体内部各因素积极激活的结果，它的外部偶然性和内在必然性是一对统一的矛

盾。要捕捉和利用"点拨时机",就必须注意以下三个方面:

(1) 从思维角度看,要注意思维形式的转换阶段。

语文学习的过程也是一个聚合思维和发散思维不断转换发展、相互作用的过程,这就是发散—聚合—再发散—再聚合,并且循环往复,层层深入,最终达到学习目标。在这个过程中,蕴藏着很多的点拨时机,特别是思维形式发生转换的时候,更是教师点拨的最佳时机。

比如,学习《孔乙己》,教师点拨学生对"笑"进行思考。在思维的起始阶段,学生思考的主要内容是文中有几处写了"笑",这是由"笑"而散开,是思维的发散状态。把写"笑"的几处文字找出来并分析之后,学生就要进行聚合思维,把写"笑"的内容及各个"零件式"分析归纳起来,在面临的多种问题中寻求到一个正确答案——从外在的喜剧形式上来研讨小说的悲剧内涵。

在这个转换阶段,如马上要求学生深入分析是不行的,而应抓住这一思维形式的转换时机,提供几个参考思路:

① 认为这是悲剧作品,孔乙己善良正直,是封建科举制度的牺牲品。

② 认为这是喜剧作品,论据是"喜剧是将无价值的撕破给人看",孔乙己自视甚高,死要面子,好喝懒做,迂腐可笑。

③ 认为是悲喜剧作品,孔乙己既有善良的一面,又有迂腐穷酸的思想特点。

教师指明这三种认识,意在开拓学生认识的思路,加大思维容量,并在发散思维和聚合思维之间架起一座桥梁,最后让学生顺利走过去,作出正确的分析,即这是带喜剧色彩的悲剧作品,可笑与可悲并存,笑声与泪痕交融。喜剧因素不仅没有破坏小说的悲剧性,反而增强了作品的悲剧深度和力度。在写作教学中,当思维形式发生转换时,点拨时机就降临了。

(2) 从认知上看,要注意新旧认知的过渡阶段。

认知学习理论表明,学习变化的实质就是具有内在逻辑结构的材料与学习

者原有认知结果关联起来,新旧知识发生相互作用,新材料在学习者头脑中获得了新意义的过程。语文教学不能离开学生的原有意识和原有认知结构,不能不重视学生原有的认知发展水平。教学生进行新认知,就要与学生的原有认知挂起钩来。这个挂钩的区域就是点拨时机频繁出现的区域。

比如,导入新课,多数教师都很重视,往往把它看作激发学生学习新课兴趣的手段。其实,激发兴趣是一个方面,主要的还是进行新旧知识的巧妙过渡。导入新课是抓住时机,让学生把对新旧知识之间关系的理解融化于原有的相应的认知结构中。

新旧认知的过渡、衔接与转换是贯串于整个教学过程中的。比如,学习《〈呐喊〉自序》,由导入新课到扫描认读障碍,再进入教学高潮,重在剖析鲁迅从青年时代到"五四"时期的演变历程,从而更深刻地了解鲁迅创作《呐喊》的缘由。剖析不等于演讲,而是抓住新旧知识有着自然联系的契机引导学生进行理性思考。学生已学过《一件小事》《孔乙己》《故乡》等课文,这些都是作者为什么呐喊、呐喊什么、怎样呐喊的具体感知材料,其中包含着很多的诱发思考的火星。

(3)从心理上看,要注意学习心理的转化阶段。

学生学习心理千变万化,时而愉快、稳定、平衡,时而烦躁、波动、冲突,时而积极、自信,时而消极、自卑。对教师,时而感激、信赖、亲近,时而戒备、对立、疏远。一般认为,学生学习心理处于前一种状态时便是教师教学的最佳时机,这当然是对的,但问题又并非如此简单。实际上,在教学中最佳的心态良机应该是:学生处在心理不平衡以至剧烈冲突而又积极渴望解决矛盾之时。换句话说,当受到外在刺激而引起某些需要、动机、思想认识、情感、意向的心理冲突并成为兴奋点时,学生的学习积极性最强,思维活动也处于最佳状态。这种心态既是教师和学生心理交流的接触点、共振点,也是教与学的共同机遇。而要捕捉并充分利用这样的心态良机,就必须搞好两种转化。一是由一般的心理平衡推向新的心理冲突。心理平衡也是点拨良机,比如,学生取得成绩之时、受人鼓舞时……在这样的时候点拨，很有效果。但教师不能满足于此，如果在现有的心理平衡的基础上进一步加以引导，使学生不满足已有的进步，产生新的心理冲突和内在需要，那么点拨就更有启发性，就更能加深理解和推进思维。比如，学习《一件小事》，已完成基本任务，学生心理趋于平衡，此时，教师再生波澜："作者写风有什么用意？"只见很多学生面有疑惑，急切查阅，这表明：新的心理冲突已经产生。抓住这一良机，带领学生找出文中写风的文字，共同分析出三点结论：写风"猛"，说明天气坏，车夫谋生艰难；风吹开了老女人衣服，挂上车把而被带倒，说明责任不在车夫；由"猛"而"微"，由"微"而"住"，风的变化说明了时间的推移。作者写风实有一石三鸟之妙。这样的推进式研究，学生十分欢迎，当然，新的心理冲突要有一个度，不能因追求冲突而导致学生心理疲劳。二是妥善、巧妙地处理好消极心理的转化。对于学生的消极心态，也应看作一种点拨时机，不过点拨的，不是学习内容，而是心理态势的正向引导。

（4）引导学生发现学习时机。

学习时机不是一种不可捉摸的现象，它是有规律可循的。从学习心理上看，它出现频率最多的区域是学习的半满足状态，或者说是求知欲望亢奋推进的时候；从认知内容上看，它出现频率最多的区域是新旧知识发生联系，特别是旧知向新知发生转化、递进的时候；从学习的思维活动上看，它出现频率最多的区域是由静态思维向动态思维方向不断激活的时候；从学习情境上看，它出现频率最多的区域是师生双方自由交流、情感彼此沟通、教学气氛相当和谐的时候。

从目前的情形看，有些优秀学生能够自我捕捉学习时机，并善于利用这一学习优势进行有效的学习。但很大一部分学生对此则较为茫然，他们的学习活动往往十分简单：依赖教师的讲解与传授，还没有接近积极主动、生动活泼的学习境界。怎么办？空泛地号召学生要发挥学习的主动性和积极性是不够的，要在引导学生自我发现学习时机上想办法、下功夫。

① 辨明学习时机的基本特征。

学习时机有偶发性，它往往在特定条件下爆发。比如，对诗意的体悟一开

始觉得模糊,但因为受到某一情感的驱动,诗意的大门訇然打开,读者理解起来不用花什么气力。本来体悟诗意很难,现在觉得容易,这种认识状态是很好的学习时机,如果紧紧抓住不放,理解的深度与广度都会增强。

学习时机有变通性,它是多种多样的,不同的学习会有不同的学习时机,体现出相互交叉、相互影响、相互渗透和相互催动的关系。比如,读文章进入了想读、爱读的状态,这对于人们来说是进入文章之境的最佳时机。在很多情况下,想读、爱读往往会激发人想写、爱写,这样,读的时机就转换为写的时机。同样,在写文章时,作者进入了写的最佳状态,在这个时候,作者还想把文章写得更好,决定临时来阅读一些材料,这时的阅读往往感到特别带劲儿。这种结果是在写的最佳状态下产生的,因此,可以说是写的时机引发了读的时机。

学习时机会情绪化,它与学生的学习情绪是分不开的,把握学习时机的学习,可以说是一种情绪化的学习。情绪不好,自然没有学习时机可讲;情绪特别好,学习时机叠彩纷呈。当然,这二者也是相互发生作用的:有了好的情绪,就能发现许多学习时机;抓住学习时机学习,又会使自己的学习情绪越来越高涨。

把学习时机的特征告诉学生,是为了帮助学生学习时时留意学习时机的踪影,不要轻易放过每一次机遇。当然,讲学习时机的特征,有的还要结合教学实例,让学生产生真真切切的认识。

② 引导学生自我调控学习心理。

不少教师对学习心理的研究很重视,但基本上是从教学需要的角度来看的。还要把研究学习心理的主动权交给学生,引导学生从学习需要的角度来自我研究学习心理。学习时机是客观存在着的,但是,它与学习者的主观因素又有着密切的联系,而在诸因素中,起主要作用的还是学习心理。只有使学生的学习心理处于亢奋、激活的状态,他们思维才更加活跃,学习状态也才会更佳。

学习初期,学生不能自觉调控学习心理,就需要教师利用教学实例来提示学生。比如,学习鲁迅的《药》,讲主题时,如果只是教师个人讲析,学生学习有厌倦感,效果不好。如果教师先讲故事,把夏瑜在狱中对阿义说"这大清的天下是我们大家的"和阿义听后不但不受到启发反而打了夏瑜一个耳光这件事编成一个小故事讲给学生听,再提出问题:怎样理解这个耳光?这一问就会把学生的学习兴趣激发起来。如果再提一个问题:除了阿义打夏瑜耳光外,书中还有没有与此类似的行为?学生就会列出花白胡子诅咒、华老栓买人血馒头乃至夏瑜被杀等事实,学习劲头很足。如果教师及时提示学生注意自己学习心理的转化,就会对学生自我调控学习心理很有引导作用,而良好的学习心理活动一旦形成并转化为推进学习的心理能量,学生学习的效果就会很显著。

③ 引导学生不断总结学习经验。

学习时机往往来自学习经验,可我们平时不大注意这一细节,对学生的学习经验开掘不多,往往习惯于总结教学经验,着眼于教。其实,引导学生不断总结学习经验应该是教学研究的有机组成部分,是从另外一个角度来研究教。

引导学生不断总结学习经验的方法与途径很多。比如,经常让语文学习优秀的学生分享经验;在学习某篇课文时,有些学生完成任务很快,就让他说说快的原因;围绕一篇课文,让学生都来讲讲学习规划;用两课时开一个学习经验交流会;让学生说说自己学习其他课程的经验。比如,一位学生数理化学习很好,而语文学习很差,教师就让他从"怎样学好数理化"这一角度总结经验并引导他加以转化,使他把学习数理化的好经验移植到学语文的活动中来。实践证明,这些引导都有益处。

第四节　点拨法与读写价值选择

一、阅读教学中的选择与点拨

（一）对中学生阅读理解内涵的认识

阅读理解就是准确地认识文本的内容与形式。就中学生说，其目的要从三个方面加以考察。

一是知。知即了解，也就是通过文本阅读，了解作者究竟写了什么，想告诉读者哪些内容，这是认知的一个重要层面。另一层是，作者作文是面向泛读者群的，在表达相关内容时所遣用的语言，对于有些读者无丝毫障碍，对于有些读者有较少障碍，对于有些读者有很大障碍。因此，在进行上述层面的认知的同时，冲破"较少"或"很大"障碍，也是一种基本认知。中学生的阅读认知，在很多情况下应定位在这两个层面上。

二是学。对于中学生而言，整个阅读理解的过程，都有着分析方面的要求。分析什么呢？分析作者的表达智慧，如为了表达这样的内容为什么要用这样的语言、表达方式、文体、思路等。中学生课堂阅读为什么要分析呢？道理很简单，中学生要学习高明作者的表达智慧，将其化为自己的血肉，以增长自己的智慧。与一般社会成员相比，这是中学生阅读的特殊性所在。一般社会成员在于了解写了什么，不大需要再去了解为什么要这样表达，更何况他们在中学时代已经接受了分析训练，打下了坚实的基础。正是从这个角度看问题，我们一直坚信，中学课堂上的阅读要严格训练。

中学生的课堂阅读分析是基础性的。基础性何解？分析的对象是一般的，即达到正确分析的具体指标即可，如分析"这几天心里颇不宁静"跟"这几天心里不宁静"有怎样的区别等。对中学生而言，这种分析是必要的。

三是化。中学生阅读有一个很大的需要，即把阅读时所得的新知识、新信息与自己已经积累的旧知识、旧信息加以整合，达到补充、增添、序化的目的，否则就是食而不化。对于一般读者而言，这种同构也有必要，但远不如中学生迫切。因为中学生的认知水平、认知基础等还处于塑造、培养、提高阶段。比如，初中时读《一件小事》，知道了人物行动描写的作用，高中时还要深化这方面的学习，从而使"人物行动描写"知识完整化、序列化、深刻化。

1. 理解的个性化

有人说，中学生阅读理解还有个性化问题，即在理解时阐发自己新的见解，也即所谓的仁者见仁、智者见智。其实，这是把问题笼统化了。阐发新见本身不是一般的理解而是欣赏层面上的创造。

理解与创造并不是一回事。理解是创造的前提，创造是理解能力达到一定水平后在多种因素作用下的思考转化，用层次表示为"认读—理解—创造"。说得具体些是：认读是克服语言一般障碍的行为；理解与认读相伴随，属于分析，这两者难以分开。认读与理解是对文本的把握，即读懂，而创造则是以文本为条件，加上自己原认知进行理解后的思考与发现。理解是创造的跳板，但不是创造本身。由于人们没有把这个层面区分清楚，因此，在笼统地谈理解时常常有分歧：你说理解要注意基础，他说理解要鼓励学生创造。

理解对于创造的意义。虽然说理解不等于创造，但必须看到理解对于创造有着极其重要的意义。由于人们夸大了求异思维的价值，大谈一篇文章可以从不同角度来认识，导致在教学过程中过分追求表面化的创造这一不正常现象的出现，所以有加以辨析的需要。求异，不仅不能反对，而且要大力提倡，但是在鼓励求异的同时必须先使学生以先期的求同为基础。学者读诗常读常新，新是怎么来的？自然是常读、熟读，对基础问题有共同认识的结果。如果基本内涵没有搞清楚，处于囫囵吞枣状态，不可能有新见识。

新总是相对于旧而言的。朱光潜说"僧敲月下门"不如"僧推月下门"好，可

谓大家之新见了。所以有这一见解,首先是充分理解了"僧敲月下门"的意思,盘桓于心。以后由于美学知识的作用,从情景美的角度重读原句,便感到"敲"说明寺内有人,少了孤寂。而真正的情况是,寺内无人,这一位和尚虽形影相吊,但不以为孤,反而外出赏月,可见心境之超脱。"推"门而入更显自然,这样的理解便是以原认知为基础,加进新学理而阐发的结果。中学生阅读更是如此,读《荷塘月色》,熟知方方面面为大家所认同的问题,以后受到某一方面的刺激,对原认知就有所怀疑。从这个意义上说,求同不是顺从别人意见,而是为后期的求异打基础,提供了新思维的生长点。

2. 阅读理解的答案

答案就是人们认识问题作出判断后所下的结论。问题往往是复杂的,这是一方面;人们认识问题常常要受到多种因素的限制,这又是一方面。这两方面加起来共同制约着认识者能不能下结论,会不会下结论。具体说来不外乎这样几种情形:一是问题复杂,表现为与其他问题相杂糅或在特定时空下发生变化,这样,有较高水平的认识者也往往不能下结论;二是问题本身并不复杂,甚至认清了表象也就等同于认清了问题的本质,但由于认识者受水平和能力的限制,也一时无法认识问题、下结论;三是问题虽然不简单,认识者的水平也能成为认清问题的充足条件,但由于认识者方法不当或未找到合适的途径,一时下不了结论。一二条属能不能,第三条属会不会。另外,即使是同一个问题,也有层次的区分,认识它自然也有层次上的差异,下结论也必然有内涵和外延上的出入。

中学生对问题所下的结论必然也是中学生式的,这就要求我们做到,提出问题也好,要求学生认识问题并下结论也好,要针对中学生的认识实际。第一,问题必须是基础性的或者以基础性为主的。最基本的如语修逻文方面的常识等。第二,问题要适合绝大多数学生,方便他们下结论。第三,通过对学生解决问题下结论的指导,使学生掌握解决一般问题的思路、方法,从而为他们以后能解决高难度问题打下基础。这三条,缺一不可。值得注意的是,如果一二条没有抓好,第三条也就无法达到。

有的教师比较性急,动不动就说学生要创造、要发明,不要让一些死板化的题目捆着学生的手脚。这种情绪可以理解,但这种要求需要分辨。基础性问题是十分重要的,让学生抓住基础性问题求得一致、正确的答案也是十分重要的,更为重要的,还不在于学生求得了一致答案,而在于求得答案时掌握了解决问题的办法,形成了明确问题的良好习惯、科学思维和正确思想。素质教育的意义正在于此。

因此,中学生在阅读理解过程中必须求得唯一的答案应该是:

(1) 知识性的。语文基础知识对于中学生而言是十分有意义的。问题不在于知识本身,而在于如何科学地引导学生学习知识、掌握知识。有人把培根的话"知识就是力量"改为"知识加上能力就是力量",这是很可笑的。知识和能力不是1+1的关系,而是一生二的关系,这就是说知识在运用过程中就能转化为能力。知识是能源,能力即能量,绝对不能理解为煤炭+火=能量。如表达方式这一知识,用之于阅读,有益于理解,用之于写作,有益于表达。总之,对于精要的、科学的语文知识概念,有让学生掌握的必要,以便于他们熟练地应用。既然承认这些知识是概念性的,在理解上,答案必定一致。

(2) 表达规律方面的。学习语文,有一条是认识别人的表达和训练自己的表达。表达有基本规律,如文章的谋篇布局、段落层次、表达顺序等,这些都是最基本的东西。研究这些基本的东西,给出的答案也应该是一致的。一致不是强求的,而是规律本身使然,是理解的准确性要求。

有人批评让学生划分文章段落毫无用处,这要分析。在严谨高明的作者那里,段落层次的安排绝对不是随意的,文章的层次说到底是作者思维的表征,是作者思想表达需要这一逻辑意念决定的。要求学生划分文章段落层次,目的不是把完整的作品肢解开来,而是通过以此来揣摩作者认识问题、分析问题、表达问题的思维特点,从而学习作者的表达智慧。劣质作品当然不在学习之列,不过,有的教师把本来段落层次上有缺陷的作品拿来让学生分析,另有意图,则另当别论。在优秀作品那里,段落层次安排的规律一般是:按认识事物的程序安排段落层次;按事物事理本身发展的过程安排段落层次;按事物事理各部分之间的内在逻辑关系安排段落层次。这三条不可能同时体现在同一篇作品中。因此,学生分析一篇作品时也就不应该有两三种答案。在这种情况下,让全班学生认准同一答案难道不是很有必要又很可喜的事情吗?难道还应该用求异创新的辩词来为学生的理解缺陷辩护吗?

(3)求取答案的窍门。从逻辑上讲,这个问题已不属于答案的范畴了,应该算是另一话题。由于这个问题与答案有密切关系,又由于我们的教学中往往有所忽视,这里姑且一并讨论。

"求取答案"是理解的目的,旨在使学生达到准确理解的要求;答案与"求取答案"相伴随,是附带性的,又是十分重要的收获。在研究鲁迅《故乡》中年闰土这一艺术形象时,教师问:"中年闰土的特点是什么?"学生回答:"木偶人式的。"答案是对的,但到此为止,还不足以真实地展示学生理解的内隐性思考状态。有的学生在课文前后的提示语中找到了这个评价,反应是机敏的,但思考是肤浅的;有的学生凭着反复阅读,在具体的描写文字里归纳、整合、分析出来的,反应看似迟缓,但思考是深刻的。这就说明,答案虽然相同,但求取答案的方式大相径庭。我们赞赏的当然是后者,因为后者的理解是拥有大量的实证性材料的,有一个严谨的思考过程。如果教师点拨前者学习后者的理解窍门,那么,前者的学习收获就不是答案的完成,而是"求取答案"的习惯、方法、途径以及思维方式的获得。

还有一种情况更值得注意,在研究某一问题的答案时,有的学生是从 A 的角度认识的,谈到了答案的一方面内容,有的学生是从 B 的角度认识的,谈到了答案的另一方面内容,他们都涉及了答案,但都不完整。这个时候值得教师思索的,往往不是把两方面答案相加求得完整,而是研究学生的认识角度对于求取完整答案的价值多大。A 角度有利于接近答案的实质性内容,B 角度不失为一种视角,但不是主攻途径,那么 A 角度的价值就大得多,B 角度只能算是补充。由此我们可以断言:A 角度就是最主要的答案了。让学生进行这方面辨析,有利于他们思维的优质化。

3. 与答案相对应的问题

什么叫问题?问题肯定不同于疑问疑惑。

疑问或疑惑是认识者对于陌生不解的现象在心理上产生的一种反应。这种反应有暂时性和持久性的区别。有时候,认识者对于某一现象有心理反应,感到它陌生,其实这是假性的,放过去,再回头看它,顿然冰释。这样的暂时性困惑自然不能看作问题。有时候,认识者对于某一陌生现象甚至某一熟悉的现象有心理追寻的反应,感到它陌生或它虽然眼熟但具有思考性,经过几次反复地阅读,还是不得化解,这是问题吗?还不是。只有当这种持续不得化解的疑问经过认识者的提炼之后形成探索暗示性导向时,疑问才演变成问题。

教《故乡》,一个学生问:"鲁迅为什么要详写中年闰土而不详写中年杨二嫂?"全班学生都笑了起来,这表明这一问题无从回答,显得没有多大意义。于是这个学生忙改口:"不,不,我是说作者是怎样详写中年闰土的。详写闰土,略写杨二嫂,这样处理给我们以怎样的启迪?"学生不再笑了,感觉到这个问题有思考的价值。其实,这样的修改也反映了这个学生重新提炼问题的过程,并且,他修改、提炼问题时也初步确定了继续思考的方向。有时候,问题一提出,答案也就隐约地浮现了。

由上可知,问题是认识者在疑问的基础上加工提炼使之具有明确性、单一性、暗示性的探知对象,而不是浮在文字水面的笼统、含糊、直接的表达上的现象。明确性是指问题很清晰,问题清晰一时又难以解答,这就表明问题很有质量;单一性是指问题开口比较小,不笼统含糊,大而化之;暗示性是指问题内部隐藏着帮助解答的引导因素。这三性决定了问题的水平。正是从这个意义上认识问题,人们才常说提出问题是解决问题的先导,提出了问题等于解决了问题的一半,发现问题比解决问题更重要。

还有,就文本阅读而言,提出的问题要能抓住文本的核心,如主题理解方面的问题;提出的问题要以文本内容为根据,以便读者能凭根据来判断,从而得到正确的回答,等等。总之,提出的问题最根本的要求是要隐含提示解决问题的必然性因素。在阅读教学中,我们常说,这个问题必须这样理解才准确就是这个意思。标准化命题也好,主观性命题也好,只不过是提出问题的形式不同,其实质并无多大的优劣区别,关键的是要看问题有无意义。

综上所论,要正确理解中学生阅读理解的本质含义及其目的,不要脱离中学生认知、思维、习惯、能力等方面的学习实际,用成人化甚至学者化的理解来给中学生的理解确定一个虚化的框架。

课堂是训练能力的特殊场所,应该从素质的基本意义出发,引导学生求取同一答案,并使正确的求解过程内化为学生的学习行为和思维品质,不要把求取同一答案和创造能力培养对立起来。应当正确地认识到,求同是求异的生长点,基础性的规范要求是学生养成创新精神的前提。

要让学生求取准确的答案,就要确定一个基本的范围,使提出的问题隐含着解答的必然性。

理解的基础性、答案的准确性与问题解答的必然性是中学生阅读理解的三大基本要素。

(二) 背诵点拨示例

背诵是一种古老的阅读方法。背诵的作用,古今名人多有阐述,这里不说。遗憾的是近几年的阅读教学研究已越来越明显地忽视了这一环,谈精读,谈略读,谈速读,谈跳读,就是极少谈"背诵阅读"。实际上,就当代中学生阅读能力、写作能力以及其他能力的培养而言,背诵是值得大力研究的。《义务教育语文课程标准(2011年版)》在"总体目标与内容"中规定 7—9 年级背诵优秀诗文八十篇(段),《普通高中语文课程标准(2017年版2020年修订)》规定高中阶段背诵一定数量的名篇,并提供了"古诗文背诵推荐篇目"共七十二篇,由此可见,中学阶段的背诵任务并不轻松。

为了防止学生被繁重的任务吓倒,教师首先要点拨学生明确自己的背诵素质。心理学家曾提供过这样的数据:正常人的脑的记忆储存量高达 10^{12}—15^{15} 比特,是数字电子计算机的百万倍。有人作过这样的比较:人脑的网络系统,是北美全部电报、电话通信、网络书籍的知识总量。可见,人人都有背诵的天赋。其次要教方法。下面,举些点拨的实例。

1. 设计信号传递系统图

事实表明,内容单一的文章比内容组合复杂的文章要易背得多。因此,教师指导学生将文章的内容布局、作者思路等勾画出"信号传递系统"就显得十分重要。背的过程,实际上也是一个思的过程,即所谓且背且思。让学生背的思路与文章内容安排的走势、作者构思的思路吻合,就能大大提高背诵的效率。从这个意义上讲,"信号传递系统"无疑是一个辅助背诵的指示器。《病梅馆记》的信号传递系统如图 6-11 所示。

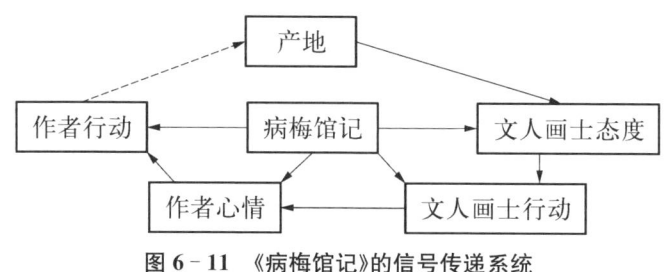

图 6-11 《病梅馆记》的信号传递系统

这个图将文章内容提纲挈领地向学生作了提示。如看到"产地"两字,头脑的储存网络里就会跳动着读时所涉及的词句,"江宁之龙蟠,苏州之邓尉,杭州之西溪"等。下面再是什么内容呢?箭头作出了指向,背诵时的思维活动能按照指示顺序进行。

2. 设计支撑点突现图

一篇文章自有其主干,哪里起?哪里承?哪里转?哪里合?哪里是过渡?哪里是照应?哪里是伏笔?哪里是强调?这些主干成分,就是一篇文章的支撑点。一句话中,也有其主干,如"中心词""领词"等。阅读时认出这些支撑点,背诵时把握这些支撑点,对提高背的效率大有好处。如点拨学生背诵《劝学》,教师设计了两份"支撑点突现图",如图 6-12 所示。

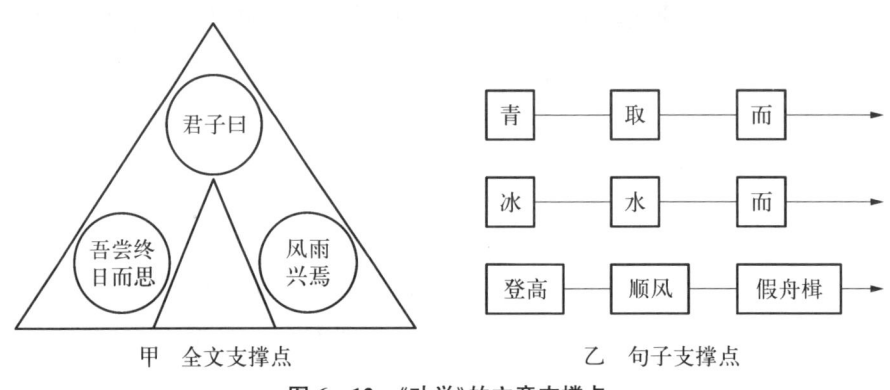

图 6-12 《劝学》的文章支撑点

图中甲将每一段落的领句标示了出来。这些领句恰恰是学生背诵最易卡壳、最易受阻的地方。如果在学生背诵处于夹生的阶段,亮出这些支撑点,其提引与促进作用可想而知。图中乙将一句话中的关键性语言信息明示给学生,也是给学生背诵进行的追踪式的思考铺设台阶,搭上跳板。善背诵者,就善于将关键性的语言信息有机地串联起来,并带起其他一些非关键性的语言信息,从而在头脑中形成一个十分明显的语言信息流。将这一信息流从口头上表达出来,就达到了熟背的目的。

3. 抓住背诵材料的特点

要抓住以下两个最基本的环节。

第一,突出材料部位,力避材料的相似。材料的部位,对背诵的影响很大。

我们对五十名高一学生进行了一次测验,要求在两节课内背诵《劝学》。结果发现,学生对最前部的意义单位、靠近前部的意义单位和最后部的意义单位的背记效果很好,而对中间部位的意义单位与靠近后部的意义单位的背记效果较差。显然,背诵中间部位内容效果差,是倒摄抑制和前摄抑制的双重干扰的结果。既然这样,我们就要点拨学生将诵读的主要精力放在中间内容上,力避从头至尾死读。

所谓力避材料的相似就是不安排文体相同、内容相似、语言风格相似的文章一起让学生朗诵背记。比如,文言文单元,其中有不少要背诵的,于是就让学生掀起背古文热;教到散文单元时,就掀起背散文热,这不一定科学。智育心理学表明,材料的相似性对背记有一定影响,在前面所记材料不巩固,又缺乏间歇或比较的情况下,前后所记材料的相似越大,背记中的混淆现象就越严重。因此,教师在安排背诵文章时,就应当把不同时代、不同国家、不同文体、不同语言风格、不同内容的作品交叉开来,让学生始终有一种陌生感、新鲜感,这样消除背诵上的心理疲劳,效果也会好得多。

第二,分解长篇材料,定时定量背诵,背诵的课文中词数量越大,背诵所需的时间就越多,而效果则越低。因此,背诵长篇课文,我们要分解开来,引导学生循序渐进。比如,《岳阳楼记》《醉翁亭记》对于初中学生来说,算是长文。由于初中学生皮质神经细胞活动的持续时间不长,因此不如每篇都分为两步并定时定量,使学生有一种兴致,有一种紧张感。这样,背诵才能落在实处。我们让学生背诵《岳阳楼记》只用了五十分钟,分解背诵的时间距离是两段用三天早读的三分之一时间。另一个班的学生进行集中背诵,用了两个早读,共花八十分钟。

当然,分解背诵的时间间隔过长,容易遗忘,但也不宜太短。毕隆的实验表明,复习之间的时间间隔为半小时,需要复习十一次,间隔为两小时,需复习七次左右,而间隔十小时,则只需要复习五次。[①]

---

① 辛勇.学校心理咨询[M].成都:四川大学出版社,2004:94.

（三）阅读教学示例

1. 导以点

阅读课文，顾名思义，应当注重学生自读。从教的角度来说，则更应当注重引导学生学会如何自读。即从培养学生的自学能力出发，教给学生一把自读的钥匙。特别是对基础较差的学生，为了使他们读书入门，教师首先得在导字上狠下功夫。

比如，教浅文《鞠躬尽瘁》，第一步教师可以先指导学生自读全文，然后看课后"思考和练习"，再读，画横线，做标记。或者，指导学生列表，分两个栏目——"行动描写""语言描写"，要学生填写。这一步主要是引导学生初步熟悉课文内容。第二步，由浅入深，由表及里，本着"提纲挈领"的精神，教师就文中的点来引导学生开掘，从而以点带面，教给学生对浅易的阅读课文怎样深掘的方法。我们可以利用文中的这样一段话来作钥匙，打开学生的心扉。

他在办公室里坐一把藤椅，肝疼的时候，就随手拿一件硬东西，一头顶住肝部，一头顶在藤椅右边的靠手上，日子长了，竟把右边的靠手顶穿了一个洞……

这一段，粗看极其平常，只不过是交代了一件小事而已，学生在读书时很容易滑过去。找这一段目的就是让学生明白读书要细。深究起来，这一段又是全文的一个点，而"洞"字又是这一段的一个点，开掘这个平凡的点，可以牵一发而动全身，掘一点而促全面，提其纲而见其目。这个"洞"字的深义有三：一是写出焦裕禄同志的病期之长。如果病期不长，顶一次两次，结实的藤椅上何能有洞？二是点出了焦裕禄同志的病情之重。如果病情不重，何需用"玻璃球、牙刷把"等什物来顶？不顶，又何能有洞？三是使洞的含义升华。病期这样长，病情这样重，焦裕禄同志却坚持战斗在工作岗位上，由此可见，这个平凡的"洞"不正是闪现着鞠躬尽瘁、死而后已的崇高精神美的火花吗？

课后思考题说:"这篇课文从一些日常生活细节的描写当中,表现了焦裕禄同志崇高的精神境界。"如果一来就要学生体会这个题目,学生恐怕无从下手。通过教师扣住一点,导了一番,学生就有豁然开朗之感,在这时,再要求学生结合第一步读书时所列的表,自己来作些分析、开掘,学生就不感到为难了。

初中学生自己读书时,往往喜欢注意那些轰轰烈烈的动人心弦的地方,特别是读浅显的课文,分不清谁是西瓜,谁是芝麻,恨不得统统囊入怀中,因此从点上来导是必要的。学生明确了自读的路子,以后无论在学校自读浅易的阅读课文,还是将来在工作、生活中读文章都能运用"以点带面""抓纲促目"的方法。

2. 以点促联

在教学中,"让学生一边思考,一边在自己意识的深处找到那一部分已知的东西,把它作为理解新知识的工具"(苏霍姆林斯基语),这是很有见地的。初看,这句话讲的是教法,究其实,它揭示了思维整体活动中关于阅读思考方面的一个过程。如图 6-13 所示。

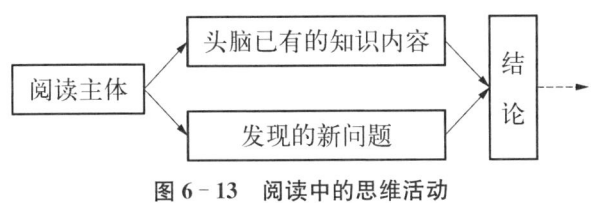

图 6-13 阅读中的思维活动

这就是说,任何阅读都不是孤立的,在阅读中,都会或多或少地涉及先前已经贮存于头脑中的旧知,同时,读者本人也会在阅读材料中发现一时还搞不清楚的新的问题。对于阅读能力强的人来说,他能很快地针对新问题,调动相关的有启发思考价值的旧知来攻克难关,最后作出结论,收到阅读实效,而对于阅读能力不强甚至还很弱的一般中学生来说,这种阅读活动常常不能自觉地、能动地加以实现。因此,教师的相机诱导与适时点拨就显得十分重要。下举一例。

在学习鲁迅《祝福》的时候,学生对肖像描写甚感兴趣,尤其是关于眼睛的描写,引起了广泛的讨论。作品中写眼睛的文字有:

① 那是下午,我到镇的东头访问过一个朋友,走出来,就在河边遇见她;而且见她瞪着的眼睛的视线,就知道明明是向我走来的。

② 只有那眼珠间或一轮,还可以表示她是一个活物。

③ 我很悚然,一见她的眼钉着我,背上也就遭了芒刺一般……

④ 只是两颊上已经消失了血色,顺着眼,眼角上带些泪痕,眼光也没有先前那样精神了。

⑤ "我真傻,真的,"祥林嫂抬起她没有神采的眼睛来,接着说。

⑥ 她全不理会那些事,只是直着眼睛,和大家讲她自己日夜不忘的故事。

⑦ 她张着口怔怔的站着,直着眼睛看他们,接着也就走了……

⑧ 孩子看见她的眼光就吃惊,牵着母亲的衣襟催她走。

⑨ 祥林嫂似乎很局促了,立即敛了笑容,旋转眼光,自去看雪花。

⑩ 第二天早上起来的时候,两眼上便都围着大黑圈。

⑪ 她便回来,神气很舒畅,眼光也分外有神,高兴似的对四婶说,自己已经在土地庙捐了门槛了。

⑫ 第二天,不但眼睛窈陷下去,连精神也更不济了。

……

这些都是学生在很短的时间内找出来的。从思维上讲,这是一种十分简单的认知上的积累活动,学生于此并无多少疑惑与惊异。他们的疑惑点与思考点则在于一种内心的发问:"老师,你要我们找这些东西到底是为了什么?"

教师开始发言:

同学们,我们已经懂得:祥林嫂的悲剧命运主要是通过眼睛的刻画来表现的。我们还知道鲁迅先生有一句名言:"要极省俭的画出一个人的特点,最好是画他的眼睛。"如果把鲁迅的"画眼睛"艺术仅仅看作描写人物的眼睛,这只算是狭义的解释。其实鲁迅的所谓"画眼睛"是形象的比喻,是一个理论上的概括,是艺术创作中典型化的一种手段或准则。

教师开始举例:

《故乡》中用"细脚伶仃的圆规"来刻画杨二嫂这个病态社会的畸形儿,不也是"画眼睛"手法的运用吗?《阿Q正传》中通过龙虎斗、画圆圈的描写,生动地刻画了阿Q的精神胜利法……

教师讲"一",让学生"反三",教师讲"一",让学生"知十",并且能充分地调动起已有的知识潜力,推导、综合、分析出新的知识,这也可以说是进行举隅推导式点拨的效果。所举之"一隅",所推导的触发点,应当是典型的例子,具有一定的知识辐射与层递的性能。

在教师的点拨下,学生的反响是热烈的:

生甲:祥林嫂发出四次"我真傻"的感叹,体现了凄惨无告的精神状态……

生乙:《白光》中作者让封建科举制度的殉葬品陈士成三次产生"这回又完了"的幻觉,用来表现他陷入疯癫的绝望心理……

生丙:《药》中仅"这大清的天下是我们大家的"一句话就表现出夏瑜的革命民主主义的理想……

生丁:《孔乙己》中,孔乙己反复地说:"窃书不能算偷……"这活画出他的迂腐。

学生除了继续在鲁迅作品中找出例子,有的还从别的作品中找例子,进行

分析。课堂气氛活跃,学生思维活动亢奋,教学效果显著。

3. 全面点拨,逐步深入

这里以诗歌阅读的一般方法为例,试加陈说。

(1) 整体观照,合目思之。

读诗必先整体观照,观照不等于随便地看,它与思总是伴随着的。不观照,无以思;不思,观照就难得情味,因此,"合目思之"不能轻视。整体观照的基本形式是诵读,一行行地读,一字字地读,一遍遍地读,如此三番五次,直到读出诗味为止。

读出的诗味,一开始往往是朦胧的、大致的印象而已,到了这个地步,千万不要浅尝辄止,自以为已有所得,而要趁热打铁,深入思考,即自己给自己提出几个问题,连续考问,从而使初步得到的总体印象不断地明晰起来,并且力求在印象中找出几个凸点,重点挖掘。这些凸点往往是:诗的情愫、诗眼、特殊的吸引人的词句或句式、有特色的表达技巧等。这样做了,就是"合目思之"。"合目"不"合目",无关紧要,重在于思,这样说无非是提醒学生要集中注意力,走到诗的情境中去思考。

例如读卞之琳的《断章》:

你站在桥上看风景,
看风景的人在楼上看你。
明月装饰了你的窗子,
你装饰了别人的梦。

四行诗,分两节,是诗人的巧设。

第一节写"你"和"看风景的人"的位置关系:风景是"你"看的;"你"和"你"见的风景又成了"看风景的人"所见的风景。环环相套,风景的内容在发生变化,这正是诗人的哲学沉思的结果——风景的相对性。诗人自己也曾解释过诗的主旨,即"重在'相对'上"。

诗意已得,第二节是否可以忽略不读呢?不行,还必须把第二节和第一节结合起来进行整体观照,看看第二节与第一节到底有什么关系。第一节重在写"你""风景""看风景的人"之间的关系,旨在明意。诗无意不立,第一节所立之"意"深刻隽永,但别忘了,诗无情不美。这首诗的情则是由第二节表达出来的:"明月""窗子""梦"这些极富情调的意象,巧妙地由"装饰"一词组合起来,营造了一个浪漫而幽深的情境。由此可见,上节写"意",下节写"情","情""意"相偕,使得这首诗理趣与情愫有机地统一了起来。

另外,把上下节结合起来观照,又不难发现诗的内容的推进特点:"你"看的风景是什么?是明月;"你"在"看风景的人"心中又是什么?是梦。

读这首诗读到这一步算是可以了,如果继续"合目思之",再找出一两个凸点考究一番,自会更有所得。比如,"看风景的人"值得细玩。把"看风景的人"换成"他"或"她"行不行?把四个"你"换成四个"我"或"他(她)"行不行?回答是:前者不行,后者勉强。"看风景的人"与上一行说的你在看风景相对,产生了哲学意义,即本诗的理趣,若换成"他(她)",则很可能让人理解为"这是一首情诗"。有些评论者忽视了"看风景的人"的哲学意义,认定该诗是一首情诗。你看,不"合目思之"或简单地"合目思之"与潜心悉意地"合目思之"、再"合目思之"所得到的结果会有多大的不同!

(2)通过韵律,把握节奏。

新诗的韵律与节奏,实际上就是指词句搭配、内容组合、诗意推进上的一种艺术旋律,亦即诗的内容有组织、有节奏的和谐运动。仍以《断章》为例,全诗句与句之间、节与节之间乃至意象与意象之间都呈现一种跌宕起伏、腾挪流转的节奏态势。

上节第一句与第二句中看风景的主体有两个:"你"是看风景的主体;"看风景的人"又是看"你"的主体,观察的主体巧妙地发生了转换。下节第一句与第二句有着浓郁情调的意象也发生了转换:第一句的意象是"你"眼中的明月;第二句的意象则是"明月"和"窗前"的"你"。

把上节和下节联系起来看,节与节之间的转换与腾挪更为明显:一是由理入情,由意入景;二是风景内容走向明晰以及看风景的意图转向确定。第一节只是讲看风景,而风景的主体是什么呢?下节第一句巧妙承接,点明是明月。第一节"看风景的人""看你"的意图是什么呢?下节第二句也是巧妙承接,即以"你"为主体的风景作为寄托情思的梦。

由此可见,四句诗的旋律与节奏是大跳跃中有小转换,如图6-14所示。

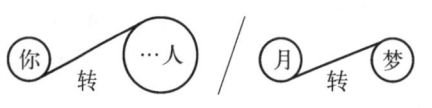

图6-14 《断章》的旋律与节奏

读诗为什么要在诗的旋律上多动脑筋呢?理由有两个:其一,好诗必定是艺术的小溪,缥缈的白云,流转的鸟鸣,它本身就有一种天生的变化和律动。诗的美也往往体现在这些精思巧构上,因此,研究旋律就是观赏其巧构之美。其二,通过巧构之美的领略,我们能触摸到诗人跳动的心灵,看清诗人情感河流的圈圈涟漪,从而把握诗的思想感情脉络。只有读到这一步,我们才能说真正读懂了诗。

(3) 通过诗句,感知意象。

尽管诗学界对"意象"这一概念有多种解释,但基本意思大体一致:意,主要指思想感情;象,即诗人眼中的客观事物。意象就是打上了诗人感情色彩的、寄托着诗意的事物。意和象既不是简单相加的东西,也不是两相并列的东西,而是意中有象、象中有意的情与物的融合体。写诗,必须营造意象,这是诗歌创作不同于其他作品创作的最根本的要求。读诗,自然也要在诗句中搜索意象,否则,就不可能体悟诗的思想感情的内在底蕴,就不可能抓住诗的灵魂。

以《断章》为例,明月和窗子是诗人用心营造的意象。明月何处没有?何人不见?不是很平常吗?但在诗里,它就不是天上明晃晃的月亮了,而是涂上了诗情的一种寄托物,是"看风景的人"眼中的风景,是理想、人生?是情爱、心灵?还是别的什么寄托?你都可以比附上去。它既是具体的物,又是朦胧难测的情。窗子亦然,它不是各家各户用来通风透气的建筑物,而是"看风景的人"心灵的窗口,是其独自封闭的感情世界通向外面的一个缺口,心灵的眼睛得以从这里向外张望。正因为有了这"一个缺口",所以"看风景的人"的内心是动态的,而不是死寂的墓穴。明月是寄情物,窗子是传递感情的通道,由这个通道而捕捉到的便是诗人所想说又不明白说出的一种情感上的东西——这个东西要靠读者去破译。

(4) 发挥想象,填补空间。

艺术作品的艺术性就表现在不把要说的话、抒的情都说完抒尽,总要留下一块空间任读者驱遣想象的骏马驰骋。一件书法作品笔断意连,疏密相间,那断处、疏处,就是想象的空间;一幅图画,云断之处,一块空白,水之尽头,烟气莽莽,自然也在期待你去虚拟、想象;一首好诗,或在诗中跳跃,或在诗尾意犹未尽之时戛然而止,这更是提醒你用自己的感情体验、生活经历去填补。只有这样,你才能理解得完美——对诗来说,意犹未尽最好,所谓诗意绵绵,耐人寻味;对读者来说,是读尽其意最好,所谓深入底里,毫发毕见。

一首好诗,一字传神,你就要紧扣这一个字想象,如"红杏枝头春意闹","闹"是一种情态,什么情态?没有尽说,你必须缘其本义,联系春意来拓展想象;一首好诗,一句宕开,你就要顺其宕开的方向进行纵向想象,如"白日依山尽,黄河入海流",这"黄河入海流"就把眼前之景宕开得很远很远,千里流波,浩荡入海,其视野多么漫长深远!你顺着"流"向,纵情想象,自然就会感受到黄河万里的浩渺气势。

再如《断章》"你装饰了别人的梦",只突出一个"梦"字,这"梦"既明朗又朦胧,如同林间的鸟鸣,夜间的萤火,听其有声,看其无痕,空间渺渺,诗意重重。凭靠想象,可以补充很多实实在在的感情内容。

总之,凡值得想象的地方,都是诗人着意要写又故意不完全写出的动人之处,把没有说出的内容,想象出来,既是对诗的创造性阅读,又是强化主体感受的最好时机。读诗读到这一步,岂能不手之舞之,足之蹈之?

二、作文教学的点拨与选择

(一) 作文的价值

为什么要加强作文教学？指导中小学生作文的目的是什么？作文的价值究竟通过哪些基本要素来体现？这些看起来不是问题的问题越来越有必要加以重新诠释了。

作文本身不是作文教学的目的，而是育人的一种重要途径。换句话说，作文教学的目的是培养人。培养什么样的人呢？不同时代有不同要求，在当下，最基本的是要培养有智慧的人、有民族心性的人、有创造品格的人。智慧、民族心性、创造品格是一个相辅相成的有机统一体。没有智慧，后二者就会失去光泽；没有民族心性，其他就缺少主心骨；没有创造品格，智慧就无从体现，民族心性就显得平庸。要培养这样的人，中小学各门基础学科都承担着应有的责任，也都有其培养的途径，而作文的培养意义更大。

现在的作文教学又是怎样的呢？显然不容乐观。

一是作文教学搞成了作文技术培训。一些作文法的书刊总是强调方法，一些作文课总打着"作文怎样写"的旗号给学生以作文程式。其实，方法是教不会的。技术培训的恶果不在于教不会学生写作文，而在于教会了学生编作文，有可能滋长欺骗的恶习，与育人大道相悖。

二是作文教学搞成了文学沙龙象牙塔。为了反技术训练，一些有识之士，包括一些知名作家企图开辟作文新路，如"新概念作文"之类，其实不过是促成了一批文学青年而已。我们的时代要不要文学青年？当然是要的，但毕竟不是教育的主流。偏重文学欣赏和文学创作的作文教学不是为绝大多数学生服务的作文教学。

这两种面目的作文教学不可能达到上述育人的目的，有时反而有害。那么，回到开头的问题，怎样的作文教学才是为着育人目的的呢？作文的本质意义和基本价值又体现在哪些方面呢?

1. 智力训练价值

智力的构成要素有三种:一是观察力,二是记忆力,三是想象和联想力。三种智力因素无时无刻不在作文过程中体现着,并且始终相辅相成地在作文过程中齐头并进式地发展着。学生从写作一开始,就必须调用观察力、记忆力、想象和联想力的能量,并通过写作过程,使这三种智力因素得以进一步补充、强化以至于校正。从这个意义上讲,写作的过程,就是智力生发、培养、强化与发展的过程。

比如,学生作文有一个通病,就是写不具体。怎样使学生写具体呢?很多人认为学生词汇量不够,因此表现力较弱,于是着眼于语言的模仿、词语的修饰,其实,这是治标不治本的做法。问题的症结,恰恰在于某一智力因素的弱化或缺失。观察浮光掠影,自然就一笔带过;观察虽仔细周详,但储存的力度不够,也即记忆与发现的能力较弱,自然也是一笔带过;对眼前的人、事、物、景观察仔细,记忆也牢固,但往往就事论事,不能上下前后左右古今挂牵与勾连,缺少应有的联想和想象,自然还是一笔带过。有经验的教师善于抓观察训练,巧于激活学生的记忆库容空间,精于牵线搭桥,引导学生联想与想象,因此,学生笔下就有写不尽的文字。

作文中的智力训练,有两个基本要义:

一是从作文过程上说,分智力导引、智力点活、智力评论三个阶段。

智力导引,就是做智力准备工作,通过考察、遐想与构思来完成。智力点活,就是针对作文半成品中暴露的智力内隐缺失加以点拨,使学生开窍。比如,"她微笑着"的"微笑"究竟是怎样一种"微笑"?你能用五十来字加以扩展吗?这个小练习涉及观察、记忆、联想与想象多方面,有十分切实的作用。学生习惯了这样的修改、补充,就能逐渐消除这一缺失。所谓智力评价,就是师生双方对习作成品从智力水平的角度加以确认与评估,使作者受到激励并能认识到写作成功的原因所在。比如,学生写道:"她的眼睛像一弯月亮。"怎样评估呢?常见的评语是"描写生动,比喻贴切"。这不过是从作文技巧上的认定。如果是智力评价,那就是"观察仔细,富于联想"。这两种评价都有用,但智力评价更能抓住本源,更能使学生明白:这样写是聪明的表现。

二是从训练重点上说,单项训练与综合训练始终是作文智力训练的两翼。

单项训练是针对学生作文智力水平发展过程中的薄弱环节,进行逐项的弥补。这种训练贯串小学、初中、高中全过程。随着学生认识水平、思维能力和作文目的、内容选择的变化,学生的智力表现常常存在不平衡现象。联想与想象力,在写散文、寓言式作品时,可能体现充分,而在写议论、评述类作品时,可能萎缩、弱化。即使是同一个人,在不同心境下写同体裁作品,智力表现也有显著差异。有教师由此早下断语:某某学生擅写记叙文,某某学生擅写议论文。其实,这是根据智力假象而作出的不科学判断。基础教育阶段中的中小学生,除极少数作文有特别天分的学生外,大多数学生都是有智力基本潜能可挖的,换句话说,接受基础教育的学生,理应通过作文训练,使智力得到全面地训练和提高,不应该存在智力缺陷。因此,作文中体现某一智力薄弱点,是"假性薄弱",应该及时进行弥补式训练,使之强化起来。

在作文训练程序上,也要围绕能力点而安排相应的智力单项训练点。假如我们把作文能力点分解为认识能力、选材能力、构思能力、表达能力、修改能力这几方面,那么,我们就要在这些能力点下排列若干智力点。没有较高的观察智力,认识能力的提高是不可能的。单项训练安排过少,或者因其他种种理由使得单项训练被综合训练、综合评价掩杀。比如,对于一篇作文,往往习惯于从立意、选材、语言等方面进行评价;又比如,某一个学生的作文智力缺陷明明就是这一点,可下次布置作文时恰恰又扯到另一智力训练上去了,这一点没有继续训练下去,又让学生去犯那一点毛病去了。学生作文是屡屡犯病,却又得不到及时修正,智力训练的针对性、有效性就很差。

再说综合训练。综合的含义有三:一是观察、记忆、联想与想象一齐抓,通过一篇作文加以综合评价；二是三种智力各内涵要素的综合安排与训练，例如观察，就有观察点、观察程序、观察角度、观察方法、观察意志力与敏感性等要素，这些要素是彼此关涉、相互影响的，具有综合训练的前提；三是智力训练与思想方法训练、语言理解与运用训练、思维训练相辅相成。既要突出智力训练重点，又要为有效地训练智力而发挥其他项目训练的正迁移作用。

以语言理解与运用和观察力的关系为例，"红杏枝头春意浓"与"红杏枝头春意闹"没有多少区别。用"浓"，说明花色浓艳，花朵众多，花开正盛；用"闹"，也同样说明了这一情境，增加的是蜜蜂飞舞、嗡嗡吟唱的内容。从观察上讲，都具体、准确、细致，说"闹"比"浓"更能体现作者的观察力，是不确切的。但是，从虚实艺术上讲，"浓"是实景实写，"闹"则是有虚写的成分了，即便是蜜蜂嗡闹确乎是实景，但把嗡闹之声与春意联系起来，把蜜蜂的用意人格化，则体现了联想和想象的特点。如果当时所见没有蜜蜂，则更表明了作者的虚拟本领——联想和想象的本领。如此揣摩诗人的遣词造句，则自然是在智力上得到启迪了。

再以思想方法训练对于智力训练的作用为例。"辩证地思考问题"属于思想方法问题，但又与观察、记忆、联想与想象有密切关系。正反现象观察到了，才有条件辩证地思考；有时是观察到了此一现象，又在记忆仓库中再现出另一现象，才有条件辩证地思考；有时是此时此地观察或再现了某一现象，又联想或想象到别一相反现象，才有条件辩证地思考。假若观察、记忆、联想与想象的世界里空空如也，学生拿什么作为辩证思考的支撑点呢？辩证法是思想的方法，有人说要教给学生这一方法，对不对呢？对的。但是，我们还是要把问题想得透一些为好，没有智力基础，方法是教不会的。

2. 思维训练价值

作文是极好的思维训练体操。思维训练，当然是以智力训练为基础的，但是，我们又要看到，一个人的智力开发往往是通过思维训练形式得以强化、巩固和发展的。衡量一个人的智力高下，主要是看他的总体思维成果，因此，不妨这样说,思维是智力的直接现实。

这里要着重讨论的是作文对于思维训练的特殊功能,我以为可从三方面考察。

(1) 思维的流畅性训练价值。作文与说话虽同属于表达,但其思维表征有较大区别。自然说话有两个特点:一是"散式",即东拉西扯,前言后语缺少连贯性;二是"点式",说话是短时的,内容十分集中,说完即止。写文章则不同:一是不允许"散式",必须主题集中,章法严谨,结构完整,条理清楚;二是不能是"点式",必须把"点式"的内容融化开来,扩展开来,以求具体、完整、细致。

比如,在公园里观花,"点式"说话就是"这朵花太美了",而作文,就要东拓西扩,上挂下联,从不同方面对这个"美"加以具体描述。既然是这样,那么,思维的流畅性训练在一定意义上只能通过作文来训练了。不少学生平时说话,口若悬河,头头是道,可一写作文,就无法一条一条地写下去。这个事实表明,作文的思维流畅性有特殊要求。

一定要把"写"作文的教学变为"想"作文的教学。"想"作文训练,不在于求新求巧,而在于想明白,想清楚。作文指导,不一定是举范文,供模仿,也不一定是灌输写作妙法,而是帮助学生把问题想清楚、想完整。

例如以"狂风暴雨"为题写作,不加限制,可以从视觉、听觉等方面展开。如果只限于写听觉呢?学生想到的内容是:风声、雨声以及听到风声、雨声的感受。这是最一般的。如果要求学生必须写出四种以上的听觉呢?学生就不一定想得到了。当然,部分聪明的学生会写到汽车压水的声音、大树折断的声音、雨点打在窗玻璃上的声音、街上广告布篷啪啪的声音、人们表示惊异的议论声……这种部分聪明学生的想法,是可以用来作为指导其他学生畅想的范例,其启迪意义在于:围绕同一个写作对象,以声音为线索,贯串多方面相关内容,组成了一个流畅的"描述内容群"。

(2) 思维的递进性训练价值。文章内容没有递进性,就失去了波澜,也就失去了"翻进"。人们评价好文章说"尺水兴波""一波三折""跌宕起伏",都是指内容具有递进性特点。递进性,通过文章来反映,而实质是写作者思维不断"翻进"所致。我们分析某某好文章一波三折的形态,让学生模仿,可学生就是难以模仿起来。是学生笨吗?不是,原因在于我们只从文章作法上讲析而忽视了学生思维弱势的强化。学生的递进性思维是有弱势的,不指点,不帮助,寄希望于模仿范例,是难以见效的。

(3)思维的变通性训练价值。"天下文章一大抄,就看会抄不会抄"。这句话如何理解?抄袭、剽窃,当然是可鄙视的,转换与变通,则又有较深刻的启迪意义。事实上,天下的文章没有百分之百的不同。相同的是话语方式、结构方式等,不同的是个性化的显示。个性化,就主要体现在变通思维方面。变通有三:一是换角度思考;二是反向思考;三是添补式思考。要训练学生进行这三种思考,使思维活起来。同一个事物,不同的人有不同的思考角度,不同的思考角度决定了内容的不同;同一个事理,不同的人有不同的思考方向,不同的方向思考也决定了内容的不同。对于事物的认识,千古以来,前人的认识常常是后人认识的基础,后人在此基础上进行新的认识,往往是补充式的、增加式的,尽管如此,写出来的内容自然也有了差异。这三种思考,都体现了变通。变通了,文章的个性化特征也就有了。三种变通都有一定的难度,都有单独加以训练的必要。训练的着眼点自然是人们所熟知的"求异思维力"和"聚合思维力"的提高,这不用多说,训练的方式方法则要有所改进。

3. 文化反省价值

应试作文教学的灾难性影响,使学生成了会说话的工具。学生的作文普遍缺少真情实感,这便是我们的最大忧虑。青少年作文没有思想,原因是多方面的,不能只责怪语文教师。但是,就语文教师的道德良知和社会责任这一方面而言,我们除了忧虑,难道就没有办法了吗?我们在反思作文教学忽视文化反省价值功能之后,难道不应该采取有效措施,通过作文训练来强化学生的文化反省意识吗?

什么叫文化反省？文化反省的价值究竟是什么？我想从两方面讨论。

（1）中学生的文化积淀决定了作文的价值取向。儿童发展心理学表明，儿童从出生到十八岁的发展实质上是文化的发展。文化发展的程度决定了儿童由自然人到社会人的演进程度。儿童经历了小学、初中乃至进入高中，理应被看作一个文化的少年，因为他确实通过学习接受了丰富的人类文化知识。这是文化对少年的作用之一。作用之二是，少年在接受文化熏染过程中是积极主动的，有选择，有比较，有扬弃……因此，不同的少年都有一个充满个性化的属于自己的文化时空。这个文化时空决定了少年有了自己的少年文化。不论是继承他人的也好，还是自我生成与发展的也好，这一片天地始终是少年学生写作的话语背景，即认识背景、思考背景、选择背景和表达背景。如果忽视这个背景，始终把学生当作无知者，搞"命意作文"，让他们代圣人立言，那么，学生只能被逼到说假话、空话、废话的道路上去。显然这是一条非常危险的道路。说到这里，也许有教师要问：你的意思是不是说要贴近学生现实生活进行作文教学呢？我的回答是，与这条有关，但性质不同。现实生活既指学生身处的社会性环境，也指学生的言行活动内容，而文化背景则是支配学生在社会性环境中如何生活的灵魂支撑点。如果作文教学要注意文化关怀的话，就要在学生的文化岩石上开凿泉眼，让青少年对社会、生活、人生的文化性感觉最自由、最真切、最具体地迸发出来，并且要有针对性地指导、校正。

比如，以"老师"为话题的作文，现在的学生不愿写。原因在哪里呢？不在于贴不贴近生活，师生日日相处，是最贴近不过的了，而在于学生失去了对老师的文化认同感觉和情感倾诉的冲动欲望。大量的事实表明：现在的学生在认同老师的文化与情感方面与以往大不相同。生活贫穷、物质匮乏时代，老师的呵护，哪怕是一丝一毫，也会激荡起学生的情感涟漪，学生的感恩戴德式作文十分动情，极其感人，最典型的例子如魏巍的《我的老师》。现在呢？不要说写了，就是学生读这样的文章，也很难被打动。如果非要学生写，学生便依样画葫芦，拷贝一篇《我的老师》来。能指责学生不尊敬老师、不爱戴老师吗？不能。因为在学生心目中,老师形象已发生了巨大变异。由于物质生活提高,知识追求中的竞争日益加剧,学生对老师的智慧日益崇拜;由于生活中的不平等现象明显,学生人格意识觉醒,因此,学生对老师的公平心日益肯定;由于当代社会强化了独立意识和人权意识,因此,学生对"学生化的老师"日益敬佩。有一种现象很值得反思:在重点中学,学生崇敬老师的心理淡化。为什么呢?是现实中的老师与学生心目中的老师还有一大段距离。还有一种现象同样值得反思:初中生怀念的是小学老师,高中生钦敬的是初中、小学老师。为什么呢?由于依赖期转化为独立期,学生总觉得眼前的老师不是理想中的老师。文化积淀越多,年龄越大,年级层次越高,对老师的期望值就越高,眼前老师的形象就越淡化。如果无视这种事实,不针对学生心中的老师文化情结的演变,还是一成不变地要写像魏巍《我的老师》那样的作文,学生必然是编造虚构一通了。如果把以"老师"为话题的作文放在更广阔的文化背景下来看更有趣。在中国文化背景下,学生写老师大多数是歌颂、礼赞,这自然与传统的师道有关。在西方文化背景下,学生写老师很喜欢用调侃、风趣的笔墨,老师不过是一个活生生的朋友,绝不是一座圣洁的雕像。

在当代大文化背景(社会的)和小文化背景(学生的)下,仍以"老师"为作文话题,学生最喜欢写的内容是什么呢?表6-4很能说明问题:

表6-4 "老师"话题的选择分布

内　　容	学生数	百　分　比
① 难忘我的老师	560人	20%
② 老师一片情和爱	560人	2%
③ 师生如父子	560人	/
④ 老师,我希望你这样	560人	78%

是学生缺少文化继承吗?不完全是,是学生有了审视教师的新的文化眼光。我们要遵从学生的作文文化价值取向,因势利导,在文章的文化命意上与

时俱进。

（2）认识是一种文化观察与评判。反省的关键，是促进学生在文化嬗变中树立科学的文化观念，克服肤浅，纠正偏执。我们都十分明白，作文离不开认识，因此强调观察，也包括阅读。其实，认识是有眼光的，而眼光的高下、敏拙、长短等，都与认识者内存的文化意识有关，特别到了高中更是如此。有一种教学现象值得商榷：学生不同意传统观点，提出了新见，于是教师大加赞赏。这里，教师的作文评判有一个潜意识在起作用，即否定优于肯定。否定别人的观点就一定比肯定别人的观点可贵吗？不一定。真正的可贵在于否定或肯定是有充分根据的。一谈到作文写出新意，就与否定、求异联系起来，未免有些简单。其实，肯定、求同也照样能写出新意。

说到文化观察与评判，根本的一条是要通过作文训练培养学生的哲学意识，使学生能用联系的、发展的、全面的观点看问题，识事理。

下边举一个实例。

有一则材料说，调查显示，40％的学生认为校图书馆是获取课外书籍最主要的途径，而书价高昂是学生舍不得图书馆的主要原因。不过，另一项数据却显示，近半数的学生认为图书馆不能满足自己的阅读需要。藏书陈旧、更新太慢是学生对学校图书馆提出的主要意见。

这则材料隐含了较多的信息，就看你怎么认识。主要的内容是图书馆重要，但藏书过旧，用处不大。学生怎样认识这个问题呢？经检测，有如下三种：

① 图书馆要为学生阅读需要着想。

② 时间有限，要了解新知识还不如上网。

③ 不能以时间的远近来评价书的有用与否。

这三种意见，①说的是废话，学生的需要是多方面的，不能因为图书馆新书少就断定其不能满足需要，应该建议为了更好地满足需要，多进新书。②则犯了偏执毛病,把图书馆阅读和上网对立起来,否定图书馆的价值,显然是片面的。③是有道理的,但是书的有用与否有时确实与时间远近相关,比如,计算机用书应是越新越好,因此也不够周全。我们要看清学生准确评价的一面,更要分析学生错误评价的一面。学生评价的失误,主要原因在哪里呢?从方法上研究是不能解决问题的,只能从文化素质上来讨论。由于中学生正处于身心急速发展阶段和文化素质急速增进时期,因此,文化底蕴不足,思想水平不高,我们不能要求学生都具备犀利、全面、深刻的认识眼光和才能。问题是,要想出适合学生的方法和途径来促进学生逐步提高思想认识水平。

我个人体会是,以下两种具体做法能产生实效。一种做法是文化观点对举比较,如就以下观点提出相反观点:① 有志者事竟成;② 枪打出头鸟;③ 勤能补拙,学可医愚;④ 逆境出人才。事实上,有些观点可以反说,有些则不行。比如"逆境出人才",有学生说"逆境杀人才",并举出二三例,对不对呢?不对。"逆境出人才",本义不是说"逆境"就能出人才,而是对身处"逆境"者的一种激励。同样,有学生说"有志者事竟成"太绝对了,许多事实表明"有志"不一定能"成事"。这也不准确,因为"有志者事竟成"这句话是针对无志者而言的,也就是说,只对"无志者"有意义。通过这样的具体化训练,或商讨,或争辩,能使学生在文化观念上有深刻的认识。当今社会正处于文化嬗变时期,很多中国传统文化观念面临新的认识上的挑战。有些确实是落后了,需要注入新的内涵;有些因其有明显的针对性而不能轻易否定。比如,在当代竞争社会怎么看待"知足常乐"这句古训?有人说应该是"不知足常乐",只有永不满足才会不断锐意进取。其实,这里的"知足"与"不知足"的"足"在内涵上是不一样的,知足的"足"往往是指生活条件的"足","不知足"的"足"往往是指事业发展上的"足"。内涵不同,怎么能以此否彼或以彼否此呢?

另一种做法是文化观点的针对性研究。这一条主要在经典作品的研思中进行。有一个全国大专辩论会,争辩的问题是:"愚公应移山还是应搬家?"正反双方滔滔不绝,争论不休,我听了却感到十分难过。这道题明显存在一种误导,

即把方法论和价值观混淆起来。《愚公移山》这则寓言讲的是价值观,即百折不挠的韧性价值,这在任何时候都是有鞭策、教育意义的。搬家是行为方法,怎么能用搬家来代替移山呢?如果这样,那不就是教人要回避矛盾、投机取巧了吗?那不就是说,在现代社会,愚公精神过时了吗?还有一年的大专辩论会的论题是"艾滋病是社会问题还是医学问题"。这在思想认识上也是一道误导题。艾滋病既是社会问题也是医学问题,怎么能用非此即彼的简单化认识方法来思考问题呢?由此,我想到,一定要在我们的作文教学中进行"文化观点的针对性研究",通过研究,使学生不停地反省自我的思想文化积累,最终达到思想日益成熟的目的。

所谓的文化反省,不是指以思想评论家自居来批判传统思想,而是包括三项行动:

① 反省自己文化思想的薄弱与肤浅;
② 反省自己表达思想观点时的片面、偏执的思维缺陷;
③ 反省自己文化积淀的内容是否丰厚,是否有利于自己在新的现实生活中健康发展。

通过这样的反省,促进自己构建文化体系,实现知识同构,转变思维方式,不仅能写出思想丰富、思维敏捷、认识全面、思考深刻的文章,而且通过这样的作文训练,促进自己最终能做一个思想丰富、思维敏捷、认识全面、思考深刻的新时代的文化新人。而做成了这样的文化新人,就不仅是一个能写的人,而且是一个具备创造精神的新时代的创新者。这才是我们作文教学的最高理想。

尤其要强调的是,当前我们正处在东西方文化观念激烈撞击、古今思想文化激烈交锋的时代,正误、拙巧、优劣、先进与落后等,都需要写作者作出抉择。促进学生进行文化反省,必然是当前作文教学的致力点之一。

(二) 作文心理引导

1. 激活心理，突破模式

很多人在心态极其平静的时候是写不出文章来的，这本是一个古老的话题。可我们在教学生写作时却明显地忽视了这一点。

比如，作文指导，大部分教师都是从如何选材立意、谋篇布局、运用表达技巧等方面来着眼的。这样的指导让学生"戴着镣铐跳舞"，不仅不能激发学生写作兴趣，而且让学生的心理空间成为寂静的枯井。学生写作时，为什么写一页，撕一页，揉一页？为什么战战兢兢，左右顾盼，像林黛玉进贾府不可多走一步路、不可多说一句话？根本原因就是我们给学生定的框框太多。当学生写他的姐姐时说："我的姐姐很漂亮"，怎么漂亮？不具体，老师说描写要传神具体！重写……你看，这样怎么能写出一篇好文章？

清代画家郑板桥在《题画》中说："江馆清秋，晨起看竹，烟光月影露气，皆浮动于疏枝密叶中间。胸中勃勃遂有画意。"[①]我们可以这样说，郑板桥晨起看竹时，心态是平静的、闲适的，当清秋竹影婀娜多姿扣动他的心扉时，平静的心态顿然转入亢奋状态，遂有画意。一枝冷峻峭拔、超然脱俗的竹子在宣纸上淡开倩影，完全是画家心潮澎湃、情难自已所致。作画如此，写作亦然，我们为什么不在学生处于写作酝酿阶段时，使他们的心态由平静区而转入亢奋区呢？

心理学家说，中学生容易动感情，他们的情绪高亢强烈，充满着热情和激情，活泼愉快，富有朝气，这是就中学生在中学这一特定时间区间情感发展的一般特点而言。在具体的时间段，中学生的心态、情感依旧是平静稳定。亢进激越不是常态，尤其是高中生，他们思考的翅膀常常喜欢在理性化的世界里画出迷人的弧线。教高中的教师大多有这样的感觉：与初中生相比，多数高中生

---

① 郑板桥.郑板桥集[M].上海：上海古籍出版社，1962：154.

上课不爱举手发言,点名回答问题也有不愿启齿的,与教师的交往逐渐产生隔阂,不喜欢公开自己的心事,即使在日记中也很少全部吐露真情。为什么这样?这是心理学上讲的青年期最显著的闭锁性所致。

还有一种现象也引人深思:有些写作水平很低的学生有时竟写出精彩的文章,有些写作能力很好的学生却常常陷入写作的困境,感情平淡,文字干瘪。——这大概也是这两种学生写作时具有不同的心态的结果吧?综上所述,我以为,写作是心理处于亢奋区域时的一种表达实践,而我们在指导学生作文时,必须要以"促进学生的平静心态向亢奋心态转化"为关键的突破口。促进学生的平静心态向亢奋心态转化的过程,如图 6-15 所示。

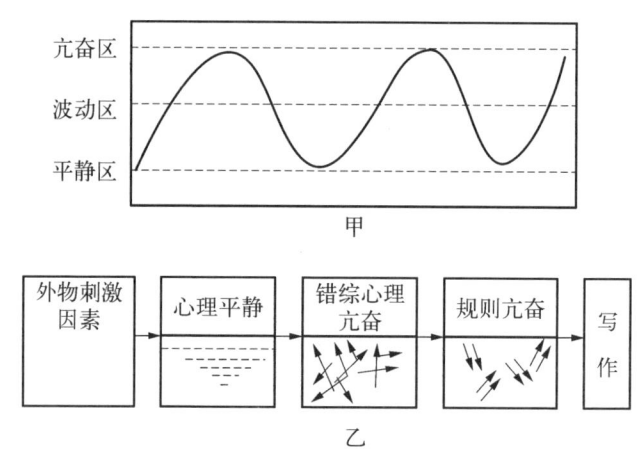

图 6-15　学生心态的激发过程

上图中甲表示中学生心态变化呈波浪式运动,乙表示作文指导时,先用外物来刺激学生平静的心态,通过刺激,学生心态处于错综混乱的亢奋局面。此时,教师循循善诱,让学生心态进入规则兴奋阶段,最后在亢奋的精神驱使下进行正式写作。

这里举一个作文教学实例。我在指导学生写《理想之歌》这篇文章时,不是像常规的作文指导那样,而是着重在情感上唤醒学生,在心理上点拨学生。我讲了这些内容:屈原为了实现理想历尽艰难,最后自沉汨罗江;鲁迅弃医从文的曲折故事;司马迁为写《史记》,忍受宫刑;改革家温元凯的传奇故事。用诸如此类的事例作为巨石投入学生平静的心湖。情动于衷,不吐不快,学生终于在亢奋状态下奋笔疾书,用真情实感来谱写理想之歌。

2. 研究学生心理落差,保持学生心态平衡

处于亢奋状态,情感饱满,有时就像河流一样会遇到障碍物,即在表达上会出现卡壳现象,情感之流不能顺利奔涌。比如,有位学生对他的老师一往情深,动笔写《老师!老师!》,有一节主要内容如下:

老师,你不仅关怀我的生活,而且帮助我提高学习成绩。你改我的作业特别认真,你常常辅导我读课文,有一次我的数学作业没有交,你就亲自指点我做好作业,在你的教导下,我的成绩终于上来了,甩掉了倒数第二名的帽子。

怎样引导学生修改这节文字? 常规办法就是批上"写得不具体,要用事例来描述"这样的评语。这样评,虽然点出了毛病的要害,但容易给学生心灵带来阴影。学生想,"我的文章写失败了",这样一想,原有的亢奋的心理状态很容易改变,会渐趋低落。我们不是常见这样的现象吗? 学生兴高采烈送来一篇习作,此时他的心里有一种成功的喜悦感。可教师阅后,随便地指出几则错误,提出非修改不能成为好文章。学生是知道自己的习作有毛病了,可此时他的心理状态是何等的尴尬啊! 学生渴望:"哪怕老师先表扬几句再加批评也好啊!"学生心理上一旦蒙上尴尬不悦的影子,他的修改兴致也就没有了。难怪学生对老师的评语熟视无睹,难怪初一时犯的毛病到高三时还在犯,教师不研究学生的心理落差该是一种多么大的失误!

如果要让学生心理上不产生落差,学生心态不仅依然平衡,而且使亢奋的情绪自始至终,保持不变,教师的评语就会这样写:

读了你的文章,我很感动,虽然你不是在写我,但我作为教师也引以为自豪。我读书时也遇上了一位好老师,有一次他把我带到他的办公室里改作业,因为是夏天,我心里又慌,浑身大汗淋漓,老师就用毛巾为我擦汗,他的眼睛射出慈爱、鼓舞的光芒,他又拿着扇子为我扇风,我看着他的脸,好感动,他那脸上的皱纹里正溢着汗水……像这样的事例太多了。想必你所写的老师也有很多令人感动的事例,盼望你写下,我期待着!

这则评语,既点出了习作中的毛病,又显得亲切动人,学生觉得这不是批评他,而是同他亲切交谈,于是在心理上自然会产生慰藉感,并且,原有的亢奋情绪会更加强烈,学生在评语的提示下有了动力,心想:"原来就这样修改啊!"有了这样的情绪基础,文章哪有改不好的呢?

如果我们把第一种评语看作"简单批评式",把后一种评语看作"情感呼唤式",这两种评语所产生的效应迥然不同,如图 6-16 所示。

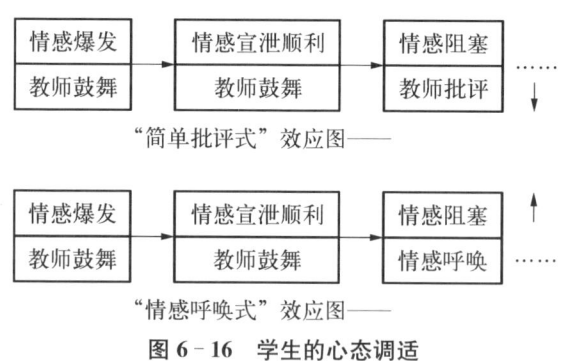

图 6-16 学生的心态调适

中学生的心理状态是变化丰富的,中学生的情感走势也常常表现为两极分化,当取得成绩时非常兴奋,一旦失败,又陷入极端苦恼悲观的情感状态,这一方面与其生理因素有关,另一方面,也与我们的教育、引导因素有关。只要我们抓住中学生的这一心理特征,有的放矢,重于情感呼唤与心理上的点拨,问题就会得到圆满的解决。

(三) 作文思维引导

1. 构思引导

学生作文的关键,说到底是"思考"二字。从积累材料到布局谋篇,再到行文表达,这是一个全程性的思考过程。在这个过程中,构思,是一个关键性的中介环节。

我曾经专门开设"写作构思研究课",点拨学生学会构思,巧于构思。

所谓"写作构思研究课",就是以作文题型为研究对象,以谋篇布局为研究主体,以列出构思提纲为作文形式的写作指导课。

先说作文题型。我们从两个方面来研究,一是从文体上划分,有记叙文题型、议论文题型、说明文题型和实用文题型。二是从中考、高考的命题形式上划分,有短语题型、单句题型、材料题型、漫画题型、想象题型和分解题型等。我们把这些题型讲给学生听,让他们掌握。

再说研究主体与方式。一种题型或本题型中的一道作文题列出后,即要求学生完成三项任务:审清题旨,明确写作要求;列出多种提纲,一般是一道作文题列出两种以上不同的构思提纲;对所列提纲写出说明文字,或谈构思意图,或谈构思优劣。简洁明了,一语中的。学生完成这三项任务后,教师针对实际问题点拨、修改、评议。这样做很节约时间,一般两个课时就可以解决一种题型的构思问题。

一种题型的构思问题解决了,再要求学生根据已拟就的构思提纲,认真地写成完整的文章。一学期写完六到十篇文章,教师与学生一起抓住典型作文加以评改。评改率为1/3,教师花的精力不算多。

下面举一个教学实例。在一次研究课上,教师出示了以下作文题:

阅读下边材料,然后写一篇读后感,题目自拟。

在一次宴会上,有人对意大利航海家哥伦布说:"你发现了新大陆,可我看不出

这有什么值得大惊小怪的。任何一个人都可以发现,这是再简单不过的事了。"

哥伦布略一沉思,取来了一个鸡蛋,对在座的人说:"先生们,你们当中有谁可以使这个鸡蛋竖立起来吗?"人们呆住了,没有一个人能竖起来。哥伦布把鸡蛋接过来,轻轻地敲破了一点它底部的壳,于是,鸡蛋就竖立在餐桌上了。接着,他以极其平静的语调说:"先生们,这是最简单不过的了!任何人都可以做的——在有人做过了以后。"

出示题目之后,教师帮助学生审清题意。可以从五个方面考虑:

① 说起来容易做起来难;
② 实践出真知;
③ 知之则易懂,不知则神秘;
④ 万事开头难;
⑤ 贵在有首创精神。

通过比较就会发现,立意⑤比较准确地体现了这则材料的基本思想。哥伦布发现新大陆,贵在开拓;"竖立鸡蛋"的小故事也生动体现了首创精神。由此可把题目拟为"贵在有首创精神"。

再来分析题目。这个题目不仅规定了论述的中心,而且突出了题眼"贵",因此,我们可以在"为什么"上下功夫,即分析为什么"贵"。

接下来,点拨学生拟出构思提纲。以下是学生的一份作业:

贵在有首创精神
① 概述故事内容,提出论点:贵在有首创精神。
② 首创精神是社会前进的动力,是事业成功的条件。
③ 重点论述当今时代怎样培养首创精神。

  a. 不畏权威,不盲从。

  b. 不抱残守缺,敢于探索。

  c. 应具有勇气和意志。

  d. 不能违反科学进行所谓的"首创"。

④ 结语。

  学生拟出的提纲,当然不能说十全十美。不过,我们由此可以看出,学生的思维空间是比较广阔的,他们思考问题的精神是值得鼓励的。这样的研究课上多了,学生课内课外可拟出上百种构思提纲,这对培养学生的构思能力,提高他们考场作文的竞争水平不是很有好处吗?

2. 思维开合导引

  文章是写长还是写短,不是表达上的技术问题,而是认识与思维的开合问题,这一点,必须跟学生讲清楚。要让学生明确并掌握认识与思维上的一般原理,来指导自己的写作实践。不少学生思想认识不深透、不全面、不周到,往往明确了题意之后随便说几句了事,写议论文更是如此。

  比如,有位学生写《先天下之忧而忧,后天下之乐而乐》,只有四百来字,先肯定这句话说得好;然后指出今天提出这句话有现实意义;最后是三言两语的表态。这样的作文,说不扣题?扣题;说不清楚?条理很清楚;说立意不高?肯定了这句话,立意还不高吗?但这确实不是一篇好文章,为什么?内容空洞。自己的主体认识没有充分地说出来,只是人云亦云。有的学生"观点说不够,例子来相凑",写上三五个实例,篇幅是长了,但分析仍然不到位、不深入,其实质仍然是内容空。

  怎样使文章中的思想认识深入、全面、周到?一般说来是靠思想的积累、生活的磨炼,而掌握把深化的思想认识表达出来的剖析、扩展的思维程序则也是十分重要的。这个程序如图 6-17 所示。

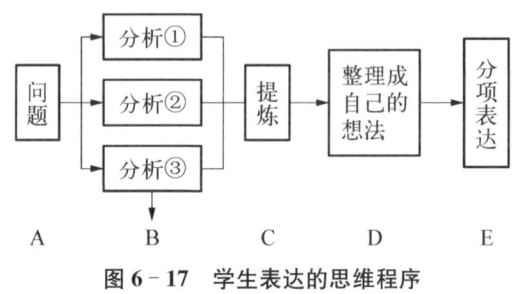

图 6-17 学生表达的思维程序

如果不从表达需要出发而一味追求简括,以至于把图中的 B、C、D 三个环节都省略掉了,那么简括就不是简括而是粗疏了。因此,要让学生明白:一个观点提出来后,首先要从不同方面分析,然后根据表达需要加以提炼,最后用自己的话说出来。如果表达需要多说,就分项说;如果表达需要略说,就选择一条主项说。总之,按照这个程序思考了,不管是简写还是略写,作者都有了主动权。

思维运动是有规律的,体现出来无非是两种形式,一是聚合式,二是发散式,而聚合与发散又是有规律地变化与交替着的。对于这一思维理论,学生不一定明白,更难以自觉地用来处理好写作思维的开合关系。对此,教师要引导学生,对于文章的题目,首先要认识它涵盖的意义,并尽可能抓住某一重点进行钻探式的思考,而不要一开始就发散,缺乏深究的发散往往显得浮泛。发散思考,主要是分解重点问题,力求多方向、多角度来研究,同时要防止发散的无序性,即分出的要点太多。要点多了,写起来平均用力,往往产生两种弊病:一是概说要点,蜻蜓点水;二是拉杂冗长,巨细不分。发散之后还要聚合,这时的聚合主要是力求内容的创新,写出自己的真正所得。

在作文训练中,在提出一般要求时很明确地提出字数规定,有时将字数规定作为单项作文训练方式,这对训练学生的思维开合力很有好处。

(1) 分目与总括。教师提出作文题,要求学生拟出写作提纲。提纲有两条要求:一是在每一"纲"下要求分设若干细目,越详尽越好;二是给一组不同类的细目,要求分类予以总括。分设细目,旨在打开思路,尽量扩展写作内容;分类总括,旨在重新聚合,提炼更深刻、更有新意的要点。

（2）长短互变。教师提供一篇长文,要求学生缩写为短文,或者给一则短文,要求扩写成长文。这种缩写与扩写的作用是训练思维的概括力和扩张力。缩要缩要点,扩也要扩要点。前者重在语言上的削减,后者重在思想内容上的发散与补充。

（3）局部规定。教师提供一篇病文,针对局部的冗长或简略,要求学生改写。把冗长部分写简括些,把简略部分写充实些。这项工作,原来是教师提出批改意见让学生一人自行修改,现在把问题提出来让大家讨论,会看到许多新的写法,这对原作者有很大启发。

（4）定点发散。教师读一篇文章,读到关键性词句时,要求学生就此发散思考。比如,"在同学们面前,她微笑着",扣住"微笑"发散如下要点：微笑的样子、情态；微笑时的举止；微笑时的心理活动；微笑的变化；等等。在学生作文中,常常看到这样一类语句,稍加发散,就能使写的内容丰富起来。

在规定学生依照有关字数限制完成上述训练任务时,一般要遵循几条原则：一是以学生思想材料多少的实际为原则。学生的认识水平、知识程度及占有材料等情况,教师要心中有数,应由此来规定字数。二是以作文要求难易的实际为原则。字数要求要和作文的整体要求结合起来考虑,不搞片面性。三是以文题限制的宽窄程度为原则。一般的,文题宽,包容面广,篇幅相对长些；文题窄,自然就短些。但也有宽题窄写、窄题宽写的情况,宽到什么程度,窄到什么程度,必须控制好。四是以学生的思维能力实际为原则。思维的开与合都要有一个合理的度,要依度来确定,否则,也难以求得效果。

3. 引导学生写好一段话

写文章是由写段开始的,这个段,当然是指集中表达一个中心又独立成为一个自然段的意义段。每一个意义段写起来并不容易,首先遇到的问题是如何开笔。开笔过窄,一句话就把意思说完了,内容就单薄了；开笔过宽,话题过大,

一个意义段又表达不了,内容往往显得大而无当。一个段落的写作,就是一项思维训练的完成。到底怎样开笔呢? 一般说来要抓住以下两个环节:

第一,从整个篇章来考虑好每一个意义段的要点。比如,写"我的老师"往往要考虑"老师的形象""老师的品质""老师的爱生行为""我对老师的态度"这几个要点,这几个要点要由几个意义段来表达,因此从全篇来看,每个意义段只写某一个要点就可以了。这样,就不至于段与段之间在内容上互相"打架"。

第二,要点定下来了,接着就考虑用若干个句子来分担这一个要点的表达任务,考虑若干个句子,往往第一句话最为重要。这第一句话,可以是这一段的中心句,也可以是结构上的转换句,还可以是这一段内容展开来的牵引句。我们说写段的开笔,实际上也就是要求把这第一句话写好。

先举一个开笔点明全段中心的句子:

<u>小的时候,我是那么馋!</u> 刚抽出嫩条还没打花苞的蔷薇枝,把皮一剥,我就能吃下去;刚割下来的蜂蜜,我会连蜂房一起放进嘴巴里;更别说什么青玉米棒子、青枣、青豌豆啰。所以,只要我一出门儿,碰上财主家的胖小子,他就总要跟在我身后,拍着手、跳着脚地叫着:"馋丫头! 馋丫头!"羞得我连头也不敢回。

上段画横线的第一句就是这一段的中心句。后边两句,先写什么都吃,后写遭人讥笑,都是紧扣了中心句中的"馋"字而来的。

再看一个开笔转换文意的句子:

<u>她不仅衣着、用具都很朴素,在吃的方面,对自己要求也很严。</u>许多离校远的同学,中午都在学校食堂吃饭,每人定量是三两,有人吃不了,就把那半拉半拉的馒头,往桶里拽啊拽啊。可我没见过徐文敏扔过一次。你们也许会说:"她肚子大,吃得了!"不,她也经常剩下半个馒头,可她放到塑料袋儿里,晚上放学时在路上吃或回家吃。我们食堂还卖加菜,有好多同学都抢着去买,吃那大鱼

大肉的好菜,可徐文敏不买。我问她:"你怎么不买呀?"她说:"没卖加菜的时候,我们不也是一样的吃吗?就这样的菜,已经是挺好的了!"

开笔第一句中的"不仅""也"这两个连词很重要。"不仅"是就上文来说的,"也"带出了下文的内容,一承上,一启下。就上下两个意义段说,这一句起了转换文意的作用。有学生问:"不写这一句可以吗?"也不是说不可以,直接从"许多离校远的同学"开始写这一段,不会影响段落基本内容的表达,但就全篇说,少了一个上下缝合的"榫头",这一段的开笔就显得突兀了。

开笔写段,关键是落实第一句。开笔写段之后,如何组织内容呢?先说段落内容组织的第一种情况。

意义段所要表达的要点确定了,开笔第一句也拟好了,一般来说,接下来的内容就好写了。但是,也常常有这样的情况:有的学生写好了第一句,开笔不错,接写的内容却秩序不明,内容杂糅。下边是一段从一位学生作文本上抄下的话:

① 中午下课铃响后,同学们陆陆续续走出校门吃午饭。② 我走在人行道的树荫下,其时正是烈日当空,炎热逼人,我还是汗流浃背。③ 真恨不得立即跑进有冷气的地方凉爽一下。④ 我的白色衬衣已湿了一大半。⑤ 但那些工人却毫不在乎,坐在马路边托着饭盒进食,仿佛对这轮骄阳早已司空见惯。

为了说明方便,我们把上段各句加了序号。这段落的基本意思是明白的,即中午天气非常热,"我"受不了,但工人师傅毫不在乎。意思虽明,但句序不当,相互交叉,应改为:

中午下课铃响后,同学们陆陆续续走出校门吃午饭。其时正是烈日当空,炎热逼人。我走在人行道的树荫下,还是汗流浃背,白色衬衣已湿了一大半,真

恨不得立即跑进有冷气的地方凉爽一下。但那些工人却毫不在乎,坐在马路边托着饭盒进食,仿佛对这轮骄阳早已司空见惯。

把原段和修改段加以比较,我们应该得到如下启示:

第一,整理好句间关系。一段话是由若干句子组合而成的,句子与句子如何连接、组合,大有讲究,把句与句之间的关系理顺,连接与组合就有了表达的先后次序。在句②中:"其时……"这一分句是紧承句①"中午"的,应该与句①连接;句④是写汗流得很多,应与句②"汗流浃背"连接,以具体说明"汗流浃背"的程度。"烈日当空","我才走在""树荫下",走在"树荫下"还是"汗流浃背",因此,才"恨不得立即跑进有冷气的地方凉爽一下"。你看,这样依句间关系来整理句序,意思不仅更明白了,而且环环相扣,连接也更为紧密了。

第二,一段话往往要表达几层意思,层与层之间要分得很清楚。有的段虽然说的是一层意思,但说明这层意思的内容有若干方面,也要分开来写。如上段文字,意思只有一层,说人在炎热天气中的反应,但涉及两方面内容:一是"我"的反应——受不了;二是工人的反应——毫不在乎。作者先写"我"的反应,再写工人的反应,有先有后,相对集中,分得明朗,说得也清楚,是值得我们学习的。

段落内容的组织还有第二种情况。有很多意义段内容不像上段那样单一,结构也不像上段那样简单,而是总要点中套分要点,分要点之间又有主次、先后之分,写起来有一定难度。例如有位学生写了这样一段话:

当前,隐伏着的危机也很多。一是计划生育工作的开展难度大。随着生活的富裕,少数被封建思想腐蚀头脑的人,产生了"生活好了,多生一个有啥要紧""千金换回个儿子值得"的错误观念,根本不怕罚。二是劳动力的老龄化问题严重。这个村的主要劳动力是老人,因能力和精力有限,土地资源得不到充分利用。而青年农民都已弃农经商,无一人从事农业生产。其后果是:生产的蔬菜已远远不能保证城镇的需求。从发展的眼光看,如不采取有力措施,今后的土地将无人耕种。我在一本书上看到,达到理想的适度人口,是人口发展的一个战略目标。所谓适度人口,就是带来最大经济效益、高度物质文明和精神文明的稳定人口。显然,在我国这个战略目标是要经过全民努力才能实现的。

乍一看,这一段话层次清楚,语句通顺,要点分明,先写几种危机,再写在读书时所得到的认识。写危机,分说了两种,用"一是""二是"来区别。那么,问题在哪里呢?问题在于总要点与分要点的关系及其位置的安排上。

总要点和分要点的关系是明确的,分要点由总要点而来,总要点统管分要点。是先写分要点,还是先写总要点,也没有一个唯一的模式,要依内容逻辑来确定。这是一般的写段知识,具体就某一段来说,则要因段来推敲了。就上段看,总要点不是危机,而是"达到理想的适度人口,是……战略目标","要经过全民努力才能实现"。为什么说"要经过全民努力"呢?理由是"当前,隐伏着的危机也很多"。这样一考虑,原段的危机与认识的位置应倒过来:先写认识再写危机。有的学生会说:"由危机推导出认识不也可以吗?"这样思考,路子是对的,先摆事实,再由事实推导结论的写法很常见。但仔细看这一段内容,作者不是由危机才推导出认识的,认识是从书本上得到的。因为头脑中有了这个认识,所以作者观察当前的人口现象时,才意识到有很多危机,也就是说,有了认识才看到了危机。

(四) 衡文观的革新

1. 还未消失的遗憾

以往的作文教学有一个缺憾,这就是过分地向中学生强调立意的深刻。诸如以小见大、反映时代风貌、洞察社会风云之类。请看下例:

①《青松赞》——表现英雄;
②《沙石颂》——普通百姓为"四化"做出牺牲;
③《蚂蚁运食》——"群众力量","万众一心奔四化";

④《热水瓶赋》——"外冷内热的改革家"形象;

⑤《蝴蝶纷飞》——华而不实的人们;

⑥《春雨》——党的正确路线、方针、政策;

⑦《小草情》——敢于在逆境中崛起的人们……

如此立意,是不是八股? 如此立意,是不是中学生的真情实感? 我只看到学生在我们的精雕细刻下都逐渐有了一张过于成熟的脸,我禁不住地要大声呼唤:少年性灵的倩影啊,你在哪里?

说真心话,我不是绝对地反对文章立意,问题是,我们强调得过于厉害了。我们对立意的认识与要求脱离了少年们的生活实际、思想实际,并且,我们对文章"意"的理解(或说对主题,或说对中心思想)常常太偏狭! 因此,我认为,我们应当改变上述有缺憾的作文观与衡文观。

2. 革新的致力点

第一,不仅要强调文章的思想意义及教育作用,还要强调文章的审美作用、娱乐作用。

中学生写了一篇《夕阳》的散文,对夕阳的色彩、层次、动态等进行了优美动人的描述,使人在自然美的陶冶中,心灵得到净化,情绪的愁结顿然舒展,这有什么不好呢? 为什么非要学生从"满目青山夕照明"或"烈士暮年,壮心不已"的角度来立意,来礼赞老年英雄或别样人们的晚年所具有的崇高精神呢? 恩格斯在谈到德国民间故事书的作用时指出,它"使一个农民作完艰苦的日间劳动,在晚上拖着疲乏的身子回来的时候,得到快乐、振奋和慰藉,使他忘却自己的劳累"[①]。这里不也说出了作品的娱乐功能吗? 作家尚且如此,对中学生就更不必苛求。中学生是初春的阳光,是清溪的浪花,是初夏黄昏中的一只嫩莺,他们眷恋童年的趣味、

---

① 马克思,恩格斯.马克思恩格斯论艺术:第四册[M].北京:人民出版社,1987:401.

百草园的欢歌,他们还带有母体的微温,而对社会生活中的冷雨或艳阳常常感到惊讶,如果我们看重这一点,就应鼓励他们多写一点表现自我真实性灵的习作。这样,他们才能切实地感到生活是写作的源泉这一道理。

第二,我们不能硬性地把成熟的思想观点甚至思想家的思想观点灌注到中学生天真幼稚的习作中,致使天真纯美的习作呈现深沉凝重的大人面孔。

不得不承认,中学生的思想是不成熟的,有时甚至幼稚得可笑。谁也不会认为,中学生的眼力能像鲁迅先生那样写到"一件小事"时,深邃地洞察出"皮袍下的小来"。但是,一旦进行作文教学,我们竟忘了这些,或不顾这些,非要学生写出微言大义,这难道叫实事求是?这不是贴思想标签又是什么?这是让学生活活泼泼、自自由由地写作文呢,还是让学生谨慎小心,亦步亦趋地过独木桥呢?

第三,从读写结合的原则出发,我们不妨先来个务本,让中学生多读一些具有审美价值、娱乐趣味的作品,以作为现行教材的补充,使学生对文章的立意有一个全面的认识。

现行的中学语文教材,选的多是文质兼美、以质为主的佳作,这是好的。但正如列宁所说,优点的延续常常转为缺点。比如,读到峻青的《秋色赋》,在教师的渲染下,彻底否定欧阳修的《秋声赋》。读诗也是这样。艾青的《大堰河——我的保姆》,好;杜甫的"安得广厦千万间,大庇天下寒士俱欢颜",好极了!那么,徐志摩的《再别康桥》,舒婷、北岛的一些抒情篇什就不好吗?当然也好。教师应该竭力地开拓学生的阅读面,尽量使学生对各种类型的名篇都有一个更全面的了解。这样至少可以对文章的立意有一个全面的认识,而不会片面地认为立意就是"立政治思想观点"。

第五节　应用点拨法的能力要求

应用点拨法,如同高手弈棋,一子领先,则满盘生风。语文教师必须博学、慎思、明辨,在实践中提高素养,培养能力。

一、认识上的洞察力

点拨教学法是一种现代化的教学方法,要正确地运用它,取得好的教学效果,首先要求教师在教学中具有对问题的敏锐洞察力。

1. 洞察力是进行多维点拨的充分必要条件

所谓洞察力,即识鉴通透的能力。这是每一个合格语文教师必须具备的能力。"教师之教,不在于全部讲授,而在于相机诱导。"(叶圣陶语)诱导,即我们说的点拨;相机,就是我们讲的"识鉴通透"。在"诱导"之前冠以"相机"二字,十分精当、科学、耐人寻味。诱导是相机之后的教学实践;相机是进行真正科学的诱导的充分必要条件。"机"如果"相"得不准,或者悖反,那么,诱导也就成了一句空话,甚至有可能把学生引到歧路上去。我们在阐释点拨法时说:"点者,就是点要害,抓重点;拨者,就是要拨疑难,排障碍。"这句话的含义是十分浅显的,但要真正走入这一成熟之境,却十分艰难。难就难在:如果看不清要害,发现不了重点;如果抓不住疑难的症结,选择不准攻破障碍的通道,那么,就点不下手,拨动不开。

在教学实践中,我们常常看到这样的情形:有些教师收集甚多各种各样的教学方法,对其内容的掌握似乎到了了如指掌的程度,但一旦试之实践,竟倍感滞钝与掣肘。问题当然有多方面,其中有一项就是实施时没有洞察某一科学方法的落脚点、切入点。相反的现象是：不少卓有建树的教学实践家、改革家一开始并不是从方法的识记与掌握入手，而是从洞察教学环节、教学实际、知识纽结、问题症结等方面出发，或大处着眼，或小处着手，洞幽烛微、由微知著，在实践中逐渐提炼成自己的一整套科学实用的教学方法来。

在教学实践中，我们更看到这样的情形：一篇课文，有水平的教师看一两遍后，就立即看出该课的重点与疑难，再依次调动各种方法与技巧，点拨学生涵泳思考，渐悟渐进，而水平低的教师就犯难了，文眼不明，课眼不清，甚至连最基本的问题也识察不准，像这样去运用教法，岂不是缘木求鱼，本末倒置吗？就是一些语文水平较高、教法渐熟的教师，在教学中也有洞察力萎缩、缺乏力度的时候，使教学难以臻于完善。比如，辨析词语的教学，一般多从语法功能、词意、风格、附带色彩等方面着眼，或强为之解，或随便画上等号。

① 你到底来了，我等了你一上午。
② 中午妈妈回来了，到底回来了，我的天！

以上两句话将"到底"解释为"终于"是可以的，在教学中，这几乎是毫不在意的问题，但有洞察力的教师就有可能这样思索：为什么用"到底"而不用"终于"？在这两句话中，"到底"真的等同"终于"，与"终于"等价齐观、不分轩轾吗？提出这样的问题，正是敏锐的洞察力得以外射的动人火花，发现问题就是开启了解决问题的大门。教师顺流而下，就能有效地点拨学生比较思考，得出结论：用"终于"，只是强调来之不易，但不带浓郁的感情色彩。用"到底"，则不仅有来之不易的意思，而且含有一种说话者如释重负的感叹。在上例两句中，"到底"这一浅近的词语包含的信息质量明显丰厚得多。

毋庸赘述，不论是小如词语辨析，大到系统教学，还是单一的课文分析，综合的读写训练，洞察力所发挥的能量，所转化成的教学效果，都是无法估算且十分重要的。

2. 在科学地运用点拨法时,必须构建洞察力的整体框架

教师的洞察力是由多种因素构成的,绝对不是一个平面的结构,而是一个多维的立体结构。我们不能站在某一个角度上,仅仅看到这个多维结构的某一侧面,而应看到洞察能力的有机整体性。

教师的洞察能力,与语文知识水平、教学实践经验水平、教育教学理论水平、对社会生活需要的本质分析等,构成了条件关系。语文知识水平的高低,决定了教师在教学中识鉴疑难问题的高低;教学实践经验水平,又影响着教师处理材料、组织教学的取向与选择;教育教学理论水平,则直接关系到教师进行教学实践遵循什么原则;最后一个环节,就是洞察能力的边缘因素:社会生活需要的多项内容,因为社会生活的发展趋势始终干预着教育教学理论的演变和重建,直接影响着教育教学理论的灵活运用。一句话,教师把握了社会生活的运动趋势,掌握了一整套教育理论,又具有丰富的教学实践经验,具有扎实的语文知识基础,无疑会促进语文教师洞察力的提高与发展。而语文教师洞察能力的成熟、完善,又反过来使教师的多项水平得以巩固、提高、发展。这种外部、内部各种要素间以及外部与内部之间的相互联系,就构成了语文教师洞察能力的系统网络,如图 6-18 所示。

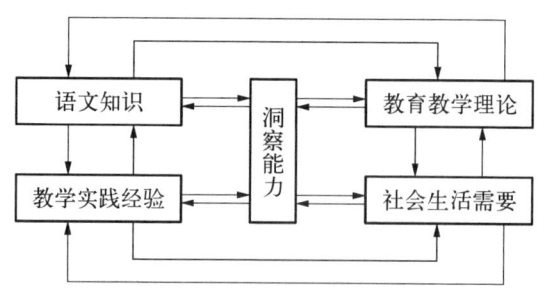

图 6-18　语文教师洞察能力系统网络

必须注意的是,从系统网络里看,语文知识、教学实践经验、教育教学理论、社会生活需要、洞察能力这五个要素不是一个独立的单元,而是一环扣一环甚至一环扣多环的互相联系、互相依存、互为因果、互为调节的循环。从除洞察能

力以外的每一个要素里都可看到洞察能力形成的根据与动力,即系统论中所说的"输出的功能"。而这一要素,又常常与其他要素相联系,有时没有其他要素输出,就不可能具有这种功能,包括洞察能力在内的五个要素输出的结果。因此,只要其中一个要素发生了变化,其输出的结果也必然跟着变化。这样,就牵一发而动全身,引起连锁反应。一个要素变化了,而其他要素不跟着变化,或变化了不适应,那就打破了平衡的关系。失去平衡,按系统论来说,就要产生内耗,同样,输出功能的变化,也引起功能耦合的变化。内耗的不断增大,功能耦合的不断破坏,其结果有可能导致整个系统的解体。因此,我们不能平面地、静止地看待这个网络,而应立体地、运动地揭示网络的含义。这样,我们就能看清洞察力构建的内容与形式了。

下面,我们从三个方面来看洞察力的构成内容。

(1) 语文知识。语文教师进行的点拨是否得法、科学、实在,首先取决于语文教师知识水平的高低,比如,《廉颇蔺相如列传》中有句"臣所以去亲戚而事君者",这里的"亲戚"一词,有人认为与现代汉语中的"亲戚"词意一致,不必要留意。实际上,这里的"亲戚"专指父母。《辞通》说:"亲之至,戚之至者,莫父母若,故古人称父母为亲戚也。""去亲戚而事君"是说"离开父母来侍候您"。这样解释才能更加突出"慕君之高义"中"慕"的程度。此类的词句,表面上看十分简浅,教师如没有一定的语文知识功底就不可能洞察它们的精微之处,更谈不上去点拨学生思考、运用了。

(2) 教学实践经验。有一定教龄的语文教师多少积累了一些教学实践经验。要培养过硬的洞察能力,及时辨析并总结实践经验是十分重要的。教学实践经验为洞察能力的构成提供了丰富的物质基础,所谓"吃一堑,长一智"就是这个道理。

有教学实践经验的教师经常会有这样的体会:丰富的经验常常逼着自己在教学中不断地调整、补充、改换已有的语文知识,或者是变通式地运用语文知识。在教材处理、教法设计、教学内容的安排上,经验也常常成为教师洞察

能力形成与提高的催生力量。比如,教《苏州园林》,怎样才能使学生掌握认识这种朴实简练的文章风格呢?教眼当然多种多样。如果在总结以往的教学经验的基础上,仔细搜寻,洞察新的教学切入点,或许就会给教学带来生机。如文中有一句"层次多了,景致就见得深了",这个"深"字,就是可以洞察到的一个切入点,这个"深"字,一方面写出了景致在形式上的变化多姿,写出了景致在内容上的丰富多彩,另一方面从观者的视觉上,写出了层递演进的观察过程。由此可见,这一个常见的"深"字,节省了多少说明的语言!教一篇课文,扣住几个典型的词语就能解决一个大问题,其洞察能力所发挥的作用是显而易见的。当然,如果不思考以往的教学实践经验,也许就不可能想到要寻求新的教学突破口,一旦不思突破,在教学上要洞察出新的问题也就无从谈起了。

(3) 教育教学理论。语文教学点拨法是在吸取古今中外的教育家和语文教学专家阐明的真知灼见的基础上,在现代教育科学理论的指导下,经过长期的教学改革实践,总结发展起来的一种适应现代化教学需要的教学方法。说它现代化,是因为它在总结吸收前人创建的理论与实践经验的基础上有了新的发展与提高,已经注入新时代的活水;说它科学,是因为它把教育学、心理学、生理学等方面的理论血液融入了自己的生命之泉,充满了生机与活力。

既然点拨法具有这样深厚的理论内质,那么,洞察能力的形成、发展与提高,同样必须依据一块广阔的教育理论同教学实践相结合的土壤,必须在现代化的科学的教育教学理论的阳光雨露的普照与滋润下才能生长出美妙动人的果实。

教师点拨学生学习,在教学内容、教法设计方面都要注意层次性特点。有时尽管你对某一教学问题洞察得十分清楚,但如果脱离教育教学理论规定的原则,也是不能实行的。比如,教《从百草园到三味书屋》,这篇文章的阅读内容十分丰富,有的教师受到分析文章的某种模式的影响,把主要精力放在作品主旨的扩展式烛微式分析上,这样洞悉文章的重点笼统说来是正确的,但是,在教学实践中又常常出现困惑：教师对作品主旨越是进行洞幽烛微式的剖析，初一学生就越是进入了扑朔迷离的茫然状态。事实上，学生除了对作品博大精深的哲理之思进行生吞活剥式的被动记忆外，根本谈不上有主动探寻、涵泳体味的真正趣味。由此可见，这样的教学只能陷入填鸭式的泥淖中，没有焕发出点拨艺术的光彩。初一学生大多是十二三岁，处于心理学上讲的学龄中期，他们的心理尚处在幼稚或由幼稚向成熟转化的朦胧醒悟期，特点是：模仿性强、静止不变和概念性的知识容易掌握，而对作品透过外壳进行理性分析的能力十分薄弱。教师懂得这一点，就会自觉地把洞察力的致力点移到培养学习兴趣、习惯和阅读基本功上来。

由此可知，语文教师洞察能力在教学中的发挥，必然要受到教育教学理论限制，不能产生随意性的游移甚至是背离的状态。可以这样说，教育教学理论为语文教师洞察点的确定、洞察能力的施展指明了方向，限定了范围。

二、知识上的综合力

语文教师应当成为一个杂家。要关注教育学、心理学、生理学、美学、哲学、史学、文艺学，也应学习了解一些自然科学知识。有位教师说："这节课，我准备了一辈子。"苏霍姆林斯基极为赞赏，他说，"使人窥见了教育技巧的一些奥秘"。

如教《失街亭》，教师点拨学生如何评论马谡其人，参考《三国志·蜀书·马谡传》，马谡"才器过人，好论军计，丞相诸葛亮深加器异。先主临薨谓亮曰：'马谡言过其实，不可大用，君其察之！'亮犹谓不然，以谡为参军，每引见谈论，自昼达夜"。学生又根据《三国演义》中马谡向孔明献"攻心计""离间计"事例，得出判断：马谡的聪明才智应该肯定，不能全盘否定。教师又从哲学的角度点拨学生要用辩证法的眼光看问题。这样，学生对马谡的评价就更准确了。教师如此从史学、哲学的高度来点拨学生思考，教学的分量就厚重多了。

三、组织上的凝聚力

点拨法追求的立体化学习形式,常常使得课堂内呈现松散的局面,要做到形散而神不散,就得要求教师善于组织,善于确定点拨的范围以及点拨的中心。学生犹如野马在思考的天地中狂奔急驰,但无论怎样,教师总是高明的驭手,点拨的魔棒指向哪里,学生的思维之线就向哪里延伸。但是,这种凝聚又必须是自然的、宽松的、不知不觉的,而绝不是束缚,让学生戴着镣铐跳舞是无论如何也展示不出动人的舞姿的。高明的点拨者常常处于这样的地位:学生觉得离开你是一种思考上的自由,而一旦失去老师指导又感到目标不清,需要你的点拨之灯来照亮。

如让学生读《周处》时,补充《晋书·周处传》,虽然点拨学生讨论的问题很多,但最终还是归结到下面句子的分析比较上来。

①"处果杀蛟而反"与"竟杀蛟而出";
②"古人贵朝闻夕死,况君前途尚可"和"古人况朝闻夕改,君前途尚可";
③"何忧令名不彰耶"和"何忧名之不彰。"

学习的凝聚点就是锤文炼字。情感上也要强调凝聚。讨论的气氛常常是开始浓烈,渐渐消减。在由盛转衰的时候,教师当然要在情(不断探索新知的情绪)上浇油,三两句的鼓舞有时是意义很大的点拨,即力量上、情绪上的点拨。

四、思考上的催生力

所谓"催生",即催促学生将探知的结论迅速地发表出来。学生在教师的点拨下思考探寻,常常在紧要处停顿、徘徊,又常常在正确的结论面前不自觉地滑过去。此时,点拨的功夫就要花在"催生"上,对有些问题的思考,花费时间不少,而结论渺茫,学生陷入困境,真是"踏破铁鞋无觅处",而经老师一催,学生的灵感火花一闪,迷惑处顿时照亮,结论也就"得来全不费功夫"了。如果把学生的思考过程看作一根有形的轴的运转过程,"催生"就是在这根轴上抹油,使之运转加速;如果把学生的思维过程看作波浪式的向前跃进,那么,老师的"催生"就是在一边推波助澜,使思维的浪花翻转得更猛烈些。

如点拨学生将《醉翁亭记》和《岳阳楼记》比较起来阅读,不但求同,而且应该求异。学生的比较是局部的、零星的,思考的问题还不全面,对此,教师设置有坡度的障碍让学生腾越。看起来是障碍,实际上又是通向结论的路牌。这些疑问是:

① 《醉翁亭记》和《岳阳楼记》在主题上的异同;
② 《岳阳楼记》通过对览物之情的评价体现主题,《醉翁亭记》在表现主题上的手法有何特色?
③ 两文结构艺术比较;
④ 举例比较两文的语言韵味。

这四个疑难问题的提出起到了推和助的作用。学生以此分析,对两文的掌握就水到渠成了。

五、争议时的拨乱力

点拨者第一步是点燃讨论的战火。既然是讨论,必然有争议的双方,有时的争议开始虽是面红耳赤,不见高下,但经过反复切磋,学生自己能平定风波,殊途同归,得出一致的意见。但有时双方为了一个问题据理力争,势均力敌,谁也说服不了谁,有时甚至是几方,同于百家争鸣,课堂上成了如沸的江流。众家

的意见都发表了,怎么办?学生当然要听听教师的意见,如果教师在此避而不答,草草收兵,不问结论,势必会挫伤学生的积极性,最主要的是使学生心理上得不到满足,感到失望。如此点拨便前功尽弃。高明的点拨者此时既善于归纳众家意见,又善于从众家意见中找出相通的地方,并加以提炼,进行"拨乱反正"的工作。

如教《石钟山记》,学生就"石钟山名的由来"争得十分热烈。主声派认为,水石相击的声音似钟声,山是以声命名的,虽然郦道元、李渤分析过简,但苏轼考察得出了结论。主形派认为,山形似钟,故以形命山名,并引清代学者俞樾的话:"盖全山皆空,如钟覆地,故得钟名。"《石钟山志》中说:"形如覆钟。"调和派认为应是形声结合。矛盾似乎解开了,但又有人说,讨论山名的由来没有意义,我们只要把握此文的主旨就行了,不必吹毛求疵。这几派争得不可开交,怎么办?教师明确提出自己的意见:这种争议是十分有意义的,总起来看以形声结合为妥,因为各自都有一定的理由。但是,我们争议的目的不在此。我们要想到:苏轼考察一番得出的结论已是不易,然而后人还是推翻了,后人得出的结论,我们今人还在争议呢。这就充分说明要寻找正确的答案是多么的困难。正是认识论上所说的要经过"实践—认识—再实践—再认识"这样的循环往复的过程。争论的意义正在这里。《石钟山记》一文的主旨不也正是如此吗?教师所说,犹如抓纲带目,总纲提起,全网皆收。

第七章 时新与创造
——语文诗教研究

时新,指某一时期、某一时段最新的东西或样式,也可用作形容词来说明某些事物的时兴特点。

时新是语文内容的品质,也是教学方式的追求。时新,本身就是创造的结果,可以用来作为培养学生创造品格的示范。孔子开设私学,这是教学方式的时新样式,打破了官学僵化传统;孔子删改"六经",用作教材,这是教学内容的时新探索,使传统文化下移于民间,具有划时代的创新意义;孔子用"六经"作教材,首推"诗",这更是破天荒的时新之举,第一次提出了"诗"的"兴、观、群、怨"的教育功能,为中华民族的诗教奠定了基础。

时新,正如时节之花。《诗经》《楚辞》、汉赋、唐诗、宋词、元曲……文学的代代翻新,洋溢着中华民族的创造力。

时新,还包括同一教学内容在不同时代的新选择和新开掘。例如《诗经》作品,孔子有孔子的选择,朱熹有朱熹的转化,闻一多有闻一多的阐释……内容,在不同的时代观照下,闪现着不同的光辉。

时新,当然也包括用现时代的为青少年所喜闻乐见的内容与方式来作为教学内容与教学方式。语文教学是培养人的精神的,最应该反对抱残守缺,最应该拒绝老气横秋。

诗,尤其是新诗,是最有时代敏感性的时新之作;诗教是用花露浇灌花蕊,是用青春培育青春。

第一节　诗教之源

诗教之源在孔子。

孔子以"诗"为教,与"书教""乐教""易教""礼教""春秋教"合为"六经"之教,是中国教育史上的伟大创造。孔子的伟大在五方面:一是他用"六经"教一般人,冯友兰称之是"第一人";二是孔子不像墨家那样,让弟子只学墨家思想,而是"述而不作",突出传承一切经典的价值;三是孔子把诗教与其他五教互为表里,共同耦合,培养学生综合素养;四是提出了诗教"兴观群怨"的教育理念。五是从人的本性出发教"诗",如:"风"中男女之事,尤在"二南",孔子就说"人而不为《周南》《召南》,其犹正墙面而立也与!"可惜,我们现在教《关雎》还未深得其髓。凡此五者,都是汉以来人们的共识,不必赘言。

众所周知,"五四"以后有一严重局限,即一谈起"诗教",就以为是政治教育和道德训化。其实,其内涵远非这么简单,认识不应如此片面,评价也不该这样肤浅。《礼记·经解》说:"孔子曰'入其国,其教可知也;其为人也,温柔敦厚,诗教也。'"温柔敦厚是从人的整体气象上来看的,性情、气质、胸襟等都包括其中。我对《论语》中关于"诗教"的章节,作了初步的义项梳理和各家解注义纂,越发感到,我们实在有必要具体了解孔子的诗教到底是怎样的?这样的诗教究竟建立了怎样的传统精神?

一、确立言德基础

言德是中国教育传统中非常重要的内涵之一。言必立诚、言而有信、言而见胆、言必有据等,都是言德的具体体现。孔子诗教,基础就是以言立德,以言育人。我们通常十分关注《论语》首章"学而时习之"之"学",正如清代刘宝楠、

日本江户时代大儒伊藤仁斋等也都强调这个"学",以之为《论语》精神总起线索。"学"的目的究竟是什么呢?如果像钱穆那样把《论语》末章拿来义纂,则"学"的目的性就显豁了。末章即《论语·尧曰》:"子曰,不知命,无以为君子也;不知礼,无以立也;不知言,无以知人也。"三个"不……无"句,构成了三个假设关系,意在突出"知"的重要性。知命,主要是指"知己之所当然",即"五十而知天命"。知礼,既指知礼文,又指一个人能自觉纳仁于礼,在礼的言行中体现"仁"的力量。知言,指知道一个人所说的话吗?恐怕不能止于这样理解。例如,孔子对宰予之言是这样认识的:宰予能言,在外事上表现出色,这是一方面,但观其昼寝之后说"听其言"还要"观其行"。可见,"知"应是对"言"和"行"的综合判断。换言之,这里讲的"知言"是指通过"言"而把握一个人的核心所在,如此,才可以达到"知人"的目的。核心者何?核心者,德也。

孔子诗教,就是要求学生像"诗"那样"言"。像"诗"那样"言",就得以"诗"养心,言必立诚。陈亢问于伯鱼"子亦有异闻乎?"伯鱼对曰"未也",然后便说了夫子的两点教导:一是夫子问"学诗乎?"对曰"未也",于是夫子说"不学诗,无以言";二是夫子问"学礼乎?"对曰"未也",于是夫子说"不学礼,无以立"。由此可见,学"诗"是"言"的基础与前提,同时也是"知言"的标准与参照。为什么说"诗"就是标准与参照了呢?原来孔子建立了自己的判断与条件,这就是"《诗》三百,一言以蔽之,曰'思无邪'"。所谓"思无邪"者,程子曰"诚也"。"诚"的表现又是怎样的呢?钱穆讲得最清楚:"三百篇之作者,无论其为孝子忠臣,怨男愁女,其言皆出于至情流溢,直写衷曲,毫无伪托虚假,此即所谓《诗》言志,乃三百篇所同。"[1]在思考方法的点拨上,朱熹的指导尤为以简驭繁:"夫子言《诗》三百篇,而唯此一言足以尽盖其义,其示人之意亦深切矣。"[2]到这里,我们可以把诗教的基本逻辑勾勒出来了:学诗能使人性情正,性情正则出言必诚,立诚则立人必成。孔子最痛恨"巧言",说"巧言令色,鲜矣仁!"巧言者,伪言也。甜言蜜

---

[1] 钱穆.论语新解[M].3版.北京:生活·读书·新知三联书店,2012:22.
[2] 朱熹.四书章句集注[M].北京:中华书局,1983:54.

语,致饰于外,务以悦人,非真情之表达。在孔子看来,言是最难的,难就难在真实、准确,出自内心。"君子敏于行而讷于言",讷者,慢也。何以要慢?反复思考之难也。"驷不及舌",意思是说,错误的言论传播极快,难以收回。言,要真、要善、要准,是人的本质表达,因此,非慎重不可。

像"诗"那样"言",除了正、诚这个德之根本外,还有言德在人生中激荡的高潮,需要我们格外珍视。"讷于言"不等于"乡愿"应对,三缄其口;慎言,不是怕事,而是言不虚发,语必中的。如此,才能直面矛盾,勇于论事,敢于担责。这正是"诗"的精神、"诗教"的目的,也是孔子以"诗"教人最见思想光辉、最有批判功力的地方。《论语·八佾》:"三家者以雍彻。子曰:'相维辟公,天子穆穆',奚取于三家之堂?"三家,鲁大夫,指孟孙、叔孙和季孙。三家僭礼,孔子深切痛斥,旗帜鲜明。痛斥的依据是什么呢?是"诗"中"雍"的句子。"雍"是周颂,为周天子举行祭礼临撤时所唱的诗。现在"三家"的祭礼竟然"以雍彻",这样的僭礼行为难道还不应该加以痛斥吗?当时,"三家"的权势十分强大,"以雍彻"足见其何等嚣张!但是,孔子丝毫也不畏惧,以"奚取于三家之堂"反问,言辞犀利,批判无情。这既是以"诗"来证理,又是立人格之傲骨;既是对弟子的思想指引,又是对言辞使用的示范。所谓"子曰诗云",此为范例之一。所示范者,在于"子曰"以"诗云"为据,"诗云"为"子曰"立论。

综上所述,由"诗教"而确立的言德,实为纯正的内心、傲立的人格、直面矛盾的勇敢精神的有机统一体。孔子说"诗可以兴,可以观,可以群,可以怨"。这讲的是诗教的综合功能,其中也揭示了言德的基本特征,兴者,"激发志趣"(钱穆语);观者,"观风俗之盛衰"(郑玄语),对社会加以思考辨析;群者,"群居而相切磋"(孔安国语),构建"群己"关系;怨者,"怨刺上政"(孔安国语),正是孔子用"诗"来批判社会现实的具体表现。小而言之,言德是一个人的立身之基;大而言之,言德是一个社会、一个国家本质属性的写照。正如孟子所言:"诐辞知其所蔽,淫辞知其所陷,邪辞知其所离,遁辞知其所穷。"

二、激发思想活力

《论语》首章讲"学",末章讲"知",这个由"学"到"知"的成长过程始终坚守并演进着一条主线,就是"思"。"思"是"学"的属性,"知"是"思"的结果,当然,"思"又是"知"的活化。

孔子诗教最突出的一个教育策略,就是"以诗激思"。有时用"诗"作为火种,点燃学生思想的火堆;有时用"诗"作为论据,引导学生类比推断;有时用"诗"作为导言,激发学生质疑追问。在孔子的诗教过程中,"诗"本身就是新思想,是需要记住的,所谓"终身诵之",同时,"诗"又是催生思想的酵母、跨越思考的跳板,帮助学生获得更新的思想世界。孔子的具体教法是怎样的呢?以下试举两例。

《论语·子罕》:

子曰:"衣敝缊袍,与衣狐貉者立,而不耻者,其由也与!"
"不忮不求,何用不臧?"子路终身诵之。
子曰:"是道也,何足以臧?"

第一句是孔子对子路的赞赏,意思是穿着破旧棉衣与穿着狐貉皮衣的人并立一起而不感到羞耻者,也许只有仲由才能做得到吧。第二句是子路听了孔子赞赏之后,自觉引诗而诵。这一处十分有趣。《诗经·卫风》中的"不忮不求,何用不臧"两句讲的是一个人不嫉、不贪,那么做任何事都能善成。"何用不臧"反问,意在强调"不忮不求"的重要。这是一个论断,旨在昭示人们要注重培育广大胸襟和守道无求的品德。子路"终身诵之"有三层用意:一是自赏,认为自己不以穿破旧衣服为耻与这两句诗意正合;二是自励,时时诵读,旨在自我勉励,要不断坚持努力;三是自显,即显示自己在做人上是把"诗"和"行"联系一体的,是依"诗"而"行"的。别的弟子如子夏等这样谈诗,受到夫子激赏,子路也想有所显示。子路的直率性情于此可见。

确实,当其他弟子把学习、做人与"诗"联系起来"相发"时,孔子都是予以高度赞扬的。而唯独此章,孔子针对子路之诵诗予以了批评。"是道也,何足以臧?"意思是,仅仅这样,又怎么算得上够好呢?机趣全藏在这个"是道"。"是道",这个样子。这个样子究竟是怎样的一个样子呢?显然不是指穿破旧衣服而不耻的样子,也不是指诵读诗句的样子,但是又不能不包括这些方面。就全章而言,应当指子路把"穿旧衣"与"不忮不求"完全对等的认识层次与思维方式。在孔子看来,两者的内涵有必然的联系,但外延则不是完全相等。先赏之,很明确,是称其不耻恶衣恶食。而后反问,则构建了十分广阔的思索空间:用皇侃所言,是"抑之",批评子路认识不该如此肤浅;用朱熹所言,是"进之",希望更进一步,不满足于此;用"戴氏注"所言,是"谓其一,翼其二",希望子路能举一反三,不停留于"穿破衣上";用钱穆所言,是"警之",怕子路沾沾自喜,不复进取,故责之以自警。正是由于孔子针对实际问题,引而不发批评,所以一下子就扩大了思考天地,不单是子路,其他弟子,还有更多的读者,都可以在这"一问"之中找到自我鞭策的点示。诗之教,既是实指的,又是虚待的,这样一种虚实相生的指导正是孔子以"诗"激"思"的教育之道。就这一章而言,概而言之:一是目标上教其立志,要不断追求;二是思想方法上教其"反三",善思其类,引申扩大;三是人格态度上教其虚心,不可自满得意。

更值得耐人寻味的是,孔子说"是道也,何足以臧",不仅是对子路的告诫,也暗示要对"诗"本身的内涵加以质疑和补充。孔子的思路不是就"诗"论"诗",而是以"诗"为导火线,使弟子对自身的思想加以整理、综合和提升。这里有一个极为重要的求道不已的递进式认识逻辑:在孔子看来,"衣敝缊袍"而"不耻",是"不忮不求"之心形成的基础,而非"不忮不求"之全部;"不忮不求"是"何用不臧"之前提,而非"何用不臧"之全部。孔子用"诗"来明确"基础"与"前提",也促使弟子树立"学而不厌"、求道不已的进取精神。《论语》中,孔子多次对此进行

指导。《论语·里仁》:"士志于道,而耻恶衣恶食者,未足与议也。""未足与议"是说连讨论"志于道"的最起码的前提也不存在了。在"志于道"追求中,有着漫长之路需要探寻,正所谓"士不可以不弘毅,任重而道远"。对于贫富,孔子也不是就事论事,孤立辨析,而是与"乐道"联系起来,以突出"乐道"的意义,如"君子食无求饱,居无求安,敏于事而慎于言,就有道而正焉,可谓好学也已。"孤立地讲不求安饱是没有意义的,不求安饱是因全心志在于学,这才是孔子最为看重的。同样的表述又如:"一箪食,一瓢饮,在陋巷,人不堪其忧,回也不改其乐。贤哉!回也!"贤在哪里呢?贤就贤在即使面对这样的不堪困境,"也不改其乐"。这个"乐"就是"志于道"的"孔颜之乐"。孔子强调的是因"乐"而忘"忧",而不是肯定"忧"有价值或是否定"忧"的客观性存在。与此同理,"忮""求"的结果是"不义而富且贵",孔子视之如"浮云"。孔子何以如此看待呢?因为"忮""求"的本质危害不是有了"富且贵",而是使人在价值观上变化,误入歧途。由此可见,孔子要求子路"不忮不求",是一个最低标准,也是一个必要前提,孔子何以这样要求子路?这完全是因为子路在孔子心目中是一个能够有所作为的、志于道的人,孔子对他有很高的期待。正是在这样的认识条件下,孔子提醒子路:"不忮不求"就一定能"何用不臧"吗?言下之意是,"不忮不求"对于你只是一个基本要求,你还要努力,如此才能真正"足以臧"。这方面的例子有没有呢?有的。孔子特地在《论语·泰伯》中举了一个范例,他说:"禹,吾无间然矣。菲饮食而致孝乎鬼神,恶衣服而致美乎黻冕,卑宫室而尽力乎沟洫。禹,吾无间然矣。"意思是,禹自己饮食菲薄而尽心孝敬鬼神,自己衣服恶劣而讲究祭服之美,自己宫室卑陋而尽力修治沟渠,我对他真是无话可批评的了。孔子这里称赞禹,侧重点显然是在"致孝""致美""尽力"之所在与追求。"诗"在孔子之教中,显然不是教条,而是思想的基因。诗教的过程,显然是"诗"之基因不断活化的过程。

活化的最高境界,是直接对"诗"的思想认识进行修正和批判。这也是孔子诗教在激发思考活力、增大思维容量、催生思想创造方面最动人的华章。《论语·子罕》记录了一个灿烂的瞬间:"唐棣之华,偏其反而。岂而不思?室是远而。"子曰,"未之思也,夫何远之有?"孔子首先背诵了四句"诗",紧接又说:"只是没有想念吧?如果真的想念,还有什么远的呢?"显然,这是对诗句"岂尔不思"的质疑与批判,孔子不同意"诗"的认识推理。当然,要注意的是,孔子的批判显然是借题发挥,他的评点指向已经超越对诗意本身的质询,着眼强化类化思考,举一反三。所以钱穆解此章是"神思绵邈"。怎样的一种绵邈呢?我以为是孔子问诗的弦外之音。参读《论语·述而》,可得其真义:子曰"仁,远乎哉?我欲仁,斯仁至矣"。仁道出于人心,故反诸己而即得。真义就是孔子极为看重的"反诸己"。何谓"反诸己"?在孔子的哲学观里,既是自我认识的态度,又是内外求索的思想方法。孔子极言仁之易求,何也?重在强调本心。孔子质疑"岂不尔思",显然不是沉浸在"诗"的意境中,在表达艺术上揭短,而是提醒读"诗"者注意思念之诚,"志于道"时突出"志"之本心。这个例子告诉我们,孔子诗教的活化,是把"诗"活化在孔门的思想世界里。

三、构建诗教学理

孔子说他自己"述而不作"。朱自清则说,孔子是述而又作,述中有作;冯友兰阐述了孔子之"作"的创造性,即孔子整理"六经"以及教学"六经"完成了理论化。就"诗"的教育而言,根据朱冯的思想,我以为,孔子的理论化具体表现为形成了学诗的"思考法则",即"举一反三"和"闻一知十"。这八个字,既可以看作学习方法,又可以看作思维方式,还可以看作思想方法。《论语》中的诗教实践,充分说明了这个"思考法则"的运作过程和特点。概括其特点我以为就是孔子的诗教学理。以下各举一例。

子夏问曰:"'巧笑倩兮,美目盼兮,素以为绚兮',何谓也?"子曰:"绘事后素。"曰:"礼后乎?"子曰:"起予者商也,始可与言诗已矣。"(《论语·八佾》)

关于"举一反三",孔子曾说,在教学中,"不愤不启;不悱不发;举一隅而不以三隅反,则不复也"。怎样才叫"举一反三"呢?孔子与子夏论诗的这一章就是典型范例。"诗"的这几句话是什么意思呢?孔子"举一"点拨:"绘事后素。"由此,子夏"反三"类比:"礼后乎?"对于子夏敏锐的"反三",孔子大为赞赏,认为对自己有极大启发。孔子用了一个分量很重的词"起",孙楷第认为,"凡人病困而愈谓之起",意思是人在迷茫中经点拨而豁然开朗。整部《论语》中,孔子经常表扬学生,而这样的赞赏仅此一处,可见孔子对子夏的评价之高。孔子与子夏论诗过程揭示了学"诗"的一般思维翻进过程与特点:① 起步,探求诗句意义;② 承接,绘事后素,这是非直解而是设喻,意在启思;③ 联类,礼后乎? 反三与类推;④ 确认,始可以与言诗已矣,形成解诗的思想共识,构建了认识学理。这个"学理"就是对"认知"的"认知"。论"诗",是第一阶段"认知",把论"诗"过程的认知之理揭示出来,达成共识,是对思考法则的"认知",也就是对"认知"的"认知"。这也就是冯友兰所讲的理论化,用金岳霖知识论的观点来说,就是学习的知识化过程。这个读诗的思考法则,如果从教育学的学理上来看,我想可以概括为:认知起点——由文引思;认知核心——联想类比,举一反三;认知概括——由学入理。如图7-1所示。

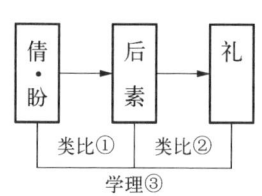

图7-1 读诗的思考法则

《论语》中还有两章是关于"闻一知十"的。

子贡曰:"贫而无谄,富而无骄,何如?"子曰:"可也,未若贫而乐,富而好礼者也。"子贡曰:"诗云:'如切如磋,如琢如磨,'其斯之谓与?"子曰:"赐也! 始可与言诗已矣。告诸往而知来者。"(《论语·学而》)

大致来说,这里也是"举一反三",即子贡把"如切如磋,如琢如磨"与"贫而乐""富而好礼者"类比一体。但是,细加琢磨,便见到思考上的本质区别。由"美目盼兮"想到"绘事后素",是类比联想,两者不是一回事,"绘事后素"更不是

"美目盼兮"基础上的递进发展。而本处所言的"贫而乐,富而好礼者"是在"贫而无谄,富而无骄"基础上更进一步。孔子这里用了"未若"一词,即"不如",意在倡导要由贫富本身应有的自守态度向乐道好礼而忘贫富的求道境界追求。而这个道理正与"诗"句"如切如磋,如琢如磨"的宗旨一致。钱穆说,"治牙骨者,切了还得磋,使益平滑。治玉石者,琢了还得磨,使益细腻。此言精益求精者也"①。孔子赞子贡"告诸往而知来者",意即子贡能由眼前之已知而预断将来之未知。具体说来就是,由眼前待琢磨之石而预想到经琢磨之后在将来呈现的美玉。"石"是现实基础,"玉"是未来理想。这便是一个由"石"到"玉"的在原有基础上改进提升的过程。这样的过程就是"闻一知十"。

孔子与子贡直接讨论过"闻一知十"。

子谓子贡曰:"女与回也孰愈?"对曰:"赐也,何敢望回! 回也闻一以知十,赐也闻一以知二。"子曰:"弗如也;吾与女弗如也。"

钱穆说,二者一之对,闻一知二,即闻此而推以至彼,实际上与"举一反三"学理相同,而"闻一以知十"则是"闻其一节,能推其全体","十者,数之全也"。钱穆借朱熹之注而解,偏偏改"终"为"全",我想恰恰改谬了。朱熹说,"一,数之始;十,数之终。二者,一之对也。颜子明睿所照,即始而见终;子贡推测而知,因此而识彼。"杨伯峻反复改定《论语译注》,取的是"朱注"之义。依"朱注","举一反三"与"闻一知十"的区别就显豁了。举一反三,由此及彼,此与彼本不一体,类比而已,是现实的横向思维;闻一知十,始而见终,始为终之起点与条件,终是发展,是理想与目标,从思维特性上看,是由现实指向未来的纵向集中式探求与预测。前者在于类化,后者在于预判。由已知到未知之"知"又该怎样预判呢?孔子和子张倒是作了具体讨论。孔子回答子张之问"十世可知也?"时,说

---

① 钱穆.论语新解[M].3版.北京:生活·读书·新知三联书店,2012:19.

"殷因于夏礼,所损益,可知也;周因于殷礼,所损益,可知也。其或继周者,虽百世,可知也"(《论语·为政》)。古称三十年为一世,十世当三百年,百世当三千年。孔子说这话时距离我们今天也还未到三千年,孔子果真能推知21世纪的今天吗?孔子的回答是可以的,他强调了一大要领,就是"因袭"过程中的"损益"要深入研究。因,因袭,即传承;损益,增加与减少,即变革。观其所加减损益,则所以为变通者可知,而具不变而仍可通者亦可知。当然,历史有"常"也有"时",我们不必拘其语,但孔子强调的由往知来,闻一知十的历史性思考方法论是值得我们永远继承的。

"举一反三"和"闻一知十"相辅相成,各有侧重。我以为,这既是孔子诗教的思考精神传统,也是我们中华民族思考民族性的特色与经验。

第二节　有文学,才有觉醒

一、"诗教"的基本立意

从创新能力培养上看,创新能力是人的行为表现,而创新的动力,则是人的内心觉醒系统。觉醒是对未来的向往与追求,其生长的立足点就是人文精神沃土。因此,学生的创新能力培养离不开人文精神启蒙。实质上,两者相辅相成。

从中学语文教学责任上看,中学阶段教育,说到底就是围绕基础——知识基础、技能基础、人文基础而施加全面的奠基与影响。各个学科都有人文启蒙与创新奠基的功能,而语文,尤其是诗歌教育更具有不可替代的作用。

从我国教育传统上看,我们的民族本是崇尚诗教的,孔子教《诗》,诗教之始。孔子教《诗》最光辉的地方就是站在学诗者——少年——本性的立场上。他推重"二南",就是重本性唤醒,重人文滋养,今合之曰"启蒙"者也。他说:"人而不为《周南》《召南》,其犹正墙面而立也与!"意思是作为一个人,如不读"二南",就一步也迈不开。"二南"是什么方面的作品呢?"风"也,言男女之事也。男女之事异也。这个"异",就是"二南"对于后代的教育与开化,后人称之曰"王化之基",也就是人伦关系之基。孔子如此重视诗教,本是对中华精神传统的继承与弘扬。诗由歌起,歌由性生。所谓"诗性",在女娲补天、夸父追日、嫦娥奔月……这样一些充满神奇想象、洋溢丰富联想、激荡瑰丽夸张的神话故事中得以充分展现。豪放、浪漫、追求,我以为是我们民族诗性的生命特征。豪放,指胸襟的博大与广阔;浪漫,指气质的热烈而奔放;追求,指志向的坚定与进取。从神话始,到《诗经》、《楚辞》、汉魏乐府、唐诗、宋词以至于现代新诗……诗歌作为一种文学样式的不断改制与创新,始终表达着我们民族诗性的本质。这里要强调的是,我所提倡的诗性延续,说到底就是对于优质民族性的高扬。正如我

们不能否定我们的民族劣根性一样，我们也不能否定我们的民族优根性。优根性，就是民族诗性，就是祖先人格遗传基因，也就是豪放的、浪漫的、追求的中华民族生命本性。通过教育的途径来促进一代一代人弘扬民族优根性，必须选择诗教。

总之，有了文学，有了诗，才有生命觉醒。觉醒者，就是指人萌发与形成体察宇宙与人生流转不息的理趣，萌发与形成思想自由与进化创造的乐趣，萌发与形成立足生命本位与人生理想的志趣。这三者，既是人的人文性自觉，又是人的创新性基础。值得注意的是，人的人文自觉与思想创新相辅相成，互为表里。觉醒过程也就是探索过程、创造过程。我们的先人最早提出了人文的教化思想。《易·贲》："观乎人文，以化成天下。"所谓"化"，就是"教"，就是指"圣人观察人文，则诗书礼乐之谓，当法此教而化成天下也"。《后汉书·公孙瓒传论》："舍诸天运，征乎人文"，人文犹人事也，意思就是说，人事者为重，这就是人的自觉。意大利文艺复兴运动所倡导的人文主义更是突出了以人生意义、价值及修养为探讨本源的人生哲学思想，在倡导以复兴古代文明进行精神建构为路径的同时，又倡导以健全的自由思想为面向未来、刻刻进化、刻刻创造的人生主旨。这一点，更强化了我们人文启蒙的哲学立意。

二、"诗教"的一般途径

笔者无力对人文教育与创新能力培养进行全面论述，只选取诗教对于人文启蒙、创新奠基的作用与方式这一角度，结合教学重点，略加阐述。

1. 从人的内心诗性上启蒙，使学生生成跃动的想象与联想的浪漫情怀

诗言志，思无邪。诗是最诚实而又坦率的内心诉求，这不仅指诗的内容，也指诗的语言形式。优秀的诗人总是创造出代表时代、引领时代的句子。因此，引导学生读诗,既是从内容上吸取个性思想的滋养,又是从形式上学习时代句子的创新。读诗的境界应是:个性思想与时代句子在完成了对少年心灵的滋养之后,少年心灵开出了自我的花朵,这就是浪漫情怀的构建与生成。

浪漫情怀为什么重要?一言以蔽之,就是具有了重要的"向往性心理倾向"。对未来充满信心并保持美好的向往,是人的心灵上最圣洁的光辉,是人的生命最动人的华章。在世俗看来,浪漫是一种幼稚与随性,但是在对青少年进行因材施教者看来,浪漫,在人的言行表现上是对庸俗社会现实环境的冷视,是对自我内心的心理肯定与自信,也是思想认识上对少年老成的坚决对立。要指出的是,心理学上,浪漫没有优劣之分,不是人格内涵,更不是道德外延。作为一种气质和情绪,其特点在于:不稳定性和冲动性。不稳定性,意味着有探险倾向与质疑易变心理;冲动性,意味着有强烈的敏锐性反应和激动情绪。这样的气质与性情,正是创新品质的心理基础。认为只有诗人是浪漫者,以为浪漫与理性对立,这完全是片面之见。人类中无论是何种职业的最富创造力者,都具有浪漫特质。

浪漫情怀的培养抓手就是"联想"与"想象"。所有的创造论者都强调"联想"与"想象"的重要性,而"联想"与"想象"又只能通过后天培养而得以强化。后天培养的途径固然很多,但最重要的是文学阅读与写作,尤其是读诗和写诗。《诗经》:"昔我往矣,杨柳依依。"这是最早的把游子的感情与外物的状态融为一体的名句。钱锺书先生由此对"依依"之学作了评价,说李嘉祐《自苏台至望亭驿怅然有作》一诗"远树依依如送客","于此二语如齐一变至于鲁,尚著迹留痕也"。李商隐《赠柳》:"堤远意相随。"钱引《随园诗话》之评"真写柳之魂魄"而赞之;引之不足,又说"于此二语遗貌存神,庶几鲁一变至于道矣。'相随'即'依依如送'耳"。[①]

从"联想"与"想象"能力的培养的必要途径和特别效能上讲,这个例子给我

---

① 钱锺书.管锥编:第一册[M].北京:中华书局,1979:136.

们的教学启示是：其一，物我一体，开放心灵。把"我"置于宇宙中，或是把天地万物移于几上，这是最重要的内外沟通、借物抒怀的创造性思考活力和内心诉求意向。由此及彼联想，无中生有想象，不仅仅是技巧上学习，识其"小"，更要从心灵开放上学习，通其"大"。无论是"昔我往矣，杨柳依依"，还是"远树依依如送客"，或者是"堤远意相随"，都体现了物我一体的特点。引导学生长期体会这样的作品意趣，不仅得到了审美，而且促进了心灵世界的洞开与拓展。其二，意在神通，创无止境。《诗经》的贡献是把"我"心之缠绵与树态之依依联系起来，用"我"之心来推断柳之意，明写柳，暗写"我"。"远树依依如送客"的贡献是沿用旧句，改创新意。一个"送"字，既可说失在欠含蓄，也可说得在更分明，突出树对"我"的百般依恋，也就更强烈表达了"我"内心的千般难舍。"堤远意相随"，妙在"随"字简省、含蓄、有神。从学习"联想"与"想象"的一般技法上讲，只要举一句为例即可，而要从学习"联想"与"想象"的精神讲，则必须尽可能地追根溯源、类比编纂，从而得其意趣与神髓也。若是求技法知识，一节课足矣；若是求培养联想与想象心性，则要注意例句联通并加以串讲，甚至构建诗教课程，从而可持续地促进和引导学生长期积累，内化于心，反复揣摩，经常应用。

内心具有了诗性，就形成了联想与想象的习惯，由此人就有了创新冲动。观物而不孤，触类而旁通，此为认识事物之境界，亦为认识者胸中有丘壑之心境也。这样的内心世界是时时跃动着的、向往着的，如此，眼中的世界也就必然是苟日新、又日新、日日新的。可见，向往之心境是创新行动之前提。

2. 从人的观察敏感上启蒙，从而生成广阔的追寻与发现的探索视野

视野的广阔性说到底是由无数的视点与观察细节构成的。登楼一望，远山近水，天光草色，呈现若干细节与特写，从而形成认识的多维空间，这才是观察与思考的视野。思想的视野更是如此，多元的思想颗粒熠熠生辉，才使思想空间广阔无限。2011年诺贝尔文学奖得主、瑞典诗人特朗斯特罗姆被誉为当代欧洲诗坛最杰出的象征主义和超现实主义大师。写得少、写得好是他的信条。因此,他的每首诗都是通过词语的"炼金术"而成为一流作品的。正是这样,2011年,诺贝尔文学奖为他戴上"用凝练、透彻的意象,打开了一条通往现实的新径"的桂冠。他擅长用精准巧妙的描述让读者进入具象空间,然后突然更换镜头,放大细节,变成特写,让飞逝的瞬间发出光彩,比如,他的名句"蟋蟀疯狂地踩着缝纫机""蓝天的马达声是强大的"等,激烈的情感在节制冷静的词语间奔流。其实,这也是其他杰出作家笔下共同的词语特征。著名作家陈忠实说要写出时代的句子,就是指个性化的、揭示时代特征的、别人超越不了的句子。而这样的句子,来自内心对现实的敏感,来自眼睛对现实的敏锐观察,来自观察中的独特思索。读文学作品,说到底就是通过这些句子,来揣摩作家、诗人的思考与发现。不同诗作、不同作家的时代名句积累得越多,认识世界的视角就越多样,视野就越广阔。这些句子,既是表达的凭借、思考的跳板,又是创新火种与酵母。

追寻与发现,有赖于观察的敏感。发现是结果,观察是过程,而敏感则是求取"过程"所必须依赖的心智"条件"。诗句的独特性,源于诗人感觉的敏锐与别致。由词句的独特性评价升华为对诗人感觉敏锐性的鉴赏,我认为,这是我们通过诗教来培养学生具有追寻心理和发现能力的教学重点。有一种意见认为,新诗不如古诗,过于追求技巧,失去自然。于是热衷于教古诗,废弃新诗。这种选择,实质上不利于学生的语言学习。古诗可以活在今天,新诗则独有其当代风貌。还有一种做法,教新诗只求其大意,而放弃揣测语句及其形式,从而导致教的是新诗,读时则当作记叙文或议论文。教诗,一旦放弃其语言的独特魅力,也就放弃了诗教的启蒙意义与创新价值。"诗歌的'自然'从来不是可以随意'流露'出来的,而永远是艰苦奋争的结果,用海德格尔的话说,是人通过卓越的技艺开辟出来的一块空地(Lichtung)。"[①]这里所讲的"艰苦奋争",是指诗人用生命的代价对自然状态的艰难回应,再用诗的技巧转化为揭示自然本质的句子。这个

---

① 一行.词的伦理[M].上海:上海书店,2007:3.

"句子",显然是我们进行诗教的"核心"。探讨"句子",实为探寻心理、智慧与思想。钱锺书讲"重章叠句",举《桃夭》由"华"而"叶"而"实"为例而后说"语虽异而情相类,此重章之易词申意(varied iteration)者",又指出:"先秦说理散文中好重章叠节,或易词申意,或循环渐进者,《墨子》是也。"①由此可见,重章叠句这一形式的特效在于"申意",而"申意"又是表达思想特性的需要。不单是诗,文也如此,可见其是共同所用之表达智慧。教诗,倘若放弃句子,则诗性必然无存。

教诗之"句子",关键是研究"称物"的特殊性。我们常常称道"春风又绿江南岸"之"绿"的不可替代性,其实,孤立地赞赏也未必能以理服人,综合考察才能见其真谛。用"绿"并非王安石之首创,形容词用作动词也不过是用词技巧。只有把"绿"的文化意义与王安石的人生意义联系起来,把该句与末句打通,如此综合体味,才能认识到"绿"的"称物"的准确性和艺术性。有五言诗《江南意》:"南国多新意,东行伺早天。潮平两岸失,风正一帆悬。海日生残夜,江春入旧年。从来观气象,唯向此中偏。"这首诗后来又改为《次北固山下》:"客路青山在,行舟绿水前。潮平两岸阔,风正一帆悬。海日生残夜,江春入旧年。乡书何由达,归雁洛阳边。"方回《瀛奎律髓》选《次北固山下》,评曰:"《江南意》似不如此篇之浑全。"周伯弼《三体唐诗》、沈德潜《唐诗别裁》也选用此篇。而《唐诗纪事》《唐才子传》则选《江南意》文本。以《江南意》为佳者,认为颔颈二联,描写江南独有的早春气息,词句尽称"江南春"之物态。以《次北固山》为佳者,认为全诗以游子心思为主旨,颔颈二联词句尽称游子对江南早春的心理上的独特敏感,意境更加绵邈。顾小谢《唐律消夏录》之评深得施蛰存赞赏,顾曰:"第三、四句潮平岸失,风正帆悬,寻常之景。第五、六句因海天空阔,见日出恁早,故曰'生残夜'。江树青葱,觉春来亦恁早,故曰'入旧年'。句法虽佳,意亦浅近。妙在是北人初到江南,处处从生眼看出新意,所以中间两联,便成奇景妙语。"显

---

① 钱锺书.管锥编:第一册[M].北京:中华书局,1979:76.

然,这是从北人之"生眼"角度而揣摩词句称物之理趣也。不仅全诗评价大异其趣,即便"潮平两岸失(阔)"一句也起争端。沈德潜以为"失"好:"两岸失,言潮平而不见两岸也。别本作'两岸阔',少味。"施蛰存则认为"'阔'字好得多。潮与岸平,则感觉到两岸开阔。若'两岸失',则潮水泛滥成灾了。如果从'平'的情景去体会,我以'阔'是作者的改定本"①。以上争议孰是孰非,无法定于一评,而这恰恰是我们诗教的极好材料。词句"称物"极为复杂,从"北人"视角,尽显"春"之新意;从"游子"视角,则尽显"心"之旧意也。诗句的特殊性,就特殊在"自然""心境""词句"三者之间的互为表里的熔铸上。一切景语皆情语,说的就是熔铸的成果。而引导少年学生揣摩这番机趣,好就好在能磨亮机敏视线的亮度。观察,是一种心智技能。观察的敏锐性训练,主要途径在于对范例所揭示的角度、动因、情境等相关要素的认知与仿照,这就是诗句教学的任务。观察,既要观物,也要察心;既要观事,也要察理;既要观诗之前创,也要察诗人此时之匠心。否则,失去认知前提与仿照样板,虽置身于实景之中也目中无物矣。观察敏锐性训练的最高境界正如庖丁解牛,眼前无牛而心有全牛。眼前无物,而心中物之特性存也。见"柳"有"依依"之意,见"河"有远上白云之势,如此则胸中存有万境也。这"万境"便是创新求异的沃土。虫书叶字古,风织浪纹轻,即是观察者敏锐感受的自然表达,也是极易敏感的观察习惯。

3. 从人的思考理性上启蒙,从而生成坚实的类化与推断的思想逻辑

诗是感性的产物,更是理性的结晶。诗教培养的不仅是激情与泪水,而且是思想以及思想组织与表达的逻辑。"词以境界为最上。有境界则自成高格,自有名句。五代、北宋之词所以独绝者在此。"王国维之词论揭示了词格的区分标准,也揭示了诗教的教育核心。由于外物的感召,情绪、情感是动态而感性的,这番感性又与词句磨炼,生成人生的认识,感性便又哲学化。这样的理性提

---

① 施蛰存.唐诗百话[M].上海:华东师大出版社,2009:132.

炼恰恰是诗的神来之笔。通过这样的神来之笔来把握体会、洞察一个时代的人生幽怀,这便是诗给予读者的觉醒过程。这样的觉醒,往往是创造者的精神动力。因此从根本上说,古往今来所有的创新都是激情的产物,都是诗性的凝聚。

蒋浩《小圆石》:

雨后空气干净/树下的小圆石也干净地/杂了雨痕。也许我/又会在上面坐半小时/另外时间是小鸟、蜥蜴、壁虎/甚至松鼠也在上面习静观海/它的确越来越圆/石肤光滑可腻,像蛋/浮在落叶和细沙上/——这棵树下的蛋是这棵树下的蛋/还有待于这棵树来孵化/——我这样想。一枚细枝斜搭上面/像刚从蛋里爬出来的一条幼蛇?/它微微摆动的细腿,像要/把这空空的石头踢回海里?

我们先从"净与杂"的关联上入读,继之从"静与动"的辩证统一上来认识"我"的静坐以及与小鸟它们的静坐分享。小圆石作为观看的位置,现在被置于静观之下,静观于是成为对静观的静观,接着开始转折表达,揭示"盈与空""静观与生命"的哲理意蕴,小圆石经历着改变,越来越圆,不断充盈,蕴含生命,最后完成生命的出窍与新生。[①] 由此,我们可以看到,这首诗不仅告诉了我们相关的哲理,而且演示了由静到动的想象中的生命孕育与再生过程。这个过程十分鲜明地揭示了从无到有的人类共同的意识与经验,这个意识与经验显然是对于现象行为的高度概括,而这样一种概括本身也就是认识的升华。这些都是对内心潜藏着的创造动机的反复吁请与唤醒。因此,读这样的诗,就是读思想激励。

推断,掩映在诗句的青枝绿叶之中。"人闲桂花落,夜静春山空。月出惊宿鸟,时鸣春涧中",这样一首写景小诗,竟然充溢着五层推断理趣:一是因"闲"而能眼察花之"落";二是因"静"而能心感山之"空";三是"闲"是一二句的总按钮,由于"闲",所以物我一体,处于超越物"静"而升为心"空"的意境。果然如此吗?

[①] 一行.词的伦理[M].上海:上海书店,2007:176-178.

非也。月之"出"导致鸟之"惊",鸟之"惊"导致涧有"声"。这个"动"使得刚刚完成的静而空的意境彻底瓦解了。果真瓦解了吗?非也。这个"鸣"字实则使静空之境又增其一倍之感受矣!这就是我国写景小诗的情景因果与情理推断。宏大的思想质疑,代表作无疑是屈原的《天问》。遂古之初,谁传道之?上下未形,何由考之……《天问》全诗无句不问;凡问,均置思考于绝地而无解。凡问又结合各类天文地理人事等相关知识,引人走向思考的浩宇。文学史家王瑶说:"《天问》是屈原作品中比较奇特的一篇,形式用的是像《诗经》一样的四言句,内容全是问语的口气,一共提出了一百七十多个疑问,其中有对天体构造、古代历史传统、宗教信仰、神话传说、人生观念等各方面的问题。这里表现出了诗人想象力的丰富、对自然现象和历史发展的关心,以及对传统信仰的怀疑精神。"①朱自清把奇特处讲得更具体:"那一腔遏抑不住的悲愤,随着他的笔奔迸出来,'东一句,西一句,天上一句,地下一句',只是一片一段的没有篇章可言。"②思维之跳跃,想象之开放,追问之广阔,求思之不得……这些都建立在诗人对现实的确定性认知基础之上,也正是对现实有确定认知,所以才生发出对现实的种种质疑。"知"和"疑"构成了辩证统一,也是屈原的精神传统。读屈原,无疑是读他的这一精神逻辑。后人也有模仿的,如辛弃疾《木兰花慢》:"可怜今夜月,向何处,去悠悠?是别有人间,那边才见,光景东头?是天外空汗漫,但长风、浩浩送中秋。飞镜无根谁系?姮娥不嫁谁留……"对此,词家王国维评曰:"词人想象,直悟月轮绕地之理,与科学家密合,可谓神悟。"辛弃疾虽不明月轮绕地之理,但他的"问月",显然不同于苏轼问月以兼怀子由,而是学习屈原之"天问",来宣泄内心的积郁,借用"问天",指向"问我","问我"不得,转向化为词而问人。无独有偶,都反映出诗人内心的辽阔与思想的浩渺。辛弃疾之"问月",凡六问,均无解,虽不及屈子之问浩瀚汪洋,但也搭起了探问高梯,多少能够引导我们放眼天涯。

---

① 王瑶.王瑶全集:第二卷[M].石家庄:河北教育出版社,2000:140.
② 朱自清.经典常谈[M].北京:生活·读书·新知三联书店,2014:104.

余秀华诗《穿过大半个中国去睡你》,用时代句子,揭示了当代人的内心由饥荒与焦虑而转化为放逐与亢奋的幽深的痛苦,这仅仅是诗的标志。而我们的语文教学,则要通过这样一些撼人心魄的词句,让青少年的心灵丰富、复杂、痛苦、忧思并跃动起来。这便是觉醒。如此,才有创新的世界。

第三节　新诗教学的当代视角

我认为,新诗之教,从一定意义上更重于旧诗之教。理由有二:其一,接受古典诗教固然重要,但如果没有新诗接续,则如同长江只到洞庭而滞流,通不了大海,而融入大海才是奔流的目的。旧诗新诗打通,承旧而鉴新,以新而知古,诗脉全通,才能蔚为古为今用之大观也。其二,新诗之教是用当代哲人的现代意识来强化培育青少年的当代形象。当代哲人之思想是新诗之灵魂,新诗是对当代生活的心理体验和哲学思辨,是当代文化秘密的发动机,因此,新诗之教,全在于帮助当代青少年在心理上真正实现当代性,从而逐步具有世界眼光,具有未来意识,具有现代化理念。当然,这样一种现代化人格境界的形成单靠新诗之教是不可能的,必须要依靠社会的、环境的、科技的、开放的、自由的、民主的等变化要素的帮助。但新诗之教,毕竟是在心灵上播撒第一粒种子,其功实难替代也。

世界的、未来的、现代化的,这是多么灿烂辉煌的人生追求,又是多么丰富、深刻、卓越的民族立意和国家课题。教师作为执教者,无非凭借三尺讲台,开掘清流一泓,引进雷电一线而已。因此,本节就新诗教学如何形成当代视角作一些探讨。

所谓当代视角,简言之就是"现实观察—心智成长"的学习过程,也就是通过新诗的研读来逐步实现用新观点、新思想、新材料来丰富、健全、提炼自我心智的过程。换言之,就是初步学习用当代眼光认识当代生活,用当代观点思考当代社会,用当代精神担负当代责任,用当代思维培育当代智慧。

怎样构建新诗教学的当代视角呢?

一、题材比较,形成现实观察的当代视角

研读新诗,就是凭借诗的情怀像诗人那样积极地观察现实,内在地感知社

会,从而实现深度体验。这其中最基础的一步就是认识其题材与立意。学生只读《卖炭翁》,大概也就是回看白居易时代,如果加进《硕鼠》《东门行》,那就大致了解了一个古代。善于思索的学生可以以古鉴今,发现当代"卖炭翁",但认识的立场和观察的视角仍与白居易相同。在此基础上,如果加上近似题材的阅读与思考,又会在认识视域发生怎样的变化与撬动呢?

熊刚《卖西瓜的老农》:

一座山堆上了板车/天没亮就往城里头赶/昨晚的一碗剩饭在脚底下发力/好价钱得赶上好日头//市场里早就是人头攒动/找一处旮旯先揩一把汗//水灵灵的西瓜就是一则广告/不大声吆喝不影响市容/拧秤杆的手上青筋比绳头还粗//脸黑心不黑买卖公平/城里人较真瓜见红才肯付钱/一块田里的稻子哪能粒粒饱满//两个馒头一口凉水就是一餐饱饭/日落西山倦鸟归巢暑气不减/板车拖着一身汗的影子追赶月亮/几个白瓤的西瓜在车斗里打着哈欠//。(《诗刊》,2012年第3期)

这首诗与白居易《卖炭翁》从题材与立意上看似乎没有什么不同。一卖炭一卖瓜,都是劳苦民众的艰辛劳作,且诗句之中,都充溢着同情之意。但是这首诗的立场不能如此把握。要引导学生从"陌生"上着眼。要认识到:明明是现实生活中的常见现象,一旦入诗,极为熟悉的也就极其陌生。由"熟"入"生",往往是新诗在题材捕捉与立意表现上吸引读者的神妙魔力。无论是山川草木、风雨雷电,还是人事物理、悲欢离合,人类社会的生活形态与生存环境始终是历代诗人必写的材料。

题材一致,立意又有什么不同呢?通过比较分析,我们自可见到诗人的独特见识。试从三方面探究。第一层"陌生"是直感,即对诗句表现力的疑惑:这是一首诗吗?这样写的用意是什么呢?第二层"陌生"是辨认,即建立在题材比较上的新旧鉴认:语言描述甚至内隐的语气与《卖炭翁》比较似乎如出一辙,但实际不同。不同之处是什么呢？第三层"陌生"是建构，即通过对上述两个"陌生"的再熟悉化并且打通联系，知其神髓，这样，对于当代社会观察的新视角就初步形成了。首先看"直感"。彻底白话，构成卖瓜人完整的一天劳作的叙述，诗本身的结构就是卖瓜人一日劳作的活动过程。这是该诗能直接看到的特点。其次，与白居易《卖炭翁》比较之后，其隐藏的特性就立在眼前了：《卖炭翁》在自然叙述中用心于人物的对立，即"卖炭翁—宦官"对立。这是古典诗文揭露社会矛盾、反映民间疾苦题材的人物存在基本模型，如《硕鼠》中的"我"与"鼠"，《捕蛇者说》中的"捕蛇者"与"官府"，《石壕吏》中的"翁"与"吏"，《东门行》中的"民"与"官"，等等。显然，这是一个极为单一的一元认知视角。而对于这位"卖西瓜的老农"，他有直接明确的对立面吗？没有。诗人有揭示对立的情绪吗？似乎也没有。全诗都是客观叙述，只有"一块田里的稻子哪能粒粒饱满"看起来有些情绪性，但与其说这是对城里人"较真"的轻责，还不如说是"老农"自我面对"较真"的内向纾解。但是，果真没有对立吗？这是不能肯定的。至此，该诗的思想张力就显现了。我们可以推知他的自我对立是劳动的挣扎，如：饿、汗、青筋等特写，他的劳动挣扎又是获利的苦乐两面对立，当然他也有劳作遭受盘剥的对立……可见，通过对最自然叙述的内隐对立的推断，对社会多元复杂的认识深度也就逐步加深，认知视角也就更加多样。"老农卖瓜"是当代社会一个常见的符号，其隐藏的内容不是诗人的情感而是我们的视角——而这些多样化视角又必须依靠读者的体悟才能求取。尤其需要强调的是，诗的自然叙述表现了认识生活的理性与冷峻，而这正是研读的核心。我们反复体悟，会越来越感到：这位卖西瓜的当代老农，在看似没有对立的状态里心甘情愿地劳作，同时又隐然面临众多未知的现实挤兑，而每一股挤兑的力量又是此消彼长，不断变化。这也许就是当代民间百姓的生存状态。诗人没说对立，但对立的时空反而更加无限了。凸显一种对立，强调了这"一种"的尖锐，淡化"一种"对立，反而让种种对立浮上心头。情感的强烈表达是一种认识的结果，很有必要；而情感的淡化，凸显冷峻，则是对日常生活现象进行多向反思的科学态度。

二、哲学探究,形成理性思辨的当代视角

品读新诗,离不开哲学。亚里士多德在《诗学》第九章里有深刻阐述。他说:"诗人的职责不在描述已发生的事,而在描述可能发生的事,即按照可然律和必然律是可能的事。……因此,诗比历史是更哲学的,更严肃的。因为诗所说的大半带有普遍性……诗的目的就在此,尽管它在所写的人物上安上姓名。"黑格尔在《关于艺术的格言和感想》中也精辟地指出了诗的优异特性,诗"表现出一种特殊,并不想到或明指到一般,谁若是生动地掌握住这特殊,谁就会同时获得一般"。写诗如此,读诗也这样。

哲学远离高中生吗?否。中学生,尤其是高中生正处于思辨能力培养的渴望期,这个"渴望"是由他们自我意识发生突变的三大因素决定的:生理青春期导致产生鲜明的"成人感";心理上能够对自己的心理过程加以分析和评定;心理上的评价日见成熟,使自我与社会联系起来,能够不断地调整自己与社会的关系,进一步表现为对社会现象的透视与关注。因此心理学家把青少年时期称为"第二次诞生"。在日常教育教学中,我们也观察到,学生的逆反性往往产生于他对问题探究的思辨独立性。这是极为宝贵的人生初春气息。因此,紧扣青少年心理需求,在"第二次诞生"的关键期,通过新诗教育从而促进学生初步形成哲学思辨愿望,语文教师责无旁贷。

揣摩新诗的哲学意味比古典诗要艰难得多。古典诗中像李商隐的诗是较为艰涩的,但其词句的美感还是摸得着的,尽管胡适斥之为妖怪。如"蓝田日暖玉生烟",汉字本身的意义就组合成一幅图画,形象的美能使人抚摸到温润的内涵——尽管到底是什么内涵并不明白。而新诗,汉字本身的表意往往难以达到这样的境界。一首诗语言晦涩,难明其义,只有把这个诗人的诗串起来读,其立意才能在隐约的云雾中探出卓异的山峰。即使一首诗语词浅显,也要格外小心地探测,例如李瑛的《生活》:

地铁列车/扯着呼啸的风/穿过黑黑的隧道/我坐在车厢里到前方去/我左边,一个男人在打盹/右边,一个姑娘在看书//列车穿过黑黑的隧道/风呼啸着/隧道亮了,车门打开/看书的姑娘打着手机下车了/一个拖行李包的民工代替了她/打盹的男人仍在打盹//……打盹的男人下车了/跳上个吃面包的小学生代替了他/拖行李包的民工仍怔怔地坐着//……拖行李包的民工下车张望着/一个读报的男人代替了他/吃完面包的小学生走到门口//……小鸟般的小学生跳下车厢/一个捧一束玫瑰花的男人代替了他/读报的男人仍在读报//……地面,亮花花的太阳/紧抱着从各个地铁车站上来的人和一个繁忙跃动的世界。(《诗刊》2012年第4期)

连续反复叙述,旨在凸显"繁忙跃动"的生活情景,这是最直接的认读。然而,这不过是一种表象,诗中的"我"是一个观察者,其哲学认知便是"我"进行观察的支架。事实上,"我"是用一种人生哲学来裁定生活现象:"跃动"是好的,但是总特征里隐含的是相同的变化——也就是不变,即社会生活的实质。这也许是诗人所要揭露的社会内涵:重复的流动正意味着单调而凝滞。而这个内涵的致命处就是彻底的、反复轮回的一致性。除了吃、表情、读、打盹体现了行为的差异,其总体生活始终一律,我们还可以用无数节诗周而复始地续写下去,如果社会的统一性过于强化,那么这个社会的多元活力又在哪里呢?这首诗截取生活一角,引发我们推断,越是钻探,便越发沉重。这就是哲学思维。如果进行有趣的联读,不妨与英国小说家阿道司·赫胥黎《美丽新世界》这部被誉为揭示20世纪科学与人文冲突的代表性巨著加以融化,由此诗可以看到对人文主义斑斓霞光的凝望。科学的、集体的……对于人的自由性的戕害,委实让人惊出冷汗,而人的生命多样性与自由性又是何等的引人向往。

正如法国勒韦尔迪在《关于诗的思考》中所说:"诗人的任务在于从他所及的范围内闪烁的东西中创造出新的星星。"我们再看徐俊国的《敬老院·介绍》:

这是入院登记处/这是生活区/这是公共活动区/这是医疗区……/这是吸痰器,这是紧急呼叫器……/这些玻璃和柜子是被家属砸碎的/这些血迹是老人撞墙时留下的……/这个房间是我们好不容易腾出来的/用来停放老人的遗体,专供家属哭泣/这个房间的隔音效果比较好/活着的人从旁边经过/几乎听不见里面的悲痛//又以"记者"为题写道:"他去了一趟敬老院/就像去了一趟自己的晚年/语调中掺杂了一些白菊的灰/度数不高的眼镜后面/荒诞的慈祥,却成倍加深。"(《诗刊》2015年第1期)

老龄化社会的悲凉心境在诗句中像刀片一样明晃晃地排列开来。悲凉的实质是充满豪华物质条件下的悲痛自闭,"专供家属哭泣"不过是一种仪式,而真正要体会的"悲痛"则听不见,即使"充耳"也"不闻"。其实,社会老龄化只不过是生活现象,情感自闭症则是对现实生活的最大畏惧。去了敬老院之后,"眼光"便自我显出荒诞慈祥,其荒诞性在于这是自己提前给自己的预设。显然,全诗表达的是对于当代生活的人文思考,对于当代人性变异的痛苦揭露。让青年学子在这种冰凉的思考体悟中触摸社会肌肤,无疑会促进他们不断增加萌生思辨的材料,不断开阔社会批判的视野,同时也能增强他们建设社会的责任感。当然,在中国古典诗歌中,主体认知与表达从儒、释、道三家哲学视角出发同样能写出精彩纷呈的诗作并揭示生活的丰富性,然而截取其实质的一角观之,闪光的那一片依然是或儒或释或道的人生哲学的光辉。我们应当珍视这一片光辉,但如果再从人文主义角度加以体认,我们思考的土壤无疑会更加丰厚。先锋诗人的思辨如尖锐犁铧开垦着冰冻的泥土,翻起新草的清香与蚯蚓的暗血……再怎么贫乏也是对古典的超越,因为当代意识、现代化再也无法阻挡了,我们再也不能只满足于对古典传统母体的陶醉或依恋了。新诗的最大价值就是对多元文化状态下复杂生活的新的哲学化辨认。

读诗,是对诗人辨认的"辨认"。这样就构成了一种我(读者)—诗人—生活与自然之间的互动关系,任何一方观照下的另外双方的互动,都强化着观照方的辨认水平。我们的新诗教学,就是促成这三个互动火把燃烧的点燃行动。如果我们在传统的古典哲学基础上,再通过具体的诗作引导学生用学术性态度去接触西方人文主义思想,在自由、平等的文化中寻找到东西方本质上互通的精神元素并作为自我成长的文化基因,那么当代少年就能成为立足中华文化且放眼世界的"现代化"的一代新人。

三、语言分析,形成思维改进的当代视角

新诗的现代化与当代性,很鲜明地表现为表达方式的特殊和思维方式的创新。百年来的新诗,在不同的历史阶段,在东西方文化碰撞中,在古典传统与现代思潮融合中,总是表达着更复杂、更丰厚、更多元的文化内涵和哲学思想。正是经历着这样丰富多彩的表达,其方式与技巧也在产生裂变,其裂变的最大价值就是对传统思维的冲击与影响,使我们的思维品质更加优化。当然,探访思维,必须聚焦语言。读新诗,最终都立足于对"特别的句子""时代的句子"的分析。

海子的《面朝大海,春暖花开》:
从明天起,做一个幸福的人/喂马,劈柴,周游世界/从明天起,关心粮食与蔬菜/我有一所房子,面朝大海,春暖花开……

从心理运作和思维表现上看,此诗同时完成了时间与空间的双重切换。这个切换,必须从关键词句上探寻,这就是"明天"一词。时间上,"我"做出一个重大决定是在"今天"完成的,而"今天"的决定今天不能实行,只能"从明天起"完成。这个"明天"是表达期望的时间概念。通常,单一地表明期待、期盼、期望是可以的,没什么争议。然而一旦把"今天"和"明天"联系起来思考,就必然会扩大问题的严重性:"今天"能决定"明天"吗?当我们在此处的心理

上搁浅时,"明天"所呈现的"喂马、劈柴……"全都只能在期待中化作刺目的幻影了。再从空间上看,"面朝大海,春暖花开"是一个位置分界。"面朝"的,也就是眼前所想见的,是"春暖花开"。这就迫使读者不得不思考:背面的,也就是身后所呈现的,该是怎样的图景呢?当我们在此处的视域分隔界桩处停下思考的脚步时,心中难免不会漫过阴冷的潮湿的东西。空间呈现是不同的,这也正是此诗在思维上的巧设、情怀上的两面。如果相对于"明天"的"今天"生活与向往着的"明天"生活构成了相反性,那么,这就是一种新旧对比的传统思维方式,如果不是这样呢?比如,我们引导学生完成以下的填空是十分有趣的:

今　天	明　天
(相对于明天,今天是一个不幸的人) 喂马,劈柴,周游世界 (今天)不能关心粮食和蔬菜 (今天)我没有一所房子 (今天)我不能和每一个亲人通信 ……	(从明天起,做一个幸福的人) 喂马,劈柴,周游世界 (从明天起),关心粮食和蔬菜 我有一所房子,面朝大海,春暖花开 从明天起,和每一个亲人通信 ……

　　至少有两种填写方式:一种是不变,与"明天"一样;另一种是不能,不能"喂马",不能"劈柴"……无论填哪一种都是值得讨论的。若选不变,那就要回答既然一样为什么又要"从明天起"呢?若选变,不能这样,诗人果真是忆苦思甜吗?诗人向往的究竟是什么呢?再在这两种选项基础上进一步思考:我们为什么非得进行这种对比讨论呢?凡此种种疑问,都构建了无限的思考空间。这就是"从明天起"这一句子所生发的巨大催思力。海子的"肯定"是存在并向往着的,同时,海子无声的"否定"正如他背后的图景也是无限广阔而沉重的。这种空间上的分界,实际上也就是心理上的阴阳两隔。时间远距,空间同样远距,这就是海子天才般思维的"特殊语言"。显然,在打破认知世界的一般思维格局上,对于读者,这首诗的力量已超越了诗意本身。这样的思维运作盛景,恐怕也只能

在具有当代意识的新诗群山中才能见到。

　　思维变化在古典诗词中的标志,多是节奏,如句式、平仄音韵的种种安排,新诗中的表现也与节奏相关,不过,常常内隐为一种心理上的撬动、跨越和突起。语词的选择如果继承了古典传统,又能在形式设置上有所突破,那么,新诗的震撼力可能比古典诗词还要大。梁启超所谓"古人之风格"大概就是指这方面。我对海子知之太少,凭肤浅所感,我以为他是这方面最出色的诗人。他的伟大多在这里。例如《九月》:

　　目击众神死亡的草原上野花一片/远在远方的风比远方更远/我的琴声呜咽　泪水全无/我把这远方的远归还草原/一个叫马头　一个叫马尾/我的琴声呜咽　泪水全无//远方只有在死亡中凝聚野花一片/明月如镜高悬草原映照千年岁月/我的琴声呜咽　泪水全无/只身打马过草原

　　停顿与节奏,句式与音韵,都十分传统。意境,似乎也极古典。"远在远方的风比远方更远"是写草原辽阔无边的神来之笔,与"黄河远上白云间,一片孤城万仞山""大漠孤烟直,长河落日圆"等诗句一样,都极有辽阔的想象张力。但是,超越古典情怀之处在于,诗人不是想依附于这样的世界,而是造一个自我的心灵世界叠加在这个辽阔的自然世界之上。这就是诗人反复咏叹的"我的琴声呜咽　泪水全无"的广阔无垠似丰满、茫茫无端又追寻的精神世界。呜咽的"琴声"骑上"远方的风"该是何等的无边无际无涯无止啊!到这里,我们很舒坦地沉浸在梦幻之中。然而惊雷突响,"只身打马过草原"极为简明地揭示了"我"的现实世界,使人从刚刚展开的无限的空间上的放眼状态收缩为对独行骑士的近距离观瞻,猛然使人感受到"过草原"这个"人"的渺小、执着与孤独。无垠的自然世界被壮阔的精神世界所覆压,孤独的现实世界又与壮阔的精神世界成反比。《九月》一诗呈现的是"展开—放逐—挤压"的心理起伏状态,而这就是诗人塑造的渺小而又坚硬的"自我"形象的本质写照,"人"的独立意义在本诗中表现

得淋漓尽致,如屈原坚定,比李白丰厚。引导学生沉浸在这样的诗意之中,实际上就是沉浸在"人"的精神活力之中,其思维的单一性和一贯性必然会得到补充和改进。所以说,对于新诗的章法、语词、节奏的鉴赏无疑是培养一代新人思维品质的重要抓手。

第四节 诗教内容的时代变迁

诗教内容亘古不变的是《诗经》。内容虽不变,但教学的选择与开掘,则体现着与时俱进的机趣。这里,以《诗经》中爱情诗的代表性作品为例,谈谈两千多年的教学史,让我们在窥见时代变迁中,领悟教学上"时新与创造"的历史风貌,树立当代"时新与创造"的信心。

一、先秦孔子奠定了从人生出发读《诗》的基础

以《诗》为教学内容的第一人当是孔子。孔子是怎样认识爱情作品《关雎》等诗的教育价值的呢?最典型的讨论见《论语·阳货》:

子谓伯鱼曰:"女为《周南》《召南》矣乎?人而不为《周南》《召南》,其犹正墙面而立也与!"

《周南》《召南》是《诗经·国风》首二篇名。南,旧说指周时南国也,指洛阳以南至江汉一带。《周南》十一篇,《关雎》第一,言夫妇男女之情诗有九篇;《召南》十四篇,言夫妇男女之情诗有十一篇。所以,"二南"是男女爱情生活的集中反映。孔子高度重视"二南"的学习,揭示其教示意义在于做人。虽然做什么样的人孔子在这里没有直指,但反面的危害性则极为清楚即"正墙面而立",用朱熹的话就是:"言即其至近之地,而一物无所见,一步不可行。"

孔子全面论《诗》的教育作用是"《诗》,可以兴,可以观,可以群,可以怨",这自然包括爱情诗在内。何谓"兴"?朱熹说是"感发志意",孔安国说是"引譬连类"。朱说的是内容在于唤醒内心,孔说的是表达艺术即唤醒方式。何谓"观"?

郑玄说的是"观风俗之盛衰",钱穆补之,说"观于天地万物"也很重要。何谓"群"?孔安国说是"群居相切磋"。何谓"怨"?孔安国说是"怨刺上政",其实后人如钱穆、李泽厚等更强调性情的宣泄。王夫之综合言之说得妙极:"于所兴而可观,其兴也深;于所观而可兴,其观也审;以其群者而怨,怨愈不忘;以其怨者而群,群乃益挚。"兴观群怨可侧重说,其实也是互为表里、彼此辅成的。用现在的话说就是《诗》之教育价值,在于其内容能培养人的综合素质。由此看来,孔子认定的《关雎》这类爱情诗歌的学习目的,就在于"兴观群怨"。孔子讲的是综合教育观,这是非常了不起的。讲"综合观"是不是孔子加之于《诗》的呢?不是的,《诗》的内容使然也。孔子说:"《诗》三百,一言以蔽之,曰'思无邪'。"这是指其内容诚也。李泽厚很赞赏郑浩《论语集注述要》的话:"无论孝子、忠臣、怨男、愁女皆出于至情流溢,直写衷曲,毫无人为托虚徐之意。"这样的内容本是兴观群怨所致,使少年读之,自是为了兴观群怨也。所以说,孔子教《诗》是为了人本身的需要。

除了"综合观",孔子第二个观点是"类比说"。

子夏问曰:"'巧笑倩兮,美目盼兮,素以为绚兮。'何谓也?"子曰:"绘事后素。"曰:"礼后乎?"子曰:"起予者商也,始可与言《诗》已矣。"(《论语·八佾》)

孔子在阐述启发教育原则时,强调"举一反三"。这里与子夏论《诗》,就极为赞赏子夏用举一反三(思维正迁移)方式对《诗》的正确理解和灵活应用。从思维科学上看,孔子与子夏的这个讨论揭示了一个思维翻进过程,完成了一个了不起的思维模型的构建。如图7-2所示。

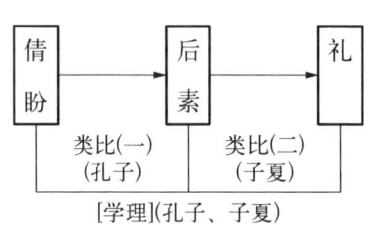

图7-2 孔子与子夏论《诗》

子夏问诗句何意,孔子没有直解,而是以"绘事后素"为喻,突出"素"的价值,这是对子夏的启示。根据孔子的点拨,子夏由《诗》到

"礼",说"礼后乎?",这是对孔子点拨的发明。"启"与"发"就是这样相互起作用的,也正是子夏有此发明,所以孔子立即揭示出学《诗》的关键:"始可与言《诗》已矣。"意思是:读《诗》就是这样一种思考。"起予者"之"起",孙楷第说"凡人病困而愈谓之起",义即通达也。孔子在《论语》中关于读《诗》的评价莫过于此。可见,这是孔子对于读《诗》之理最深刻的揭示。用当代认知科学来看:第一步,认知起点,由文引申类比(教师点拨);第二步,认知联想,由诗入礼类比(学生创造)。这样一个教学相长的过程就是"认知学理":举一反三。这也就是类比联想、由此及彼、由表及里的思维正向迁移活动。

笔者以为,关于孔子论《诗》的思想不外乎上述"综合观"和"类比说"。换言之,孔子的诗教目的和方式也就是这两方面。孔子对子路说"诵《诗》三百,授之以政,不达;使于四方,不能专对;虽多,亦奚以为",也不过是强调应用于人生,应用于人事,应用于生活。有关诗教的"王化之基"说、"风天下而正夫妇"说等有关道德与治国的高度关联阐释则是后人的思想与演绎。

二、汉《毛诗序》窄化孔子诗教,直指政事,强化了教化工具特点

至汉时,重要的解诗之作就是《毛诗序》。这部著作在评定《诗》的内容上淡化了孔子兴观群怨的综合说,强化了举一反三的类比说,而且在类比上更直接、更狭隘,甚至是牵强附会,有的对于后世在教学内容的取舍上产生了不好的影响。例如:评《羔裘》,"刺朝也";评《女曰鸡鸣》,"刺不说德也";评《甫田》,"刺幽王也";评《鸤鸠》,"刺不壹也"。显得随意比附,难免牵强。这里重点讨论《蒹葭》一诗的内容:"蒹葭苍苍,白露为霜。所谓伊人,在水一方。溯洄从之,道阻且长。溯游从之,宛在水中央……"本来是一幅深秋时节的情感朦胧画,但在《毛诗序》中是这样评说的:"《蒹葭》,刺襄公也。未能用周礼,将无以固其国焉。"清代方玉润顺着这个意思加以发挥:"盖秦处周地,不能用周礼,周之贤臣遗老,隐处水滨,不肯出仕。诗人惜之,托为招隐,作此见志。一为贤惜,一为世

望。曰'伊人',曰'从之',曰'宛在',玩其词,虽若可望不可即;味其意,实求之而不远,思之而即至者。特无心以求之,则其人倜乎远矣!"①再看关于《关雎》的评价:"关关雎鸠,在河之洲。窈窕淑女,君子好逑……"在钱锺书看来,"窈窕"与"淑"都是写美丽女子的形象的,他引用施山的话说:"盖'窈窕'虑其佻也,而以'淑'字镇之;'淑'字虑其腐也,而以'窈窕'扬之。"②可是,在《毛诗序》看来:"《关雎》,后妃之德也,风之始也,所以风天下而正夫妇也。……是以《关雎》乐得淑女以配君子,忧在进贤,不淫其色。哀窈窕,思贤才,而无伤善之心焉。""风天下而正夫妇"是《毛诗序》关于爱情诗评价的十分重要的观点。由于过于牵强,方玉润也看不过,说:"《小序》以为'后妃之德'……皆无确证。诗中亦无一语及宫闱,况文王、大姒耶?窃谓风者,皆采自民间者也,若君妃,则以颂体为宜。"方玉润的这一观点是极有见地的。风,民间歌谣。乡野男女,性情勃发而追求,岂可想到"刺襄公"?岂能做到窥"宫闱"?此解诗者自己拘泥类比使然也。

三、宋代朱熹折中前人解诗,自成一家,向人性转向

至宋时,朱熹作《诗集传》,对《关雎》一类爱情诗的内容认识有重大变化,是一次重要转折。遗憾的是,人们往往以为他就是"存天理,灭人欲"的精神专制者。其实,只要翻读程朱的著作,看看朱熹对《诗经》的评价,我们就会有一点正确认识。关于"存天理,灭人欲",本来指的是灭"私欲","口目耳鼻四肢之欲,性也",不在"私欲"范畴。我们要特别认识到"性"与"欲"的本质区别。所谓"性",人之本有性;所谓"欲",人之自私心。男女追慕,天性也;自益损人,私欲也。程朱理学对此是有严格的逻辑切分的。什么是"私欲"呢?二程指出:"苟公其心,不失其正理,则与众同利,无侵于人,人亦欲与之。若切于好利,蔽于自私,求自

---

① 严明.《诗经》精读[M].上海:上海古籍出版社,2012:111.
② 钱锺书.管锥编一[M].北京:中华书局,1979:66.

益以损于人,则人亦与之力争。故莫肯益之,而有击夺之者矣。"①可见,"自益以损于人"即"自私"之欲也。"存天理,灭人欲"与男女爱情生活一点关系也没有。今之人灭情感灭人道而托言于古之圣贤,足可卑哉。朱熹在对《诗经》的鉴赏与评价上更切于人道,对《毛诗序》多有反拨,直到今天仍焕发光辉。如关于"风"的认识,《毛诗序》:"上以风化下,下以风刺上……言之者无罪,闻之者足以戒,故曰风。"朱熹则认为:"凡诗之所谓风者,多出于里巷歌谣之作,所谓男女相与咏歌,各言其情者也。"(《诗集传·序》)如关于《蒹葭》,《毛诗序》认为是"刺襄公也",而朱熹则认为:"言秋水方盛之时,所谓彼人者,乃在水之一方,上下求之而皆不得。然不知其何所指也。"朱之所评一语中的,点明了这首诗的文学神韵。他首先认定上下求水之一方之"彼人"与男女相恋有关,继之,扩大文学形象的审美空间,即似乎知其所指又似乎不知其何所指的一种朦胧状态。也正是基于朱之所论,钱锺书作了中西文学勾连,更加完善和明确了人类共同的审美心理。他说,《蒹葭》的朦胧正是西方"浪漫主义所谓企慕之情境也",并引古罗马诗人桓吉尔名句"望对岸而伸向往"和但丁《神曲》名句"美人隔河而笑,相去三步,如阻沧海"来说明比照。至此,《蒹葭》的内容解读才算实现了现代化。对《诗》的"言志",钱锺书用现代心理学作了充分说明,"自持性情,使喜怒哀乐,合度中节",这也是孔子"乐而不淫,哀而不伤"的现代说法。他又说:"'长歌当哭',而歌非哭也,哭者情感之天然发泄,而歌者情感之艺术表现也。"钱还引用了西谚,在西方这就叫作"灵魂之便溺"。这样看来,《诗经》的内容确定的现代化,实质上就是人的"自我化",是对《毛诗序》的"刺他化"的全面否定。而这个起点,我们理当要关注朱熹。

四、清代方玉润《诗经原始》顺承朱熹,在解读上有重大突破

方玉润有极为重要的论诗观:"夫佳诗不必尽皆征实,自鸣天籁,一片好音,

---

① 朱熹,吕祖谦.朱子近思录[M].上海:上海古籍出版社,2000:120.

尤足令人低回无限，若实而按之，兴会索然矣。"他解《苤苢》："恍听田家妇女，三三五五，于平原绣野、风和日丽中，群歌互答，余音袅袅，若远若近，忽断忽续，不知其情之何以移，而神之何以旷。则此诗可不必细绎而自得其妙焉。"因此他对《毛诗序》也时有颠覆。如他解读《桃夭》："不过取其色以喻之子，且春华初茂，即芳龄正盛时耳，故以为比。"反问《毛诗序》："而此又美后妃乎？""且呼后妃为'之子'，恐诗人轻薄亦不止猥亵如此之甚耳！"

至当代，关于《诗经》的研究更加科学广泛，现代意识的诠注也更加鲜明。周振甫的《诗经译注》理当是典范作品之一。这部巨著不单勾勒了《毛诗序》、"三家《诗》"、朱熹《诗集传》及方玉润《诗经原始》的论诗异同，作了排列比较，并且广为吸纳同时代学者的精辟之见，从而显示古今沟通的气象。比如，关于《静女》，引顾颉刚《古史辨》，称其是一首情歌，同时，周之卓见也是随机铺陈。如关于《东方之日》，《毛诗序》："刺衰也。"朱熹《诗序辨说》："此男女淫奔者所自作，非有刺也。"周振甫先生则认为："诗讲一个美女来相就，晚上主人公出发，她也跟随着。"显然，这个美女，与诗中的他是一对恋人。周振甫说："此诗为一首情歌。'自作''非有刺'，对；'淫奔'，非。"肯定朱熹对《毛诗序》的改正，同时自己又坚信不疑地改正朱熹，如此真正实现了对美好爱情生活的共同审美。

尤其值得注意的是，从《毛诗序》到方玉润的《诗经原始》，主要在于对《诗经》的思想内容进行解读和确定，其艺术形式的审美则主要由当代学者来完成。这对于中学教学内容的丰富与建构无疑是宝贵的财富。

五、"五四"后，闻一多奠定了《诗经》爱情诗作品"解读—教学"的现代性架构

钱锺书站在东西互通点上进行《诗经》情诗解读，无疑为我们提供了文学鉴赏的范例；周振甫《诗经译注》汇聚古今众家解读而比较，无疑为我们拓宽了解读与辨析的视野。在笔者看来，真正既"解读"又"教学"，既传承传统认知又灌

注现代思维从而形成"解读—教学"一体的现代性架构的开创者是闻一多先生。诗人、现代学者、教师三因素合成的思想是值得我们珍视的。他的《匡斋尺牍》是这方面的代表作,先生句句讲句义(解读),又句句讲为何要这样理解(教学)。

《芣苢》是《诗经·周南》之八。(周振甫作"芣苢")。全诗共三节如下:

采采芣苢,薄言采之;
采采芣苢,薄言有之。
采采芣苢,薄言掇之;
采采芣苢,薄言捋之。
采采芣苢,薄言袺之;
采采芣苢,薄言襭之。

闻一多先生是怎样"解读"与"教学"的呢?其程序与框架是这样的:

一是知识—工具。首先解"芣苢",据《毛传》说是如今的车前,多年草本植物,花紫色,叶与花茎都像玉簪,夏日结子,亦紫色。"采采"是形容这花子的颜色。但是"单知道它的形状,还不算真懂芣苢","须知道在《诗经》里,'名'不仅是'实'的标签,还是'义'的符号",因此必须"课名责实""顾名思义",闻一多认为"对于读诗的人,才有用处"。这就是对"芣苢"的名解导入以及为何要这样解的思考导向。闻一多说,"芣苢是一种植物,也是一种品性,一个 allegory"。那么,"芣苢"的名实又是怎样打通的呢?闻一多用古声韵学知识解谜,"芣"从"不"声,"胚"字"丕"声,"不""丕"本是一字,所以古音"芣"读如"胚"。"苢"从"㠯"声,"胎"从"台"声,"台"又从"㠯"声,所以古音"胎"读如"苢"。"芣苢"与"胚胎"本意一也。为何要从此处破解呢?讲到"胚胎",就点到孕育,点到女性,点到生命的延续,点到男欢女爱。而这,正是"芣苢"一诗的情趣所在。读诗贵在读字,解义贵在破题。这是闻一多"解读—教学"的第一步。要特别注意的是,这里用知识对"芣苢"的解读,看起来是学者完成的,其实是学者对民间歌声用意的如实还原,是学者对歌者用意的转告,而绝不是如同《毛诗序》那样把自己的"刺襄公"之意强加在本不知襄公的民间男女身上。显然,在哲学观上,这是尊重事实的现代意识,而不是一切都仰拜君王、遵从政治的依附意识。闻一多说,须知"芣苢"与"胚胎"同音正是中国民歌中极古旧的一个传统,如以莲为怜,以藕为偶,以丝为思,等等。闻一多的"还原"是还民歌归民间,而不是引民歌上宫廷。

二是人性—社会。"兴观群怨"都在《芣苢》诗中,尤见"观"与"怨"。观,可以见到当时社会对女性的认知,即一个女人是在为种族传递并繁衍生机的功能上而存在的。闻一多从宗法社会上讲女性未免太过,然而,其实乡村女性的自我价值认知也确实在这一点上。如果要问我们尊重她们什么,最值得尊重的是她们最真实的原始母性意识,也就是受孕、生子。怨,内心情绪与本性的表达。闻一多说,这首诗充分体现了母性意识的强烈以及由母性意识鼓舞的"性本能的演出"。不仅如此,闻一多还强调地说:"《芣苢》这首诗便是那种本能的呐喊了"。全诗充溢着女性的渴望与自豪,同时这份女性的"人性"又体现了社会性。因此,方玉润说:"恍听田家妇女三三五五……群歌互答……不知其情之何以移,而神之何以旷。"这就是说,《芣苢》的女性情绪宣泄就是社会女性共同表现的生命合唱。闻一多把女性内心幽深的性情与社会对女性功能的确定合而言之,无疑真正揭示了这个妇女山歌大合唱的心灵玄关,比方玉润明确、热烈、合理得多,自然更现代了。

三是想象—审美。闻一多以诗人之想象来想象《芣苢》给人应有的"想象",完成了一个形象的审美过程。这是闻一多"解读—教学"的合成,也是超越钱锺书评论与欣赏的教育学意义所在。钱在于欣赏,闻在于体验。固然欣赏中有体验,体验中有欣赏,但是,欣赏毕竟重在学理获得,而体验更在乎情感的融合。如果说欣赏是在说"她很美",那么体验则是说"她是我"。为什么说体验比欣赏更能体现教育学意义呢?我们不妨先来欣赏闻一多先生的"想象"表达:

现在请你再把诗读一遍,抓紧那节奏,然后合上眼睛,揣摩那是一个夏天,芣苢都结子了,满山谷是采芣苢的妇女,满山谷响着歌声。这边人群中有一个新嫁的少妇,正捻那希望的玑珠出神,羞涩忽然潮上她的靥辅,一个巧笑,急忙的把它揣在怀里了,然后她的手只是机械似的替她摘,替她往怀里装,她的喉咙只随着大家的歌声啭着歌声——一片不知名的欣慰,没遮拦的狂欢。不过,那边山坳里,你瞧,还有一个伛偻的背影。她许是一个中年的硗确的女性。她在寻求一粒真实的新生的种子,一个祯祥,她在给她的命运寻求救星……

上面两个妇人只代表了两种主要的类型。其余的你可以类推。我已经替你把想象的齿轮拨动了,现在你让它们转罢,转罢!①

显然,闻一多的"想象"是把自己放在山谷妇女放歌的一群之中,兴观群怨的情绪一起发动,由诗而还原出一个比诗更丰富的生活世界。我想,《诗经》作品教学的现代性,就在于这个知识、情感、生活的人生还原。

读古典诗歌,大致都应该这样。中学生的"知",理应是从人的生活生态开始的,而不是麻木嫁接历代学者所制造的基本概念,然后用这些干枯概念去验证活生生的诗歌。如果像闻一多先生教读《芣苢》一样,我们引导当代中学生读《诗经》中的爱情诗作品,走进中华大地上的古人生活原图,感受民间先人自由而又奔放的精神世界,那该是何等美妙的体验!章培恒、骆玉明《中国文学史》指出:"《诗经》中写恋爱和婚姻问题的诗,或歌唱男女相悦之情相思之意,或赞扬对方的风采容貌,或描述幽会的情景,或表达女子的微妙心理,或嗟叹弃妇的不幸遭遇,内容丰富,感情真实,是全部《诗经》中艺术成就最高的作品。"②让学生在这样高远的艺术世界中体验千姿百态的人生,正是踏着中华先人的个性心路走向未来个性人生的当代选择。

---

① 闻一多.闻一多全集:1[M].武汉:湖北人民出版社,1993:349-350.
② 章培恒,骆玉明.中国文学史:上卷[M].上海:复旦大学出版社,1996:97.

第八章 时务与德育
——语文诚直人格教育研究

语文学科德育要反对穿靴戴帽,滥贴标签。

语文学科德育的"德",核心是德。汉语"言德",诚也,直也。诚即真,直即敢。语文学科"德育",最基本的就是引导学生努力说真话,敢于说真话。这既是由语文学科性质决定的,也是当前时务所期待的。

什么是时务?时务就是当前的重大事情或客观形势。就语文教学时务而言,面对的挑战就是假大空妄之言盛行。我深知我们教育的力量太小,但我们又实在是没有退路可走。为了孩子,为了未来,我们现时所"务"的重大事情就是培养和呵护真诚、坦直的语文之德。

要培养学生的诚直言德,途径很多,难度很大。我就从阅读做起,从引导学生学习质疑与批判做起,由读到写,读写结合。

现在一谈到质疑与批判,总是讲外国。对此,我真的是不甘心的。一个民族,绵延生存了五千年,成因固然有多方面,但就文化特质上而言,一定是内隐着批判性的。关键是我们要去寻找、发掘、揭示。

从2015年开始,我用了整整四年时间,搜寻了很多不大引人注意的选本(放弃了常为人所用的选本,比如,《古文观止》)来挑选作品,同时,我又读了《中国思想史》《中国哲学史》《中国古代文学史》《中国文学批评史》以及《中国文论选》等,寻求思想支持。我本以为这是一件非常困难的事,但事实上,只要用心地追寻,我所期待的"疑思问国文",便篇篇排队,站在眼前。这个时候,我常常饱含热泪。这些宝藏不是明亮地立在这里吗?

于是,我就斗胆地开课了。

第一节　追求诚直人格的哲学立意

一、"诚"论

（一）基本含义

《说文》："诚，信也"；"信，诚也，从人从言。人言也，人言则无不信者，故从人言。"段玉裁注：古文"信"写作"䚱"，言必由衷之意。

在先秦文献中，"诚"与"直"是十分重要的观念与语辞。在儒家思想范畴中，"诚"是关于人品的哲学概括，是内向的修炼；"直"是人格的外向态度，是对外界的直接情感表达。《论语》中未见"诚"，但有"信"，如《论语·卫灵公》"言忠信，行笃敬"，《论语·学而》"敬事而信"。这里的"信"已涉及"诚"的基本内容。

至《中庸》和《孟子》，"诚"上升为重要的哲学范畴。《中庸》："诚者，天之道也；诚之者，人之道也。诚者，不勉而中，不思而得，从容中道，圣人也。诚之者，择善而固执之者也。"朱熹有很好的解释，说："诚者，真实无妄之谓，天理之本然也。诚之者，未能真实无妄，而欲其真实无妄之谓，人事之当然也。"《中庸》既提出"天之道"，又提出"人之道"；既指出其诚有同，又指出其诚有别，这是极为重要的天人合一宇宙观，也是有着崇高追求的人为本体的人格境界论。当代哲学家贺麟对此有所评价，他说，"在儒家思想中，诚的主要意思是指真实无妄之理或道而言。所谓诚，即是指实理、实体、实在或本体而言"，比如，孟子"万物皆备于我，反身而诚"，就"寓有极深的哲学意蕴"，"诚不仅是说话不欺，复包含有真实无妄、行健不息之意。'逝者如斯夫，不舍昼夜'，就是孔子借川流不息以指出宇宙之行健不息之诚，也就是指出道体的流行"。"诚亦是儒家思想中最富于

宗教意味的字眼。诚即是宗教上的信仰。所谓至诚可以动天地泣鬼神。精诚所至,金石为开。""就艺术方面言,思无邪或无邪思的诗教即是诚。诚亦即是诚挚纯真的感情。"[1]贺麟从艺术、宗教、哲学三方面对儒家之"诚"的体认,揭示了《中庸》"诚"的本义,也揭示了中国古代哲学家把宇宙看成活生生的有机体的基本价值向度。

(二)"诚"的教育学意义的建构

朱熹的"诚"教观十分切实,他说:

圣人之德,浑然天理,真实无妄,不待思勉而从容中道,则亦天之道也。未至于圣,则不能无人欲之私,而其为德不能皆实。故未能不思而得,则必择善,然后可以明善;未能不勉而中,则必固执,然后可以诚身,则此所为人之道也。[2]

这里讲的就是"人之道"的真实情形。人的榜样是"天"与"圣人",此教育达成之最高目的;人要通过"择善"守"中",才可以达到"诚身"目的,此教育达成之基本策略。怎样择善、守中呢?《中庸》给的途径是:"博学之,审问之,慎思之,明辨之,笃行之。"朱熹明确指出,这五方面就是"诚之之目也",此教育达成之程序与环节;"学、问、思、辨,所以择善而为知,学而知也。笃行,所以固执而为仁,利而行也",此教育达成之核心。

朱熹之教育观源自《大学》。《大学》"八目"确立了"诚"之特殊的教育基础地位以及"诚"之教育各环节的逻辑关系:

古之欲明明德于天下者,先治其国;欲治其国者,先齐其家;欲齐其家者,先修其身;欲修其身者,先正其心;欲正其心者,先诚其意;欲诚其意者,先致其知;

---

[1] 贺麟.文化与人生[M].上海:上海人民出版社,2018:17.
[2] 朱熹.四书章句集注[M].北京:中华书局,1983:18.

致知在格物。

中国古代教育思想极具逻辑表达。它首先确立根本点,然后由根本点而延展发展点,最后将根本点与发展点加以耦合,形成有机统一。这种建构教育学的思想理路很值得我们学习。在这里,我们分明可以看到:"诚"是一个发动、奠基、转化的枢纽。

一方面,对于正其心以上者,诚其意是"知"的发动与培育,有此,心才可正。另一方面,"诚"又从格物致知中来,即择善与守中。还有一方面,"诚"又是格物致知——博学之,审问之,慎思之,明辨之,笃行之——正心、修身、齐家、治国、明德——的主线。诚是与天地一致的本体属性,又是"人之道"的渐进过程;诚是对人的本体的哲学认识,又是引导人不断成长的道德取向。

自《中庸》提出"诚"的哲学概念以后,《孟子》也坚持说"诚者,天之道也,思诚者,人之道也";荀子加以发挥,认为"诚"既是修身善心的根本原则,也是自然运行和变化之规律,说"君子养心莫善于诚","变化代兴……四时不言而百姓期焉,夫此有常,以至其诚者也"(《荀子·不苟》);唐代李翱说"诚者,圣人之性也,寂然不动,广大清明,照乎天地,感而遂通天下之故,行止语默,无不处于极也"(《复性书》);宋代周敦颐也以"诚"为圣人之本性:"诚者,圣人之本。大哉乾元,万物资始,诚之源也"(《通书》);明清王夫之认为,"诚"即是"天地有其理","天理之实然,无人为人伪也"(《张子正蒙注·诚明》),"诚"自然也有其总括之功:"约天下之理而无不尽,贯万事之中而无不通也"(《读四书大全说》)。王夫之同时还提出"实有说",即诚"前有所始,后有所终也,实有者,天下之公有也"(《尚书引义》)。[①] 王夫之对于"诚"的阐释,更加显示了天人合一、以人为本的诚的基本精神。这些思想都有力地支撑了"诚"的教育立意。

---

① 张岱年.孔子大辞典[M].上海:上海辞书出版社,1993:199.

(三) 当代"诚"的思想创新与国际参照

"诚"在《中庸》中被称为"天道",这就是说,"诚"既是实际的,又是有规律的。张岱年敏锐地抓住荀子"天行有常",揭示了古代哲学家关于"诚"的一般认识中的"规律性"意义。张岱年指出,朱熹解释"诚"是"真实无妄之谓","这是正确的。真实即客观实在性;无妄即合乎规律"。又说,"宋代理学家,直至清初的王夫之,也都讲'诚',其所谓'诚'都有两层意义,一客观实在性,二合乎规律性。'诚'就是实在而有常"。[①] 就连张岱年本人也说"诚是中国古代哲学中最难理解的概念",而张的"规律说",恰恰就是一把解"诚"的钥匙,不仅如此,这把解"诚"的"钥匙"同时又是教育学意义上"育诚"的"锁钥"。我们今天讲中小学语文学科德育的基础在于"育诚",立足点就在这里。

21世纪儒学研究中,新儒家杜维明指出:"诚"也是一种创造。他得出这一认识是基于古贤对"天"的理解:"诚者,天之道也",天之"诚",在创造天的自我,因此,与天相应,"人也有创造性,人是天的 co-creator,共同创造者;而人本身又是天生出来的……对此,我的看法是'大化流行'不是完全的自然现象,在儒家的解读中,也有人文化成的意义"。[②] "人"是怎样创造自我的呢?"诚"是关键。"创造就是自我人格的充分体现,不只是社会政治的价值而已,也不只是人类学的价值,就是从哲学的角度看人,人创造自我、发展自我,有一种不可化约的自我",最显著的特征就是"你想做什么和你就做什么不可分割"。意思就是"只要你真要",你"要的本身"就是你"要的",也就是"心"之"诚"也。如《论语》所言"我欲仁,斯仁至矣",你这样决定,你就得到了。"所以自我作为一个参与者、创造者、观察者、欣赏者,自我的创造是绝对的。"[③]"自天子以至于庶人",从求知到作文,从阅读到表达,凡是人生常事,"一是皆以修身为本"(《大学》),这其中的

---

① 张岱年.中国哲学史方法论发凡[M].北京:中华书局,2003:168.
② 杜维明.二十一世纪的儒学[M].北京:中华书局,2014:49.
③ 同②51.

人生主线就是"诚",而"诚"的内在实功就在于催动人的自我创造。这个实功的具体表现也就是《中庸》所说的:"唯天下至诚,为能尽其性;能尽其性,则能尽人之性;能尽人之性,则能尽物之性;能尽物之性,则可以赞天地之化育;可以赞天地之化育,则可以与天地参矣。"这里所讲的"尽"就是当代所言"创造"的极致,这里所讲的"化育",就是指"创造"不断"创造着"的过程与特征。

在国际参照上,中国"诚"论与日本"诚"论的比较值得我们深思。中国先秦提出"诚"是非常宝贵的,到了宋后期,特别是程朱理学大盛时期,"诚"的人格要求越来越高,被窄化凸显为"敬",而日本对于"诚",则转化为具体的"情"。中国儒学重"敬",神圣化了,更合乎专制需要;日本重"情",人性化了,更合乎人生需要。事实上,伴随着专制主义的盛行,"敬"的中心确实在扩大夯实,所谓"致良知"也是一时之盛,因玄空而遭诟病。至于"诚"不知为何渐渐被我们丢失了。

我们是如何丢失"诚"的呢?对中日儒学有精深研究的王家骅先生有卓然洞见。他说《中庸》的儒学就是以"诚"为中心,到周敦颐、王夫之等,更有发扬光大。但中日比较而言,在"诚"的内涵确认上有较大区别,形成了两条不同理路。就日本而言,山鹿素行开始提出"圣人所立之道皆以人无息之诚而致"(《谪居童问》),认为道德修养的根本是"诚"而不是"敬"。何谓"诚"?他说"所谓诚乃天下古今人情不得已之谓也"(《谪居童问》),即认为人们从内心中涌出的不可抑止的情感就是"诚"。王家骅认为,自己的思想与中国宋明理学和日本以"敬"为中心的禁欲主义伦理思想不同,他对情欲持较为宽容的态度。父子亲情、男女情欲都是"不得已"的情,也就是"诚"。"好好色,欲美食,情之诚",至于"贪之淫之,皆情之过溢流荡,不可至于天下古今,故不可谓之诚"(《谪居童问》)。日本到了江户时代后期,以"诚"为中心的伦理说成为中心。如细井平洲说"内心与表面一致,里外不二"即"诚";吉田松阴认为,"诚"应兼备"实""一""久"三个因素。"实"就是以实心去实行;"一"就是专一,一贯;"久"就是稳定而持续。王家骅说,"在这里,'诚'已不仅是使心内与外表一致,而且要使外部社会与自己的愿望相一致,具有了能动的改造社会的实践性质"。王家骅指出:"中国'诚'中心的儒学较之日本

'诚'中心的儒学,具有更为精致的形而上学体系,'诚'被高度抽象化,并具有多层面的意义。但也正因为如此,容易导致儒者们致力于'诚'的理论辨析,使'诚'远离人生而成为僵化的教条,从而削弱了它应有的道德感召力和社会影响力。日本'诚'中心的儒学,侧重讲'诚'是'情'之'诚',其理论虽未必高奥,但贴近人生,正视人的正当感情欲求,容易成为人们道德实践的指导力量。"[1]这个结论,对我们实施语文学科的"诚""直"教育具有十分重要的指导意义。

二、"直"论

《说文》:直,正见也。段玉裁注:《左传》曰:"正直为正,正曲为直。"见之审,则能矫其枉,故曰"正曲为直"。从"十目乚",谓以十目视"乚"(匿者),"乚"者无所逃也。

"直"是理想的人格特征和优良的道德品质,更值得关注的是,它是人格与品质的真实而又直接地外向表达,是"品行"的行动具体化,通常有正直、直爽、真诚等意义。

(一)"直"是儒家教育伦理的规范与追求

在孔子看来,"直"是人内心所具有的先天道德,相当于后来出现的词"诚"。他说"人之生也直"(《论语·雍也》)。当然,这个先天的"直"必须通过后天的"学"来正确实现,他说"好直不好学,其蔽也绞"(《论语·阳货》)。孔子提出的"三友"观,第一个突出的就是"直",他说"友直,友谅,友多闻,益矣"(《论语·季氏》)。这里的"直"是正直,"谅"是信实,"多闻"即知识广博。这三点其实也是互为表里、相互转化与促进的,其内涵十分丰富。

教育学意义上的"直",在教育家孔子的教育实践上出神入化,具体而微,对

---

[1] 王家骅.中日儒学:传统与现代[M].北京:人民出版社,2014:258.

于当今教育极富借鉴作用：

关于正直，《论语》中有史鱼的形象：

子曰："直哉史鱼！邦有道，如矢；邦无道，如矢。君子哉蘧伯玉！邦有道，则仕；邦无道，则可卷而怀之。"（《卫灵公》）

孔子用"箭一样直"来赞喻史鱼的人格表现，同时对蘧伯玉的态度用"君子"来予以极高评价。有趣的是，这两个赞誉的背后还隐藏着一个故事：作为卫国大夫的史鱼，临死时嘱咐他的儿子不要"治丧正室"，以此来劝告卫灵公任用蘧伯玉，斥退弥子瑕，这就是古人所称的"尸谏"（《韩诗外传》）。史鱼与蘧伯玉的"直"，是对大是大非的抉择，是正直的举动。

关于直爽，《论语》中有微生高的性格剖析：

子曰："孰谓微生高直？或乞醯焉，乞诸其邻而与之。"（《公冶长》）

微生高或许是出于好意，但自己没有醋而不坦白说清楚就不能算是直爽。[①]"直"是高大的形象；"乞醯"，鸡毛蒜皮小事。两者打通，生活教育也。"直"是泛生活化的，这与当代的教育理念是相通的。

关于真诚、真实，《论语》也记了一个"特别的"故事：

叶公语孔子曰："吾党有直躬者，其父攘羊，而子证之。"孔子曰："吾党之直者异于是：父为子隐，子为父隐。——直在其中矣。"（《子路》）

直躬，直身而行，表现出自矜显示于人的样子。证，告也。杨伯峻说，相当

---

① 傅佩荣.孔子辞典[M].上海：东方出版社，2013：185.

于今日的"检举""揭发""举报"。这种告发,"直"吗?孔子没有直接否定,而是说"吾党之直异于是",也就是"隐"。隐瞒怎么是"直"呢?这里,孔子给"直"设置了一个前提,即合乎大道,出于真诚,体现真实情感。孔子这里所言的"隐",就是出于"孝""慈"的伦理,就是真实情感所致。这里的"直"其实就是真诚。这不仅生活化了,而且人性化了。孔子未必赞赏"隐",但他指出了人性化的重要性。"隐",纵也为错,但与"告发"的小人之行相比,还是有霄壤之别。

"直"的行为规范也是"政治化"的,所谓"政者,正也"的具体表现:

哀公问曰:"何为则民服?"孔子对曰:"举直错诸枉,则民服;举枉错诸直,则民不服。"(《论语·为政》)

提拔正直者"置之于枉"(王应麟《困学纪闻》),这就是公正。正直者出来管理,实施公正,公正压服了邪曲,这就是公义所盼,是正义的效果。

孔子之后,历代儒家都承袭孔子对"直"的看法,如南宋陆九渊门人袁燮在《絜斋粹言》中说:"直者天德,人之所以生也,本心之良,未尝不直,回曲缭绕,不胜其多端,非本然也。"

(二)"直"是中国传统知识分子直面现实的风骨与冷眼

中国古代知识分子的独立生存地位在先秦之后几乎丧失殆尽,越是在大一统、大太平的环境中,越是失去独立条件,因此,直面现实的风骨与冷眼就越发显得可贵。楚之屈原,汉之司马迁,晋之陶渊明,唐之韩愈,宋之朱熹,明之"东林"诸君,清之王夫之与谭嗣同……始终是中华文化中的人格火种。这里试从教育学上看"诚"与"直"的知行,以朱熹为代表。

朱熹在特定的情境中,把"直"上升到最高的人格状态和最重要的应事态度。

庆元六年(1200 年)三月五日,朱熹死前四日夜讲张横渠《西铭》,勉励学生说:"为学之要,惟在事事审求其是,决去其非。积累日久,心与理一(合而为一),自然所发皆无私曲。圣人应万事,天地生万物,直而已矣。"

朱熹临终前的这一个"直",徐复观的体认尤有洞见,他说,程朱们平日谈到天地、圣人时,几乎都是以"仁"来加以统贯。"天地生万物"是天地之仁,圣人应万事也是出于圣人仁心的发用。但朱元晦在死前四天向学生讲话,谈到圣人天地时,不说"仁而已矣",却说"直而已矣",这到底有没有什么特别意义?徐复观指出,这不是因为仁的观念不容易把握,而是因为直的观念比较容易把握。朱子在这里所说的"直",不是就个人的品德说的,而是以"圣人应万事"来表明"直"在他的道德体系中,实有其普遍性、"大用"性("全体大用"的"大用")的意义。这不是就学问的端绪说的,而是以"天地生万物"来肯定"直"在他的道德体系中实有其根源性、必然性的意义。我以为,徐复观的这一评价,直接点明了朱子内心的"诚"的价值所焕发的精神格局。朱子是极为看重"诚"的人生意义的,正如前文论"诚"时所言,他是以真实无妄为人生最高境界的。因此徐复观的分析就不是为了赞赏的概括,而是为了"事实"的提醒,"在他(朱熹)五十多年学术生活的许多语言文字中,不曾以这种分量来称道'直',却在死前四天,以这种分量来加以称道,我想,这是他积累毕生格物穷理(即认真研究问题)之力,看透了政治、社会的问题,再印证他在政治上的遭遇,才从他仅余的生命底力中,以无限的慨叹,以无限的救世之心,所说出来的"。借分析朱子而观照中国知识分子的良知和阴险,徐复观的现实目光是十分"毒辣"的。

朱元晦此处所说的"直",是与他上面所说的"私曲"相反的。"无私曲"即是"直"。私是指自私自利;曲是邪曲,主要是指说歪理、讲谎言、做邪事。竭尽自己的聪明才智来说歪理、讲谎言,以达到自私自利的邪事,这便是"私曲"。因此,直的首要内容是说正理、讲真话。

徐复观先生叙述了朱熹晚年所遭到的贬抑和践踏。五十九岁时,朱熹上万言书论朝政得失,要皇帝不使左右侍从之臣干预政治,而将政治委之于宰相。六十五岁时,朱熹得罪韩侂胄,遭到撤职。当时嗜利无耻的士大夫为了逢迎韩侂胄,劝韩尽逐朱熹等名望之人,改"道学"为"伪学",再进一步称其为"逆党",集矢于朱元晦及其学生。六十七岁时,朱熹科举文章稍涉义理悉见黜落。"六经"、《论语》、《孟子》、《大学》、《中庸》之书,为世大禁,这些都是当时的读书人抢着读的。许多人劝朱元晦遣散学生以避祸,他没有接受。到了七十岁的时候,他写成了《楚辞集注》,这可以说是他最后的一部著作。这本书可窥见他孤愤的情怀,实与屈原共同呼吸。徐复观先生指出,朱熹由此体验到,与最高权力结合在一起的谎言、歪理,压倒了整个政治社会,使整个政治社会都要跟着说谎话歪理,这是人类最大的黑暗。要从最大的黑暗中转出一线生机,便只有有人能不顾私人利害,肯讲些真话,这即是他所说的"直"。①

讨论中国知识分子风骨看起来与中学语文教学相去甚远,实则紧密相关。中国知识分子的"诚"与"直"全在他们的文字作品中,对于当代中国青少年而言,这些精神养料实在是无与伦比的重要。屈赋之"忧"、司马迁之"奇"、韩愈之"气"全是"诚直"的精华。

(三)"直"德的教育要基于现代心理学而作出策略选择

用人生哲学的理论看现代心理学内容,我们会认识到,"直"不是一个静止的品行概念,而是一个关乎人的在任何历史条件下都应促成的成长概念。

现代心理学告诉我们,德育的说教与外铄应转化为引导与内化。而引导与内化的重点是性格的自我教育。"性格决定命运"也许有些夸大其词,但性格的人生意义是不容忽视的。尤其在中学生成长时期,性格的引导与内化是不可回避的德育内容。

性格是一个十分复杂的心理构成物,它有多种不同的性格特征。其中,性格

---

① 徐复观.中国知识分子精神[M].上海:华东师大出版社,2004:22-24.

的态度特征就是"直"的直接表现。"人对客观现实的影响,总是以一定的态度予以反应。客观现实的对象和现象多种多样,人对客观现实的态度的性格特征也是多种多样的。"①但是"多种多样"之中又有恒定的东西,这就是在处理各种社会关系中的内心价值的一致性。价值的"一致性"在生活情境中又必然要演化为行为的一致性。崇尚正直,向往公正,无疑是每个人性格态度特征的追求目标。

美国心理学家卡特尔把所有的性格特质划分为表面特质和根源特质。他认为,"表面特质是直接与环境接触,常常随环境的变化而变化,是从外部可以观察到的行为。根源特质隐藏在表面特质的后面,深藏于性格结构的内层,它是制约表现特质的潜在基础和性格的基本因素,是建造性格大厦的砖石。根源特质必须通过表面特质的中介,通过因素分析才能发现,例如,'自作主张''自以为是''高傲''指责别人'等表面特质,就是'支配性'这个根源特质的表现"。②在现代心理学思想光照下,中国古代所崇尚的"诚"与"直"的哲学关系就显得格外鲜明了。如图 8-1 所示:

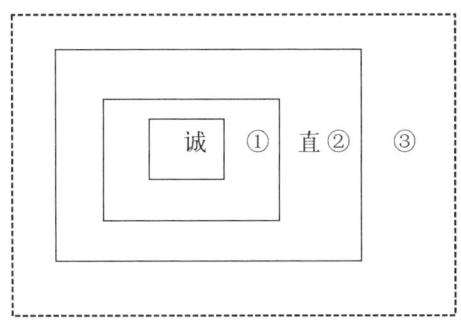

图 8-1 "诚"与"直"的哲学关系

"诚"为"性"之内核,"直"为"性"之表现;"诚"是人的根源特质,"直"是人的行为特征,是表面特质的"一致化"。"直"的稳定性与"诚"的坚定性相辅相成,"诚""直"并进,各有侧重。我之所以倡导语文学科德育"诚""直"并举,思想的

---

① 叶奕乾,祝蓓里.心理学[M].修订本.上海:华东师范大学出版社,1996:253.
② 同①259.

立意就在这里。

有心理学家对我国中小学生性格特征的年龄发展趋势作过深入研究,如图8-2所示:

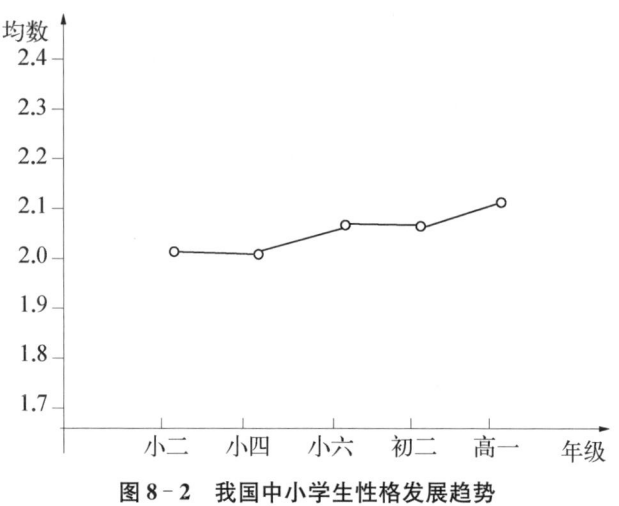

图8-2　我国中小学生性格发展趋势

研究表明,我国青少年的性格发展的水平随着年龄增长而逐渐升高,表现出由低到高的发展趋势,但不平衡,不等速。小学二年级至四年级发展较慢,四年级至六年级发展较快;小学六年级至初中二年级发展尤其缓慢,甚至出现相对停滞状态;初中二年级至高中一年级,又出现快速发展趋势。[①]

由此可见,"诚"与"直"教育的时间、时段与时机是相当重要的。有时机的变化,往往就是跨越。四年级到六年级的身心转变,初二到高一的思想变化,都是因材施教要重点关注的,不失时机地引导与内化往往能够实现性格养成和人格发展的理想化自我超越。

心理学的指导能够帮助教师依照儿童身心发展规律来施加德育影响,所有的影响都聚力于人生发展的进程中。而人生的发展理路显然又必须在哲学立意的前提下而构建。我们当然不是依凭孩子来培养哲学,而是依凭哲学来培养孩子。

---

① 叶奕乾,祝蓓里.心理学[M].修订本.上海:华东师范大学出版社,1996:262.

第二节　展现诚直人格的文学传统

语文学科德育的精神主体体现在文学作品中。如何全面认识中国文学基本精神是加强语文德育的前提。"诚"与"直"实质上是中国文学活动与变革的基本精神内容的有机部分。换言之,当我们回顾中国文学发展史时,必定会发现"诚"与"直"的思想表达史。同时要认识到,这条史脉往往就是中国文学不断嬗变脉动的精神节奏。

一、诚直文学思想之源头

讲到语言表达,特别是文学的"诚""直"精神与传统,必然要追溯到《尚书·尧典》。郭绍虞《中国历代文论选》第一篇文字就是《尧典》节录:

> 帝曰:"夔!命汝典乐,教胄子,直而温,宽而栗,刚而无虐,简而无傲。诗言志,歌永言,声依永,律和声。八音克谐,无相夺伦,神人以和。"夔曰:於!予击石拊石,百兽率舞。①

郭绍虞认为,这段文字记载了中国早期的文学理论,即"诗言志"。"由于'诗言志'概括地说明了诗歌表现作家思想感情的特点,也就涉及诗的认识作用……与'诗言志'这一特点相联系的另一方面,则是诗的教育作用。'志',既然是诗人的思想感情,言志的诗必须具有思想感情上影响人和对人进行道德规范的力量。"郭著的评价与历代文学家的认识是一致的。例如,朱自清在《诗言

---

① 郭绍虞.中国历代文论选:一卷[M].上海:上海古籍出版社,2001:1.

志辨·序》中就明确指出,这里的"诗言志"论,是中国历代诗论的"开山的纲领"。又如,《汉书·艺文志》指出:"《书》曰:'诗言志,歌永言。'故哀乐之心感,而歌咏之声发。诵其言谓之诗,咏其声谓之歌。故古有采诗之官,王者所以观风俗、知得失、自考政也。"采诗之功能与目的,十分明确,"观风俗、知得失、自考政"是由诗而展开的全面多维的认识鉴定活动。尤其值得关注的是,唐代孔颖达全面解释了诗言志的"诚"与"直"特点:

诗者,人志意之所之适也。虽有所适,犹未发口,蕴藏在心,谓之为志。发见于言,乃名为诗。言作诗者,所以舒心志愤懑,而卒成于歌咏。故《虞书》谓之"诗言志"也。包管万虑,其名曰心;感物而动,乃呼为志。志之所适,外物感焉。言悦豫之志则和乐兴而颂声作,忧愁之志则哀伤起而怨刺生。《艺文志》云:"哀乐之情感,歌咏之声发",此之谓也。①

这里讲的"诗言志"实际上就是讲"志—言—诗"的形成阶段。

第一阶段:生"志"(感物而动,蕴藏在心);

第二阶段:用"言"(志的转化,发见于言);

第三阶段:成"诗"(愤懑之志,悦豫之志,忧愁之志)。

在这三个阶段中,诗人有三项工作体现了"诚"与"直"特点:其一是感于外物,真而诚,自然生"志",否则,就不能"感物而动"。其二是发而为诗,真而诚,自然创作,否则就不能"颂声作","哀伤起"以及"怨刺生"。尤其重要的是第三项工作,即由"感"到"诗"的中介环节"发见于言",要用准确的语言真诚而又直接地加以表达,否则,"感"就落空,"诗"就失真,"意"就不明。

孔颖达的解注,其实是《诗经》大量作品总体特征的一种概括说明。《诗经》的三百零五篇作品,单就直接论诗的十一条来看,"八例为讽,三例为颂"。"讽"为什

---

① 上海古籍出版社编.十三经注疏:上[M].上海:上海古籍出版社,1997:262.

么占多数呢？郭绍虞先生认为"决非偶然"，"这不仅反映了《诗经》的实际情况，而且有其深刻的社会根源"。由于美好事物常常受到损害，不合理现象大量存在，因此，"讽"便是人们表达真实情感和对社会保持清醒认识的重要表达方式。这就是"诚"和"直"的真实体现。在这里，诚就是忠实于生活，直就是直接性表达，不隐恶。用清代程廷祚的话说就是"不讳刺"，程说："然则刺诗之作，亦何往而非忠爱之所流播乎？是故非有爱君之心，则天保既醉，祇为奉上之谀词。诚有爱君之心，则虽国风之刺奔刺乱，无所不刺，亦犹人子孰谏父母而涕泣随之也。"①

难能可贵的是，孔颖达从"诚"与"直"的品鉴上指出了诗与歌、言与声的关系与异同，这就是"情见于声，矫亦可识"的观点。孔颖达在《毛诗正义》中说：

诗是乐之心，乐为诗之声，故诗乐同其功也。初作乐者，准诗而为声；声既成形，须依声而作诗，故后之作诗者，皆主应于乐文也。

设有言而非志，谓之矫情；情见于声，矫亦可识。

若夫取彼素丝，织为绮縠，或色美而材薄，或文恶而志良，唯善贾者别之。

取彼歌谣，播为音乐，或词是而意非，或言邪而志正，唯达乐者晓之。

歌咏，确乎是明辨审美的最佳方式，而审美的前提是对真实情感、诚恳态度、正义主张、直捷语言的认同。正如钱锺书所言："以声音为出于人心之至真，入于人心之至深，直捷而不迂，亲切而无介，是以言虽被'心声'之目，而音不落言诠，更为由乎衷、发乎内、昭示本心之声。"他还引证古希腊的谈艺观："推乐最能传真像实，径指心源，袒裼衷蕴。"最后，钱锺书高度赞赏道："仅据《正义》此节，中国美学史即留片席地与孔颖达。"②

当我们了解孔颖达的诚直思想之后，再来探求《尚书·尧典》的有关诗歌教育目的与立意，就更能看到诚直理念在文学及其文论史上的重要地位。节选

---

① 程廷祚.青溪集：卷二[M].合肥：黄山书社，2014：38.
② 钱锺书.管锥编：第一册[M].北京：生活·读书·新知三联书店，2019：105-109.

《尧典》的这段文字可分三层：第一层，开门见山揭示目的；第二层，讲实现目的的教育内容；第三层，讲教育方式与情境。

关于目的：直而温，宽而栗，刚而无虐，简而无傲。第一个就是"直"，正直而不失温和，继之是宽宏而不失庄严，刚毅而不苛刻，简易而不傲慢。为什么要把"直"作为第一个要求提出来呢？因为它既是底线又是主线。作为底线，它是"直"与"曲"，"真"与"伪"的分水岭。作为主线，它又贯串"宽""刚""简"各个人格特点与表现。试勾勒《尧典》的诗教内涵如图 8-3 所示：

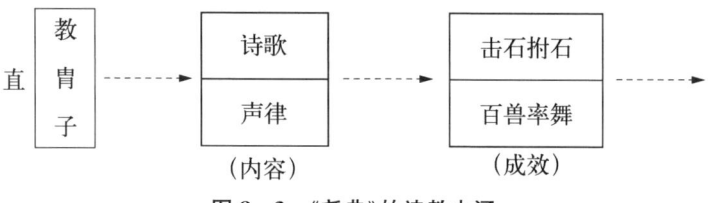

图 8-3 《尧典》的诗教内涵

二、诚直文论思想之架构

把文学和教育叠合起来加以系统化阐释并且构成了完整的"诚直"观的是孔子，他的思想在《论语》中得以全面阐述和揭示（主要有十四则）。孔子特别强调文和道德的联系，提出"有德者必有言"的看法，重视文学的社会作用，他说"诗可以兴，可以观，可以群，可以怨"；孔子"对诗的社会作用作了较系统的理论表述，在理论上比前人发展了一步"；孔子论诗乐很重视中和之美，他说"《关雎》乐而不淫，哀而不伤"；"在孔子的时代，中国古代文学理论处于始创阶段，他在诗歌社会作用等问题上的论述，一定程度地反映了文学本身的特征，对于后代文学理论的发展，提供了有益的思想资料，对后代产生了深远的影响……"①。郭绍虞指出孔子文论的"系统性"特征，无疑是很

---

① 郭绍虞.中国历代文论选[M].上海：上海古籍出版社，2001：15.

深刻的洞见。

就"诚"与"直"思想而言,孔子所论很明确也很系统,这里重点讲两则。

一是《论语·阳货》——"二南":

> 子谓伯鱼曰:"女为《周南》《召南》矣乎?人而不为《周南》《召南》,其犹正墙面而立也与?"

这里,孔子特别强调了读《周南》《召南》的重要性。重要到什么程度呢?假若不学习"二南","那会像面对着墙壁而站着"(杨伯峻《论语译注》),"言即其至近之地,而一物无所见,一步不可行"(朱熹《四书章句集注》)。沈括也说:"《周南》《召南》,乐名也……有乐有舞焉,学者之事……不独诵其诗而已"(《梦溪笔谈》)。明代李贽说:"《诗》之有用如此,今特以之取科第而已,所云夜明珠弹黄雀者,非耶?"(《四书评》)。"二南"为何有大用?这是由其内容决定的。《周南》是十五国风之一,包括《关雎》等十一篇。旧说是周时南国(指洛阳以南至江汉一带)的民歌;一说指用南国的乐调写的歌。《召南》也是十五国风之一,包括《鹊巢》等十四篇。召为周初召公奭的采邑,其地南部民间歌谣称《召南》,所及地域南至长江上游。"二南"都是民歌,其中大量为男女抒发情爱的诗篇。朱熹说"二南""所言皆修身齐学之事"。清代方玉润说:"恍听田家妇女,三三五五,于平原绣野、风和日丽中群歌互答,余音袅袅,若远若近,忽断忽续,不知其情之何以移而神之何以旷。"康有为说得更有现代意味:"《周南》《召南》,诗首篇名,所言皆男女之事最多,盖人道相处,道至切近莫如男女也。修身齐家,起化夫妇,终化天下。正墙面而立,言至极,其余益无可为也。"[①]综前所述,可见孔子重"二南",旨在重人道也。重人道尤在男女之道,而男女之道为人性之本源,感生乎心,情发乎诚,言之不迂,直抒胸臆。这个诗教

---

① 康有为.论语注[M].北京:中华书局,1984:264.

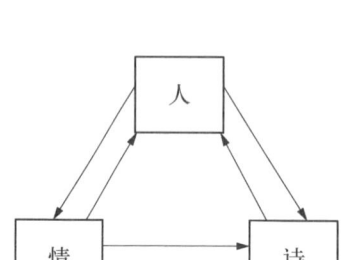

图 8-4 诗教的系统性

的系统性,如图 8-4 所示:

人读诗而移情,移情而育人。同时,人心有情,移情而读诗,诗益增情,从而育人。总之,在"人""情""诗"三者中,"情"是核心。何谓"情"?情,有欲者也。董舒仲曰:情者,人之欲也。《礼记》:何谓人情,喜怒哀乐惧爱恶欲,七者不学而能。"情与性同。性,善者也。董仲舒曰,性者,生之质也;质朴之谓性。"十五国风,婉而多讽,抒情遣性,发乎内心,"诚"也"直"也。

二是《论语·阳货》——兴观群怨:

子曰:"小子何莫学夫诗?诗,可以兴,可以观,可以群,可以怨。迩之事父,远之事君;多识于鸟兽草木之名。"

康有为注:"可以兴,感发志意;可以观,考见得失;可以群,和而不流;可以怨,怨而不怒……又足以资多识,知物性,考医药,备养生。盖博物之学,孔子所重,学诗之法,此章尽之。读是经者,所宜尽心也"。康注实由朱注而来,朱注又从何而来呢?来自郑玄与孔安国:一是"感发志意"对接孔安国"引譬连类",联想也;二是"考见得失"对接郑玄"观风俗之盛衰",观察也;三是"和而不流"对接孔安国"群居相切磋",交流也;四是"怨而不怒"对接孔安国"怨刺上政"。兴观群怨四者,诚直一也。诚为情感基础,直为表达特征。倘无诚直,四者必废。

"兴观群怨"四者之内在逻辑,王夫之解释最为透彻:"于所兴而可见,其兴也深;于所观而可兴,其观也审;以其群者而怨,怨愈不忘;以其怨者而群,群乃益挚。"(《姜斋诗话·诗绎》)"兴观群怨"四者的内在逻辑如图 8-5 所示。

有情感而观,观而深化情感,其"兴"也更深刻;根据所兴而观察,所兴益强,

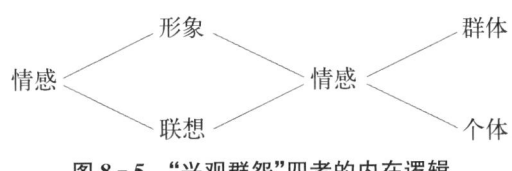

图 8-5 "兴观群怨"四者的内在逻辑

促进观察更加尽心,仔细而详明;依据群体讨论而产生的怨刺,这种"怨"更有普遍性和典型意义,因而更加铭刻于心;依凭有群体意义的所怨来进一步讨论,则群体思想交流更加真诚而坦直。王夫之之论所贵者,兴观群怨,一也,通也。他本人就是这样确认的:"出于四情之外,以生四情;游于四情之中,情无所窒。作者用一致之思,读者各以其情而自得。"①

"兴观群怨",四者相通;通而不偏,"思无邪"者也。宋代张戒说:"(诗)其正少,其邪多;孔子删诗,取其思无邪者而已。自建安七子、六朝、有唐及近世诸人,思无邪者,惟陶渊明、杜子美耳,余皆不免落邪思也。"话虽偏激,但强调者在"思无邪"。"思无邪"是孔子所言,"《诗》三百,一言以蔽之,曰:思无邪"。其解有二。一是邢昺:"诗之为体,论功颂德,止僻防邪,大抵皆归于正。"朱熹深表认同,也说:"凡《诗》之言,善者可以感发人之善心,恶者可以惩创人之逸志,其用归于使人得其情性之正而已。"二是钱穆:"无邪,直义。三百篇之作者,无论其为孝子忠臣,怨男愁女,其言皆出于至情流溢,直写衷曲,毫无伪托虚假。"钱穆深表赞同的就是这个"直"。他对此评价说:"此即所谓诗言志,乃三百篇所同。故孔子举此一言以包盖其大义。诗人性情,千古如照,故学于诗而可以兴观群怨。此说似较前说为得",同时又加按语云:"学者必务知要,斯能守约。本章孔子论诗,犹其论学论政,主要归于己心之德。孔门论学,主要在人心,归本于人之性情。学者当深参。"②钱穆的观点立足于德,立德的根本在于人心,而人心归之于本则为性情,诚直之道明矣!

---

① 王夫之.船山遗书:第八卷[M].北京:北京出版社,1999:4613-4618.
② 钱穆.论语新解[M].北京:生活·读书·新知三联书店,2002:21-22.

三、"诚直"表达之悖离

不要认为,真诚、正义、直言、质实等文学创作与语言表达所追求的美好观念在中国思想表达史上一路畅通、断无障碍。其实,几千年来,人们倡导修辞立其"诚",一个重要原因就是立诚最难,阻碍最大。

在中国思想表达史上,与"诚直"分离的有两种。一是庄子哲学观对文学观的影响,演化为对"直"的愤怒的"出离",其本质依然是守诚,依然是直说,但方式方法有了改变。二是商鞅等法家所倡导的为政权服务的文艺观,一方面直接否定孔子等儒家所建立的诚直文学思想,另一方面又巧妙地绑架之并将儒家文学思想化为己用,形成表儒内法的文学处理观和文艺政治力量,从而欺世盗名。这是今人尤其要深而思之的。

《商君书》(节录)如下:

农战之民千人,而有《诗》《书》辩慧者一人焉,千人者皆怠于农战矣。
《诗》、《书》、礼、乐、善、修、仁、廉、辩、慧,国有十者,上无使守战。国以十者治,敌至必削,不至必贫。国去此十者,敌不敢至,虽至必却。兴兵而伐,必取,按兵不伐,必富。①

商鞅,卫国人,生活于战国中期,先秦早期法家代表人物。《商君书》主要记载了商鞅的政治思想和"一断于法"的政治策略。早期法家的思想源于春秋管仲、子产,起于战国李悝,继有吴起、慎到、申不害、商鞅。商鞅重"法",慎到重"势",申不害重"术"。到战国时期,韩非子起,综"法""术""势"各家之长,建立起以君主集权为核心的思想体系和治国政策,在中国历史上产生了巨大而深重

---

① 高亨.商君书注译[M].北京:中华书局,1974:35-36.

的影响。

商鞅的从农战思想出发,把《诗》、《书》、礼、乐、善、修、仁、廉、辩、慧这"十者"与国家的富强目标对立起来,非常明确地提出"必去"的主张。在《靳令》中,商鞅也强调"六虱:曰礼乐;曰诗书;曰修善;曰孝弟;曰诚信;曰贞廉;曰仁义;曰非兵;曰羞战。国有十二者,上无使农战,必贫至削"。商鞅彻底否定了以儒家为代表的以仁义诚信为核心价值的思想意识,同时也否定了以"诗书礼乐"为系统的教育内容。

商鞅为什么提出这样的农战思想呢？这是由他的政治思想与治国目的决定的。"商鞅的政治目的有四个,治、富、强、王。""治、富、强"是策略,"王"是终极目标。所谓"王"就是统一当时的中国。所以《商君书》总是强调"强者必治,治者必强。富有必治,治者必富。强者必富,富者必强"。商鞅说服了秦孝公,取得了变法成功,为秦始皇统一中国奠定了重要基础。①

商鞅为什么要把儒家的仁义、礼乐、诚信等与法家的政治行为对立起来呢？一言以蔽之,儒家以人为本,尊重人的本性与情感,而法家则从来不以人为人,始终坚持铲除人的私情,以达到君王专制的目的。例如,为了农战取胜,商鞅采取厚赏与重刑政策,特别是重刑,残酷无比,不但犯法者罪轻而刑重,而且什伍连坐,三族连坐。到了韩非辅助秦王时,表现得更加突出:"在韩非眼中,人民是不存在的。耕农时君主需要的是牛马,战阵时君主需要的是豺狼,防奸时君主需要的是鹰犬。"②所以,对于人民表达真情实感的优秀文学作品及其文化传统,商鞅的建议是烧光、毁灭,正所谓"燔诗书而明法令"(《韩非子》)。很显然,诗书不烧,法令不明;善性不灭,恶政不行。例如,儒家反对奸人告密,"其父攘羊,而子证之",孔子明确反对,主张"父为子隐,子为父隐",这是从人的私情(孝慈)出发的。而商鞅的"连坐"诱发韩非治政采取"告奸"之术,韩非说:"明主者,使天下不得不为己视,天下不得不为己听",用种种巧术暗示天下人彼此

---

① 高亨.商君书注译[M].北京:中华书局,1974:4.
② 王元化.人物•书话•纪事[M].北京:人民文学出版社,2006:353.

监督,相互举发(参见《韩非子·奸劫弑臣》)。商鞅、韩非是从绝对维护君王权威的立场出发的。韩非说:"冠虽穿弊,必戴于头;履虽五采,必践之于地。"(《韩非子·外储说左下》)民,履也;君王,冠也。再坏的君主还是君主,就好像破烂的帽子总是要戴在头上;再好的百姓也是百姓,就好像美好的鞋子总是要踩在脚下。

韩非辅政时,更是取消诗书文化之教,"明主之国,无书简之文,以法为教,无先王之语,以吏为师"(《韩非子·五蠹》)。秦始皇从而实现统一,全国推行封建制,焚书坑儒。这里要特别指出的是,商鞅提出的包括文艺在内的整个文化应该为他所提出的耕战政策和法治主张服务的思想,在以后的历史演进中,往往演化为一种"时代主张",为统治者变式承袭。商鞅强调的"以言去言",也常为后世统治者所乐道。何为"以言去言"呢?郭绍虞指出:"就是要以歌颂耕战政策为内容的文艺,去代替儒家的诗书礼乐,所谓'起居饮食所歌谣者,战也'。"①

秦始皇开创的中华帝制之后,几千年来,文学表达的诚直精神始终在思想的"二重性"中闪烁其词,令人忧思。

首先,荀子化仁为法、外礼内法的新儒家文学思想始终占主导地位,体现了"教化—工具"二重性。荀子解构孔孟,贬抑庄子,合成法术,从而形成了荀子的"宗经征圣"的文学观。荀子也用崇尚真诚与正直的态度反对取法先王,特别是讽刺孟子喜欢托古,"言必称尧舜"(《孟子·滕文公》),荀子认为这就是"呼先生以欺愚者"(《荀子·儒效》)。荀子之所以如此批判孔孟,是因为在商鞅变法之后,荀子看到了战国末叶的社会变革动态,从而树立了自己的新儒学观点,提出了"俗儒""雅儒""贱儒""大儒"的分类说(《荀子·非十二子》)。荀子深受墨家思想影响,认定天不是有意志的,体现了时代的进步性,所以司马迁称荀子是"推儒墨道之行事"的学者(《史记·孟荀列传》)。

---

① 郭绍虞.中国历代文论选:第1册[M].上海:上海古籍出版社,2001:41.

荀子在思想表达上反对惠施、公孙龙的诡辩论,指出他们强词诡辩、淆乱名实,是"大奸"者。比如,荀子指出惠施、邓析是"治怪说""玩琦辞"。他认为,用一个观念来混淆客观实在的东西,是"蔽于辞而不知实"(参见《荀子》《解蔽》《正名》)。尤其要注意的是,荀子提出"性恶论",推翻孔孟的"性善论",从而也推翻了孔孟确立的性善伦理的教育观。荀子认为,人"生而有好利""生而有疾恶""生而有耳目之欲,有好声色"(《荀子·性恶》)。因此,人只有通过教育克制其"恶"而成为有教养者。

关于荀子"性恶论"与孟子"性善论"的认识区别,杨荣国讲得比较具体,他说:"第一,谓人性为善,善即是知识,如孟子的所谓'羞恶、辞让、恭敬和是非',都是人类所固有的善性,都属知识的范围。意思就是人类有这许多先验的知识,只待后天的功夫去扩充。谓人性为恶则反是,恶即无知识之谓,即纯感官的,所谓'饥而欲饱,寒而欲衣,劳而欲休'……这许多,不都是纯感官的吗?第二,谓人性为善,那就是说,人们有许多固有的知识,只待人们把它扩而充之,把它发挥出来……要多向内面做功夫……谓人性为恶则反是,这个,只承认人类有生理上的要求,但不承认有所谓先验的知识……因之就对所谓天命不预存若何的希望,就无须向内面做功夫,就非向外界学习、非从对当时社会努力改造的过程中来改造自己不可。"①从这两点我们得知,基于人类感官上的欲求而言性恶的荀子,较之基于人类固有的知识而言性善的孟子,前者是伦理学上的感觉论,后者则是所谓先验论。先验论是唯心论,而伦理学上的感觉论则是多少具有唯物因素的。两者的基本观点的区分就在这里。由于荀子确立了人性恶的教育论,因此,在国家治理上他提出了"具有'法'的内容的'礼'",这个"礼"不是为了止欲、寡欲,而是"从所可",即适当满足欲望。如何适当满足呢?他说"断长续短,损有余,益不足"(《荀子·礼论》)。这里就暗含了"法"的意味,也就是通过"法"的"礼"来调节社会。正如荀子所言:"礼者,法之大分,类之纲纪也"

---

① 杨荣国.中国古代思想史[M].北京:生活·读书·新知三联书店,1954:363-364.

（《荀子·劝学》），"上以法取焉,而下以礼节用之"（《荀子·富国》）。荀子的这一思想后来传给了学生韩非,韩非为新兴者倡法,突出"术""势",演变成政治的所有内容都要为君主专制而立论而实施。这一点非关本文主旨,暂不论述。这里要强调的是,由这样的政治思想所支配的"宗经征圣"文学观是有社会思想基础的,看起来具有"进步"的杂糅性,实际上设置了使文学表达始终不能独立完成的隐形桎梏。杨荣国指出,"过去曾有人说,中国两千多年以来,其支配的思想是荀子的思想。这说话的人虽是拥护孔孟而反对荀学,却道出了一个真理,即把真正代表中国封建制度的思想的开山者找出来了——这个,就是荀子,就是荀子的思想。"① "过去曾有人"的"有人"是谁呢？就是汪中、谭嗣同和梁启超。谭嗣同说:"二千年来之政,秦政也,皆大盗也;二千年来之学,荀学也,皆乡愿也。惟大盗利用乡愿,惟乡愿工媚大盗。"（《仁学》卷上）梁启超说:"汉代经师,不问为今文家、古文家,皆出荀卿（汪中）,二千年来,宗派屡变,一皆盘旋荀学肘下。"②

荀子的"宗经征圣"的文学观、文化艺术观始终是几千年来的"主流价值观","经"和"圣"的内涵有变化性选择,但尊崇的态度则始终如一,故而文学的独立性也就丧失了。

其次,文学体制决定了文人身份的二重性。朱刚指出,"作者的身份不同,其表达方式、表达倾向、表达特点也随之有差异","从身份的角度,我们可以把中国传统的作者分成两类……绝大部分诗、词、文言文的作者,都具有官员的身份,即所谓'士大夫'。还有少量接近或附属于'士大夫'的乡绅、幕僚、门客、闺阁等,其表达方式与'士大夫'也基本一致,可以归为一类。这是中国文学作者在身份上的一个显著特点,因为太少例外,以至于我们通常都不太意识到这是一个特点。""与此相对,另一类就是通俗文学的'作者',往往无名,或者如《西游记》《水浒传》的'作者'那样,虽然有个姓名,但他们并不拥有对作品的完整的作

---

① 杨荣国.中国古代思想史[M].北京:生活·读书·新知三联书店,1954:2.
② 梁启超.清代学术概论[M].上海:复旦大学出版社,1985:138.

者权……他们不是'士大夫',而是'庶民',是民间的艺人和低层的文人。"①

"士大夫"文人的身份"二重角色"是怎样的呢?朱刚比较了中英语言翻译情况:

scholar-official［学者—官员］

scholar-bureaucrat［学者—官僚］

literati and officialdom［文人和官员］

把英语世界中两个不同的社会角色合而为一,才能表达出传统中国的这一特殊身份,阎步克称作"二重角色"。②

"士大夫"既是政治权力的合作者,又是文化表达的追求者,这两者又该如何"合作"？这其中的表达内控机理是值得关注的。正如朱刚所言,官员们自身没有实力,纯粹是君主用来管理国家的工具,在君主独裁的局面中,士大夫的表达只能传递君主的意志,或者主动站在国家的立场进行表达。倘若某些官员想另有表达,主张思想的另类,那也只能是借圣人之言,用经典之论来迂曲排遣,如果过头,必遭抑压和排斥。更为严峻的是,国家立场表达的目的往往是对个人另类表达的取缔,因此,所谓表达的"诚"与"直"只能与国家意志保持一致,而多样性、多元化才是"诚"与"直"的本质特性,这样一来,士大夫在表达内控中失去个人性,失去诚与直的表达平台就不在话下了。

综上所述,我们对于中国的文学传统就不能不保持冷峻的态度,如此才能对"诚直"之说有一个基本客观的评估。

四、"诚直"史脉召唤未来

无论如何,我们都不能否定,汉代司马迁"发愤"著《史记》,用伟大的创作实

---

① 朱刚.中学文学传统［M］.北京:高等教育出版社,2018:8.
② 同①9.

践奠定了诚与直的言说传统。他说"意有所郁结,不得通其道也,故述往事,思来者"(司马迁《史记·太史公自序》)。意欲通其道,诚也;述往事而思来者,直也。无韵之离骚,心之诚也;史家之绝唱,言之直也。汉赋发达,加之汉武帝罢黜百家,独尊儒术,谀言起也,扬雄奋起批判,指出"辞胜事"的失诚事实:"以华丹乱窈窕,以淫词溷法度",把赋看作"雕虫篆刻"的文字游戏。他在《问神》中提出了鲜明的语言表达观:"君子之言,幽必有验乎明,远必有验乎近,大必有验乎小,微必有验乎著。无验而言之谓妄。君子妄乎?不妄。言不能达其心,书不能达其言,难矣哉……故言,心声也;书,心画也;声画形,君子小人见矣。"(扬雄《扬子法言》)验,根据真实,信而诚;反之即"妄";言为心声,书为心画,言、书、情,一也。汉代王充作《论衡》,批判了神权主义、反科学的虚妄之言,反对"华而不实,伪而不真"的文风,对"深覆典雅,指意难睹"的赋颂尤其是崇尚骈偶的语言倾向也予以毫不留情的斥责。他说"好谈论者,增益实事,为美盛之语;用笔墨者,造生空文,为虚妄之传"(《论衡·对作》),指邪一针见血,求真不言而喻。王充以孟子自比,直率坦诚地表达了之所以这样批评虚妄的用心:"'孟子曰:予岂好辩哉?予不得已!'今吾不得已也,虚妄显于真,实诚乱于伪,世人不悟,是非不定,紫朱杂厕,瓦玉集糅,以情言之,岂吾心所能忍哉……故为《论衡》,文露而旨直,辞奸而情实。"(刘盼遂《论衡集解》)

至魏晋,玄学起,有"言不尽意"之论,恣肆横流,刘勰作《文心雕龙》,成为我国第一部系统阐述文学理论的专著,清代章学诚誉之为"体大而虑周"。关于"辞令"(语言),刘勰比之为"枢机",在创作想象中,"志气统其关键""辞令管其枢机"。刘勰非常强调言达意,穷尽物色,曲写纤毫,从而达到"枢机方通则物无隐貌"的效果。刘勰告诉我们,写作,一定要以言称物。称者,言事符合之谓也。语言的具体而准确,取决于"情""理"的贯通,所以刘勰又说"夫情动而言形,理发而文见,盖沿隐以至显,因内而符外者也"(《文心雕龙·体性》)。这个"显""符",是语言准确表达的特征,正如刘勰所言:"显附者,辞直义畅,切理厌心者也。"厌者,满足也。辞直—义畅—切理—厌心,"直"为前提,"畅""切""厌"都是

"直"的效果,由此,语言之准确表达,能不直乎?刘勰不仅强调"直",也强调"诚",即语言表达的真伪问题。他赞同老子的"美言不信"的观点,为什么不信呢?他揭示原因:"昔诗人什篇,为情而造文,辞人赋颂,为文而造情。何以明其然?盖风雅之兴,志思蓄愤,而吟咏情性,以讽其上,此为情而造文也。诸子之徒,心非郁陶,苟驰夸饰,鬻声钓世,此为文而造情也。故为情者要约而写真,为文者淫丽而烦滥。"(《文心雕龙·情采》)

对于写作的真伪,钟嵘也大声疾呼"诚"与"直"。他说"观古今胜语,多非补假,皆由直寻"(《诗品·序》)。又说"颜延、谢庄,尤为繁密,于时化之。故大明、泰始中,文章殆同书抄"。所谓"直寻",即直接描写和抒发自己内心感受,陈延杰《诗品注》:"钟意盖谓诗重在兴趣,直由作者得之于内,而不贵用事。"相反的就是"书抄",即大量辑录辞章典故。这样的作品无非显示学问,用学问来掩饰虚假,哪里称得上表达真实的思想感情呢?文要"直寻",有什么办法呢?钟嵘从"诚"字上揭示"症结",钟嵘认为,要有真实的内心可表达,作者的内心真的与客观事物相通,被现实生活所感召,他说:"气之动物,物之感人,故摇荡性情,形诸舞咏。"气—物—人—情—咏,便是文章内容形成的真实过程。刘勰也说"人禀七情,应物斯感"(《文心雕龙·明诗》),《物色》讲得更具体:"春秋代序,阴阳惨舒,物色之动,心亦摇焉……情以物迁,辞以情发"。这些都说明文章的内容不是凭空而来的,内容要"诚",不是说诚就可以"诚"的,必然有一个由物而得实感,由感而得真情,由情而用诚言的过程,在我看来,这也许就是写作的"诚化",而作文之育人根本,大概就在这里吧。

唐宋更是有突起之变,陈子昂"前不见古人,后不见来者,念天地之悠悠,独怆然而涕下",提出"汉魏风骨",批判"彩丽竞繁"之诗文,指责"兴寄都绝"之要害,期待的是"兴寄"者也。何谓"兴"?兴发也;何谓"寄"?寄托也。兴发由内心而来,寄托则直指人生。陈子昂之"诚",在于他的孤独感。"陈子昂自视甚高,却壮志难酬,直言诤谏,每忤权贵,先后两度遭诬陷入狱。这些身世遭际自然也投影在他的诗中,最明显的,是怀才不遇、不为世人所知的强烈孤独感。

'孤凤''孤英''孤鳞'之类语汇,经常出现在他的笔下"①,塑造了一个"孤傲的自我",这样的个性形象,其"诚"与"直"的特点是,既有《离骚》之底色,又有冲破宗经征圣的思想突破性,还有浪漫主义个性追求的解放性。

  关于"古文运动"的历史价值,章培恒、骆玉明别具只眼,在指出它的一般意义的同时,说"古文运动之所以有文学史的价值",主要还是因为"他们也需要以此来更好地表达个人在实际生活中的思想感情",从而突破"文"的格律化,摒弃不属于自己的"陈词滥调"。韩愈的"道"不同于外在的伦理规范,而是偏于内心的道德修养和人格精神,也就是作文的根本——诚,他在《三器论》中曾说,"不务修其诚于内,而务其盛饰于外,匹夫之不可",在《答尉迟生书》中又说过"夫所谓文者,必有诸其中,故君子慎其实",并反复强调孟子的话"万物皆备于我,反身而诚"(《答侯生问论语书》)。韩愈这里讲的内在精神——诚,实际上也就是他反复强调的"气"。② 韩愈"唯陈言之务去","词必己出",希望写作是"当其取于心而注于手也,汩汩然而来矣"(《答李翊书》),这已经是对宗经征圣之道的超越了,其文论之精华与创作之实践,在于"文以明道"的个人化——内在情感的直抒胸臆上。朱熹指责韩愈"裂道与文以为两物"(《读唐志》),恰恰证明韩愈的个人化是鲜明的。虽然韩愈不可能离开尧舜之道、六经之旨,但我们今人的学习要注重他的"个人性",抓住他的"诚""直"主调,直言喷涌,抒发不平之气。如他的《送李愿归盘谷序》,斥责"奔走于形势之途"的可怜虫,辛辣描摹"足将进而趑趄,口将言而嗫嚅"的卑劣丑态,揭示社会压抑状态下文士的窘境,又何尝没有自我的深怨?总之,韩愈"文起八代之衰",主要就表现为个人性的诚直写作。北宋欧阳修从朝廷文件入手"矫文章之弊",他的文学主张是:"君子之所学也,言以载事而文以饰言,事信言文,乃能表见于后世"(《代人上王枢密求先集序书》),事信,内容真诚也;言文,表达有文采也。词家柳永,在内容上涉及市民意识的写作题材,这是对士大夫诗词的思想超越。士大夫指斥其作品"格调卑

---

  ① 章培恒,骆玉明.中国文学史:中卷[M].上海:复旦大学出版社,1996:38.
  ② 同①190.

下",则恰恰说明了柳永词中所流淌的市民阶层的庸俗气息正是城市平民最真实的现实思想与感情,是柳永之词的时代之"诚"。柳永所选的题材特色也决定了他的语言表达的特点,不慕典丽,"大都写得比较直率明白,很少掩饰假借之处,与其他词人不一样",表现了直白流畅的艺术风格。

明清格局又有大变化。先有李贽"童心说",之后有袁宏道"性灵说",怎一个"诚"字了得。何为"童心"？李贽说"绝假纯真,最初一念之本心"即是,也就是由人的自然本性所产生的未经假饰的真实情感,他说"天下之至文,未有不出于童心者也"(《童心说》);袁宏道"性灵说"实为"童心说"的强调与发挥。二说的出现"意味着文学的解放"。清代李渔,提出戏剧创作的要求是"贵显浅""重机趣""戒浮泛""忌填塞",就是强调明言直说,不故作姿态,要生动有趣,切合人物内心。至龚自珍,作为"第一个站在独立的学者立场上以个人的思考为依据纵横议论时政","把自我的主体性提升到前所未有的高度","散文恰与桐城派形成对立,不仅思想旨趣大异,文章风格也完全不同。龚氏文无定式,不屑斤斤于结构与辞藻,其风格或切直或诡奇,均是随笔直书,任意驱使语言,显示出大家才有的自信和力量"。[①] 正如他的诗所言:"少年哀乐过于人,歌泣无端字字真;既壮周旋杂痴黠,童心来复梦中身。"有童心之诚,才能字字纯真,才敢为挣脱枷锁而直言,这样的诚直品格,自然滋养着一代又一代新人。

俱往矣,数思想风流,不能不重温20世纪初由胡适、陈独秀所发动的文学革命以及他们所表达的思想。他们的思想精神无疑是批判的、革命的、面向未来的。而其所倡导的,依然是现代版的"诚"与"直"。陈独秀1917年发表于《新青年》第2卷第6号上的《文学革命论》一文指出:"余甘冒全国学究之敌,高张'文学革命军'大旗,以为吾友(指胡适——本书作者注)之声援。旗上大书特书吾革命军三大主义,曰,推倒雕琢的阿谀的贵族文学,建设平易的抒情的国民文学;曰,推倒陈腐的铺张的古典文学,建设新鲜的立诚的写实文学;曰,推倒迂晦

[①] 章培恒,骆玉明.中国文学史:下卷[M].上海:复旦大学出版社,1996:520-524.

的艰涩的山林文学,建设明了通俗的社会文学。"①陈所批判的雕琢、阿谀、陈腐、迂晦……全都是真诚、正直的对立面。其所呼应的,正是胡适《文学改良刍议》的基本思想,也即文学改良的"八事":"一曰,须言之有物。二曰,不摹仿古人。三曰,须讲求文法。四曰,不作无病之呻吟。五曰,务去烂调套语。六曰,不用典。七曰,不讲对仗。八曰,不避俗字俗语。"胡的"八事主张"的核心就是强调文学的内容与形式都是为了表达当今的最真实坦诚、最直抵现实的思想与情感。尤其值得注意的是,朱光潜对于这一真实坦诚的思想情感表达的认识有一个极为深刻的洞见:对于"文以载道",有两种解释,一是"道"为道德教训,尤其是古人的儒家的思想观念;二是"道"为人生世相的道理,"道"就是文学的真实性。② 朱的意思就是,文学代圣人立言,非由己心而出,也就是不真实的;应该用自己的眼睛去发现现实的人生而加以表达。因此,朱光潜强调"情感思想的真实本身就是道"。③ 朱光潜的美学思想不仅揭示了真实性的真实意义,也揭示了真实性的教育意义,无疑,这是"现代性"对文以载道传统的超越。

---

① 陈思和.中国现代文论选[M].上海:上海教育出版社,2010:12.
② 朱光潜.朱光潜全集:第4卷[M].合肥:安徽教育出版社,1998:157.
③ 同①44.

第三节　培养诚直人格的课程实验

2018年秋,我在上海市市北中学高一两个班级同时开设了语文课程里的"小课"——《疑思问国文点读》。所谓"小":一是指课时少,每周一节,一个学期两班合计在35—40节(有机动性测试);二是指学生人数少,两个班八十人以内;三是每节课讨论话题少,大多是一文一"点"一议。由于学生学得有兴趣,我的信心日益坚定。2019年底,我写了《一个人的变革——"疑思问国文点读"课程实验简述》一文,刊于《语文学习》2019年第12期,对课程内容与教学作了初步的说明。

我感到,诚直是我们追求的人格特征和修养标志。要形成这样的人格,必须探索具体的教学抓手。就当前最迫切的需要来看,勇于质疑,敢于批判,是养成诚直人格的行为入口和能力基础。质疑与批判的直接目的就是追求真善美,体现在语文学习的各个环节之中。为此,我把课程定名为"疑思问国文点读",这实际上也就是能力发展上的一个定位。

一、质疑思想：课程内容的总脉络

为什么在名称上冠以"疑思问"三字呢？我的构思就是想突出质疑的特点。我对质疑的认识比较简单,就是"提出疑问",涉及独立思考、自主判断、对话思辨、反省批判等方面。在中国传统语境中也就是"疑思问"。先秦以来,这方面情况怎样呢？中国质疑思想史的线索又是怎样的情形？我想斗胆作些梳理,从而为我的课程建设寻求思想支点。

先秦时代,"疑思问"是孔子提出来的,在《论语》的语境里,就是"疑惑了,就要想着去问"。显然,这强调的是一种学习方式与求知欲,与现代心理学、教育学中倡导的"质疑"很相近。孔子与弟子的对话中,"问"是十分普遍而又基本的

表达方式。孔子弟子也确实能"问",孔子常常赞以"大哉问""善哉问"等。有些弟子,如宰予,时常把"问"推进到"质疑""批判""对辩"的境地,如"井中有仁""三年之丧"之问,让孔子陷入思考困境,使学习境况风起云涌,异景顿生。孟子更是强调"思"的思维性意义,他说"心之官则思,思则得之,不思则不得也"(《孟子·告子上》),用现代心理学来讲,就是充分运用"心之官"而"积极思维",从而获得知识。思维的"积极"性有什么标志呢?孟子举了例子来说明,他说"尽信《书》,则不如无《书》"。要知道这个《书》可不是一般的书,而是指《尚书》乃至孔子所编定的"六经"。这个孔子的私淑弟子,对经典也就是"取二三策而已",不照搬,不全信,在先秦的儒学圈里,孟子的这一怀疑精神与言行可谓一座高峰!至于先秦时期的老庄,如庄子对"仁""圣"的彻底批判等,那就更是思想的冲突和争鸣了。战国时代,质疑思想又一座高峰孤卓而起,这就是屈原和他的《天问》。屈原的质疑涉及宇宙、自然、人事,全面而深刻,具有鲜明的叛逆性,如关于鲧禹治水之辩,回肠荡气,撼人心魄!

两汉时代,司马迁"究天人之际,通古今之变,成一家之言"是其质疑与批判的思想总纲,"究""通""成"是互为一体的三大突破点。司马迁的质疑批判,创造性地传承了司马谈的文化批判传统(如对"六经"要旨的评断),同时也确立了自己的独立精神。李长之说:"他不唯把项羽写作本纪,把陈涉也写作世家,而且把那'五年之间,号令三嬗'的紧张局面,作出了一个《秦楚之际月表》,让后人不至抹煞了那些起义的人的声势,或忽略了他们历史上的真正大小。"[①]要知道,司马迁是在汉皇的眼皮底下写出这样的近于叛逆文字的。不仅如此,司马迁对孔孟的赞赏,对老庄的评判,对申韩的剖析,都能居于时代之上而全面地表达洞见。如对屈原的评价不在忠君爱国,而在"与愚妄战";又如,司马迁对儒家持以肯定,但对荀子则冷而静观,少有议论。王充离中国语文教学似乎较远,但补充了他的作品《订鬼》后,学生惊呼:"这样的作品为什么教材不选呢?"我们最感兴

---

① 李长之.司马迁之人格与风格 道教徒的诗人李白及其痛苦[M].北京:商务印书馆,2011:177.

趣的是他的这个"订"字。订者,校正也,也就是王充用"校""验"的实验方式来质疑。批判前人神学观,用事实验证无鬼论,这在王充所处的时代,需要何等的质疑品质和独立意识!

魏晋时代,是一个充满思想"异彩"(鲁迅语)的时代。首先,在心理学上,中国人开始系统地分析"人"的性格类型,这就是刘劭的十二类型人格划分。① 先秦以来的思想家注重阐述人与天、人与社会、人与自我的关系,而刘劭注重"人"的自我分析,这与魏晋南北朝时期的社会意识——"人"的自觉是一致的。"人"的自觉强化了"人""本",而这又恰恰是质疑意识生成和批判态度确立的必要的"自我"立场。其次,对于社会层面的人的生存进行尖锐批判和质疑的有《世说新语》和《搜神记》,特别值得关注的是,其质疑人的变异、怀疑人的道德、反思人的贪婪、探索人的价值等折射社会问题和人性特点的篇章是对魏晋人生的聚焦记录。魏晋时代最典型的质疑个案是陶渊明,他的《形影神》组诗,表达了自我质问:"形"认为"愿君取吾言,得酒莫苟辞";"影"认为"立善有遗爱,胡可不自竭?";"神"认为"纵浪大化中,不喜亦不惧"。这实际上是陶之心灵自我批判的生动写照,袁行霈指出:"将形、神两方关系之命题变为形、影、神三方关系之命题,使其哲学含义更为丰富",②这实际上也就指出了陶渊明的人生价值观的复杂对话性。由此也就更能认识"陶渊明是人不是仙"的真人本质。至于嵇康阮籍的质疑批判更是毋庸赘述。

唐代是一个文化开放的时代,儒释道世界观人生观的此消彼长,激化了唐代思想生活的多元化和多样性,体现了豪迈超越的气象。离中学语文最近的是"韩柳刘的质疑三角",即韩愈的有神论和排佛说遭到柳宗元和刘禹锡的直接质疑,而在柳刘之间,关于人的价值意义上,又出现分歧和超越,即刘禹锡"天人交相胜"哲学观的卓越建构,弥补和完善了柳宗元的"生人"思想。这些虽然是哲学层面的思想争议,但都直接影响和制约着他们的文章表达。在教育心理学思

---

① 高觉敷.中国心理学史[M].北京:人民教育出版社,1985:179.
② 袁行霈.陶渊明集笺注[M].北京:中华书局,2018:42.

想上,韩愈的《师说》实质上揭示了质疑的求知价值。《师说》认为,人是由"学"而"知"的,在这个过程中无法避免"惑","惑"是疑惑或迷惑,皆不明也,只有"师"的指导才能化解,因此,要"从师而问",这个"问"就是请教,是提出重要问题。圣人"问",故"圣益圣";愚人耻"问",故"愚益愚",可见"问"的结果多么鲜明,意义多么重大。这个"问"与后边"不耻相师"之"相"联系起来,更能见出"问"的开放性与广泛性特征。相比较而言,柳宗元对于政治的批判更为尖锐,他的《封建论》对于政体的辨析,《捕蛇者说》对于税赋的否定以及《送薛存义序》对于人才管理与任用的质疑,都是锋芒毕现的,至于他个人贬谪人生的自我反省,尤为幽深。

宋人多疑。哲学家张载明确指出"可疑而不疑者不曾学,学则须疑"①,把"疑"与"学"等同起来,强调"疑"是"学"的主要方式。李如密认为张载倡导的"疑"有三个基本层次,即在可疑处有疑—在不疑处有疑—释己之疑②,这实际上也就是为学之序:"可疑"易见,"不疑处"生出"疑问"较难,反省"疑"己并破之,尤难,更加可贵。政治家王安石是敢于质疑与批判的典型代表,他提出"新故相除"的事物发展规律,强调了新旧与阴阳的交替变化,突出了创新的意义,在此哲学观指导下,用质疑来除旧,用改革来创新是顺理成章。他对先秦思想以及司马迁《史记》多有质疑与辨析,在政治上的勇敢变革更是反映了他"天变不足畏,祖宗不足法,人言不足恤"的叛逆精神。与中学语文更为贴近的是文学家苏轼在《石钟山记》中所表达的质疑思想,全文构建的"存疑—探疑—释疑—论疑"线索反映了苏轼对于质疑在认识论中的作用的深刻"认识"。从教育心理学思想上看,南宋朱熹的"群疑并兴"说可谓中国质疑思想的又一高潮,他说"学者读书,须是于无味处当致思焉。至于群疑并兴,寝食俱废,乃能骤进"(《朱子语类》),疑问四起,疑疑共生,正是思想探险进入陌生境地,由熟而生,由旧而新,由是而非,或否定,或否定之否定,正是顿悟超越、脱胎换骨。

---

① 张载.张载集[M].北京:中华书局,1978:286.
② 李如密.儒家教育理论及其现代价值[M].北京:中华书局,2011:112.

明清时代质疑思想更是异彩纷呈。学习的质的飞跃是"悟",怎样达到"悟"呢?陈献章认为"疑者觉悟之机也"(《白沙子全集》),这个"机"就是"悟"的时机条件;李贽看法更进一层:"学者但恨不能疑耳,疑即无有不破者"(《续焚书》),这个"破"就是"悟"的标志,而且体现了否定特征;黄宗羲则从另一视角揭示了疑的特别意义,他说"彼泛然而轻信之者,非能信也,乃是不能疑也"(《答董吴仲论书》),这里点出了"信"的真伪问题,看起来是"信",其实是盲从,只有经过自己质疑之后的"信"才是真实的"信",否则轻而信之,极为可怕。用质疑来破除迷信,这在思想建设与人格培育上是何等重要。明末清初还有一批思想家如王夫之、方以智等就不必一一赘述了,这里重点提一提清末严复的"质疑说"。第一,严复比较中西异同,说西方高度发达的根本文化特征是学术上"黜伪崇真"和政治上"屈私为公"。这个"黜伪崇真"就是质疑的目的论。第二,严复论述中西政治异同,说西方国家"以自由为体,以民主为用",打破等级制度,人人有言论自由。这个"自由"就是"质疑"的环境论。第三,严复从进化论上指出:"一个民族的优劣,是由民力、民智、民德三方面的高下为标准的"[①],这个"民智",就是"质疑"的成效论或创造论。总之,严复从文化、自由、创新的高度揭示了"质疑"方式与能力的必要性与重要价值。

以上对"质疑思想"史脉的勾勒虽然不全面,但先秦以来,生生不息的思想火种还是依然可见的。虽然这些内容并非在课上一一讲授,但给了我与学生讨论课文的自信和支点。我们不做思想史的学术研究,但用思想史的活的灵魂和精神来指导师生讨论课文则极为必要。活的对立着否定着坚守着的思想状态对于我们挣脱"疯子带着瞎子走路"的思维绝境极有指导作用。我们常说要继承中华优秀文化传统,唯"优秀"常各有所自,难有共识。我的浅见是,"传统"有二:一是"传而统之","传"为了"统","统"为了"传",所谓"统"就是把人的思想束缚住,统一于一尊,代代复制,自我封闭,夜郎自大;二

[①] 北京大学哲学系中国哲学史教研室.中国哲学史:下册[M].北京:中华书局,1980:334.

是"传而不统","传"是其生命所能"传","不统"就是"开放式"。生命所能"传",是由思想活力决定的,而不是由思想强权来摆布的。所谓"开放式",其本质是自由生态。我用"质疑思想"史脉来支撑我的课程与教学,说到底就是希望用"传而不统"的精神来影响学生,使学生感受到我们的文化传统有这样的一种"事实"。

二、质疑情境:课堂教学的总特征

我们这门课程的内容不是"质疑史",而是"国文",因为我们上的是语文课。但是这个"文"有它的特点,就是洋溢着质疑精神,反映了时代反省的风貌。所以称"国文",这虽是我个人的意愿,但由于这些"文"能代表中华文化精神,冠以"国"字号,自是当之无愧吧。

那么,怎么教呢?怎样教出一种思想质疑的情境呢?我做得很有限,目前的做法与体会是:

1. 用"情境"活化常识"概念"

教先秦作品,不能只教孔孟,而应该教"争鸣"。教"争鸣"不能只讲概念——"百家争鸣"词条,而应该让学生走进相应的情境之中,以主人的身份参与其中。统编高中语文教材中有孔子、孟子的相关作品,学生对儒家的社会理想有所了解,同时对孔子及其弟子的志向特点也有所认识。这是知其一。其二是什么呢?是庄子对于儒家思想的质疑和批判。我们不能空洞地让学生止步于此,于是选读了《庄子·外篇》中的《马蹄》,其中的一段如下:

故纯朴不残,孰为牺尊?白玉不毁,孰为珪璋?道德不废,安取仁义?性情不离,安用礼乐?五色不乱,孰为文采?五声不乱,孰应六律?夫残朴以为器,工匠之罪也;毁道德以为仁义,圣人之过也。

在庄子看来,道德是人自有的东西,如果不丧失,何必要有仁义之教? 这也正是老子"无为自化,清静自正"的观点,本篇以马为喻,皆申此旨。当课堂上把庄子观点和孔孟观点联系起来讨论时,真是炸了锅一般,学生纷纷走上讲台自申己旨。在第二节课上,由孟子《外人皆称夫子好辩》,从而引发新的思考。时间是有限的,讨论也不能过于分散,只要建立"孔—庄—孟"这样的对辩式思想状态就可以了:"哦,原来他们的争论是这样的。"让学生打开文章从而掀起几千年前的"争鸣"帷幕一角,看看现场,积累的认知或许会发生变化。当然,对语言的情境特点我们也同样需要关注。《庄子·马蹄》全文,连续设喻,反复质问;《孟子》"好辩章"大量使用长句反问句。这些句子既是论辩情境的产物,又是情境论辩的锋芒,很自然地使我们带出王力的评断:"战国以后,汉语的句法进入了一个新的阶段……在于句子结构的严密程度……更适宜于表达比较严密的思想。"[①]所谓《孟子》《庄子》文气之盛,也就是"盛"在这里。在思想争鸣的情境中认识语言的气势之盛这一语文表达所建立的情境,也许真的能烙下一个时代逻辑的印记。

2. 借"疑问"学习独立"精神"

屈原《天问》提出了一百多个问题,问问都值得揣摩。例如下一段:

不任汩鸿,师何以尚之? 佥曰何忧,何不课而行之? 鸱龟曳衔,鲧何听焉? 顺欲成功,帝何刑焉? 永遏在羽山,夫何三年不施? 伯禹腹鲧,夫何以变化? 纂就前绪,遂成考功。何续初继业,而厥谋不同? 洪泉极深,何以窴之? 地方九则,何以坟之? 应龙何画? 河海何历? 鲧何所营,禹何所成?

这段文字是比较古奥的,如果大致地了解句意,不在文字上纠缠,那么也就可以较快地进入屈原卓越的质疑世界。讨论的第一个问题是:如何理解鲁迅的

---

① 王力.汉语史稿[M].北京:中华书局,2013:460-461.

评价"放言无惮,为前人所不敢言"?从文中一眼可以看出屈原对"帝"的质疑:明明鲧治水是希望成功的,为什么帝要这样加重惩罚?如此问帝是有推断的,推断的基石就是鲧的实功。如此替鲧鸣冤就是屈原的大勇所在。讨论的第二个问题是:屈原提出这些疑问所针对的内容是从哪里获知的呢?从资料介绍中可知,庙堂上的壁画所传的《山海经》中的内容是屈原兴问的所在。而壁画及《山海经》所传恰恰也就是历史公认的"事实"。揭示问题核心的发言来了,一位女生迅速站起来说,对于一致公认的"事实",屈原于无疑处生疑,也正是"放言无惮,为前人所不敢言"的质疑精神所在。学生的发言既是学习屈原质疑品质的极为重要的成果,又是丰富学生对于屈原是爱国主义诗人这一单纯认知的新的洞见。

3. 用"哲学"统帅"整体"思辨

陶渊明作品,中学所选诗文数量较多,构成了一个"陶渊明系列"。如果加点陶渊明的"哲学观",这个系列就有可能由学生来活化。例如,在回顾了《桃花源记》《归园田居》《饮酒》《归去来兮辞》这些内容之后,我们就"陶渊明是人还是仙?"这一问题组织争辩,很能促进学生用所学而辩疑。有的说是"仙",列举其超凡脱俗之人格;有的说是"人",列举"晨兴理荒秽""戴月荷锄归"之事实。这两者对立吗?为了引发深入讨论,我们学习了陶渊明的哲学组诗《形影神》。"形""影""神"分别指人的形体、身影、精神。前人通常讲"形""神",而陶加之"影",这"影"既区别于"形",又区别于"神",别有生趣。"形"之所愿就是"得酒莫苟辞";"神"之所愿就是"纵浪大化中,不喜也不惧";而"影"则是"立善有遗爱,胡可不自竭"。"立善"本是好事,但陶以为不如"立德",因为"立德"在己,"立善"有求报答念想之嫌。这样一来,人格为三,一有欲,二念报,三立己。求己就是纵浪大化,让生命依其规律而运行,这是陶的生命最高境界。我和学生讨论的重点就是抓住"三者是对立的还是有侧重的"这一问题发表看法。有认为对立的,纯粹而不可得兼;有认为侧重的,强调"人"的生命真实,如果不是这样的话,那么陶之饮酒、陶之务农、陶之隐居就统一不到一起了,"真人"的形象就无法确立。"组诗"强调"大化",也未全面否定"酒""善",用陶的人生观来认识陶的诗文主旨能起到画龙点睛之效。

4. 遵"理念"揣摩反思"意图"

讲到两汉质疑思想与文学作品,我选用了司马迁的《秦楚之际月表序》,因为本文既是司马迁写秦汉史的思想总纲、情感总挽,也是解读《鸿门宴》的认识钥匙。《史记》写"鸿门宴"故事不厌其烦,写了四次之多。专写汉高祖时写之,专写樊哙时写之,专写张良时写之,专写项羽时更是用一千多字而详写之。如此一事多写,实属罕见! 司马迁为何要这样反复写? "究天人之际,通古今之变,成一家之言"的"史识"都在这里聚焦。我们遵循作者本人的"究""通""成"的创作理念来揣摩其深刻的写作意图。司马迁对刘邦得胜取否定态度,实质上是借这个历史瞬间的变化来质疑历史规律的不幸。因而在文字表达上既明白如话又委迤幽深,甚至在文体、材料与人物归类上作出大胆的个人选择,这种种笔力一并在此聚焦,不可不思。如果单讲《鸿门宴》是讲不出这种味道的。《秦楚之际月表序》中有一句话便是理解钥匙:"五年之间,号令三嬗,自生民以来,未始有受命若斯之亟也","亟"者,快也,有史以来从未有过这样的瞬间之变。为什么呢? 有民众的奋起,如陈胜揭竿;有正义的口号,如樊哙所言;有勇士的搏杀,如项羽之力;更有阴谋的策略,如刘邦之奸雄。而历史,本应属于民众,属于正义,属于勇士,为什么偏偏属于奸雄呢?《秦楚之际月表序》末连呼"岂非天哉! 岂非天哉!"这就是"究""通""成"的用力之处。把司马迁的这一"史识"用来指导对《鸿门宴》这一故事的解读,就会发现这一"瞬间"对于认识历史的价值,就会明白司马迁的质历史之大疑就是他的"究""通""成"的主旋律。而这样的学习瞬间烙印于学生心中,就有可能树立司马迁史识的读史路标,也就不会对司马迁是否在细节上写得真实与否而胡乱批判了。

5. 理"史脉"探寻批判"新意"

例如,柳宗元在政治思想和语言表达上最富新意,单靠教材一二篇课文理解还难以窥见。如果认识上有所触动,再前后理"线"成"史",加以比较,就能在他的质疑与批判的创造上有所发现。我与学生一起研读了他的名作《送薛存义序》,抓住两点来讨论他的质疑特点。一是柳在文中的发问:"凡吏于土者,若知其职乎?"吏之职还要问吗?但柳之发问带出柳之答案是"石破天惊"的。柳的答案是:"盖民之役,非以役民而已也。"也就是说,官吏是老百姓的仆人,而不是役使老百姓的人。从先秦以来,讲的都是以民为本,民贵君轻,这个"本"和"贵",看起来重视了"民",但仍然是从"君"的立场上来重视的,是为"君"服务的,统治与被统治的主仆关系没有变。而《送薛存义序》文中以"吏"为"役",认为"受若直,怠若事,又盗若货器,则必甚怒而黜罚之矣"。老百姓花钱佣吏,吏若服务不好,就要受到老百姓的"黜罚",虽未说出"民"为主人,但这个崭新的政治意识已隐然可见了,由此也可见"若知其职乎"这一质疑的思想分量!二是学生提出的质疑:"薛存义不过是很普通的代理'县长',没有什么功业,为什么柳宗元还用'序'的方式对其如此肯定呢?"这确实是一个好疑问。讨论中,我们认识到,柳叙述一个官吏的普通,如"早作而夜思""讼平"而"赋均"等,也就是其本职而已。而现实中的官吏非贪即凶,到哪里去寻称职的呢?可见这样写薛,用意在于批判整个官场的腐朽。序,赠言也,到唐时由韩柳的创写示范,已成重要文体;用其体,旨在表达深情与幽思,这一特点在《送薛存义序》文中体现得也十分鲜明。

6. 比"群文"鉴别自省"境界"

宋人好疑,例如苏轼《石钟山记》反复写"疑",知其疑,探其疑,最后下结论而释疑,实质上体现了苏轼的认识论思想。更有甚者,认为苏轼与苏辙、张怀民等共同构建的一个贬谪之后自我放怀的精神世界尤其值得观照。他们的互相诉说与自辩充分展现了特定时期的人生思辨轨迹。我们以课文《前赤壁赋》为起点,选了苏辙《黄州快哉亭记》以及苏轼的小品《记承天寺夜游》《书上元夜游》。张怀民虽未作文,但建有"快哉亭"。一壁一亭四文,组合了二苏一张共同贬谪后的自适心理世界。然而这个"自适"不是呼之即得的,而是经历了一个较长的互诉自辩过程,直到《书上元夜游》才算真正实现了自适的最高境界。《前赤壁赋》由"疑"洞箫之悲,到"疑"一世之雄之"空",再到"喜而笑"而释"疑",这是第一个回合。承天寺步月,境界空灵静幽,然文末两"问",凸显"吾两人"相依,实际也流露了自我慰藉时的"惆怅和悲凉",这是苏轼内心对辩的第二个回合。到"快哉亭",张怀民筑亭,苏轼命名,填词,苏辙作"记",这恰似三人小组唱,同唱"快哉"二字,但总基调少不了两个尖锐之问,即"士生于世,使其中不自得,将何往而非病?使其中坦然,不以物伤性,将何适而非快?"这实际上是三人的共同"自问"和"自励",这三个人对话算是第三回合。最后直达高潮的是苏轼一改闪烁其词而直接否定韩愈的"大鱼说",至此才算是彻底放下。《书上元夜游》中写道:"予欣然从之。步城西,入僧舍,历小巷,民夷杂揉,屠沽纷然。归舍已三鼓矣。舍中掩关熟睡,已再鼾矣。放杖而笑,孰为得失?过问先生何笑,盖自笑也。然亦笑韩退之钓鱼无得,更欲远去,不知走海者未必得大鱼也。"①上元夜游历所见极平常,与承天寺月下景相比境界迥然,此为烟火境也,而这恰恰是苏轼的真"得"。关键点是对韩愈的否定。韩有《赠侯喜》诗,劝侯生不为奔走举场而未获知遇而气馁,近处钓鱼未得,还可以远去钓更大的鱼,激励侯生仕途努力。苏对韩的全面否定实际上也是对前期内心答问状态的否定,从而彻底放下身心而真正自适了。

这六种教法纯乎实践上的探步,谈不上理论概括,其要旨在于点拨学生在疑思问的语文情境中敢于思考而已。我想重复一句的是,内心所忧者,不过是怕自己陷进"疯子带着瞎子走路"的绝境。

---

① 陈振鹏,章培恒.古文鉴赏辞典:下册[M].上海:上海辞书出版社,2014:1331.

第九章 时代与责任
——语文教师成长研究

语文教学的主导是教师。所谓"主导",从关系上讲,与学生是学友;从教学上讲,与学生是互益;从成长上讲,与学生是相长。这其中,有一条不容忽视的主线,即教师始终用知识和情感对学生产生影响。语文教师的影响还有很多特殊的地方。

这里,我用自己的切身经历来讨论语文教师的成长问题,算是一种个案分析。我最想表达的是,面对当前这样一个时代,占据心灵的,不是欣喜,而是忧患意识。也正是这份忧患,使我感到一个语文教师的责任十分重大,尤其是在自身受窘的时候担负责任。

第一节　明志：全力强化人生动力

志者，心之所之也。孔子说，"吾十有五而志于学，三十而立，四十而不惑，五十而知天命，六十而耳顺，七十而从心所欲，不逾矩"。这实际上就是有追求的人的终身精神成长史，"志于学""立""不惑""知天命""耳顺"以及"从心所欲不逾矩"就是人生各个阶段的成长标志。这些标志层层递进，前因后果，充分反映了成长的跨越性特征。要特别强调的是，在这个人生成长历程中，"志"是贯串始终的主线。换言之，"不惑"是"立"的成长追求，"知天命"是"不惑"的目标，"耳顺"又是在"知天命"的基础上的新进步，"从心所欲不逾矩"则更是在前面各阶段的基础上的人生境界的最终跨越，属于人生的自由王国。纵观这个过程，"志"是基础，是强大的精神动力。

孔子之教给我们青年教师的启迪是什么呢？我想，这就是要把从教的起点看作"立志"的起点，把从教的早期过程（通常指初为人师第一个十年）看作人生谋篇布局的过程。从青年语文教师的立志而言，就是谋定语文人生的大局。当然，这里讲的"语文人生大局"并不是指语文教育成就的壮丽图景，而是指当下现实自我的塑造。我以为有三个环节：志趣上从自我个性与潜能上尽情开发；志向上从自我工作特长上尽力夯实；志操上从自我发展环境上坚守独立。只有通过这三方面的辛勤而又坚卓的努力，才能为自己下一个十年乃至整个人生打下坚实的基础。

1. 志趣上，强化文学潜能开发

我始终认为，语文教师成才要素之专业根本是其文字的、文学的兴趣体验。通常的说法是"语文素养""语文基本功"，虽没有错，但我仍然感到空泛。"素养""基本功"包括兴趣体验，也多指语文方面的知识水平。为什么我偏偏舍大取小呢？有一个极为有趣的现象值得深思：我们所崇敬的于漪老师，她大学读的专业并非中文，她常常风趣地说自己教语文是半路改行。于老师青年时期的语文教学踏板在哪里呢？在于她少年时的语文才分。她中学时代的写作，老师给予极高评价。我们所崇敬的钱梦龙老师是初中毕业，他也常常戏谑地说自己是"不合格教师"。钱老师青年时期的语文教学踏板在哪里呢？也在于他少年时的语文才分。他洒脱的书法、他创作的近体诗都是一流的。不是说这两位老师只靠中学习得的语文之才而教学，他们的教育学、哲学以及文学的修养都是极为坚实而广博的。但是有一条是我们要加以辨析和研究的，即他们的才分和学养是因果关系而非并列关系，即先有文学才分，后有教育学养。才分的激情，使得他们在初为人师之时，即迅速地与所教的内容达成了心性互映的效果，他们课堂所"教"即他们课下所"思"与所"写"。能"轻灵地写"必能"轻灵地教"。我的恩师蔡澄清先生，幼读私塾，少年即显诗才，初为人师时只是中师毕业。但是他1954年初登教坛，1956年即发表教学文章，时年不过22岁。初步教坛，何以能较快地跨上较高的成长之路呢？我以为就在于他的诗才与杂文创作之功。他的学养是在他的教学兴趣和文学兴趣共同驱遣之下而不断深化、提升、夯实、跨越的。对我耳提面命过的章熊先生，他所接受的根基之学以及他的外语翻译、他的诗词创作、他的书法，都不是他成为教育大家之后而学得的。他外文翻译的双语思维与文字互证的语法手感，我们始终能在他的论文论著中见到其动人的倩影。他的文学情怀，我们也能时常在他的论文中看到其灿烂的霞色。文学之才，是多么迷人的语文教学性灵之光啊！

　　列举教育名师的成功范例，归纳其成功要素，不外乎德才学识。而德才学识四美之中，在青年成长这个特殊时期，在德的基本条件下，最能撬动青春去谱写人生华章的，便是才分。才分是兴趣、潜能、天赋的花朵，当然是青年的花朵。文字之才，文学之才，只能生长在青少年的梦想温床。因此，我希望青年教师入教的第一步是发展好自己的文学才能，从自我的爱好、兴趣、天赋上做起。我知道，现在的青年教师对中文都是饱含深情的，在大学，心里都摇曳着文学的烛光。到了中学课堂,千万要从这片烛光出发。

德才学识的提升,都是一个循序渐进的人生过程。为什么偏偏说,只有文学才分才具有青年语文教师成长时期的先导性呢?这也许是由语文教师的"语文性"决定的。

课堂教学初期,青年教师的教学大多是模仿。模仿的本质差异在于,是用教材教法的知识、理论来支撑模仿,还是用自己的文学创作实践体会来支撑模仿。事实证明,来自创作实践条件下的模仿,是来自内心的向往。甚至可以这样说,青年语文教师的早期出色教学,都是内心创作的一种萌芽。事实还证明,正是内心对创作的向往,加之教育学理论的指导,促成了名师在起步阶段的第一次脱胎,而最根本的还在于内心的文学活力。何谓"内心的文学活力"?可从三层意义上来看:一是以自己的文学创作爱好为基本条件。因爱好创作,积累了鲜活的文字使用经验,具有了强烈的语言体验感。爱写必然爱读,就是这种亲近与体验使然。二是这种语言体验感移植到教学内容上之后,自然会产生属于执教者自己的独特发现力,从字词到句段,从篇章到内涵,发现的目光如同春风,文字的倩影如同春水。正是在这样的条件下,教学的激情便如春潮拍岸了。也正是依据于这样的春潮拍岸,教学才有了快乐。三是学生的学习感受来自教师的教学自信与快乐。教师教学快乐越强,学生对教师认同就越强。世界上没有任何一样神器比学生的认同、赞许、期待的目光更能让教师甘愿在教学上呕心沥血了。综上所述,我们可以看到,所谓的文学创作,是教师增强语言实践体验的基本条件;所谓的内心激情,是教师在课堂上凭借自己的语言敏感性和发现力所获得的教学成就感。另外,学生给予教师的课堂期许,无疑又是对教师语言实践和语文教学的心理激励。

由上可知,"写—读—教"构成了青年语文教师早期成长的"语文性"基本范式。写,语言应用性实践;读,语言鉴赏性实践;教,教师用自己的实践来唤醒学生的语言实践。这个过程,一方面是教师自身德(爱教育)、才(语文才气)、学(知识修养)、识(思想与见解)积累翻进的过程,另一方面又是教师与学生建构

心灵共鸣、彼此分享快乐的心理互映、情感互通、思想互鉴的师友关系的过程。所以说,青年语文教师的成长,说到底源自内心兴趣的成长。特别要强调的是,这个成长带有强烈的可持续性,是一生的成长。既然如此,广大青年语文教师在从教之初,关注的不仅是别人的教,而且是自己的内心兴味,这也是追求成长、成才、成功的要素了。

这里要强调的是,"才分"是在练习中形成的。练习写字,练习写诗,练习写小说……不是练而成"家",而是练而成"教"。"练",不是为了发表作品,而是烙下内心的语言艺术印记。因此,我建议青年教师第一个十年练字,练创作,练朗读。

2. 志向上,注重专长发展转化

志向,即人生前进的方向,是关于将来要做什么事、要做何种人的意愿和决心。而这个方向、意愿、决心又由若干环节联系而成。要成为优秀的、卓越的人民教师,必定要用一辈子来努力,而每一次努力,都与阶段性成长目标的确定相关联。我这里讲的志向,就是阶段性成长目标。上文讲到个人潜能与兴趣的培养,还只是个人成长的起点与切口,只有把兴趣点转化为工作探索点(当下通常的说法就是个人研究项目),这个兴趣才能上升为志趣,而志趣通过某一具体的可持续的研究项目来体现,才能真正发展为成长的志向。由兴趣而演变为志趣,在于工作探索目标的强化;由志趣而提升为志向,则是个人成长策略的确定。以写作兴趣培养而论,有两条线索:一是由创作而成为作家;二是由创作而成为名师。当作家与当名师的追求目标是不同的,前者是以教学为日常的生活,以创作为研究的世界;后者是以创作为生活趣味,以教学作为研究的世界。文学才能的志向分水岭就在这里。这往往是富于理想的青年语文教师的取舍课题。

这里讲讲我的体会。我在芜湖师专读书时,已经是一个十足的文学爱好者了,满脑子的作家梦。1981年安徽省举办大学生作文比赛,我的一篇小说《尼姑暮年》被中文系老师激赏,作为芜湖师专的代表作推荐参评。作品写一个乡间女子在中华人民共和国成立前被逼得由少女而当了尼姑,中华人民共和国成立后又被逼得由尼姑而当了村妇,最后惨死的故事,因"格调低沉"、未能体现新大学生积极的精神风貌而被评为二等奖。我的老师深为不平。我自己则更坚定了作家梦,更向往创作。到寒亭工作后,我每周都有作品投稿,每月都有两三篇小说、散文之类的作品发表。1983年,北京《中学语文教学》开展关于中学生作文《过中秋节》的讨论,有些论者认为《过中秋节》一文写了学生自己家庭生活的困窘,是以偏概全,不符合"三中全会"以来的大好形势,并由此上升到中学作文教学的目的和意义上说"这是一个不容忽视的问题"。对这样的观点,我很不赞成,对这样一种评价学生作文的态度,我深为反感。于是一夜之间写成《要鼓励学生敢于思考》一文,发表于《中学语文教学》1983年第5期,受到当时《中学语文教学》的主编孙移山老师的赞赏,蔡澄清老师特意在来信中充分肯定。

《要鼓励学生敢于思考》一文的发表,是我执着追求作家梦还是用心探究语文教学的分水岭。"语文教师的责任感""语文教学的趣味性"等意念,犹如新枝嫩叶,在我的理想世界里吐露芬芳。从1983年到1986年,我非常明确地确立了"作文教学"研究专题,主要做了两项工作,一是大量地与学生一起讨论作文、修改作文和发表作文;二是在蔡老师指导下,合作写《积累·思考·表达——写作能力的培养》一书。我教两个班语文,每周都有作文课,每周必写作文。一百多名学生的作文我篇篇改,篇篇评。每月在学校办公房的山墙上出一期作文选刊。星期日我找来几位学生和我一起用毛笔在大白纸上抄写、画图,然后用糨糊刷墙,一张又一张地贴满山墙。与此同时,我又自刻钢板,自己油印,每月出一期《百草园》作文刊物。由于我注重发表,注重鼓励,极大地激发了学生的写作热情和思考活力。我的写作教学实践不仅证明了"要鼓励学生敢于思考"的写作观是正确的,也使我积累了大量作文资料和学生成长个例,为写好《积累·思考·表达——写作能力的培养》一书做好了准备。

《积累·思考·表达——写作能力的培养》这本书,本来是章熊先生代语文

出版社约蔡老师个人写的。当时，有三项作文教学研究比较突出：一是蔡澄清老师的"积累·思考·表达"——作文教学三部曲；二是刘朏朏、高原老师的"观察·分析·表达"作文训练序列；三是洪宗礼老师在《语文教学通讯》连载的"三阶十六步"作文训练。章熊先生希望蔡老师用一本专著来介绍其"作文教学三部曲"。没想到，蔡老师邀我合作，并寄来了写作提纲。当时我不过二十三岁，除了有闯劲，有激情，在作文教学上还未入门。正是蔡老师给予巨大的鞭策与期许，才有我教师生涯的第一次成长跨越！我用了一整年的时间，一章一节地写出草稿交蔡老师修改润色。章熊先生也多次在稿件上修改、补充，还常常用图示来说明观点。可以说，两位先生的思想、经验、智慧、师德共同为我组成了一条"星光大道"。我最大的收获，就是系统地学习和整理了蔡澄清老师的写作教学思想，同时也广泛涉猎了国内外有关作文教学经验，较为全面地夯实了自己的学术思维土壤……直到现在，我始终在上海市市北中学主持开展"三线并进"的语文教改实验，坚持在两个班执教作文课，在读写结合上依旧充分体现"重积累，重思考，重表达"的教学特色。我所教的每一届学生都有作品合集出版。

归纳这三十年的作文教学改革历程，我的志向分为三个阶段：第一阶段，重在内心激趣——编刊物，办文学社，师生同在"写"上聚情感之力，聚兴趣之焦；第二阶段，重在思想提升——写论文，出专著，学习蔡澄清以及国内外各家作文教学思想；第三阶段，重在继承创新——基于"积累·思考·表达"的作文教学思想，在高中学段开展读写结合的专项写作思维训练。这三个阶段共同体现了三个特点：一是转化，即基于个人的文学创作，实现了用创作实践之体验来改进作文教学的重点转化。二是递进，即三个阶段是三级台阶，实现了实践—认识—再实践的提升过程。三是实做，每个阶段，都紧扣教学工作这个核心，突出了教，突出了学生能力的发展。

3. 志操上，注重文化传统坚守

志操，节义也，情操也，主要是指在生活困境方面能够坚强，在为人师表方面能够坚守,在学术追求方面能够坚定。这里着重谈谈学术上的坚定。所谓学术坚定,有三层内涵:一是对母语有坚定的爱;二是对中国语文教育传统有坚定的信仰;三是形成坚定的学术尊严与品性。这三点的核心就是古今教育家所开创和坚守的语文教育精神。

爱母语是语文教师的天职,爱母语,不仅是概念上的理性认同,而且应当是情感上的体验与融入。作家鲍尔吉·原野说:"字在纸上长成青草。"这种诗意的想象,充分说明了作家与文字融为一体。他在文中写道:"字写满一张纸后,我感觉这页纸活了,好像她在森林里睡了几十年的觉,这些字在她脸上爬,她由于发痒而醒过来。"[①]作家的文字世界,洋溢着如此的生命活力。语文教师爱母语也应该这样,尤其是对于母语的经典要心怀敬畏、专心欣赏。我们在语言文字应用方面,也要谨慎言说,不张狂、不草率、努力不出错。

对中国语文教育传统有坚定的信仰,我以为这应该是语文教师必有的师德操守。近些年,各种教育信息五花八门。有些人不取舍,不研究,不辨识,单凭个人肤浅感觉或简单参照外国做法提出幼稚甚至错误的观点,由于涂抹上了很时尚的外表之色,很容易误导青年教师。比如,关于古代经典阅读,有人表示重视,突出阅读的批判性就很迷惑人。何谓"重视经典"? 一是以经典内容为吸收对象,旨在古为今用;二是把经典内容当作批判靶子,以今解古,为己立言。看起来都在学经典,实际上目的与方法大相径庭。"批判性思维"是很重要的思维特点,但批判的基础则是对于经典的熟谙。"文革"时期,革命小将批孔子,批判檄文满天飞,这不是批判性思维在闪光,而是强词夺理、无理取闹、幼稚可笑。著名经学家周予同也主张要打倒孔家店,但他要打倒的是被封建帝王树立的作为敲门砖的孔子从而恢复真正焕发孔子神采的伟大的真孔子。周予同的批判性显然是建立在崇敬孔子、理解孔子、学习孔子、传承孔子的以真理维护为己任的学术操守基础之上的。四川大学著名学者丁纪先生对于经典有独到而深刻

---

① 文汇报笔会编辑部.黎明即起:2013笔会文粹[M].上海:文汇出版社,2014:15.

的体认,他说:"处今之世,读书之大患,在于一傅众咻,使人不能专注,难乎立本。而学者又往往各逞己意,至于言人人殊,使人莫知所宗。学者或犹自得于此,以为新见地、新主张由以生也。然经典学习,有不为今之所谓'学问'笼括者。如于新见地等,不过我一人作思作想有以造作之,倘能使广大之人群亦莫不作此思、作此想,尤为思想创造力之表现,而宜为真正之学者痛下担当之历史文化使命也。程子有曰:'凡解经,不同无害,但紧要处不可不同尔。'(《近思录》卷三)'紧要处'须着紧体认出来,然后待以'不可不同'之心而甘心服膺,以此养成一种普遍共识,此较一人、一时之所谓新见地新思想者意义尤重大而迫切。"①这段话,一是体现了中国知识分子的传统精神,我以为就是"风骨"二字。二是点明了读经的目的与意义在于"养成共识",这就是育人,使人成为有知识的人而绝不是轻率妄语、胡搅蛮缠的莽夫。三是充满批判性,即对社会与学界肤浅妄作的犀利批判,具有强烈的正义与真理的担当。

当今之世,黄钟毁弃,瓦釜雷鸣之学术乱象、教育乱局不可不察。另外,我还想对青年朋友叨唠几句:语文教师的学术,说到底是"为学生的学术"而非个人自足的学术。"为学生的学术"旨在更科学、更艺术地促进学生成长。这是我们青年语文教师进行学术研究的前提。

---

① 丁纪.大学条解[M].北京:中华书局,2012:114-115.

第二节　践行：勤勉开拓创新航程

行，是中国文化传统特别注重的人生要求和精神境界。说是人生要求，就是要弘扬自强不息的追求精神；说是精神境界，一方面指行是拓展精神境界的必由之路；另一方面是指行的卓越本身就是精神境界的显著特征。因此，思想的发展，事业的推进，都强调"敏于行"，都强调知行结合。

语文教学的中心词是教学。教学既是我们的工作任务，又是我们的实践过程，同时还是我们成长的平台。因此，我们把对教育事业的热爱，把对学生的深厚感情，把对理想的不懈追求融于教学的全过程，这就是践行。蔡澄清老师自编的《课余诗文杂抄》扉页上有他的手书题词，深刻而又全面地阐述了教育践行的目标与内容："教学之道，授人以书，予人以爱，育人以德，导人以行，教人以知，启人以智。培养能力，点拨创新，坚持训练，严而有格。知行合一，诲人不倦，终其一生。吾将躬亲而践履之。"我想，青年教师朋友一定能从这段话中有所颖悟。

践行，不仅是为了完成工作，而且要有利于成长。怎样取得这样的双丰收呢？就我个人的体会来说，有以下最基本的两项工作可展开讨论与交流：

1. 课堂教学的自我异构

都说青年教师要站稳课堂，要专注教学。这还只是一般的要求。我认为关键之处是要把这个要求转化为自觉的行动。我推崇的自觉行动就是"自我异构"。近几年有一种教研方法叫"同课异构"，指在教研活动中同一篇课文两位老师先后教，然后供大家评长论短。我以为这对于活跃教研气氛，激励青年教师比武，有可取之处，但是，不足之处也显而易见，这就是把"我"与"他"硬性比较，由"教"而比"人"。因此，我以为这绝对不是教研的主旋律。教研的主旋律在哪里?它的目的是什么?我以为不是与他人比,而是与自己比。也就是说,自己不断反思自己的教学实践过程,使自己达到"苟日新,日日新,又日新"的境界。这个境界特点就是"自我异构",也就是自我的否定,否定之否定,同时得到充分而又扎实的自我肯定。新的教学之"我"是"我"的勤劳双手日日打磨而成的作品。

首先,教学要有"苟日新"之盼。何谓"苟"?朱熹解作"诚也"。意若"真能""如果能"。就"苟日新,日日新,又日新"全句而言,"苟日新"是打开创新之门的首要一着。在"苟日新"之前,教学是老套路、旧模式。某一次有所颖悟,有所变革,尝到甜头,收获乐趣,则创新之势一发而不可收,"日日新,又日新"自是水到渠成。而要在老套路上有"苟日新",获得一次创新的偶然之机,那就要在自我比照反思乃至勇于改进上下功夫。其次,追求要有"日日新"之进。丁纪先生讲得妙绝:"'日日',可指未来一切时日,亦可指以往一切时日。指未来一切时日,则自偶然一新之后,日日新之,至于毕其生而'不可略有间断'也;指以往一切时日,则'苟日'偶然之新,所新虽此日之旧,亦岂非过往时时日日所积之旧全然为之一新乎?"①

这里我想补充的是:其一,日日新,就是日日实践的改进。在自我原有基础上的前进,就是新。今日之课比昨日之课有点滴改进;今年教此文比上年教此文有新发现或新体验;今日所教学生在甲问题上的认识新于昨日所教学生在甲问题上的认识……这一切,都是"日日新"。新不仅指教师之教,也指学生之学。由学之长进探究教之内理而有心得,是"日日新"之新收获。其二,"苟日新"是偶然的颖悟与实现,"日日新"则是对"苟日新"之偶然发现的持续强化、巩固与提升。"苟日"之"新"虽成之于"偶然",但其必然性则是新之未发之前的酝酿与发酵。对这个"酝酿与发酵"的内理加以概括,使之上升到规律性,那么用来指导新的日日之教,则教学之"日日新"就是必然之事了。由此可见,所谓课堂教

---

① 丁纪.大学条解[M].北京:中华书局,2012:34.

学的"自我异构",实际上就是不断总结自己教学实践的得与失,从中概括出自己教学的"这一个",并用来指导以后的行动。其三,跨越要有"又日新"之创。对此,丁纪先生同样讲得神采焕然:"惟'又日新',不殆于其相因之陈,亦不累于其相续之新,既新其旧,亦新其新,不但新新,而又新新。除其旧而得其新之谓'日新',日新新而续其新之谓'日日新',而于此新旧相替、新新相续之际,又有一线之新更从中来,非彼之旧,亦非彼之新,乃所谓'又新',此即乾天生生之功也。"[①]从教学的"又日新"上讲,这就是同一层面的实践之后,又"更上一层楼",获得了自我成长的又一新平台。

什么叫践行? 践者,依据理也。理,既是前人所言的通理,又指自己在实践中的所得。据理而行,才算践行。行者,依目标而进也,目标就是"新"。倘若没有这个"新我"的追求则行,就是重复做事而非育"人"创"我",甚至就等同于盲动躁行。

2. 项目实验的自我更新

我的导师蔡澄清老师极为看重实验。1992年第1期《语文教学通讯》发表了他的《给青年教师提几点建议》,文中明确指出:"实验是一种改革实践,是一种教育科研。这对提高教学质量,提高教师水平,是最好的途径。我主张我们每个同志每学期都搞一点教学改革的实验。"蔡老师还从实际思路与方法上予以具体指导。他说:"这种实验,可以是单项的,也可以是综合的,还可以是整体的。课题可大可小,时间可长可短,方式可以灵活多样,不拘一格。教材的组合,教法的运用,课型的变化,各类文体教法的探讨,各种能力的培养与训练,各种检测方式的运用,单元教学的研究,都可以进行单项或综合的教改实验。"蔡老师对我们青年教师的语重心长的指导,是他内心的体会,是来自他长期进行课改实验的真知灼见。

[①] 丁纪.大学条解[M].北京:中华书局,2012:34-35.

蔡老师为我们做出了榜样。他从教四十余年,大的教改实验有三次。第一次是20世纪50年代末担任的高中二年制文理分科教学实验。这次实验是适应当时"多快好省"的要求,用两年时间完成普通高中三年的教学任务。蔡老师先后教过文、理两班语文(还当过文科班班主任),两个实验班两年毕业考大学,都达到了三年制高中毕业班的同等水平。第二次是1963年开始担任的中学五年一贯制的教学改革实验。这个实验,学生不分初高中,要求用五年时间完成六年制普通中学的教学任务。这个实验后来到1966年因"文化大革命"开始只进行了三年就中途夭折了。不过后来这一批实验班学生语文程度不差,中三就基本上达到了普通班高一的水平。第三次是1980年秋季开始的"初中语文年段分科教学实验"。蔡老师不仅主持和设计,而且亲自执教分科课程。1979年,全国中语会在上海成立,研究会倡导教改实验。为了推动安徽省的教改,蔡老师在本校的1980年秋招进的初中一年级挑了一个普通平行班进行实验。这项实验于1983年秋顺利结束,取得突出成效,在全国产生一定影响。蔡老师的《年段分科教学实验简述》一文,先发表在北京《中学语文教学》杂志,后收入《全国特级语文教师教学经验选》一书(安徽教育出版社1986年版)。正是这三次重大语文课改实验,蔡澄清老师积累了丰富的思想与经验,于1982年正式提出了"语文教学点拨法"这一著名的语文教育观与方法论。蔡老师的奋斗历程告诉我们:实验的过程正是思想锤炼的过程,而思想的成长与发展,又是人格、视野、胸襟、学识综合跨越提升的过程。同样,人格方面的综合跨越力量又很好地引领和推动着教学改革与教育思想的演进。为什么说教改实验不仅是一项工作任务,而且对于青年教师来说是一条成长路径呢?蔡老师的实验揭示了其中的要义,需要我们细加体悟。

我本人在课改实验方面力图向蔡老师学习,也是有所探索的。虽然没有像蔡老师的实验那样系统完整、目标明确、步骤扎实、过程持久、影响巨大,但对于自身的成长还是有很大作用的。

一是"学习型实验",即1983年幸遇蔡老师指导后,追随"点拨教学法"思想,在农村中学尝试进行语文点拨教学实验。由于当时办学条件差,农村教育思想落后,难以搞一个正规的实验立项,但是我深深地扎根课堂教学,用点拨的思想与做法改进课堂,向农村中学课堂的讲授制、训斥化、灌输式等粗蛮教学挑战。这些探索,一方面促成自己写了一批有关点拨教学的文章,从理论层面观照粗糙的实践,从而使实践行为日趋科学,很多文章是经蔡老师修改后,推荐给杂志发表的。另一方面也使自己在从教之初走上正途,在教学岗位上找到了自信。二十二岁那年,宣城县(今安徽宣城市)教研室在寒亭中学主持召开以我的课堂教学为研讨主题的教学改革现场会,对我的鼓励非常大。我非常感恩教研室主任龚继武先生和宣城中学陈小平老师对我的呵护。这段"学习·实验"过程从1983年到1988年告一段落,前后六年。

二是"验证式实验"。1988年8月,我调到安庆师范学校工作。由于我在语文点拨教学方面紧随蔡老师取得了一些成绩,人民教育出版社邀请我参加全国通用的中师语文教材编写,前后五年时间,我往来于学校和人教社之间。寒暑假,我在人教社沙滩后街的地下室里编教材,一开学我就回到学校进行有目的有步骤和验证式教学实验——把新教材的思路与设计引到课堂上,通过教学验证后,又及时反馈于教材编写与设计。当时,我设计的课程改革项目定名为《"点拨自学,双课互通"的中师语文课程改进实施方案》,主要探索的是"双课互通"上的课程结构改革,即设置必修课与选修课的互通平台。我带着这个"方案框架图表"代表安徽省到湖南常德参加全国中师教研会交流,受到好评。同时,在这个阶段,我围绕教材与课程写了一批专题论文。

三是"专题化实验"。我在上海工作已有二十几年了。前后搞过两个专题实验,一个是选修课《长江诗话》的教学实验。当时我担任上海市闸北教育学院副院长,坚持在一所普通中学开设课程,每周按课表上课,形成选修课教材《长江诗话》,在上海产生一定影响。另一个是以读写结合为点拨抓手的"积累·思考·表达——写作能力的培养"教改实验。虽然我担任上海市重点中学市北中学校长工作,但每周始终上课,从高一教到高三,执教的"读写结合思维点拨

课",每节都是公开课,校、区、市等各层面的老师不打招呼随时进课堂听课。同事们说我是用课来培养学生,用课来领导学校。其实,我是用课来引领自己和学生一起成长。近二十年来,我配合国家课程,创立了四门校本课程,即"长江诗话""文史哲融合导读""古文的脉动""疑思问国文点读"。在语文课程实验与建设上,费尽心力,不懈努力。

实验,是教育思想的观照聚焦,是教学能力的淬火锤炼,是学科专长的持久磨砺,是师德提升的过程证明。我以为,一个有追求的教师必定是一辈子在进行教学实验。实验的过程,就是自我成长,自我更新的阶梯!

第三节　深思：持续夯实思想高地

一个教师的优秀，不外乎三方面：师德好、专业强、思想创新。谈到思想，可以从不同角度提出要求，而我主张在一个新字。而创新，又非轻而易举，必须日积月累，持续钻研，深入探索，因此，深思是前提。何以言深呢？一是因为思想形成与发展有一个不断深化的过程。有一幅漫画《挖井》，说一个挖井人很希望挖出一口水井，但他总是这里挖几锹，那里挖几锹，浅尝辄止，反而回头埋怨"没有水"，其实汩汩清泉就在下面，可惜他挖几锹浮土就作罢。积累思想、形成思想、创新思想也是挖井，只有不断深挖，才能见水，更重要的是，因有不同的水层，只有深挖，串通多个水层，才会泉源不断，活水滚滚。二是因为思想的发展，说到底是一种创新，正如前文所言，要"苟日新，日日新，又日新"。而要创新，就离不开在原有的思想沃土上夯实基础，建设新的思想之塔。"在原有基础上"这个限制语其实充满着无限的开放意趣与创新启迪。孔子讲过"温故知新"，"知新"就是获得了新见识，就是思想创新，而这离不开温故。所谓"温故"，首先，就是"故"中求"新"，原有的东西原来认识只有七分，现增加为八分。须知这新增的一分内容还是"故"中的。其次，就是"故""故"得新。此"故"与彼"故"看起来各归其"故"，原不相通，但我们温习者增加了沟通的媒质，于是"1+1＞2"的情形就产生了，这自然也是一种创新。最后，"故"外知"新"，即由"故"而推断出"新见识"。这也是前文所讲的，由于"日日新"是常态的认识运动，因而到了一定程度必然会由量变而达至质变，实现"又日新"。我们教育教学思想的形成与发展也是如此。

怎样做到深思，从而持续地夯实自己的思想高地呢？我的经验就是坚守"打井论"。持续深入挖井，开辟层层水源，吸纳万方活水，思想常用常新。下面略谈两点体会。

1. 面上拓展与点上聚焦

求思之深，必有一定的面，否则思想必定狭隘。开拓了一定的"面"之后，又要寻求制高点加以概括与提炼，从而使思想认识达到一定的高度。我跟随蔡老师研究"语文点拨法"，在思想总结上，经历了两次比较大的跨越，第一次属于"面上拓展"，第二次属上"点上聚焦"。"面上拓展"为"点上聚焦"提供了基础条件，第二次的"聚焦"之后，为"点拨思想"的立体化构建显然又深化了一层。

我1982年初为人师，很快就走进点拨思想的世界，在实践领域摸索与构建。到1993年，我和蔡老师近十年合作撰写的阐述点拨教学实践与经验的文章已积累不少。而1994年，又正是蔡老师花甲之年。为了表达我对先生的敬师和感恩之情，打算编一本文集，以作纪念。蔡老师先是怕我辛劳，再三辞谢，最后还是同意了我的请求。这件工作，至今想来我还是比较得意。一是当时出版推销成风，而我是自费印刷，所印《语文教学点拨论》一本不卖，全部赠送友人。这本书的内容反映了"点拨教学"的"教格"。二是，也是更重要的，我通过编辑这本书，第一次全面地梳理了近十年的研究过程和思想线索。后来天津人民出版社向蔡老师约稿，我们就从《语文教学点拨论》中选出大部分文章结集为《语文教学点拨艺术丛谈》，于1996年正式公开出版。全书收文三十三篇，以蔡老师《点拨教学法的若干基本问题》一文开篇总论，继之是听说读写四项基本能力培养与点拨教学探索的分论，最后是我写的《为培育"点拨之花"而不懈奋斗》，作为"编后絮语"，进一步明确新的研究态度与方向。编这部著作，是我第一次全面整理点拨教学论文，产生了三点认识：一是进一步明确点拨思想的要义，既明确了已讲到什么程度，又明白还有哪些问题需要进一步回答；二是进一步明确各篇文章内容的前后思想脉络，哪里是一以贯之，一脉相承，哪里是生硬扦格，需要推敲与修改；三是进一步明确下一步研究，我当时就感觉到"语文点拨法"方法论阐述比较深透，思想论、价值观的探究还须进一步加强。我向蔡老师汇报了这些粗浅的想法，蔡老师领首微笑，深表赞许。正确的思想是从哪里来的？当然是从实践中探索来的，但单有实践，思想之灯还未必挑明，因此，需要总结、归纳,这就是用论文的方式来阐述。语言文字是表达思想、记录思想的符号,记录与表达是否贴切,是否合乎实际,还需要修改与打磨。很多情况下,表达不清,是因为思考不清,思考不清,往往不是智力与思维有问题,而是实践有问题,所以,还得回到实践加以新的探索。由此可见,我所从事的"面上拓展"的工作,看起来是编了一本书,实际上是整理了十年来的思考路线图和打磨了思想结晶体。这对我的思想成长无疑产生了强有力的推动作用。

到了1996年,我又遇到了一次思想提升的学习机会。中央教科所课程研究中心主持编写一套《全国著名特级教师教学艺术与研究丛书》。张鹏举先生向蔡老师约稿。依编辑体例,该书分"探索篇"和"研究篇"。"探索篇"由蔡老师起草第一稿,"研究篇"由我起草第一稿。最后由我统稿并改写。书名定为《蔡澄清中学语文点拨教学法》,由山东教育出版社出版。该书篇幅不长,只有十一万余字,难就难在这十一万余字的提炼上。如果说上一次"面上拓展"的难点在于考虑点拨法实施的多层次、多角度与多方面的话,那么,这一次提炼的难点在于把"多层次、多角度、多方面"的"三多"收拢起来,形成提纲挈领、纲举目张之势。因此,我把它称作"点上聚焦"的思想概括。要强调的是,这个时候提出的"点",已不是早前经常讲到的方法突破点,以及学习引爆点等有关点拨法的具体工作"点"了,而是"点拨法"的价值核心点、思想凝聚点。

如果说上一次出版的《语文教学点拨艺术丛谈》在于具体方法与艺术的全面展示,那么,这一次写作《蔡澄清中学语文点拨教学法》,就是由具体方法推向"方法论",又由"方法论"推向"教育价值观"与"教育思想论"的思想推进与跨越过程。这本著作,思想高度概括。上篇"探索",开门见山直指点拨内涵,继之从发展过程、理论基础、客观要求、基本方式、基本能力等方面作辐辏式阐述;下篇"研究",单刀直入直指"效率""时机""调控""思维"四方面作逻辑承接与区别。十一余万字的书稿取材于百余篇论文,依据于几十年实践,从我国教育传统和世界先进理论的交叉点上发掘并擦亮了"点拨教学"的思想灵魂。我以为,这是该书的突出品性和时代贡献。

记得时值深冬，天气格外寒冷，我刚到上海，立足未稳。蔡老师生怕出版社催我，总是叮嘱我保重身体，不急于成稿。蔡老师如此关怀，使我感动不已。但出版社胡钢泰同志审稿极严，催稿甚急。我也一心想将书稿及时交上，纳入丛书第一辑顺利出版。说来也怪，越是催稿急，天地寒，我越是有战斗力。可以说是文思泉涌，日写万字。这当然是一个表象。根本原因是什么呢？在于蔡老师的思想点拨以及我对前期工作早就做了材料准备。思想有了积累，表达自然顺畅。当时蔡老师在芜湖，我在上海，虽然面晤交流甚为不便，但彼此心照不宣，心有灵犀，甚为默契，思想融为一体，表达不分轩轾。我深深感到，这是我的最大收获！蔡老师培养我，采取的就是"任务驱动法"。他给我一个题目，相信我做得好。这意味着导师既有广阔胸襟，又有教育策略，正如刘国正先生写给蔡老师的信中所说："高棣师生情深，亦见足下教导有方也。"我在思想上贴近了导师，这是我学有长进的标志。

2. 机理透视与精神构建

《蔡澄清中学语文点拨教学法》1998年正式出版之后，我在上海市北中学紧接着就担负起十分繁重的教学工作，同一年既教一个高三班，又教一个初三班。我用一年时间将上海的初高中语文教材全十册，全部作了深入解读和研究，紧扣课程标准组织教学。一年课程结束，我教的高三、初三两个班语文成绩分别是高三年级的第一和初三年级的第一。为什么会在教学上取得令同事称赞的成绩呢？归根结底，是我比较熟练地应用了点拨教学思想，能够化繁为简、举一反三地点拨学生自主学习。

从1998年到2005年，我又用了八年时间，在点拨教学思想研究上选定了一个新突破口，这就是"时习论"的研究。其实，早在1988年前后，我在北京《中学语文教学》等相关杂志上发表了阐述"让学生发现学习时机的点拨艺术"的文章，提出了教学"时机"的概念。我为什么抓住"时机"来研究点拨教学呢？主要是因为蔡老师1982年在《光明日报》上提出"重在点拨"之后，人们总是问"点拨法"的操作模式问题,蔡老师明确回答:"点拨法没有模式,当点则点,当拨则拨。"当时,人们创立教法总是从程式上入手,唯有点拨法拒绝程式,灵活多样。没有程式,难道就没有依据、凭借、条件、分寸、路径的思考与实践的抓手了吗?蔡老师讲的一个"当"字,值得深入思考。当在何时?当在哪里?当在什么条件下?当在哪个环节上?……如此等等,都应该正本清源,理出线索,形成思想逻辑。于是,我又用了整整八年时间,紧扣"时""习"二字,作了深入的考察与爬梳。由于我紧扣上海课改,紧贴课堂实践,在"时习"思想上有了新的探索,所以2005年我在上海被评为特级教师。同年也由上海教育出版社正式出版《语文教学时习论》一书。这本书的主要特色,就是对点拨教学的灵活机理进行了较为系统的透视。我从孔子"学而时习之不亦说乎"的"时习",顺流而下,提出了"时论""习论"的思想。从汉儒到清儒,一路大家所注所解,全都尽收眼底;再从康有为"注"到钱穆"解"再到李泽厚"读",现代新思维也全都打通。这样,"时习论"的教育目的、教育策略、教学要求、学习过程、人生境界等如同画卷一一展现在我们面前。由此,点拨教学思想对于中国语文教学传统的继承与发展就一目了然了。比如,"时论",从"时习"之"时"到"不愤不启,不悱不发",再到"温故而知新""知之不如好之,好之不如乐之"等,详加义纂,从而得出现代教学论上的"时"的意义,即"思维冲突时""心理激活时""思想矛盾时""感情奔突时""情绪高涨时"。由此并提出教学的三维设计,即"不违学时""为时设境"和"因时定教"。再如"习论",从"时"的背景意义上来认识,我提出了"习"的教学论意义架构,如图9-1所示。

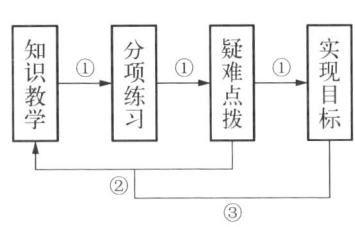

图9-1 "习"的教学论意义架构

这个架构图是怎么来的呢?我以"性习"为抓手,从中国古代教育心理思想的发展上勾勒了孔孟的"性习说"和王廷相、王夫之的"习成说",又将这二说所牵带延伸的实践、知行等哲学、教育学观点列出大端,然后从"教"的实践和"学"的实践的"教学相长"的特性上,归纳出"习"的教学论思想。由此可见,对于"点

拨教学"内在机理的研究，无疑对点拨教学灵活性背后的原则性又有了进一步认识。2008年11月，全国中语会在杭州举行第九届年会，我提交了《孔子思考论——兼谈中国语文教学论立意命脉》这一长篇论文（见《继承，发展，求是——全国中语会第九届年会论文选》，开明出版社2009年版），再一次对语文教育民族特性与传统作了系统论述，在思想视野上有了进一步拓展。

2008年再次当选全国中语会副理事长，我深感压力太大。因为理事长者，要理学术之事，而要理学术之事，又得领学术先。这对于我，确是勉为其难了，我哪有这样的资格和水平呢？为了不至于太不相称，我就加倍努力，继续钻研，放开胆子进行我所追求的"精神构建"。

所谓"精神"，就是指中国教育传统精神，所谓"构建"，就是古为今用，洋为中用，让我国的教育传统在当今之世开出现代化之花，结出现代化之果。我试着从更高的教育学层面上展开对孔子教育思想的专题研究。翻开我们的教育学，都是一鳞半爪引用孔子之言来讲教育传统。其实，传统，有其思想的河床，有其思想的激流，有其流体的结构。由"源"识"流"，由"流"溯"源"，"源流"一体，辨识其"真"，这就是我的追求。2009年以来，我应《上海教育》杂志之约，开辟专栏，发表"孔子思考论"专题论稿，如"思考论""群己论""弟子论""对话论""诗性论""知识论""学友论"等。长达七年连载后，2015年上海教育出版社结集出版《〈论语〉教育思想今绎》一书。对于中国教育精神的基本轮廓，我作了一个简单的描绘。

结　语

亲爱的青年教师朋友,说到路,不过就是一个方向、一个历程而已。鲁迅先生说得好,地上本没有路,走的人多了,也便成了路。"人"总是最重要的因素。愿走,敢走,不折不挠地走,这些都是人的品性在探路上的体现。倘若没有人的精神浇铸,那么"路"的内涵又在哪里呢?因此,我从"明志""践行""深思"这三个维度上来讨论,也许能揭示追求者的精神世界。换言之,我着重探讨的是价值观层面的路而不是方法论层面的路。尽管方法论同样重要,但我总是固执地认为,在教育范围内,方法论总是在价值观的苑囿里开满鲜花的,而把方法论当作人生的算计和巧谋,远离教育者的特有立意,我想,这样的立事窍门又有什么意义呢?

路,总是越走越长。2018年起,我担任上海市语文学科德育基地的主持人。语文学科之德的核心是什么?我定位于"诚"与"直"。诚者,真也;"直"者,敢于言也;其主要品质就是敢于说真话。多年的探索,我又有了新的进步。

图书在版编目（CIP）数据

语文教学时习论 / 陈军著. — 修订本. — 上海：上海教育出版社，2021.10
（白马湖书系）
ISBN 978-7-5720-1039-2

Ⅰ.①语… Ⅱ.①陈… Ⅲ.①中学语文课－教学研究 Ⅳ.①G633.302

中国版本图书馆CIP数据核字(2021)第181378号

责任编辑　向文祺
封面设计　陆　弦

白马湖书系
语文教学时习论（修订本）
陈　军　著

出版发行	上海教育出版社有限公司	
官　　网	www.seph.com.cn	
地　　址	上海市永福路123号	
邮　　编	200031	
印　　刷	启东市人民印刷有限公司	
开　　本	700×1000　1/16　印张 27.75	
字　　数	400千字	
版　　次	2021年10月第1版	
印　　次	2021年10月第1次印刷	
书　　号	ISBN 978-7-5720-1039-2/G·0816	
定　　价	59.80元	

如发现质量问题，读者可向本社调换　　电话：021-64377165